KB118977

평생교육경영론 ^{2판}

| 권인탁 · 임영희 공저 |

학지사

● 2판을 내면서 ●

　대표 저자인 필자는 평생교육과 관련된 미 대학의 객원학자(visiting scholar)로
미국 대학교를 세 번 방문하여 연구하였다. 첫 번째는 미국 성인교육을 선도하는
대학이라 하여 University of Georgia(1997~1998)에 방문해서 성인교육의 동향을
살펴봤고, 두 번째는 성인교육의 기본인 학습과 공동체 탐구에 충실하려는 대학으
로 알려진 Pennsylvania State University(2007~2009)에 2년 동안 머물면서 평생
교육경영론을 처음 집필하였으며, 세 번째로 세계 평생교육학자들의 명예의 전당
(Hall of Fame)이 있는 University of Oklahoma(2015~2016)에서 방문 연구를 수
행하면서 평생교육경영론을 수정하였다.

　1판 머리말에서 언급하였듯이, 평생교육경영론은 평생교육사 자격취득 과목이면
서 동시에 평생교육기관의 경영과 실천에 매우 필요한 서적이라고 할 수 있다. 물론
기관의 효율적인 경영을 위해서 효과와 능률을 강조해야 하지만, 평생교육은 공공
의 선(common good)을 우선시해야 하므로 효과와 능률보다는 비영리기관의 경영
적 접근이라는 측면에서 공익성과 형평성을 중시하는 경영학적 접근이 필요하다.

　그런데 우리나라에서 발간된 평생교육경영론 서적은 몇 권에 불과하며 이러한
측면을 반영한 것은 거의 없다. 미국에서도 역시 평생교육경영에 관한 단행본은 거
의 찾아볼 수 없고, 평생교육 프로그램 운영에 관한 행정 또는 경영적 접근 방법을
부분적으로 다루는 서적만 일부 출간되고 있다. 이러한 이유로 국공립대학교 최초
로 전북대학교 평생교육원을 설립하고 '전국국공립대학평생교육원협의회'(1996년)
의 창립을 주도했던 필자들은 한국에서의 오랜 실무현장 경험과 미국에서의 연구

경험을 살려 평생교육경영론을 저술하였고, 여러 교수 및 강사님들의 수정 요구에 따라 이번 개정판을 내게 되었다.

공저자인 임영희 교수는 전북대학교에서 박사학위를 취득하고, 전북평생교육정보센터 연구원으로서 평생교육진흥원 사업 및 정책, 평생학습도시 및 시·도교육청 평생교육 등의 심의 및 평가 위원으로 10여 년 동안 풍부한 실무 경험을 쌓았다. 또한 대학에서 보직으로 대학 교무학사 경영관련 업무를 여러 해 동안 수행해 오고 있는 학자다.

필자들의 오랜 평생교육 및 경영에 관한 이론과 실무 경험에도 불구하고, 마음먹었던 것과는 달리 평생교육경영에 관한 더 많은 이론과 실제를 이 책에 담아내지 못했다는 생각에 아쉬움이 든다. 또한 기존 서적의 내용을 답습하거나 인용하는 수준에 머무르지 않았나 하는 반성도 해 본다. 하지만 용기를 내어 우리나라 평생교육경영의 발전에 조금이나마 기여하리라는 마음으로 이 책의 개정판을 출간하며, 부족한 부분은 앞으로 수정·보완하고자 한다.

이 책이 나오기까지 여러 사람의 도움이 있었다. 초빙교수 시절 평생교육을 함께 논하고 연구하면서 많은 의견을 나눈 펜실베이니아 주립대학교의 Fred M. Shied 교수와 평생교육경영에 관한 조언을 해 준 필자들의 대학 동료 교수들에게 감사하고 싶다. 또한 이 책 개정의 많은 부분을 조력해 준 임지현 박사와 출간을 맡아 주신 학지사 김진환 사장님을 비롯한 편집부 관계자들에게 감사드린다.

2017년 3월
대표 저자 권인탁

● 1판 머리말 ●

최근 우리나라에서는 평생교육사 자격취득 과목이면서 동시에 평생교육기관이 경영 전략에 관심을 두는 관계로 평생교육경영론에 관한 서적이 저술되고 있다. 물론 비영리기관의 경영적 접근이라는 측면에서 평생교육경영론이 필요하지만, 경영이 능률과 효율을 강조한다 할지라도 평생교육은 공공의 선(common good)을 추구하기 때문에 효과와 능률보다는 공익성과 형평성을 중시하는 경영학적 접근이 우선시되어야 한다.

최근 우리나라에서 발간된 평생교육경영론 서적은 몇 권에 불과하며 이러한 측면을 반영한 서적은 거의 없다. 미국에서도 역시 평생교육경영에 관한 단행본은 거의 찾아볼 수 없고, 평생교육 프로그램 운영에 관한 행정 또는 경영적 접근방법을 부분적으로 다루는 서적만 일부 출간되고 있다. 이러한 이유로 필자들은 한국에서의 오랜 실무현장 경험, 미국에서의 연구 경험을 살려 평생교육경영론을 저술하게 되었다.

국공립대학교 최초로 전북대학교 평생교육원을 설립하고 '전국국공립대학평생교육원협의회'(1996년)의 창립을 주도했던 필자는 최근 미국 평생교육 분야의 대학평가에서 1, 2위를 달리고 있는 조지아 대학교와 펜실베이니아 주립대학교[출처: Southern Mississippi 대학교 John R. Rachal 교수의 논문 「Institutional and Individual Publication Productivity in Selected Adult Education Journals 1993~2002」(2004)]에서 각각 1년과 3년 동안 초빙교수로 연구 경험을 쌓았다.

공저자인 임영희 교수는 전북대학교에서 박사학위를 취득하고, 대학평생교육원

연구원으로서 평생교육진흥원 사업 및 정책, 평생학습도시 및 시·도교육청 평생
교육 등의 심의 및 평가 위원으로 10여 년 동안 풍부한 실무 경험을 쌓은 학자다.

　필자들은 오랜 시간 평생교육경영에 관한 이론과 실무 경험에도 불구하고 처음
마음먹었던 것과는 달리 이 책이 평생교육경영에 관한 많은 이론과 실제를 담아내
지 못하고, 기존 서적의 내용을 답습하거나 인용하는 수준에 머물러 다른 학자들이
저술한 내용과 별반 다르지 않으니 출간을 앞둔 시점에서 부끄러운 마음 금할 길이
없다. 그러나 우리나라 평생교육경영론의 발전에 조금이나마 기여하리라는 마음으
로 이 책을 세상에 내놓으며, 부족한 부분은 앞으로 수정·보완하고자 한다.

　이 책이 출판되기까지 여러 사람의 도움이 있었다. 초빙교수 시절 평생교육을 함
께 논하고 연구하면서 많은 의견을 나눈 펜실베이니아 주립대학교 Fred M. Shied
박사와 전공교수들, 평생교육경영에 관한 조언을 해 준 필자들의 대학 동료교수들
에게 감사하고 싶다. 이 책의 출간을 맡아 주신 학지사 김진환 사장님과 편집과정
에서 수고해 주신 편집부 관계자 여러분께 감사드린다.

2011년 8월
대표 저자 권인탁

● 차례 ●

제1장 **평생교육경영의 기초** 15

제2장 **평생교육의 법규 체계와 조직** 45

제1장
평생교육경영의 기초

1. 평생교육행정의 의미

경영(management)과 행정(administration)은 때때로 동의어로 사용될 수 있다. 여기에서는 경영의 공익성을 강조하는 입장에서 평생교육행정의 의미를 살펴본다.

1) 평생교육행정의 의의와 특성

(1) 평생교육행정의 의의

우리나라의 평생교육은 개화기부터 시작되었으며, 1983년 사회교육법령의 제정 이후 지역사회교육, 학원, 대학평생교육원 등에서 실시되어 왔으나 활성화되지는 못했다. 최근 평생학습사회, 인적자원개발 시대가 도래함에 따라 국가, 지방자치단체, 기업체, 비영리 기관 및 단체의 평생교육 및 인적자원개발에 대한 관심이 그 어느 때보다 높아졌다. 또한 사람들의 평생학습에 대한 요구 및 수요가 높아짐에 따라 평생교육기관의 수가 상당히 증가하고 있으며 그 규모도 매우 커지고 있다.

이러한 평생교육의 시대적 필요성에 따라 정부는 2000년 평생교육법령을 공포함으로써 평생교육기관의 경영을 지원하기 위한 각종 제도를 정비하였다. 현재 평생교육은 각종 평생교육원, 기업체, 종교기관, 체육시설, 문화시설, 각종 복지기관, 주민자치센터, 도서관 등 다양한 평생교육기관에서 실시되고 있으며, 그 수가 급증하고 규모도 매우 커지고 있다.

이와 같이 평생교육기관의 수가 급증하고 규모가 확대됨으로 인해 평생교육기관도 경영 원리의 도입이 강조되고 있다. 그러나 사회 · 경제적 환경의 변화로 인한 효율성만을 강조하는 경영은 자칫 평생교육의 이념과 가치를 훼손하고, 평생교육기관을 일반 기업과 같이 이윤 추구 조직으로 전락시킬 위험이 있다. 따라서 평생교육의 경영학적 접근은 공익을 중시하면서 효율성을 강조해야 한다.

평생교육행정은 평생교육의 궁극적 목적인 공공의 선(common good)을 추구하면서 공익성과 형평성을 강조한다. 공익성은 평생교육의 내용과 방법이 개인의 이익만을 추구하는 것이 아니라 사회의 건전한 가치에 반하지 않고 사회 발전에 이바지하는 것이다. 형평성은 학습자의 학습기회 및 학습내용과 학습과정의 배려가 사회 · 경제적인 조건에 영향을 받지 않고 공평하게 배분되어야 하는 것이다. 경영의 궁극적인 목적이 높은 효율성으로 효과성을 추구하기 때문에 평생교육경영은 평생교육의 효과성과 능률성을 강조한다고 볼 수 있다. 효과성은 인적 · 물적 자원을 효율적으로 정비 · 배분하여 평생교육기관의 목표를 효과적으로 달성하는 것이다. 능률성은 투입비용에 따른 손실비용 없이 이윤을 추구하면서 주어진 목표를 달성하는 경제적 효율성이다.

이상에서 살펴보았듯이, 평생교육경영은 어느 측면을 강조하느냐에 따라 공익과 형평 또는 효과와 능률 가운데 평생교육의 취지와 방향이 달라질 수 있다. 그러므로 평생교육은 효율성도 중요하지만 공익성을 우선시하는 경영학적 접근이 강조되어야 한다.

(2) 평생교육행정의 특성

평생교육행정의 개념을 보다 분명히 이해하기 위해서는 평생교육행정이 지니는 특성을 살펴볼 필요가 있다. 평생교육행정에 대한 관점에 따라 평생교육행정의 특성이 다를 수 있지만, 여기서는 우리나라 평생교육행정이 지향해야 할 특성을 고찰한다.

첫째, 평생교육행정은 공공적 특성을 가진다. 평생교육은 특정한 개인의 이익을 위한 사업이 아니라 모든 국민과 관계되는 공익사업이다. 국가와 지방자치단체가 평생교육에 관여해야 하는 연유가 바로 여기에 있다. 우리나라 헌법 제31조 제5항에 "국가는 평생교육을 진흥하여야 한다."라고 규정하고, 국민이 평생교육을 받을 수 있는 권리와 그 권리를 보장하기 위한 제 조건을 법률로 정하고 있는 점은 평생교육행정의 공공성을 단적으로 보여 주는 것이다.

둘째, 평생교육행정은 경영적 특성을 지닌다. 이는 기관이나 조직에서의 행정을 경영관리활동으로 보는 시각이다. 경영적 측면에서 평생교육행정은 경영학적 지식과 기술을 행정에 적용하여 평생교육 기관 및 조직을 체계적이고 합리적으로 운영한다는 의미다. 이때 평생교육행정은 평생교육경영으로 부를 수 있다. 따라서 평생교육경영은 평생교육의 목적과 목표를 달성하기 위하여 평생교육 기관이나 조직을 효과적이고 효율적으로 관리·운영하는 활동을 의미한다.

셋째, 평생교육행정은 조장적 특성을 지닌다. 행정이 권력 작용의 일면을 지니고 있음은 주지의 사실이다. 그러나 행정의 본질은 통제나 규제보다는 국민의 복지와 안녕을 위하여 적극적으로 지원하는 조장적 특성을 지녀야 한다. 따라서 평생교육행정은 법과 규정을 우선시하는 일반행정이나 주로 권력 행사에 의존하는 법무 및 경찰 행정과는 달리 교육을 통한 국민의 복지와 안녕을 위하여 지원하고 봉사하는 조장적 특성을 가져야 한다.

넷째, 평생교육행정의 또 하나의 특성으로 전문성을 들 수 있다. 이는 평생교육의 업무가 복잡하고 특수하기 때문에 아무나 평생교육 업무를 담당할 수 없음을 의미한다. 즉, 평생교육에 종사하는 사람들은 그 분야에서 다양한 교육과 경험을 바탕으로 하는 전문적 자질을 갖추지 않으면 안 된다는 점이다. 이러한 관점에서 볼 때, 평생교육에 대한 경험과 교육 없이 훌륭한 일반 행정가가 유능한 평생교육행정가가 된다고는 볼 수 없다. 왜냐하면 평생교육행정과 일반행정은 그 목적과 대상이 다르기 때문이다. 따라서 평생교육법령에서 평생교육사에게 평생교육 업무를 수행하는 데 요구되는 전문적 자질을 기르기 위한 양성교육을 이수하도록 하고 자격증을 부여하는 것은 평생교육의 전문성을 확보하기 위함이다.

2) 평생교육행정의 개념과 성격

(1) 평생교육행정의 개념

평생교육행정(lifelong educational administration)은 무엇을 의미하는가? 평생교육행정은 그 현상이나 기능이 단순하지 않고 복잡하기 때문에 어떤 점을 강조하느냐에 따라 서로 다르게 정의될 수 있다. 여기에서는 평생교육행정의 수행 형태에서 나타나는 특징을 기반으로 평생교육행정의 개념을 세 가지 입장에서 살펴보고 그 개념을 종합적으로 정의하고자 한다.

① 공권설

공권설은 평생교육행정을 평생교육정책을 실현하는 수단으로서 법규에 따라 평생교육 업무를 지도·감독하는 것이라고 본다. 이는 평생교육행정을 국가권력 작용이라고 보는 견해로서 공권적 또는 법규 해석적 정의로 행정에 대한 행정법학적 정의에서 나온 것이다. 즉, "근대국가에서 삼권분립적 헌법체제를 전제로 하고 사법도 입법도 아닌 모든 국가 활동을 행정"이라고 보는 견해에 따라 평생교육행정을 설명하려는 것이다(유훈, 1991: 37). 이에 비추어 볼 때, 결국 평생교육행정은 사법과 입법을 제외한 국가권력 작용으로서의 교육행정의 일부분인 것이다. 즉, 평생교육행정은 교육행정의 일부분으로서 국가의 평생교육사업을 관장하는 행정이며 '평생교육에 관한 행정'이라고 할 수 있다(강길수, 1983: 10).

국가의 행정작용 중에는 국가가 스스로 행하는 중앙집권적인 정치와 지방자치단체가 수행하는 고유 업무로서 지방분권적인 자치가 있는데, 이 경우 평생교육행정은 국가뿐만 아니라 지방자치단체가 주체가 되어 수행하는 행정작용이다. 이와 같이 평생교육행정을 공권적 작용이라고 보는 견해에서는 평생교육행정이 국가 및 지방자치단체가 법규에 근거하여 평생교육정책을 실현하는 과정으로 파악된다. 따라서 이러한 법규 해석적 접근에서의 평생교육행정은 법률이 규정해 놓은 바에 따라 평생교육의 이념 구현을 목표로 평생교육 프로그램을 마련하고 조건을 정비하여 평생교육활동을 지도·감독하는 것으로 정의할 수 있다.

② 기능설

기능설은 평생교육행정을 평생교육기관의 교육활동이 가능하도록 도와주고 그것에 봉사하는 활동으로 본다. 이는 평생교육행정을 평생교육의 가치실현과 목표 달성을 위한 수단적 봉사활동으로 보는 견해로서, 평생교육행정의 주된 기능을 평생교육활동의 조건 형성에 두고 있기 때문에 소위 평생교육행정의 조건 정비적 또는 기능주의적 입장이라고 할 수 있다. 이와 같이 조건 정비적 평생교육행정에서 행정 행위는 평생교육활동을 위한 목적이나 주체가 아닌 수단으로 작용하게 되고, 평생교육행정은 어디까지나 평생교육활동을 위한 봉사활동이어야 한다는 것이다. 즉, 이런 관점에서 평생교육행정은 '평생교육을 위한 행정'이라고 할 수 있다.

평생교육의 운영과 관리 측면에서 평생교육행정의 기능주의적 접근은 민주적 행정이라고 할 수 있다. 이러한 입장에서 평생교육행정의 조직과 과정은 평생교육활동을 위해 필요한 것이기 때문에 평생교육행정은 평생교육의 이념과 목표를 달성하기 위한 수단이지 목적이 아니라는 것이다. 이처럼 평생교육 기관이나 조직의 평생교육활동이 평생교육의 이념이나 목표를 달성하기 위한 수단이 되기 때문에, 평생교육행정은 평생교육기관에 권한을 위임하여 자율성을 보장해 주고, 평생교육 종사자에게는 전문적 능력을 발휘하고 창의성을 존중해 주어야 한다. 그러므로 이 입장에서 평생교육행정은 평생교육의 이념과 목표를 달성하기 위하여 평생교육활동의 제반 조건을 정비하는 수단적 봉사활동으로 정의할 수 있다.

③ **경영설**

경영설은 평생교육행정을 평생교육의 이념과 목표를 달성하기 위하여 필요한 제반 조건을 갖추어 전 평생교육활동을 합리적으로 경영·관리하는 활동으로 본다. 이는 경영학적 지식을 평생교육활동에 적용하여 체계적이고 합리적인 평생교육경영을 한다는 의미다.

일부 학자는 평생교육행정을 경영설적 입장에서 접근하려는 경향이 있어, 여기에서는 먼저 경영의 의미를 탐색하고 평생교육경영을 정의하고자 한다. 경영의 management는 라틴어 manus로부터 유래되었으며, '말고삐를 잘 다루어 말을 잘 길들이라는 것'을 의미한다. 경영이란 용어는 사람(man), 나이(age), 의사결정(ment)으로 풀어 볼 수 있다. 또한 경영을 business라고도 하는데, 그 어원은 busy로 사람이 사회적 존재로서 생존하고 발전하기 위해 몹시 바쁘게 뛴다는 것을 의미한다. 종합해 보면, 경영은 사람 또는 경제주체가 사회적 존재로서 생존하고 발전하기 위한 나름대로의 목적을 달성하려고 내리게 되는 최적의 의사결정 과정, 즉 인적·물적 자원 및 자본 등을 계획(planning)하고, 조직(organizing)하고, 조정(coordinating)하며, 통제(controlling)하는 것이다. 따라서 평생교육경영은 사람 또는 모든 조직이 평생교육을 통하여 사회적 존재로 발전하려는 목적을 달성하려고 인적·물적 자원 및 자본 등에 대하여 계획, 조직, 조정, 평가 등의 경영 과정을 통해 내리는 최적의 의사결정 과정이라고 정의할 수 있다.

경영설적 입장에서 평생교육행정은 평생교육의 이념과 목표 달성을 위한 평생교육체제 전반의 경영관리활동에 초점을 둔다. 단적으로, 경영학의 체제이론을 평생교육행정에 도입했을 경우 평생교육 조직을 운영하는 데 있어서 그 목표를 달성하기 위하여 그 체제를 투입(input), 과정(process), 산출(output)로 보고, 그 변인을 중심으로 행정의 지원 및 경영 활동이 이루어지는 것을 평생교육행정으로 보는 것이다.

평생교육행정의 개념에 대한 견해는 이 외에도 여러 가지가 있겠으나 여기서는 가장 중요하다고 여겨지는 세 가지 입장만을 살펴보았다. 이와 같이 평생교육행정의 개념은 보는 관점에 따라 상이하게 정의될 수 있다. 이들 개념은 평생교육행정의 현상이나 일면을 말하고 있을 뿐, 포괄적인 개념 정의로는 부족하다. 그러나 그것들은 평생교육행정의 개념을 이해하는 데 빼놓을 수 없는 매우 중요한 개념 요소로 파악되어야 한다.

일부 사람은 평생교육행정을 국가권력 작용의 하나로서 행정의 총체 속에서 파악하려는 법규 해석적(공권설의) 정의에 대하여 비판할 수 있다. 그러나 평생교육은 공공성을 지닌 국가사업의 일부로서 실제 평생교육활동은 법규에 따라 국가 및 지방자치단체의 지원, 관리, 지휘·감독으로 운영될 수밖에 없다. 권위주의적 측면과 독자성의 결여 때문에 부정적 시각이 있음에도 불구하고 평생교육행정의 개념으로 권력적 작용을 배제할 수는 없는 것이다. 평생교육행정을 수단적 봉사활동으로 보는 견해는 평생교육활동이 이를 위한 조건 형성과 지원 없이는 이루어질 수 없다는 점에서 당연하게 받아들일 수 있다. 더구나 민주주의를 지향하고 있는 현대에서는 권력적 작용보다는 지원적 기능이 더 강조되고 있고 또 그렇게 되어야 함이 주지의 사실이다. 경영설적 입장에서 평생교육행정은 평생교육체제 전반의 경영관리활동에 초점을 두고 평생교육의 이념과 목적을 효과적으로 달성할 수 있도록 제 변인을 합리적으로 조정·관리하는 활동이라고 할 수 있다.

이상의 견해를 기초로 정의하면, 평생교육행정은 '평생교육의 이념과 목적 달성을 위하여 법과 규정에 따라 평생교육에 관한 사항을 관리하고, 인적·물적 자원 및 자본 등에 대하여 계획, 조직, 조정, 평가 등의 경영과정을 통해 내리는 최적의 의사결정과정'이라고 할 수 있다. 한마디로 말하면, 평생교육행정은 평생교육의 목적 달성을 위하여 평생교육체제 전반에 대해 경영 과정을 통해 내리는 최적의 의사결정 과정이다.

(2) 평생교육행정의 성격
평생교육행정의 기능을 어느 관점에서 어떻게 보느냐에 따라서 평생교육행정의 성격도 달라진다고 볼 수 있다. 여기에서는 평생교육행정의 성격을 개념 정의에 따라 감독적 성격, 조장적 성격, 조정적 성격으로 구분하여 살펴본다.

① 감독적 성격

공권설적 입장에 의하면, 평생교육행정은 국가나 지방자치단체가 권력의 작용을 통하여 평생교육정책을 실현하려는 것이기 때문에 감독적 성격이 가장 강하게 나타난다. 국가, 지방자치단체, 각 기관은 국민의 평생교육을 위하여 법규나 지침에 따라 행정을 수행해 가고, 법규나 지침에 있는 내용의 실현 여부나 저촉 여부가 행정의 주요 목적이 되기 때문에 법규나 명령 또는 지침에 따른 감독적 성격이 가장 잘 나타난다고 볼 수 있다. 이와 같은 평생교육행정의 입장은 평생교육이 국민과 주민을 위한 사업으로서 공공적 성격을 지니기 때문에 정책의 일관성과 안정성을 위하여 법령, 규정, 지침에 따라 실행되어야 함을 의미한다. 따라서 국가 및 지방자치단체는 국민 및 지역주민의 평생교육을 위하여 평생교육 주체나 조직을 법규에 따라 지도 · 감독해야 할 책임이 있다.

② 조장적 성격

기능설적 입장에 의하면, 평생교육행정은 평생교육의 이념과 목적 달성을 위하여 평생교육의 조건을 정비하려는 봉사활동이기 때문에 조장적 성격이 강하게 나타난다. 평생교육의 이념과 목적을 달성하기 위하여 평생교육체제에 필요한 인적 · 물적 조건을 정비 · 확립하는 것이 평생교육행정이라면, 평생교육행정은 목적 달성을 위한 하나의 수단으로서 조장적 성격을 띤다고 할 수 있다. 따라서 평생교육 종사자는 평생교육행정이 평생교육의 주체가 아니라 평생교육의 목적을 달성하기 위한 하나의 수단임을 인식하고, 평생교육의 가치와 이념이 실현될 수 있도록 조력해야 한다.

③ 조정적 성격

　경영설적 입장에 의하면, 평생교육행정은 평생교육의 이념과 목적을 달성하기 위한 평생교육체제의 제반 과정을 조정·관리함으로써 소기의 목표를 달성하려는 활동으로 나타나기 때문에 조정적 성격이 강하게 나타난다. 평생교육의 목적 달성을 위한 평생교육체제의 투입변인의 확보, 과정변인의 운용 및 산출변인의 확인 등으로 인해 평생교육행정에서 조정적 성격을 강화하지 않을 수 없게 되는 것이다. 이 입장에서의 평생교육행정은 평생교육목적 달성을 위하여 평생교육체제 전반에 대한 경영 과정을 합리적으로 조정·관리하는 것이다. 따라서 평생교육행정가는 평생교육의 목적 달성을 위하여 평생교육체제의 경영 과정을 합리적으로 조정함으로써 최적의 의사결정을 내릴 수 있어야 한다.

　이상과 같이 평생교육행정의 성격은 그 개념에 따라 다르게 나타난다. 즉, 공권설적 입장에서는 감독적 성격이 강하고, 기능설적 입장에서는 조장적 성격이 강하며, 경영설적 입장에서는 조정적 성격이 강하게 나타난다. 이를 개념에 비추어 제시하면 〈표 1-1〉과 같다(배종근, 정태범, 1986: 28).

〈표 1-1〉 **평생교육행정의 성격**

개념	기능	성격
공권설	권력의 작용	감독
기능설	봉사적 활동	조장
경영설	목표 관리	조정

3) 평생교육행정의 원리

　평생교육행정은 스스로 지향하는 이상과 방향이 있어 행정활동을 주도하기도 하고 행정활동을 평가하는 기준이 되기도 하는데, 평생교육행정의 원리란 평생교육행정이 마땅히 지향해야 할 기본 이념을 말한다. 시대와 상황의 변화에 따라 평생교육행정이 추구하는 이상과 방향도 달라지기 마련인데, 평생교육행정의 원리는 이러한 변화의 지침이 되며 평생교육행정을 수행하는 데 방향을 제시해 준다.

평생교육행정의 원리는 법제적 원리와 운영적 원리로 나누어 볼 수 있다. 법제 면에서 본 평생교육행정의 원리로는 법치행정의 원리, 기회균등의 원리, 적도집권의 원리, 자주성 존중의 원리를 들 수 있고, 운영 면에서 본 평생교육행정의 원리로는 타당성의 원리, 민주성의 원리, 능률성의 원리, 적응성의 원리, 안정성의 원리, 균형성의 원리 등을 들 수 있다(김종철, 1982: 56-62). 이와 같이 평생교육행정의 원리를 법규(법제)나 실천(운영)의 이원적인 입장에서 살펴볼 수도 있으나, 평생교육행정의 원리는 유기적인 관계 속에서 중복 가능성이 많다. 따라서 여기에서는 여러 원리가 종합적으로 작용한다는 입장에서 평생교육행정의 원리를 민주성의 원리, 능률성의 원리, 타당성의 원리, 적응성의 원리 및 안정성의 원리의 다섯 가지를 제시하고자 한다.

(1) 민주성의 원리

민주성(democracy)의 원리란 평생교육정책 수립이나 집행의 과정에서 민주주의의 기본 이념을 바탕으로 운영하려는 것을 의미한다. 즉, 구성원의 참여를 통하여 공정한 민의를 반영한 평생교육정책을 수립하고, 수립된 정책의 집행 과정에서도 그 권한을 국민이나 하위기관에 대폭 위양하여 평생교육행정의 독단이나 전권적 횡포를 막는 것을 말한다. 이러한 민주성의 원리를 위하여 평생학습의 기회균등과 평생교육의 자주성을 법적으로 보장하고 있다. 평생학습의 기회균등은 교육의 형평성이라고도 할 수 있는데, 학습의 기회나 학습의 내용, 학습과정에서의 배려가 사회·경제적인 조건에 의해 영향을 받지 않고 공평하게 배분되는 정도를 말한다. 자주성은 평생교육이 지방자치단체의 책임에 맡겨지는 것을 의미한다.

(2) 능률성의 원리

능률성(efficiency)의 원리란 최소의 시간과 경비를 투입하고 낭비를 최소화하여 최대의 효과를 올리려는 것으로 경제성의 원리라고도 한다. 합리적인 활동을 통하여 교육목표 달성의 극대화를 꾀하는 것은 평생교육행정의 주된 과업이라고도 할 수 있다. 그러나 평생교육은 단기적인 투자를 통하여 단기에 어떤 결과를 얻을 수 있는 상품 제조와는 다르기에 단기적 평가보다는 장기적 평가에 의한 능률성의 개념이 평생교육행정에서 강조되어야 한다. 또한 결과 위주의 단순한 기계적 · 경제적 능률과 더불어 조직 구성원의 만족과 사기를 높이는 사회적 욕구를 중시하는 사회적 능률의 개념도 평생교육행정에서 간과되어서는 안 된다. 능률성의 원리는 민주성의 원리와 상충될 수도 있는 개념이다. 따라서 민주성의 원리를 희생함이 없이 능률성이 중시되는, 즉 두 원리 간에 적절한 조화나 균형을 추구하는 기술이 평생교육행정에 요구된다.

(3) 타당성의 원리

타당성(validity)의 원리란 평생교육행정의 활동이 평생교육의 목표 달성에 타당한 보조활동이 되어야 함을 말하는 것으로 합목적성의 원리라고도 한다. 즉, 평생교육행정은 그 자체가 목적이 아니며 평생교육활동에 대한 지원적 · 봉사적 · 수단적 활동이기 때문에 목적과 수단 사이에 괴리가 없어야 한다는 것을 의미한다. 평생교육행정은 항상 올바른 평생교육목표를 세우고 그 달성에 필요하고 충분한 조건을 정비 · 확립해야 한다는 것이 곧 타당성의 원리다. 평생교육목표 달성에 기여하고 또 평생교육목표에 비추어 타당한 행정활동이 되어야만이 수단이 목표 자체가 되어 버리는 목표 전도(goal displacement) 현상이나 평생교육행정의 관료화 현상도 예방할 수 있다.

(4) 적응성의 원리

적응성(adaptability)의 원리란 평생교육행정이 새로운 사태의 변화에 신축성 있게 대응함으로써 조화적 관계나 능률적 성과를 계속해서 확보해 나가려는 것을 의미한다. 많은 변화가 동시다발적으로 일어나는 현대와 같은 정보사회에서 평생교육행정은 변화에 순응하는 소극적인 적응보다는 능동적인 대처로 변화를 주도하고 조절하는 능력이 요구된다. 평생교육행정에서 고려해야 할 적응의 문제는 시간과 공간을 초월하는 것으로, 종합적인 안목을 가지고 평생교육 내외적 변화 간의 균형을 유지하는 것이 필요하다. 그러나 이러한 적응성의 원리를 강조하다 보면, 평생교육의 특수성을 감안할 때 요구되는 안정성이 저해될 우려가 있음을 간과해서는 안 된다. 변화에 신축성 있게 적응해 가면서도 평생교육 내부의 본질적인 어떤 측면은 안정성 있게 유지하는 기술이 요청되는 것이다.

(5) 안정성의 원리

안정성(stability)의 원리란 전술한 적응성의 원리와 상충되는 개념으로, 평생교육 활동의 일관성과 지속성을 유지함으로써 안정성을 확보하려는 것이다. 새로운 변화가 다 좋은 것은 아니며 전통적인 것이 모두 보수적이고 나쁜 것은 아니다. 따라서 전통 중에서 바람직한 것은 계승하여 계속 발전시키는 좋은 의미의 보수주의가 필요한데, 안정성의 원리는 이를 의미한다. 타 분야에 미칠 충분한 고려 없이 급격한 변화를 초래하여 야기되는 평생교육의 혼란과 부작용도 문제이지만, 그렇다고 평생교육행정이 안정성만을 고집하여 변화에 느리고 혁신을 받아들이는 데 주저한다면 평생교육 발전을 위해 바람직한 일은 아니다. 따라서 평생교육 성과의 장기적인 안목에서 사태 변화에 조화 있는 적응을 꾀함으로써 전통성을 유지하고 강화 내지는 발전시킬 수 있다는 면에서 안정성의 원리가 중요시되는 것이다.

이상에서 살펴본 평생교육행정의 원리 간에는 서로 대조되는 것이 있다. 즉, 민주성의 원리와 능률성의 원리, 그리고 적응성의 원리와 안정성의 원리가 그것이다. 어느 하나만을 강조하다 보면 다른 역기능도 초래할 수 있다. 따라서 평생교육정책의 수립과 그 집행 과정에서 사물의 본말경중(本末輕重)을 분별하여 사후의 순위를 밝히고, 노력과 경비의 공정한 배분을 기하기 위해서 대조되는 원리 간의 균형적인 판단(balanced judgement)이 요청되는 것이다. 평생교육행정의 전문성이 요구되는 것도 바로 이런 이유 때문이다.

2. 평생교육경영의 기능

1) 평생교육경영의 영역

평생교육경영의 영역이라 함은 평생교육경영의 활동 범위를 의미하는데(김종철, 1982: 21), 그것은 평생교육경영이 수행하여야 할 업무의 내용과 한계를 말해 주는 것이다.

평생교육경영의 영역은 평생교육사의 직무를 중심으로 ① 평생교육에 대한 요구 분석 및 기획, ② 교육과정의 진행과 운영, ③ 교육과정의 평가, ④ 학습의 정보 제공 및 상담, ⑤ 교수−학습 등으로 분류할 수 있다. 이와 같은 평생교육행정의 영역 분류는 주로 「평생교육법」에 근거한 평생교육기관에서의 평생교육사가 수행해야 할 업무이므로 보다 포괄적으로 살펴볼 필요가 있다.

평생교육행정의 영역은 포괄적으로 취급하여 법적으로 보는 것과 업무 내용상으로 보는 것으로 구분하여 설명할 수 있다(김종철, 1982: 21-23). 법적으로 볼 때, 평생교육행정의 영역은 중앙정부의 교육부장관 관할하에 있는 평생교육에 관한 행정활동의 영역을 말한다. 구체적인 국가 평생교육행정은 평생교육법령 제ㆍ개정 및 정책 수립, 평생교육진흥, 평생학습도시정책, 대학평생교육, 시간제 및 학점은행제도, 초ㆍ중등학교 평생교육, 문해교육, 학원 등의 업무를 총괄하고 있다. 업무 내용 면에서는 평생교육행정의 영역을 기획행정, 조직행정, 교육내용의 행정, 학습자 행정, 인사행정, 재무행정, 시설행정, 사무관리행정, 평가 및 홍보에 관한 행정 등으로 구분하여 설명할 수 있다. 평생교육행정의 업무 내용은 광범위하고 복잡할 뿐만 아니라 행정의 단계가 중앙, 지방 및 기관 단위에 따라 업무가 서로 다르기 때문에 이를 포괄적으로 다루기는 쉬운 일이 아니다.

평생교육기관을 중심으로 한 행정에서 이루어져야 할 과업내용은 ① 평생교육 프로그램 개발 및 운영, ② 인사행정, ③ 학습자행정, ④ 재무행정, ⑤ 시설행정, ⑥ 사무관리, ⑦ 지역사회 관계 행정 등으로 분류된 평생교육기관의 조직과 운영에 관한 것이다. 이와 같이 분류된 평생교육의 영역에 대하여 간단히 설명을 덧붙이면 다음과 같다.

- 평생교육 프로그램 개발 및 운영: 평생교육기관의 궁극적 목적은 프로그램 개발 및 운영에 있기 때문에 평생교육 프로그램 행정은 평생교육행정의 가장 중심이 되는 영역이라고 할 수 있다. 평생교육 프로그램 행정이란 프로그램 목적의 수립, 프로그램 내용의 선정과 조직, 프로그램 운영 및 평가의 전 평생학습 활동의 과정을 지도하고 지원하는 일련의 행정활동을 말한다.
- 인사행정: 평생교육조직에서의 인사행정은 교육 주체인 교·강사뿐만 아니라 교육활동에 대한 지원업무를 담당하는 평생교육사 및 평생교육담당자를 포함하는 평생교육기관의 직원을 확보하고 관리하는 제반 행정활동을 말한다. 즉, 인사행정은 평생교육기관 직원의 모집, 선발, 임용, 근무, 승진, 징계, 신분 보장, 능력 발전 등 광범위한 활동을 포함한다.
- 학습자행정: 평생교육기관은 성인학습자의 등록에서부터 수료에 이르기까지 그의 신분에 관한 사항을 관장하며 학습자가 편리하고 유익한 학습활동을 할 수 있도록 각종 행정적 지원을 해야 한다. 이러한 활동은 구체적으로 학습자의 등록, 진급, 수료, 휴·복학 등 학습자의 상담 및 복지에 관한 사항을 포함한다.
- 재무행정: 평생교육기관에서 프로그램을 개발하고 운영하기 위해서는 그에 필요한 재원을 마련하고 그것을 합리적으로 배분하고 사용할 것이 요구되고 있다. 이와 같이 돈과 관계되는 업무활동을 재무행정이라 하며, 예산의 편성, 심의, 집행, 결산, 감사 등을 포함한다.
- 시설행정: 평생교육시설이라 함은 평생교육활동에 필요한 건물, 공작물, 설비, 교지 등을 말한다. 이러한 시설은 평생교육활동에 알맞게 갖추어져야 하고

또 그렇게 운영되지 않으면 안 된다. 평생교육시설행정은 시설의 설치, 유지, 관리, 운영을 포함하는 개념이다.

• 사무관리: 사무관리는 문서의 작성, 활용 및 보존과 같은 문서업무, 사무분장, 사무실 관리, 사무업무의 합리화를 포함하는 활동이다. 사무관리는 사무를 평생교육담당자의 역할이나 활동과 연결시켜 줄 뿐만 아니라 필요한 정보의 생산과 배포의 기능을 수행하기 때문에 그 중요성이 인식되고 있다.

• 지역사회 관계 행정: 평생교육기관은 지역사회에 존재하며 지역사회와 서로 영향을 주고받는 관계에 있기 때문에 지역사회와의 관계를 잘 유지하는 일은 평생교육행정의 중요한 과업 영역 가운데 하나다. 지역사회 관계 행정은 지역사회의 주민 및 지도자, 다른 기관과의 상호 이해와 협동관계 형성, 지역사회의 교육적 필요 인식과 충족, 지역사회 개선을 위한 봉사활동이나 프로그램 제공, 지역사회에 대한 홍보 등을 통하여 지역주민이 평생교육기관에 대해 좋은 태도를 갖도록 하는 일과 같은 행정활동을 포함한다.

2) 평생교육경영의 과정

평생교육경영의 과정은 앞에서 논의한 평생교육행정의 업무를 수행하기 위한 일련의 행정작용(administrative action)이라고 할 수 있다. 보다 효과적인 평생교육행정 업무의 성취를 위해서는 평생교육경영의 과정에 대한 이해와 이의 적절한 적용이 필요하다(신철순, 1995).

경영 과정에 대한 관심과 연구의 시작은 프랑스의 Fayol에 의하여 비롯되었다고 할 수 있다. Fayol(1949: 5-6)은 『일반 및 산업 관리론(General and Industrial Management)』에서 ① 계획(planning), ② 조직(organizing), ③ 명령(commanding), ④ 조정(coordinating), ⑤ 통제(controlling)의 5개 관리요소(elements of management)를 제시하였다. Fayol은 이들 요소가 모든 조직의 경영 과정에서 필수적인 보편적 요소라고 생각하였다. 이와 같은 그의 생각은 많은 행정 및 경영 학자에게 영향을 주어 공공행정, 교육행정, 기업경영과 같은 다른 행정 및 경영 분야에 적용하도록 하는 계기가 되었다.

Gulick과 Urwick(1937)은 정부조직에서 최고 행정집행자의 기능이 무엇인가를 알기 위하여 루스벨트 대통령의 일반적 직무를 분석하여 행정 과정 요소를 계획(planning), 조직(organizing), 인사(staffing), 지시(directing), 조정(coordinating), 보고(reporting) 및 예산(budgeting)의 머리글자를 따서 POSDCoRB라는 약어로 설명하고 있다.

교육행정 분야에 있어서 Gregg(1957: 273-274)는 교육행정 과정에 의사결정(decision making), 계획(planning), 조직(organizing), 의사소통(communicating), 영향(influencing), 조정(coordinating) 및 평가(evaluating)를 포함시키고 있으며, Campbell, Corbally 및 Ramseyer는 교육행정의 과정으로 의사결정(decision making), 프로그래밍(programming), 자극(stimulating), 조정(coordinating) 및 평가(appraising)를 제시하고 있다(1966: 66).

한편, Courtenay(1990: 63-77)는 일반행정 및 경영에 관한 문헌을 분석하여 평생교육경영의 과정으로서 철학과 사명, 목적과 목표, 기획, 조직과 구조, 리더십, 인사, 예산, 마케팅과 홍보, 평가의 아홉 가지 경영 과정을 제시하고 있다. 그의 평생

〈표 1-2〉 평생교육경영의 과정

구분	학자	행정 과정 요소
일반 행정	Fayol(1916)	계획, 조직, 명령, 조정, 통제
	Gulick & Urwick(1937)	계획, 조직, 인사, 지시, 조정, 보고, 예산
교육 행정	Gregg(1957)	의사결정, 계획, 조직, 의사소통, 영향, 조정, 평가
	Campbell et al.(1966)	의사결정, 프로그래밍, 자극, 조정, 평가
평생 교육 경영	Courtenay (1990)	철학 · 사명, 목적 · 목표, 기획, 조직 · 구조, 리더십, 인사, 예산, 마케팅 · 홍보, 평가

교육경영 과정은 다섯 가지 경영의 요소와 대체로 일치하며, 거기에 '기관의 철학과 사명' '목적과 목표' '마케팅과 홍보'의 세 가지 요소가 추가되었다.

이상에서 살펴본 일반행정, 교육행정 및 평생교육경영의 과정을 요약하여 제시하면 앞의 〈표 1-2〉와 같다.

이 표에서 보는 바와 같이 일반행정, 교육행정의 과정을 분석·종합하여 Courtenay의 평생교육경영의 과정을 제시한 것을 구체적으로 설명하면 다음과 같다.

(1) 철학과 사명

평생교육기관의 철학은 기관이 추구하는 기본적인 가치, 개념, 신념 등을 가리킨다. 이러한 철학은 기관 경영자의 가치와 배치될 수도 있고 일치할 수도 있다. 평생교육경영자는 자신과 기관의 가치가 일치할 경우 기관을 경영하기가 한층 수월할 수 있다. 또한 기관의 사명은 평생교육 프로그램의 목적과 과업으로 구체화되어 나타난다. 예컨대, 평생교육기관이 이윤 추구보다는 평생교육의 공익성과 평등성을 강조하는 비영리 기관이라면, 평생교육 행정가 및 경영자는 이와 같은 기관의 철학과 사명(philosophy and mission)을 분명히 하고 그것을 기관의 구성원과 함께 공유해야 한다.

(2) 목적과 목표

평생교육 행정가 및 경영자는 기관의 철학과 사명을 개발하고 공유한 다음, 기관의 목적(goals)을 설정하고 그것을 달성하기 위한 구체적인 목표(objectives)를 세워야 한다. 목적은 기관의 폭넓은 의미의 임무를 가리키며, 목표는 목적을 실현하기 위한 세부적인 과업이다. 예컨대, 평생교육기관의 목적이 직업능력 및 전문기술을 제공하기 위한 교육과 훈련 기관이라면 그에 대한 다양한 프로그램을 개발하고 세부적인 수강 인원과 교육기간 및 교육성과에 대한 구체적인 목표를 세울 수 있다. 유의할 점은 실현 가능하고 성취될 수 있는 목적과 목표를 설정하는 것이 중요하다는 것이다.

(3) 기획

기획(planning)은 Fayol 이후 계속 강조되어 온 과정 요소로서 Campbell이 제시하고 있는 프로그래밍(programming)도 기획의 범위에 포함될 수 있다. 모든 조직이 목표 달성을 위해 설립되었음을 감안할 때, 평생교육행정에 있어서 기획은 평생교육기관의 목표를 설정하고 이를 달성하기 위한 합리적인 수단과 방법을 마련하는 일련의 과정이라 할 수 있다. 평생교육기획은 대내외 상황분석, 기관 및 교육의 목표 설정, 기관 및 교육의 목표 달성 전략 탐색, 실행계획 수립, 평가 및 피드백 등에 관한 합리적인 과정이다.

(4) 조직과 구조

행정 과정 요소로서의 조직도 기획과 마찬가지로 모든 학자의 행정 과정 요소에 포함되어 있는 중요한 요소다. 조직 과정을 통하여 과업이 분담, 배분되며 통합된 운영체계를 위하여 조절된다. 이 단계는 평생교육경영 과정에서 핵심이라고 할 수 있다. 이것은 조직의 목적을 달성하기 위해 어떠한 과업이 있는지 분석하여 구조화하고 과업별로 담당자를 정하는 일이기 때문이다. 평생교육경영자는 평생교육기관의 목적 달성을 위하여 기관을 조직화하고 구조화해야 한다. 또한 프로그램 개발 및 운영을 위해서도 조직화 및 구조화가 필요하다. 프로그램의 교 · 강사, 장소, 등록과 마케팅, 홍보, 평가 등의 업무를 담당할 담당자 및 책임자를 결정하는 일이 필요하다. 평생교육 행정가 및 경영자는 기관을 효율적으로 경영 · 관리할 수 있는 전략을 개발해야 한다.

(5) 리더십

조직의 목표 달성을 위해서는 다른 사람의 행동을 유발하는 것이 필요한데, 리더십은 이와 관련이 있다. Fayol은 지휘(commanding)라는 용어를 사용하여 이를 설명하고 있으며, 다른 많은 학자는 그 후 지시(directing)라는 용어를 사용하고 있다. 그러나 오늘날에는 지휘나 지시, 명령과 같은 권위주의적 용어보다는 오히려 지도

(leading)나 자극(stimulating) 그리고 영향(influencing) 등의 용어를 더 선호하는 경향이 있다(Knezevich, 1884: 14). 평생교육경영자의 리더십은 조직의 성공과 생존을 결정하는 중요한 요인이다. 때로는 기술적 자원이 기관의 성패를 좌우하는 중요한 요인이긴 하지만 효과적인 리더십이 기술적인 장비와 자원의 결핍을 보완할 수 있다. 따라서 평생교육지도자는 기관의 목표 달성을 위해 프로그램 개발, 마케팅, 인사, 재무 등의 과업에 대한 경영 과정에서 탁월한 리더십을 발휘해야 한다.

(6) 인사

이는 평생교육 과업을 수행하기 위하여 능력 있고 적격한 평생교육담당자를 선발하고 훈련하여 발전시키고, 평생교육담당자가 조직 구성원으로서 일하기에 좋은 근무조건을 조성하는 것을 가리킨다. 평생교육기관의 인사(staffing)는 정실에 얽매이지 않고 공정하게 이루어져야 하며, 과업을 정확하게 구분하고 구체화하여 직원을 적재적소에 배치해야 한다. 자격과 능력이 있는 직원을 선발한 다음에는 자기계발을 할 수 있도록 교육과 훈련의 기회를 제공해야 한다.

(7) 예산

평생교육담당자는 평생교육 프로그램 개발과 운영을 포함한 평생교육 업무를 추진하는 데 있어서 어떤 형태로든 직간접적으로 예산(budgeting) 및 회계 관리에 관련될 수밖에 없다. 평생교육담당자는 기관의 예산이 이미 확보된 자원에 대한 단순한 예산관리 형태를 넘어서 경우에 따라서는 내·외부로부터 다양한 형태의 재원이 확보되고 관리될 수 있기 때문에 효율적인 평생교육의 운영과 경영을 위하여 평생교육 예산 및 회계 등의 제반 재무관리 절차에 관한 전문적인 지식과 기술을 갖추어야 한다.

(8) 마케팅과 홍보

최근 평생교육기관의 수가 증가하고 규모의 확장으로 인한 경쟁이 불가피해짐에 따라 평생교육기관도 경영의 원리를 도입하게 되었다. 이러한 이유로 평생교육기관의 홍보와 마케팅이 경영의 필수 요소가 되었다. 평생교육경영자는 평생교육기관을 효과적이고 효율적으로 운영하기 위하여 평생교육기관에 대한 경영적 진단을 실시하고, 프로그램 및 기관의 우수성과 장점을 알리도록 마케팅과 홍보 전략을 강구할 수 있어야 한다. 평생교육기관장은 홍보책자, 언론매체, DM 발송 등의 활용과 같은 마케팅 및 홍보에 대한 폭넓은 지식과 전략을 갖추고 있어야 한다.

(9) 평가

평가(evaluation)는 교육목표 달성 여부를 결정하고 감시하는 과정을 말한다. 이에 대해 Fayol은 통제(controlling)라는 용어를 사용하였으며, Gulick은 보고(reporting)와 예산편성(budgeting), Gregg는 평가(evaluating), 그리고 Campbell 등도 평가(appraising)라는 용어를 사용하고 있다. 이로써 유사한 행정활동이 각기 다른 용어로 설명되고 있음을 알 수 있다. 피드백 과정을 통해 모든 행정활동의 과정에 평가활동이 영향을 미치고 있기 때문에 평생교육기관에서 평가 및 통제는 중요하다. 그리고 평가의 결과는 바람직한 결과를 낳을 가능성이 더 큰 새로운 전략의 시행이나 기존 전략의 변화에 활용될 수 있다.

3) 평생교육경영 기능의 모형

효율적인 평생교육경영은 경영과업(일), 경영과정, 그리고 환경과의 상호작용 속에서 그 기능이 발휘된다. 평생교육경영 과업은 평생교육경영 과정을 통하여 수행된다. 평생교육경영 과업(lifelong learning managerial tasks)은 프로그램 개발 및 운영, 인사관리, 재무관리, 마케팅 등이며, 평생교육경영 과정은 기획, 조직, 지휘, 평가 등이다. 이들 과업과 경영 과정은 평생교육 단위부서, 즉 특수한 환경 내에서 수행되지만 다른 환경, 즉 평생교육기관, 지역사회, 인간학습체제로부터 민감하게 영향을 받는다. 이와 같은 평생교육경영의 과업, 역할 및 환경과의 관계는 [그림 1-1]

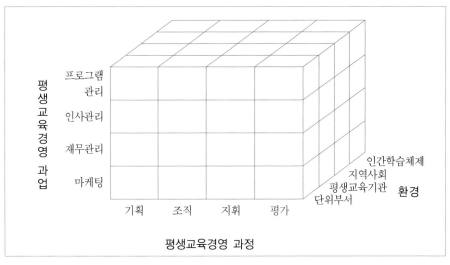

[그림 1-1] 평생교육경영의 과업, 과정 및 환경과의 관계

과 같다.

(1) 평생교육경영 과업

평생교육경영의 기본적인 업무는 프로그램 개발 및 운영, 재무관리, 인사관리, 마케팅의 네 가지를 들 수 있다. 이들 업무는 우선순위에 따라 다루어진다. 프로그램은 직원에 의해 실행되고 재정 조달이 이루어질 때 가능하다. 마케팅은 순서상 늦지만 한정된 예산으로 프로그램을 촉진하는 데 있어서 평생교육경영자의 창의적인 리더십을 필요로 한다.

① 프로그램 관리

프로그램 관리(programming)는 필요한 모든 자원을 활용하여 학습자가 원하는 프로그램 개발 및 서비스를 창출하는 활동이다. 프로그램 관리는 다른 요인보다 그 이상으로 판단되고 지원받는 조직의 이미지와 기초를 창출하며, 기관의 생산품이나 정체성을 만드는 것이다. 질적인 프로그램을 생산하는 평생교육담당자는 건강하고 활력 있고 성공적인 평생교육 프로그램을 만들 것으로 확신한다.

평생교육경영자의 프로그램 운영 및 개발 책임은 다른 기관 구성원의 책임과 다르다. 평생교육경영자는 성인학습자에게 프로그램 운영과 개발에 관한 일반적인 방향과 철학적 기초를 제공해야 한다. 평생교육경영자는 ① 프로그램이 평생교육 단위부서와 평생교육기관의 사명과 강점을 반영하고 있고, ② 적절한 교육수준으로 기획되어 행해지고 있고, ③ 프로그램의 모든 측면에서 높은 수준의 질을 가지고 있음을 확신해야 한다. 이를 위해 평생교육경영자는 다양한 성인의 욕구를 평가하고, 성인학습자를 의사결정에 참여시키고, 프로그램과 전달체제를 기획·평가하고, 효과적인 성인학습 이론과 실제 내에서 이와 같은 모든 것을 행할 수 있도록하는 것 등의 지식과 기술을 가져야만 한다.

② 인사관리

인사관리(staffing)는 기관에서 사람과 관련된 모든 활동으로 종사자들을 채용하여 교육·훈련시켜 적재적소에 배치하는 인적자원 관리활동이다. 경영은 사람과 함께 작업함으로써 기관의 목적을 성취하는 것이기 때문에 경영적 성공은 효과적인 인사관리에 달려 있다. 인사관리 기능은 훌륭한 사람의 모집, 선발, 개발, 배치 등이다. 그러므로 프로그램 개발과 운영이 평생교육경영의 핵심적인 사명인 반면, 인사관리는 경영 업무 가운데 가장 중요한 일이다.

점차 평생교육기관에는 고도로 훈련받고 숙련된 사람들이 근무하게 된다. 경영자는 동료 직원이 강점을 보이는 분야에서 최고의 역량을 발휘할 수 있도록 리더십을 보여야 한다. 직원의 전문성과 수월성으로 구축된 역동적이고 활력적인 조직을 창출하는 것이 가장 좋은 방법이다. 모든 경영자가 지정된 권한 또는 권력을 가지지만, 현명한 경영자는 진정한 권력과 리더십이 직원 안에 있다는 것을 아는 자다.

③ 재무관리

재무관리(financing)는 기관의 목표를 달성하기 위해 필요한 재정을 합리적으로 조달하고 효과적으로 운용하는 활동이다.

모든 기관의 주요 관심사는 재원 마련에 관한 것이다. 전형적인 평생교육 프로그램 비용은 학습비나 수수료에서 정부보조금까지 다양한 기금에 의존한다. 프로그램 개발 및 운영, 마케팅, 인사관리는 재원과 기금의 양에 따라 직접적으로 영향을 받거나 영향을 미친다. 평생교육경영자는 기관의 목적과 프로그램의 목표에 따라 필요한 자금을 확보하거나 예산을 충당할 책임이 있다.

④ 마케팅

마케팅(marketing)은 학습자의 욕구와 기관의 목표를 모두 만족시키기 위한 재화와 용역을 교환하는 활동이다. 마케팅은 교육계 내에서 광범위하게 수용되어 온 개념이다. 경영자는 비영리 부문에서 마케팅의 관련성을 인식하지 못했다. Kotler (1982)의 비영리조직 마케팅에 관한 토의에서 마케팅은 판매(selling), 촉진(promotion)이 아니고 오히려 최대한의 서비스를 보장하는 것임을 강조하고 있다. 평생교육철학과 부합되는 마케팅의 목적은 고객의 욕구를 알게 하고 자극하고 충족시키는 것이다. 마케팅은 고립된 부서나 개인의 역할이 아니고 기관 전체에 배어드는 태도이어야만 한다. 기관의 모든 사람이 고객 지향적이어야 한다. 전체 직원이 대화적이어야 하고 상호작용적 의사소통, 촉진, 평가 등을 보장할 수 있는 표적고객 집단으로 기획되어야 한다.

(2) 평생교육경영 과정

우선 평생교육경영 과정 측면에서 보는 관점은 기관의 목표를 효율적으로 달성하기 위하여 요구되는 기본적인 프로세스별로 경영활동을 나누는 것이다. 이러한 관점은 기관의 규모가 확대되고 업무가 복잡해질수록 더욱더 강조된다. 평생교육경영 활동을 과정별로 보면 우선 계획을 세우고(planning), 즉 기획하고, 그 계획을 달성할 조직을 구성(organizing)하며, 목표에 따라 계획이 잘 실행되도록 직원을 지휘(leading)하고, 그 계획에 따라 실행이 이루어졌는지를 평가하는 통제활동(controlling)으로 나누어진다.

① 기획

기획(planning)은 기관의 경영목표를 세우고 이를 달성하기 위한 가장 좋은 방안을 찾는 활동이다. 모든 평생교육 프로그램은 목적을 어떻게 달성할 것인가 하는 목표와 이념을 가지고 있다. 기획은 여러 대안의 분석과 평가를 통한 목표 달성을 위하여 목표를 설정하고 단계를 선택하는 과정이다. 기획은 조직의 기본 방향을 설정한다.

기획에 대한 특수한 접근은 전략적 기획이다. 전략적 기획은 모든 환경적이고 조직적인 기회와 제약요인을 고려하는 방법론이다. 전략적 기획의 목적은 직원을 위한 기능적인 목표와 운영계획의 양 측면을 포함한 전략을 개발하는 것이다. 전략적 기획에는 기본적인 다섯 가지 단계가 있다. 첫째, 조직의 사명을 정의하라. 둘째, 조직의 강점을 확인하라. 셋째, 현재와 잠재적 고객 및 그들의 환경을 기술하라. 넷째, 조직에 영향을 미칠 가능성이 있는 내외적 요인을 고려하라. 다섯째, 운영계획을 개발하라. 기획은 조직의 사명, 프로그램, 인사관리, 마케팅, 재정적 능력에 의해 조절되는 균형이다.

② 조직

조직(organizing)은 수립된 계획을 성공적으로 달성하기 위하여 어떠한 형태로 조직을 구성할 것인가를 결정하고 인적 및 물적 자원, 자본, 정보, 지식 등을 배분하고 조정하는 활동이다.

기획이 개발될 때 그것은 수행되어야 할 필요가 있다. 조직하는 것은 역할과 책임의 제도를 개발하는 것이며, 최대의 성과, 명백한 기대, 그리고 효과적인 의사결정을 제공하는 과업과 자원을 위임하는 것이다. 가장 성공적인 조직은 융통성 있고 빠른 채택을 허용하는 기본적이고 복잡하지 않은 조직 구조를 가진다.

③ 지휘

지휘(leading)는 평생교육기관의 목표를 달성하기 위하여 요구되는 업무를 잘 수행하도록 직원의 동기를 유발하고 이끄는 활동이다. 여기에는 직원의 동기유발, 갈등 해소, 원활한 의사소통, 의사결정, 의사결정 시스템의 유지와 개선, 업무의 독려 등이 포함된다.

④ 평가

평가(evaluating)는 직원이 수행하는 업무가 제대로 추진되고 있는가를 확인하고 문제가 있을 때 수정하는 활동이다. 계획 과정이 진척되고 자원이 조직되면 목적과 목표의 달성을 확인하기 위하여 과정을 평가할 필요가 있다. 평가는 평생교육인사가 의도된 계획과 실제 활동을 비교하고, 자체 계획을 변경하거나, 계획을 성취하기 위하여 조직을 변화시키는 데 사용할 수 있는 정보를 제공한다. 선정된 평가방법은 유용한 정보와 실행의 편리함을 제공할 수 있는 것에 기초해야 한다. 평가방법은 가능한 한 정확해야 하고 사람들의 기본적인 권한을 보호해야 한다. 평가는 자료 분석, 성인학습자 면담, 프로그램 감사 등을 통해서 실행되어야 한다. 그러나 대부분 중요한 평가는 계속적인 사적인 관찰을 통해 주의 깊게 행해지는 것이 최선이었다.

(3) 평생교육경영 환경

모든 조직은 조직에 영향을 주고받는 다양한 환경 속에서 작용한다. 평생교육 환경은 많은 사람과 부분으로 구성된 하나의 체제인 단위(unit)부서가 있고, 그보다 큰 평생교육기관(parent organization), 지역사회(community), 인간학습체제(human learning environment)의 하위 체제가 있다.

조직의 효과성을 최대화하기 위하여 평생교육경영자는 계속적으로 환경적 요소에 따라 처리되도록 다양한 환경과 적절한 프로그램 계획과 전략을 평가해야 한다. 이들 요인은 자원의 이용 가능성, 프로그램 요구, 정책적 지원 등에 영향을 미친다.

① 단위부서

경영의 민감도를 요하는 가장 직접적인 환경은 평생교육 단위부서의 조직풍토다. 직원에 대한 서비스와 질을 개선하기 위하여 효율적이고 지원적인 근무 장소가 제공되어야 하는 것이 필수적이다. 조직풍토는 사람들이 자신의 일을 어떻게 보고 어떻게 수행하느냐에 지대한 영향을 미친다. 효율적인 프로그램 개발과 질적인 서비스는 상호작용 관점과 지원을 강조하는 풍토로부터 그 결과가 나타날 가능성이 많다.

② 평생교육기관

대부분의 평생교육 프로그램은 일차적인 목적이 성인교육을 수행하지 않는 대규모 조직의 일부분으로 실행되고 있다. 그러나 단설 평생교육기관은 평생교육단위의 안정성과 자원 이용 가능성에 많은 영향을 미친다. 평생교육단위는 단설 평생교육기관의 문화와 역동성이 가능하다는 것을 분명히 알도록 하는 것이 필수적이다. 단설 평생교육기관은 자신의 역할을 이해해야 하며 전체 목적과 가치가 일관된 방식으로 프로그램을 수행해야 한다. 단설 평생교육기관의 다른 단위부서에서의 인간의 효율적인 상호작용 관계는 똑같이 중요하다. 이들 모든 활동이 성공적으로 수행된다면, 평생교육은 요구받은 자원을 쉽게 얻을 수 있으며 바라는 결과를 만들수 있을 것이다.

③ 지역사회

외부 환경을 언급할 때, 평생교육종사자는 그들이 일하고 있는 지역사회를 언급한다. 지역사회에는 성인학습자, 고객 조직과 집단, 기타 제공자, 비판자, 지지자가 있다. 유용한 정보를 구하기 위한 과정으로 지역사회의 적절한 측면을 세밀히 살펴볼 필요가 있다. 환경적 조사는 평생교육에 영향을 미치는 발전 추세와 사건을 확인하기 위한 기초를 제공한다. 지역사회 내의 주요 요인이 범주화되고, 등급별로 분류화된 정보는 수집되고 분석된다. 수집된 자료는 전략적 계획에 통합된다.

Kotler와 Fox는 인구통계학, 경제학, 자연자원론, 공학, 정치학, 문화 등으로 분류한 자료 분류의 틀을 개발했다.

④ 인간학습체제

일반적인 지역사회를 고려하는 것에 덧붙여, 평생교육경영자는 조직을 보다 큰 인간학습체제 내의 하위 체제로 고려해야 할 필요가 있다. 평생교육경영자는 평생교육의 역할을 전체 인간환경체제(가족, 지역사회, 교회, 직장, 매스컴, 학교, 대학 등) 내에서 인식할 필요가 있다. 이들 하위 체제는 계속적으로 공식적ㆍ비공식적으로 상호작용한다. 평생교육경영자는 이 모든 구성 요소와 상호작용을 알아야 될 것이다.

3. 평생교육 행정가 및 경영자

1) 평생교육 행정가 및 경영자의 지위

행정가(administrator) 및 경영자(manager)는 조직을 이끌고 그 결과에 책임을 지는 사람이다. 따라서 장관, 대학총장, 도지사, 교육감 및 시ㆍ군ㆍ구청장도 행정가라고 할 수 있고, 대기업 회장, 사장, 영업부장, 공장장도 경영자, 노동조합장, 슈퍼마켓 주인뿐만 아니라 가정을 꾸려 나가는 주부도 경영자라고 할 수 있다. 그러나 일반적으로 평생교육 행정가 및 경영자라고 하면 기관의 목표를 달성하기 위해 프로그램 개발, 마케팅, 인사, 재무 등과 관련된 활동을 기획ㆍ조직화ㆍ지휘ㆍ통제하여 기관을 경영하는 행정 및 경영 주체를 의미한다. 행정 및 경영 활동의 내용이 복잡해져서 행정가 및 경영자의 수가 상당수에 이를 때에는 관리층 및 경영층(management)이란 말을 사용할 수도 있다. 하지만 경영자나 경영층을 같은 의미로 보아도 무방할 것이다. 관리자 및 경영자를 계층에 따라서 일선 관리자 및 경영자, 중간 관리자 및 경영자, 최고 관리자 및 경영자로 분류할 수 있다. 학습자를 중심으

[그림 1-2] 평생교육경영자의 위계관계

로 구체적인 평생교육경영자의 위계관계를 도식화하면 [그림 1-2]와 같다.

(1) 일선 관리자 및 경영자

일선경영자(first-line manager)는 현장경영자(supervisory manager)라고도 불린다. 기업에서 일선경영자는 작업자의 활동을 감독하고 조정하는 경영자로서 기업 내에서 가장 낮은 단계의 경영자를 말한다. 따라서 평생교육기관에서의 일선경영자는 평생교육기관 운영의 일선에서 업무를 담당하는 자다.

일선경영자는 기관 종사자, 프로그램 운영 및 개발자, 교·강사 등 평생교육기관에서 어떤 작업을 담당하고 있는 자다.

(2) 중간 관리자 및 경영자

중간경영자(middle manager)는 일선경영자를 지휘하는 데 주요 책임이 있으며 때에 따라서는 작업자를 직접 지휘하는 역할도 한다. 중간경영자는 최고경영자가 설정한 기관의 방침과 계획을 실행하며 최고경영자와 같은 상위자의 요구와 자신의 하위자인 일선경영자나 종사자의 능력을 조화시키는 역할도 한다. 중간경영자의 예는 과장, 부장, 행정실장, 부원장, 사무국장 등이다.

(3) 최고 관리자 및 경영자

최고경영자(top manager)는 기관의 전반적인 경영을 책임지는 경영자로서 계층 상 최상층에 속하는 경영자를 말한다. 이는 기관 내에서 비교적 적은 수의 사람으로 구성된다. 일반적으로 최고경영자는 기관의 활동방침을 설정하거나 기관 외부의 환경과 상호작용을 하는 업무를 주로 맡는다. 평생교육기관의 최고경영자는 기관별로 각각 다른 명칭을 갖고 있다. 우리나라에서는 원장, 관장, 센터장, 법인 이사장 등이 해당한다. 미국에서는 전문경영자의 성격을 갖고 있는 최고경영책임자(chief executive officer: CEO)가 이 범주에 속한다.

2) 평생교육 행정가 및 경영자의 계층과 업무량

평생교육 행정가 및 경영자는 성인학습자의 업무를 수행함에 있어서 일선 학습 현장업무, 기획 및 중간관리 업무, 기관의 전반을 관리하는 총책임의 업무를 수행하는 경영관리층으로 구분될 수 있다. 이와 같이 평생교육경영 관리층이 평생교육 업무에 대한 관리와 감독의 책임이 있다 할지라도, 성인학습자를 위한 실제 평생교육 행정과 경영은 하향식(top-down) 방식에서 상향식(bottom-up) 방식을 추구해야 할 것이다. [그림 1-2]에서 보는 바와 같이, 평생교육을 위한 행정 및 경영은 학습자를 최고의 지위에 두고 최고경영자가 가장 낮은 지위에서 학습자, 일선경영자, 중간경영자를 위해 봉사하는 활동이다.

앞에서 보는 바와 같이 계층별 평생교육경영자는 모든 계획을 수립하고 조직화하여 경영목표를 효율적으로 달성하기 위해 지휘하고 통제하는 등의 동일한 경영 활동을 수행하게 된다. 다만 이러한 활동을 수행하는 데 있어서 경영자별로 역할이나 활동의 비중이 조금씩 다르게 된다. 경영자가 경영활동을 수행하는 데 있어서 계층별로 요구되는 경영능력의 상대적 중요성은 서로 다르다. 경영조직의 연구에 따르면 대부분의 경영자는 계층에 상관없이 종업원을 지휘하는 일에 가장 많은 시간(3~4.5h)을 보내는 것으로 나타났다. 다만 상대적으로 최고경영자의 경우에는 계획활동에 많은 시간을 보내고, 중간경영자는 조직화하는 데 시간을 많이 보내며, 일선경영자는 통제활동에 비중을 많이 두는 것으로 나타났다. 경영조직과 그대로 일치하지는 않지만, 평생교육기관도 상대적으로 최고 관리자 및 경영자는 계획활동에, 중간 관리자 및 경영자는 조직화 및 지휘 활동에, 일선경영자는 통제활동에 역점을 두어야 할 것이다. 구체적인 평생교육 행정가 및 경영자의 계층별 1일 업무량을 도식화하면 [그림 1-3]과 같다.

[그림 1-3] 평생교육경영자의 계층별 1일 업무시간

제2장

평생교육의 법규 체계와 조직

1. 평생교육의 법규 체계

1) 교육 관련법의 구조

(1) 법규의 위계

평생교육에 관한 법규 체계를 살펴보기 위하여 교육과 관련된 법의 구조를 개관할 필요가 있다. 교육 관련법의 구조를 개관하기에 앞서 법의 위계와 적용 원칙을 살펴보는 것 또한 중요하다. 일반적으로 법규는 제정권자의 상하 관계에 따라 그 위계가 성립한다. 법규는 국가수준과 지방자치단체 수준으로 구분하여 설명될 수 있다. 국가수준의 법규는 헌법, 법률, 대통령령(시행령), 국무총리령, 부령(장관이 제정하는 시행규칙) 등의 순으로, 지방자치단체 수준의 법규는 조례(지방의회), 규칙(시·도지사, 시·구청장) 또는 교육규칙(교육감) 등의 순으로 위계가 성립되어 적용된다. 물론 국가수준의 법규가 지방자치단체 수준의 법규보다 당연히 우선한다.

한편, 여러 가지 관련 법규를 적용할 때에는 동일한 사안에 대하여 다음과 같은 원칙이 적용된다(남정걸, 2002: 48).

① 상위법 우선의 원칙

법 상호 간에는 상하의 관계가 있다. 예컨대, 「교육기본법」과 「평생교육법」의 관계는 상위법과 하위법의 관계에 있다. 하위법이 상위법에 위배되는 경우, 동 규정은 무효이며 상위법이 적용된다. 예컨대, 상위법이 바뀌었는데도 관련 하위법이 그에 맞게 변경되지 않은 경우에 흔히 볼 수 있다.

② 신법 우선의 원칙

신·구법이 상충되는 경우, 신법이 우선 적용된다. 실제에는 신법의 부칙에 구법과의 관계를 명시하는 규정을 두어 상충되지 않도록 하고 있다.

③ 특별법 우선의 원칙

「국가공무원법」과 「교육공무원법」, 「초·중등교육법」과 「특수교육진흥법」, 「지방자치법」과 「지방교육자치에 관한 법률」 등에서 적용 범위가 큰 전자의 법을 일반법이라 하고, 적용 범위가 작은 후자의 법을 특별법이라고 한다. 이들 양자의 법 간에 다른 규정이 있는 경우에는 후자의 법인 특별법이 우선적으로 적용되며 그 외의 경우는 일반법이 적용된다.

(2) 교육법규와 평생교육

교육에 관한 법규의 구조는 [그림 2-1]과 같이 「교육기본법」을 상위법으로 하고 그 아래 「초·중등교육법」 「고등교육법」 「평생교육법」을 두는 3법체제를 이루고 있다. 이러한 구조는 학교교육과 학교 외 교육을 대등한 위치에 둔다는 것을 의미한다.

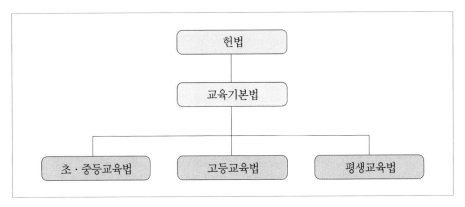

[그림 2-1] 교육에 관한 법규의 구조

[그림 2-1]에서 보는 바와 같이, 교육 및 평생교육에 관한 사항은 헌법을 토대로 모두 「교육기본법」을 비롯한 교육관계 법령에 규정되어 있다. 교육 및 평생교육에 관한 행정도 모두 법령에 정해져 있는 원칙과 방법에 따른다.

「헌법」은 국가 통치체제의 기초를 정한 국가의 기본법이자 최고의 법규로서 흔히 '법의 법'이라고도 한다. 「헌법」에서의 평생교육에 관한 내용은 제2장 제31조의 제5항과 제6항으로 각각 평생교육진흥의 의무와 평생교육행정의 법률주의 원리를 규정하고 있으며, 그 내용은 다음과 같다.

제5항 국가는 평생교육을 진흥하여야 한다.
제6항 학교교육 및 평생교육을 포함한 교육제도와 그 운영, 교육재정 및 교원의 지위에 관한 기본적인 사항은 법률로 정한다.

「교육기본법」에서의 평생교육에 관한 내용은 제3조, 제9조 제2항, 제10조 제1항, 제2항, 제3항, 제11조 제1항, 제2항 등에 규정하고 있으며 구체적인 내용은 다음과 같다.

제3조(학습권) 모든 국민은 평생에 걸쳐 학습하고, 능력과 적성에 따라 교육받을 권리가 있다.

제9조(학교교육)

② 학교는 공공성을 가지며, 학생의 교육 외에 학술 및 문화적 전통의 유지·발전과 주민의 평생교육을 위하여 노력하여야 한다.

제10조(사회교육)

① 국민의 평생교육을 위한 모든 형태의 사회교육은 장려되어야 한다.

② 사회교육의 이수는 법령으로 정하는 바에 따라 그에 상응하는 학교교육의 이수로 인정될 수 있다.

③ 사회교육시설의 종류와 설립·경영 등 사회교육에 관한 기본적인 사항은 따로 법률로 정한다.

제11조(학교 등의 설립)

① 국가 및 지방자치단체는 학교 및 사회교육시설을 설립·경영한다.

② 법인·사인은 법률이 정하는 바에 의하여 학교 및 사회교육시설을 설립·경영할 수 있다.

앞에서 보는 바와 같이 「교육기본법」에서의 평생교육에 관한 규정은 학습권, 학교의 평생교육의무, 사회교육 실시, 사회교육시설의 설립·경영 등을 다루고 있다. 다만, 교육기본법에서는 1999년 사회교육법 폐지에 의해 제정된 평생교육법의 취지에 따라 '사회교육'을 '평생교육' 용어로 대체하여 정비하지 못하고 있다.

2) 평생교육법령

(1) 평생교육법

해방 직후 최초의 평생교육법이라고 할 수 있는 사회교육법안은 국회에 제안되었지만 통과되지 못하였고, 30여 년의 세월이 지난 1982년에야 비로소 「사회교육법」이 제정되었다. 「사회교육법」은 학교중심 교육법의 하위법과 같은 위상에 머물렀고, 법의 적용 범위가 극도로 한정되는 등의 문제점을 안고 있었다. 1995년 교육개혁위원회는 5 · 31 교육개혁안에서 문제가 많은 「사회교육법」을 폐지하고 「평생교육법」을 새로 입법할 것을 제안하였다(교육개혁위원회, 1996). 그리하여 「평생교육법」은 「사회교육법」을 대체하여 1999년 8월에 제정되고 2000년 3월에 공포 · 시행되었다. 이후 2007년 12월 14일 「평생교육법」을 전부(전면) 개정 · 공포하고 2008년 2일 15일 시행되었다. 평생교육법령의 주된 개정 이유는 평생교육의 활성화를 위하여 국가와 광역 · 기초 자치단체 단위의 추진체제를 정비하고, 평생교육센터, 학점은행센터, 독학학위검정원의 세 기관을 통합하여 평생교육의 총괄적인 집행기구로서 '평생교육진흥원' 설립의 필요성 때문이었다. 이에 전부 개정된 평생교육법의 특징 및 필요성에 따라 개정된 주요 내용을 정리하면 〈표 2-1〉과 같다.

〈표 2-1〉에서 보는 바와 같이, 평생교육법은 2008년 전면개정 시행 이후 지속적으로 개정되어 왔으며, 개정된 주요 조항은 평생교육사 자격제도, 평생교육기관

〈표 2-1〉 **평생교육법의 특징과 주요 개정 내용**

구분	특징
사회 교육법 (1982)	• 평생교육의 개념을 제도적으로 처음 규정 • 국가의 평생교육진흥 전략 제시 • 한국평생교육제도의 기본 골격 구축 • 평생교육 전문가 자격인정을 위한 국가제도 신설
평생 교육법 (1999)	• 교육기본법 하에 초 · 중등교육법, 고등교육법, 평생교육법 체제 정비 • 학습휴가 및 학습비 지원에 관한 사항 신설 • 평생교육사업을 추진할 수 있는 조직체제 구축 • 평생교육시설 세분화 • 국민의 학습관리를 위한 제도적 기반 마련
평생 교육법 (2007)	• 평생교육 기회균등을 보장하기 위한 수단 및 제도 체계화(2007) • 평생교육의 총괄적인 추진기구인 '평생교육진흥원' 설립(2007) • 국가와 광역 · 기초자치단체 단위의 평생교육추진체제 정비(2007) • 문해교육 및 성인문해 학력인정제도와 평생학습계좌제 신설(2007)

평생 교육법 (2009)	• 평생학습프로그램에 대한 평가인정 및 위반 시 취소 등 사후관리방안 규정(법 제23조)(2009) • 평생교육사 자격제도 개선(법 제24조)(2009) • 사내대학 설립조건 완화 및 입학대상 확대(법 제32조)(2009) • 원격교육방식 학교교과학습 학원 관련(제33조 제2항)(2011) • 평생교육사 자격증 교부 · 재교부 업무(제44조)(2013) • "문자해득교육"을 "문해교육"으로 약칭하고, 그 정의를 일상생활을 영위하는 데 필요한 문자해득(文字解得)능력을 포함한 사회적 · 문화적으로 요청되는 기초생활능력 등을 갖출 수 있도록 하는 조직화된 교육프로그램으로 규정함(제2조 제3호)(2014) • 시장 · 군수 · 구청장은 읍 · 면 · 동별로 평생교육프로그램의 운영과 상담을 제공하는 평생학습센터를 설치하거나 지정하여 운영할 수 있도록 함(제21조의2 신설)(2014) • 국가 및 지방자치단체는 문해교육 프로그램에 대하여 우선하여 재정적 지원을 할 수 있도록 함(제39조제3항)(2014) • 평생교육기관 설치 · 운영자의 학습비 반환 등 조치 사유를 법률에 명시하고, 위반 시 과태료를 부과함(제28조제4항, 제46조제1항제1호의2 신설)(2015) • 국가문해교육센터를 국가평생교육진흥원에 두도록 하고, 시 · 도교육감 및 시 · 도지사가 시 · 도 문해교육센터를 설치할 수 있도록 함(제39조의2 신설)(2015) • 문해교육종합정보시스템의 구축 · 운영을 규정함(제40조의2 신설)(2015) 학력인정 평생교육시설의 재산관리, 회계 및 교원 등의 신규채용에 관한 사항은 각각 「사립학교법」 제28조, 제29조 및 제53조의2제9항을 준용하고, 장학지도 및 학생의 학교생활기록 관리는 각각 「초 · 중등교육법」 제7조 및 제25조제1항 준용(2016) • 국가와 지방자치단체는 장애인평생교육에 대한 정책을 수립 · 시행하도록 하고, 교육부장관이 평생교육진흥기본계획을 수립할 때, 장애인의 평생교육진흥계획 등을 함께 수립하도록 함(제5조제2항 신설, 제9조제2항)(2016) • 시 · 도평생교육협의회 및 시 · 군 · 자치구평생교육협의회의 위원에 장애인 평생교육 전문가를 포함하도록 함(제12조제4항 및 제14조제3항)(2016) • 국가는 국가장애인평생교육센터를 두도록 함(제19조의2 신설)(2016) • 장애인평생교육시설에 평생교육사를 배치하도록 함(제26조제3항)(2016)

관리, 평생학습계좌 등이며, 그 시기와 관련 법령은 〈표 2-2〉와 같고, 구체적인 법령의 내용은 다음과 같다.

첫째, 평생학습계좌로 평가인정 받은 내용을 평생교육기관이 위반하여 학습과정을 운영할 경우 시정을 명하고 평가인정을 취소할 수 있음을 명시하고 있다.

둘째, 평생교육기관 관리에 대한 개정에 관해서는 사내대학 형태와 원격대학 형태의 평생교육시설에 관련된 사항이다. 사내대학 형태는 설립조건의 완화와 입학대상의 확대에 관련된 내용이며(제32조, 사내대학형태의 평생교육시설), 원격대학 형태에 관한 내용에 있어서 학교교과교습학원은 원격교육방식에 의하여 교육을 실시하더라도 평생교육법의 적용을 받지 않도록 규정되었다(제33조, 원격대학형태의 평생교육시설).

셋째, 평생교육사 자격제도 개정에 관련해서는 평생교육사 자격의 취득요건을 평생교육 관련 교과목과 학점을 이수하고 학위를 취득한 자에게 평생교육사 자격을 인정하는 것을 규정하고 있다. 구체적으로 살펴보면, 학점은행기관을 통해 평생교육 관련 교과목과 학점을 이수하고 학위를 취득한 자와 대학졸업자와 동등 이상의 학력이 있다고 인정한 자로서 평생교육 관련 교과목과 학점을 이수한 자에게는 평생교육사 자격을 인정하는 것을 규정하고 있다. 평생교육사 자격증 교부·재교부 업무를 교육부 장관이 전담하고, 동 관련 업무는 국가평생교육진흥원에 위탁하는 것을 명시하였다(제44조, 권한의 위임).

넷째, 읍·동 단위의 평생학습센터 운영에 관한 근거를 신설함으로써 평생학습 참여기회 확대를 위한 기반을 마련하였다(제21조의2 신설).

다섯째, 평생교육의 진흥을 위하여 지방자치단체가 학교형태의 평생교육시설에 「초·중등교육법」상 학교에 준하여 지원하도록 함과 동시에 이에 따른 소외계층 교육의 공공성과 투명성을 제고하기 위하여 지도·감독 등을 강화할 수 있는 규정을 마련하였다. 이에 평생교육법 제31조에 학력인정 평생교육시설의 재산관리, 회계 및 교원 등의 신규채용에 관한 사항은 각각 「사립학교법」 제28조, 제29조 및 제53조의2제9항을 준용하고, 장학지도 및 학생의 학교생활기록 관리는 각각 「초·중등교육법」 제7조 및 제25조제1항을 준용하는 조항를 규정하고 있다(제31조 제2항, 제8항).

여섯째, 문자해득교육의 진흥을 위해서는 조직적 지원체계의 구축 및 시설지원을 위한 조치가 필요하다는 측면에서 지원체계를 마련하고자 하였다. 이를 위해 국가문해교육센터를 국가평생교육진흥원에 두도록 하고, 시·도교육감 및 시·도지사가 시·도문해교육센터를 설치할 수 있도록 규정하고 있다(제2조제3호, 제39조의2 신설).

일곱째, 국가와 지방자치단체가 장애인평생교육에 대한 정책을 수립·시행하도록 하고, 국가 장애인평생교육진흥센터를 두도록 하는 등 장애인에 대한 평생교육을 체계적으로 지원하는 내용을 규정하고 있다(제5조제2항 신설, 제9조제2항).

한편, 2008년 평생교육법 전면개정 시행 이후 위와 같은 절차를 거쳐 개정된 현

〈표 2-2〉 현행 평생교육법의 구성 체계 및 내용

구분	평생교육법	평생교육법 시행령	평생교육법 시행규칙
기본체계	8장 46조, 부칙	6장 78조, 부칙	24조, 부칙
주요내용 및 범위	총칙 평생교육진흥기본계획, 평생교육진흥원, 평생교육사, 평생교육기관, 문해교육, 평생학습 결과의 관리·인정	총칙 평생교육진흥기본계획, 평생교육진흥원, 평생교육사, 평생교육기관, 문해교육	평생교육실무조정위원회 전문인력정보은행제 학습계좌제 평생교육사 자격증 평생교육사 양성기관 평생교육시설 설치기준 문해교육
평생교육 정책 방향성	국가 및 지방자치단체 평생교육 추진체제 정비, 평생교육추진기구 제시, 평생교육사 자격 및 평생교육사 양성기관 정비, 문자해득교육 및 학력인정 제도 도입, 평생학습계좌제 도입 및 시행, 장애인평생교육에 대한 정책을 수립·시행	평생교육기본계획 및 시행계획 추진사항 평생교육진흥위원회운영, 평생교육진흥원 운영, 평생교육사 및 양성기관 운영 세부사항 평생교육시설 설치기준 확정, 문자해득교육프로그램 활성화 세부사항 장애인평생교육시설의 설치 (예정)	전문인력정보은행제 운영 활성화, 평생교육사 및 평생교육사 양성기관 설치기준 제시, 평생교육시설 설치기준 제시, 문자해득교육프로그램 운영기준 및 학력인정 절차 제시, 장애인평생교육시설 설치기준 제시(예정)

출처: 변종임 외(2013). 100세 시대 평생교육체제 구축을 위한 평생교육법 개정 이슈와 정비방향. 평생교육법 개정방향 검토를 위한 공청회 자료집, p. 10.

행 평생교육법령 및 시행규칙의 구성 체계와 내용은 〈표 2-2〉와 같다.

〈표 2-2〉에서 보는 바와 같이, 평생교육법령 및 시행규칙의 구성 체계는 평생교육법 8장 46조, 평생교육법 시행령 6장 78조, 평생교육법 시행규칙 24조로 구성되어 있다. 평생교육법은 「헌법」, 「교육기본법」에 규정된 평생교육진흥에 대한 국가 및 지방자치단체의 책임과 평생교육제도와 그 운영에 관한 기본적인 사항을 정하기 위한 목적으로 제정되었으며(평생교육법 제1조), 구체적인 내용은 〈표 2-3〉과 같다.

〈표 2-3〉 「평생교육법」의 주요 내용

구분	내용
제1장 총칙	• 「평생교육법」의 목적, 평생교육 관련 개념의 정의 • 다른 법률과의 관계 • 평생교육의 이념, 평생교육과정 • 국가 및 지방자치단체의 임무 • 공공시설의 이용 규정, 학습휴가 및 학습비 지원
제2장 평생교육진흥 기본계획	• 평생교육진흥기본계획의 수립, 평생교육진흥위원회 설치(장관, 5년) • 연도별 평생교육진흥시행계획의 수립·시행(시·도지사) • 시·군·자치기구 평생교육협의회, 평생학습도시 • 경비보조, 지도 및 지원, 평생교육 통계조사
제3장 평생교육진흥원	• 국가 평생교육진흥원, 시·도 평생교육진흥원의 운영, 국가 장애인 평생교육 진흥센터 • 시·군·구 평생학습관 등의 설치, 읍·면·동 평생학습센터의 운영, 장애인 평생교육과정 운영 • 정보화 관련 평생교육의 진흥, 학습계좌
제4장 평생교육사	• 자격 및 업무, 양성기관, 배치 및 채용, 경비보조
제5장 평생교육기관	• 설치자, 학교의 평생교육 • 학교 부설, 학교 형태, 사내대학 형태, 원격대학 형태, 사업장 부설, 시민사회단체 부설, 언론기관 부설, 지식·인력개발사업 관련 평생교육시설
제6장 문자해득교육	• 문해교육의 실시, 문해교육 프로그램의 교육과정, 문해교육센터 설치, 문해교육종합정보시스템 구축·운영
제7장 평생학습 결과의 관리·인정	• 학점, 학력 등의 인정
제8장 보칙	• 행정처분, 청문, 권한의 위임, 유사 명칭의 사용 금지, 과태료

〈표 2-3〉에서 보는 바와 같이 「평생교육법」의 주요 내용은 총칙, 평생교육진흥기본계획, 평생교육진흥원, 평생교육사, 평생교육기관, 문자해득교육, 평생학습결과의 관리 · 인정 등이며, 구체적인 내용을 살펴보면 다음과 같다.

첫째, 총칙에 포함된 내용은 「평생교육법」의 목적, 평생교육 관련 개념의 정의, 다른 법률과의 관계, 평생교육의 이념, 평생교육과정, 국가 및 지방자치단체의 임무, 공공시설의 이용 규정, 학습휴가 및 학습비 지원 등이다.

평생교육은 "학교의 정규교육과정을 제외한 학력보완교육, 성인 문자해득교육, 직업능력 향상교육, 인문교양교육, 문화예술교육, 시민참여교육 등을 포함한 모든 형태의 조직적인 교육활동"으로 정의된다. 평생교육의 개념은 광의와 협의의 두 가지로 구분하여 정의될 수 있다. 광의의 평생교육은 학교교육과 학교 외 모든 교육을 포괄하는 개념이다. 즉, 요람에서 무덤까지 수직적으로 통합한 교육과 가정교육, 사회교육, 학교교육을 수평적으로 통합한 교육을 포괄한다. 협의의 평생교육은 정규 학교교육에 대비되는 학교 외 교육을 의미하지만 학교가 주체가 되는 비정규 교과도 평생교육에 해당된다. 「평생교육법」상의 '평생교육'은 협의적 개념으로 사용되고 있으며 법 적용의 범위에 있어서는 「교육기본법」 및 종전 「사회교육법」상의 '사회교육'과 동일한 의미다. 우리나라의 「평생교육법」은 협의의 평생교육 개념을 채택한 것이다. 평생교육 이념은 평생교육의 기회균등, 자발성 및 자기주도성, 중립성, 평생교육과정 이수자의 사회적 대우 등과 같이 「헌법」 또는 「교육기본법」상의 교육 일반에 관한 기본적 원칙과 권리가 보장되어야 한다.

다른 법률과의 관계는 다른 법률에 특별한 규정이 있는 경우에는 그 법률의 규정이 우선 적용되고, 그 외의 경우 「평생교육법」이 적용됨으로써 평생교육에 대한 일반법으로서의 지위를 가진다. 국가 및 지방자치단체의 임무는 모든 국민에게 평생교육 기회가 부여될 수 있도록 평생교육진흥정책을 수립 · 추진해야 하며, 그 소관에 속하는 단체 · 시설 · 사업장 등의 설치자에 대하여 평생교육의 실시를 적극 권장해야 한다.

둘째, 평생교육진흥기본계획은 교육부장관이 5년마다 수립하고, 시 · 도지사는 평생교육진흥기본계획에 따라 연도별 평생교육진흥시행계획을 시·도교육감과 협의하여 수립·시행하여야 한다(평생교육법 제9조, 제11조). 평생교육진흥시행계획의 수립과 시행을 위하여 「평생교육법」은 평생교육진흥위원회 설치, 시·도 평생교육협의회, 시·군·자치기구 평생교육협의회, 관계 행정기관장 등의 협조, 평생학습도시, 경비보조, 지도 및 지원, 평생교육 통계조사 등에 관한 사항을 규정하고 있다.

셋째, 국가평생교육진흥원 등에 관한 내용에서 국가는 평생교육진흥 관련 업무를 지원하기 위하여 평생교육진흥원 설립 및 국가장애인평생교육센터를 설치하고, 시·도지사는 대통령령이 정하는 바에 따라 시·도 평생교육진흥원 및 장애인평생교육시설을 설치 또는 지정·운영할 수 있도록 명시하고 있다. 또한 시·도교육감은 관할구역 내 주민을 대상으로 평생교육 프로그램 운영과 평생교육 기회를 제공하기 위하여 시·군·구에 평생학습관을 지정 또는 설치·운영하도록 하고, 기초자치단체의 장은 평생학습관의 설치 또는 재정적 지원 및 읍·면·동 평생학습센터 설치 또는 지정·운영 등 지역 평생교육진흥사업을 실시할 수 있도록 명시하고 있다(평생교육법 제19조, 제20조, 제21조). 학교의 장 및 평생교육기관은 장애인평생교육과정을 설치·운영할 수 있고, 시·도 진흥원은 이를 위하여 지원하여야 하며, 국가평생교육진흥원은 장애인의 평생교육 기회 확대 및 프로그램을 개발해야 함을 명시하고 있다(제21조의 2). 또한 국가 및 지방자치단체는 교육정보화와 관련된 평생교육과정의 개발을 위해 노력해야 하고, 교육부장관은 학습계좌를 도입·운영할 수 있도록 노력하여야 한다 명시하고 있다(제22조, 제23조).

넷째, 평생교육사에 관한 내용에서는 자격 및 업무, 양성기관, 배치 및 채용, 경비보조 등을 규정하고 있다.

다섯째, 평생교육기관에 관한 내용은 평생교육기관의 설치자에 관해 규정하고 있으며, 평생교육기관으로서 학교의 평생교육, 학교 부설, 학교 형태, 사내대학 형태, 원격대학 형태, 사업장 부설, 시민사회단체 부설, 언론기관 부설, 지식·인력개발사업 관련 평생교육시설 등이 명시되고 있다.

여섯째, 문자해득교육에 관한 내용은 문해교육의 실시, 문해교육센터 설치, 문해교육 프로그램의 교육과정, 문해교육종합정보시스템 구축·운영 등을 명시하고 있다(제39조, 제40조).

일곱째, 평생학습 결과의 관리·인정은 각급학교 및 평생교육시설의 장의 학점, 학력 등에 관한 인정을 규정하고 있다(제41조).

(2) 평생교육법 시행령 및 시행규칙

① 평생교육법 시행령

「평생교육법 시행령」은 「평생교육법」에서 위임한 구체적인 사항과 그 시행에 관한 필요한 사항을 규정한다. 주요 내용은 제1장 총칙, 제2장 평생교육진흥계획 등, 제3장 평생교육진흥원 등, 제4장 평생교육사, 제5장 평생교육기관, 제6장 문자해득교육, 부칙 등으로 평생교육법 시행령은 전체 6장 78조, 부칙으로 구성되었으며, 구체적인 내용은 다음과 같다.

첫째, 총칙은 목적과 공공시설의 이용에 관하여 규정한다.

둘째, 평생교육진흥계획은 기본계획 및 연도별 시행계획의 수립·시행, 진흥위원회의 심의사항, 진흥위원회의 구성·운영, 진흥위원회의 간사 및 수당 등, 전국 평생학습도시협의회 등의 내용을 규정한다.

셋째, 평생교육진흥원 등에 관한 내용은 출연금의 요구 및 지급, 출연금의 관리, 결산서의 제출, 잉여금의 처리, 시·도 평생교육진흥원의 운영, 전문인력정보은행제의 운영, 학습계좌제의 운영 등이다.

넷째, 평생교육사에 관한 내용은 평생교육사의 그 밖의 자격요건, 평생교육사의 등급, 직무범위, 이수과정, 연수, 평생교육사의 자격증 교부절차 등, 평생교육사 양성기관의 지정, 평생교육사의 배치대상기관 및 배치기준 등을 규정하고 있다.

다섯째, 평생교육기관에 대한 내용은 학습비의 반환, 학교 부설 평생교육시설에 관한 사항, 학교 형태의 평생교육시설에 관한 사항, 학력인정시설에 관한 사항, 전문대학 학력인정 평생교육시설에 관한 사항, 사내대학에 관한 사항, 원격교육 형태의 평생교육시설에 관한 사항, 원격대학 형태의 평생교육시설에 관한 사항, 사업장 부설 평생교육시설의 설치신고, 시민사회단체 부설 평생교육시설의 설치신고, 언론기관 부설 평생교육시설의 설치신고, 지식·인력개발사업 관련 평생교육시설의 설치신고 등이다.

여섯째, 문자해득교육에 관한 내용은 문자해득교육 프로그램의 설치·운영 및 지정, 문자해득교육의 지원, 문자해득교육 프로그램 이수자의 학력인정절차, 문자해득교육 프로그램 이수자의 학력인정기준 등, 문자해득교육심의위원회 등의 구성 등을 규정하고 있다.

② 평생교육법 시행규칙

「평생교육법 시행규칙」은 「평생교육법」과 「평생교육법 시행령」에서 위임된 사항과 그 시행에 필요한 보다 구체적인 절차에 관한 사항을 규정하고 있으며, 전체 24조, 부칙으로 구성되었다. 구체적인 내용은 평생교육실무조정위원회, 전문인력정보은행제의 운영, 학습계좌의 운영, 평생교육 관련 과목, 평생교육사 자격증의 수여 등, 평생교육사 양성기관 지정의 신청, 학교 부설 평생교육시설의 설치보고, 학교 형태의 평생교육시설의 시설·설비기준, 학력인정시설 지정의 신청 등, 전문대학 학력인정 평생교육시설 설치계획서, 사내대학 설치인가의 신청, 원격 평생교육시설의 신고 등, 원격대학의 설치인가 신청서류, 문자해득교육 프로그램의 지정·교원의 배치·이수자의 학력인정절차 등을 포함하고 있다.

3) 시·도 평생교육의 조례

조례는 국가수준의 법령 및 시행규칙에서 규정한 내용을 반영하여 시·도 의회 또는 시·군·구 의회에서 구체적인 사항을 제정했을 때 그렇게 제정된 사항을 조례라고 한다. 평생교육은 지역별로 각기 다른 특성을 가질 수 있고, 각 지방자치단체가 해당 지역에서의 평생교육을 자체적으로 관리하는 것이 바람직하기 때문에 각 지방자치단체는 평생교육에 관한 조례를 스스로 제정하여 시행할 수 있다.

평생교육에 관한 지방조례의 제정이 필요한 이유는 지역 실정에 맞는 우수한 평생교육진흥 관련 모형 및 프로그램을 발굴·확산하고 평생학습 유관기관 간의 유기적인 네트워크를 강화하여 주민의 평생교육 참여율을 증대하고 평생교육진흥사업을 효율적으로 추진하기 위한 근거규정을 마련하려는 것이기 때문이다.

시·도는 「시·도 평생교육진흥조례」를 「행정절차법」 제41조와 「시·도 자치법규 입법 예고에 관한 조례」에 따라 내용과 취지를 주민에게 알려 그 의견을 듣고, 시·도 지방의회의 의결에 의해서 제정해야 한다.

평생교육에 관한 지방조례를 제정하기 위해서는 평생교육법령 및 시행규칙을 반영하여 시·도의 실정에 맞는 평생교육진흥에 관한 내용을 제정해야 한다. 특히 시·도는 학교평생교육의 활성화와 지원을 위해서 교육청과 협의하는 내용과 학교평생교육을 포괄하는 내용을 조례에 반영하여 제정할 필요가 있다. 그 이유는 종전의 평생교육법령(2000)에 근거하여 시·도 평생교육을 전담할 수 있는 기구로 시·도 교육청의 위탁기관 추천과 교육부장관의 지정으로 운영되었으나, 현재의 평생교육법령으로는 학교평생교육을 지원하고 전담할 기구가 없기 때문에 시·도지사가 설치·운영하는 시·도 평생교육진흥원에서 교육청의 학교평생교육을 지원할 수 있도록 해야 한다.

「평생교육법」 제5조, 제11조, 제12조, 제20조는 평생교육에 관한 지방자치단체의 역할에 대하여 규정하고 있으며, 이러한 사항은 지방조례 제정 시 반영되어야 한다. 동법 제5조는 평생교육진흥정책 수립·추진에 대한 국가 및 지방자치단체의 임무를 규정하고 있으며, 제11조와 제12조는 각각 연도별 평생교육시행계획의 수립·시행과 시·도 평생교육협의회 설치를 규정하고 있다. 시·도 평생교육협의회는 관계 공무원, 평생교육과 관련된 전문가, 평생교육 관계기관의 운영자 등 20인 이내로 구성하고, 의장은 시·도지사, 부의장은 시·도의 부교육감으로 규정되어 있다. 동법 제20조는 시·도의 평생교육진흥사업의 효율적 추진을 위하여 시·도 평생교육진흥원을 교육감과 협의하여(법 시행령 제12조) 설치 또는 지정·운영할 수 있도록 하고 있다.

〈글상자 2-1〉과 〈글상자 2-2〉는 「시·도 평생교육진흥조례」에 포함되어야
할 주요 골자와 지방평생교육조례의 예시 안을 제시한 것이다.

〈글상자 2-1〉   시·도 평생교육진흥조례의 주요 골자

- 「평생교육법」 제5조에 따라 시·도지사는 국민에게 평생교육의 기회가 부여될 수 있도록 평생교육진흥시책을 수립·추진하도록 함(안 제3조)
- 시·도지사는 「평생교육법」 제11조에 따른 연도별 평생교육진흥시행계획을 시·도 교육감과 협의하여 수립·시행하도록 함(안 제4조)
- 「평생교육법」 제12조에 따른 평생교육진흥에 관한 사항을 심의하기 위하여 의장은 시·도지사, 부의장은 시·도의 부교육감으로 하는 시·도 평생교육협의회를 두도록 함(안 제8조)
- 「평생교육법」 제20조에 따라 시·도지사는 평생교육진흥사업의 효율적 추진을 위하여 시·도 평생교육진흥원을 교육감과 협의하여(법 시행령 제12조) 설치 또는 지정·운영할 수 있도록 함(안 제16조)

〈글상자 2-2〉   시·도 평생교육진흥조례(안)

제1장 총칙

제1조(목적) 이 조례는 「평생교육법」 제5조, 제11조, 제12조, 제16조, 제20조 등에 따라 시·도 평생교육 진흥에 필요한 사항을 정함을 목적으로 한다.

제2조(정의) 이 조례에서 사용하는 용어의 정의는 다음과 같다.

1. '평생교육' 이란 학교의 정규교육과정을 제외한 학력보완교육, 성인기초·문자해득교육, 직업능력 향상교육, 인문교양교육, 문화예술교육, 시민참여교육 등을 포함하는 모든 형태의 조직적인 교육활동을 말한다.
2. '평생교육협의회' 란 시·도지사가 평생교육의 진흥 및 평생교육시행계획의 수립·시행에 필요한 사항을 심의하기 위하여 도지사 소속으로 설치한 시·도 평생교육협의회를 말한다.
3. '평생교육진흥원' 이란 시·도지사가 교육감과 협의하여 지역의 평생교육진흥을 위하여 설치 또는 지정·운영하는 시·도 평생교육진흥원을 말한다.

4. '평생교육진흥시행계획'이란 시·도지사가 시·도교육감과 협의하여 평생교육진흥기본계획에 따라 연도별로 수립·시행하는 계획을 말한다.

제3조(도지사의 책무) ① 시·도지사는 모든 도민에게 평생교육 기회가 부여될 수 있도록 평생교육진흥정책을 수립·추진하여야 한다.

② 시·도지사는 시·도 소관에 속하는 단체·시설·사업장 등의 설치자에 대하여 평생교육의 실시를 권장하여야 한다.

제4조(연도별 평생교육진흥시행계획의 수립·시행) 시·도지사는 「평생교육법」(이하 '법'이라 한다) 제9조의 평생교육진흥기본계획에 따라 다음 각호의 사항이 포함된 연도별 평생교육진흥시행계획(이하 '시행계획'이라 한다)을 교육감과 협의하여 수립·시행하여야 한다.

1. 평생교육진흥의 중·장기 정책목표 및 기본방향에 관한 사항
2. 평생교육의 기반구축 및 활성화에 관한 사항
3. 평생교육진흥을 위한 투자확대 및 소요재원에 관한 사항
4. 평생교육진흥정책에 대한 분석 및 평가에 관한 사항
5. 그 밖에 평생교육진흥을 위하여 필요한 사항

제5조(자료 요청) 시·도지사는 시행계획을 수립하기 위하여 필요하다고 인정하는 때에는 관계 행정기관이나 그 밖의 기관 또는 단체의 장에게 관련 자료를 요청할 수 있다. 이에 요청받은 기관의 장은 특별한 사유가 없는 한 적극 협조하여야 한다.

제6조(경비보조 및 지원) 시·도지사는 평생교육기관의 설치·운영, 문자해득교육, 평생교육 프로그램의 개발, 평생교육사의 양성 및 배치, 그 밖에 시민의 평생교육 참여를 촉진하기 위하여 수행하는 사업 등을 실시 또는 지원할 수 있다.

제7조(학습자 안전 보험가입) ① 법 제28조 제3항에 따른 평생교육기관의 보험가입 또는 공제사업 가입 등은 다음 각호의 기준에 해당하는 금액 이상이어야 한다.

1. 1인당 배상금액 1억 원 이상
2. 1사고당 배상금액 10억 원 이상

② 평생교육기관의 설치자는 수강생에게 발생한 생명·신체상의 손해가 있을 경우 보상받을 수 있도록 노력하여야 한다.

③ 법 제29조 제4항에 따른 개방시간 안의 해당 시설의 관리·운영에 필요한 사항은 「초·중등교육법」 제11조 및 「○○도 교육감 소속 학교체육시설 이용에 관한 규칙」을 준용한다.

제2장 평생교육협의회

제8조(설치) 평생교육진흥 및 시행계획의 수립·시행에 필요한 사항을 심의하기 위하여 시·도평생교육협의회(이하 '협의회'라 한다)를 둔다.

제9조(기능) 협의회는 다음 각 호의 사항을 심의한다.

1. 평생교육진흥시행계획의 수립·시행·평가에 관한 사항
2. 평생교육진흥시책의 평가 및 제도개선에 관한 사항
3. 평생교육 관련기관 간 협력과 조정에 관한 사항
4. 시·도 평생교육진흥원의 설치 및 지정·운영에 관한 사항
5. 그 밖에 협의회 의장이 부의하는 평생교육 관련 사항

제10조(구성) ① 협의회는 의장·부의장을 포함하여 20명 이내의 위원으로 구성한다.

② 의장은 시·도지사가 되고, 부의장은 행정부지사와 부교육감으로 한다.

③ 위원은 다음 각 호에 해당하는 자 중에서 교육감과 협의하여 시·도지사가 위촉한다.

1. 평생교육 관계 공무원 및 전문가, 평생교육 관계 기관의 운영자
2. 그 밖에 평생교육에 관한 전문지식과 경험이 풍부한 자

④ 협의회의 사무를 처리하기 위하여 간사와 서기를 둘 수 있으며, 간사는 업무 담당과장, 서기는 업무담당으로 한다.

제11조(임기) ① 공무원인 위원 및 기관의 장으로서 위촉되는 위원의 임기는 당해직에 재직하는 기간으로 하고, 그 밖의 위원의 임기는 2년으로 하되 연임할 수 있다.

② 보궐된 위원의 임기는 전임위원의 남은 기간으로 한다.

제12조(의장 직무 등) ① 의장은 협의회를 대표하며, 협의회의 사무를 관장한다.

② 의장이 부득이한 사유로 그 직무를 수행할 수 없을 경우에는 의장이 미리 지명한 부의장 또는 위원으로 하여금 그 직무를 대행하게 할 수 있다.

제13조(회의) ① 의장은 협의회의 회의를 소집하며 회의는 재적위원 과반수의 출석으로 개의하고, 출석위원 과반수의 찬성으로 의결한다.

② 의장이 필요하다고 인정하는 때에는 서면으로 심의·의결할 수 있다.

제14조(수당 등) 협의회에 출석한 위원 및 관계전문가에 대하여는 예산의 범위 안에서 수당 등 필요한 경비를 지급할 수 있다.

제15조(운영규정) 이 조례에 규정한 사항 외에 협의회의 구성·운영에 관하여 필요한 사항은 협의회의 의결로 정한다.

제3장 평생교육진흥원의 설치 또는 지정·운영

제16조(설치) ① 시·도지사는 「평생교육법 시행령」(이하 '영'이라 한다) 제12조에 따라 평생교육진흥을 위하여 시·도 평생교육진흥원(이하 '진흥원'이라 한다)을 교육감과 협의하여 설치 또는 지정·운영할 수 있다.

② 도지사는 진흥원을 설치하거나 지정하려는 경우에는 도교육감과 협의하여야 한다.

③ 진흥원은 법 제20조 제2항의 업무를 수행하는 데 필요한 조직과 시설을 갖추어야 한다.

제17조(업무) 진흥원은 다음 각 호의 업무를 수행한다.

1. 지역 평생교육기회 및 정보의 제공

2. 평생교육 상담

3. 평생교육 프로그램 운영

4. 지역의 평생교육기관 간 연계체제 구축

5. 평생교육사 등 평생교육 종사자에 대한 연수

6. 전문인력정보은행제 운영

7. 학습계좌제 운영

8. 학교평생교육 또는 교육청의 평생교육 사업에 관한 사항

9. 평생교육 관련 통계 조사

10. 그 밖에 평생교육진흥을 위하여 도지사가 필요하다고 인정하는 사항

제18조 (운영 및 경비조달) ① 시·도지사는 진흥원을 평생교육진흥 관련 연구기관, 대학, 「공익법인의 설립·운영에 관한 법률」에 따른 재단법인 등에 지정·운영할 수 있다.

② 시·도지사는 예산의 범위 안에서 진흥원의 운영에 필요한 경비를 지원할 수 있다.

③ 진흥원장은 평생교육 운영에 필요한 최소한의 경비를 도지사의 승인을 받아 징수할 수 있다.

제19조(지정·운영절차 등) ① 제16조에 따라 지정을 받고자 하는 기관은 별지 서식에 따른 신청서와 다음 각 호의 서류를 시·도지사에게 제출하여야 한다.

1. 법인의 경우 정관·등기부 등본 및 법인대표의 인감증명서

2. 재산목록(소유를 증명할 수 있는 서류 포함)

3. 사업계획서 및 사업수지계산서

4. 최근 2년간 평생교육 관련 사업실적

5. 진흥원 운영에 필요한 시설배치도 및 직원의 배치계획

② 시 · 도지사는 제1항의 신청기관 중 평생교육협의회의 심의를 거쳐 평생교육진흥에 가장 적정하다고 인정되는 기관을 지정하여야 한다.

제20조(직원 배치) ① 진흥원에 두는 직원은 그 직무수행에 필요한 학력이나 경력을 가진 자로 한다.

② 진흥원에는 영 제22조 관련 [별표 2]의 평생교육사 배치대상기관 및 배치기준에 따라 평생교육사를 배치하여야 한다.

제21조(조직 및 시설) ① 진흥원에 원장을 두고, 원장은 시 · 도지사의 명을 받아 소관 사무를 관장하며, 소속직원을 지휘 · 감독한다.

② 진흥원에는 제17조의 업무를 수행하는 데 필요한 조직과 시설을 갖추어야 한다.

③ 진흥원에는 제17조의 업무를 효율적으로 수행하기 위하여 운영위원회를 둘 수 있다. 운영위원회의 구성 및 운영에 필요한 사항은 별도 규정으로 정한다.

제22조(지정 취소) 도지사는 다음 각 호의 어느 하나에 해당하는 사유가 발생하였을 때에는 지정을 취소할 수 있다.

1. 수탁운영자가 지정 조건을 위반한 때

2. 수탁운영자가 법령 및 조례를 위반한 때

3. 그 밖에 도지사의 지시에 위반한 때

제23조(운영규정) 이 조례에서 규정한 사항 외에 진흥원의 운영에 관하여 필요한 사항은 도지사가 정한다.

제4장 보칙

제24조(지도 · 감독) ① 시 · 도지사는 평생교육진흥과 관련하여 지원된 경비가 목적대로 사용되고 있는지를 확인 · 평가하고 시 · 도비지원과 관련된 업무 · 회계 · 재산에 대하여 검사할 수 있다.

② 진흥원장은 시 · 도지사가 자료요청 시 자료를 제출해야 하고, 관련공무원의 요구에 응해야 한다.

제25조(시행규칙) 이 조례의 시행에 관하여 필요한 사항은 규칙으로 정한다.

> ## 부칙
>
> 이 조례는 공포한 날부터 시행한다.

4) 평생교육 관계 법령

　　평생교육은 매우 다양한 교육활동을 모두 포함하기 때문에 그에 관련된 법령도 여러 가지다. 종적으로는 유아교육에서부터 노인교육에 이르기까지, 횡적으로는 교양교육에서부터 전문교육과 기술훈련에 이르기까지 매우 광범위하고 다양한 교육대상, 교육내용, 교육기관에 관하여 수많은 법령이 있다. 이들 법령은 특성에 따라 여러 범주로 평생교육 관계 법령을 구분할 수 있는데, 〈표 2-4〉에서 볼 수 있듯이 학교·평생교육, 기술·직업교육, 공무원·교원 연수, 교정교육, 농어민교육,

〈표 2-4〉 **평생교육 관계 법령의 특성별 분류**

구분	내용	
학교·평생교육	• 교육기본법 • 고등교육법 • 학점인정 등에 관한 법률 • 학원의 설립·운영 및 과외교습에 관한 법률 • 한국방송통신대학교 설치령 • 산업체의 근로청소년의 교육을 위한 특별학급 등의 설치기준령 • 각종 학교에 관한 규칙	• 초·중등교육법 • 평생교육법 • 독학에 의한 학위취득에 관한 법률 • 유네스코활동에 관한 법률 • 방송통신고등학교 설치기준령
기술·직업교육	• 자격기본법 • 근로자직업훈련촉진법(노동부) • 직업안정법(노동부) • 근로기준법(노동부) • 남녀고용평등법(노동부) • 중소기업진흥 및 제품구매촉진에 관한 법률(지식경제부) • 정부출연연구기관 등의 설립·운영 및 육성에 관한 법률(국무총리실) • 기능장려법(노동부)	• 산업교육진흥법 • 직업교육훈련촉진법 • 고용정책기본법(노동부) • 기능대학법(노동부) • 한국산업인력관리공단법(노동부)

공무원 · 교원연수	• 공무원교육훈련법(행정안전부)	• 교원 등의 연수에 관한 규정
	• 임시교원양성소규정	• 교원자격의 취득을 위한 보수교육에 관한 규칙
교정교육	• 사회보호법(법무부)	• 소년원법(법무부)
	• 보호관찰 등에 관한 법률(법무부)	
농어민교육	• 농업 · 농촌기본법(농림수산식품부)	• 농촌진흥법(농림수산식품부)
	• 농업기계화촉진법(농림수산식품부)	• 농업협동조합법(농림수산식품부)
시설 평생교육	• 도서관 및 독서진흥법(문화체육관광부)	• 지방문화원진흥법(문화체육관광부)
	• 박물관 및 미술관진흥법(문화체육관광부)	
	• 고등학교 이하 각급 학교 시설의 체육개방 및 이용에 관한 규칙	
아동교육	• 아동복지법(보건복지가족부)	• 유아교육진흥법
문화 · 청소년 교육	• 청소년기본법(문화체육관광부)	• 관광진흥법(문화체육관광부)
	• 국민체육진흥법(문화체육관광부)	• 스카우트 활동육성에 관한 법률
	• 한국청소년연맹 육성에 관한 법률	
노인교육	• 노인복지법(보건복지가족부)	
부녀자교육	• 모자보건법(보건복지가족부)	• 윤락행위 등 방지법(보건복지가족부)
장애인교육	• 특수교육진흥법	• 장애인복지법(보건복지가족부)
저소득층교육	• 생활보호법(보건복지가족부)	
산학협동교육	• 농업산 · 학협동심의회규정(농림수산식품부)	
기타 평생교육 일반	• 사회복지사업법(보건복지가족부)	• 식품위생법(보건복지가족부)
	• 산업안전보건법(노동부)	• 한국산업안전공단법(노동부)
	• 해상교통안전부(국토해양부)	• 자연환경보전법(환경부)
	• 교통안전법(건설교통부)	• 새마을운동조직육성법(행정안전부)
	• 소비자보호법(기획재정부)	• 재외국민의 교육에 관한 규정

출처: 교육부 평생학습정책과(2008). 평생교육법령 및 규칙 해설자료.

시설 평생교육, 아동교육, 문화 · 청소년교육, 노인교육, 부녀자교육, 장애인교육, 저소득층교육, 산학협동교육, 기타 평생교육에 관한 법령으로 세분할 수 있다.

현재 평생교육을 진흥하기 위한 관련법은 교육부 소관이 20여 개, 다른 여러 부처 소관이 40여 개로 전체 60여 개가 넘는다. 이 가운데 대표적인 것으로는 「독학에 의한 학위취득에 관한 법률」 「학점인정 등에 관한 법률」 「학원의 설립 · 운영 및 과외교습에 관한 법률」 「근로자직업훈련촉진법」 등이 있다.

헌법

교육부 관계 법령	타 부처 관계 법령

교육기본법
 	
초 · 중등교육법
고등교육법
평생교육법
 	
학점인정 등에 관한 법률
독학에 의한 학위취득에 관한 법률
학원의 설립 · 운영 및 과외교습에 관한 법률
 	
자격기본법
직업교육훈련촉진법
산업교육진흥법
 	
유아교육진흥법
특수교육진흥법
 	
유네스코활동에 관한 법률
한국청소년연맹 육성에 관한 법률
스카우트 활동육성에 관한 법률
 	
한국방송통신대학교설치령
방송통신고등학교 설치기준령
산업체의 근로청소년의 교육을 위한 특별학급
  등의 설치기준령
재외국민의 교육에 관한 규정
각종 학교에 관한 규칙
고등학교 이하 각급 학교 시설의 개방 및 이용
  에 관한 규칙
 	
교원 등의 연수에 관한 규정
임시교원양성소 규정
교원자격의 취득을 위한 보수교육에 관한 규칙
	국무총리실
	  정부출연연구기관 등의 설립 · 운영 및 육성에
	    관한 법률
	기획재정부: 소비자보호법
	행정자치부
	  공무원교육훈련법, 새마을운동조직육성법
	문화체육관광부
	  청소년기본법, 국민체육진흥법,
	  관광진흥법, 지방문화원진흥법,
	  도서관 및 독서진흥법,
	  박물관 및 미술관 진흥법
	농림축산식품부
	  농업 · 농촌기본법, 농촌진흥법,
	  농업협동조합법, 농업기계화촉진법,
	  농업산 · 학협동심의회규정
	보건복지부
	  사회복지사업법, 식품위생법, 아동복지법,
	  노인복지법, 모자보건법, 장애인복지법,
	  윤락행위 등 방지법, 생활보호법
	고용노동부
	  근로기준법, 근로자직업훈련촉진법,
	  직업안정법, 고용정책기본법, 기능장려법,
	  남녀고용평등법, 기능대학법,
	  산업안전보건법, 한국산업인력공단법,
	  한국산업안정공단법
	법무부
	  소년원법, 보호관찰 등에 관한 법률,
	  사회보호법
	국토교통부
	  해상교통안전법, 교통안전법, 수산업법
	환경부: 자연환경보전법
	산업통상자원부
	  중소기업진흥 및 제품 구매촉진에 관한 법률

[그림 2-2] 평생교육경영의 과업, 과정 및 환경과의 관계

「독학에 의한 학위취득에 관한 법률」은 독학자에게 학사학위 취득의 기회를 부여하기 위해서 제정되었다. 독학학위 취득제도는 고등학교를 마친 후 경제적·시간적 제약으로 대학에 진학하지 못했던 자들이 다양한 교육기관과 매체를 활용하여 학습한 후 국가기관이 실시하는 일정한 시험절차를 거쳐 학사학위를 취득할 수 있도록 하는 제도다. 이 제도는 언제, 어디서, 누구든지 원하는 학습기회를 활용하여 학위를 받을 수 있는 기회를 제공하기 때문에 평생교육의 기회를 보장하는 데 중요한 역할을 하고 있다.

「학점인정 등에 관한 법률」은 평가인정을 받은 학습과목을 이수한 자 등에게 학점인정을 통하여 학력인정과 학위취득의 기회를 부여하기 위하여 제정되었다. 학점은행제는 학교교육은 물론 다양한 평생교육의 학습경험을 국가적인 차원에서 공정하게 평가하고, 그 학습경험을 교육기관 간에 상호 유기적으로 연계시키기 위해 마련한 제도다. 이 제도는 모든 사회 구성원의 평생학습 기회를 제도적으로 인정하고자 한다는 점에서 평생학습체제의 실현을 위한 기반이라고 할 수 있다.

「학원의 설립·운영 및 과외교습에 관한 법률」은 학원의 정상적 운영과 질적 향상을 도모하기 위하여 학원의 설립 및 감독에 관한 사항을 규정하고 있다. 이 법은 1984년의 전문개정에 의해 「사회교육법」의 취지에 따라 학원의 사회교육 기능을 증대시키고, 학원의 지도·감독에 관한 사항을 개선하기 위하여 유해교육환경에 대한 정화 규정과 사회교육전문요원의 배치 규정을 두고 있다.

「근로자직업훈련촉진법」은 「직업훈련기본법」을 대체하여 1997년 12월에 제정된 직업훈련에 관한 기본법이다. 이 법은 근로자가 직업능력 개발훈련을 통하여 자신의 직업능력을 최대한 개발·발휘할 수 있도록 함으로써 근로자의 고용 증진 및 지위 향상과 직업의 생산성 향상을 도모하기 위하여 제정되었으며, 일과 학습의 체계적인 연계를 강조함으로써 전 국민에게 언제, 어디서나 양질의 직업교육훈련을 받을 수 있는 기회를 제공하기 위한 법적 토대를 마련하였다.

더욱이 지역평생교육은 지역주민을 대상으로 각종 평생교육시설과 자치단체에서 실시되고 있다. 평생교육법령은 학교교육과 관련된 법령과는 달리 전체 국민을 대상으로 하는 다양한 평생교육활동을 규정하는 법령이기 때문에 정부의 소관 부처가 매우 다양할 뿐만 아니라 그 관계 법령도 매우 광범위하다. 대략적으로 타 부처의 평생교육 관계 법령은 42개이며, 고용노동부가 「직업훈련기본법」 「기능대학법」 「한국산업인력관리공단법」 등 10개 법령으로 가장 많으며, 그다음은 보건복지가족부로 「사회복지사업법」 「아동복지법」 「노인복지법」 등 8개 법령이 있다. 문화관광체육부는 「도서관 및 독서진흥법」 「박물관 및 미술관진흥법」 「청소년기본법」 등 7개 법령이 있다. 정부부처별 평생교육 관련 주요 법령을 분석하면 다음과 같다.

첫째, 교육부는 교육인적자원개발정책의 수립·총괄·조정, 학교교육·평생교육 및 학술에 관한 사무와 과학기술진흥을 위한 기본 정책의 수립, 기술협력 및 원자력 기타 과학기술진흥에 관한 사무를 관장한다. 교육부는 기간 학제에 따른 학교교육, 사회교육 차원의 평생교육, 관련 학술 및 연구와 관계되는 정책의 수립·집행·조정하는 사무를 관장할 뿐만 아니라 기타의 각종 교육·훈련·연수·자격 등과 관련된 15개 행정각부에 산재하여 있는 지역평생교육정책을 총괄하는 핵심이된다. 따라서 관계 법령으로는 「교육기본법」을 기초로 하여 「평생교육법」 「고등교육법」 「초·중등교육법」 「산업교육진흥법」 「지방교육자치에 관한 법률」을 비롯해 다수가 있다. 또한 기초과학기술의 연구지원 및 진흥, 과학기술인력 양성 및 배출 사무는 국가적 차원의 평생교육과 관련된다. 이를 좀 더 세부적으로 살펴보면, 기초과학기술의 연구지원 및 진흥 사무로는 기초과학진흥 관계 법령 및 제도의 운영·발전, 국내외 기초과학에 관한 정책 및 제도의 조사·분석, 기초연구 분야의 연구개발 기본계획의 수립·조정, 기초과학연구 정보의 구축 및 활용 등이 해당하며, 과학기술인력 양성 및 배출 사무로는 고등과학원, 한국과학기술원, 광주과학기술원 등 기초과학 연구개발기관의 육성·지원, 대학의 우수연구 집단의 육성·지원, 기초과학 활성화를 위한 산·학·연 협동연구 육성·지원에 관한 사항 등이 포함된다. 관계 법령으로는 「과학기술진흥법」 「과학기술혁신을 위한 특별법」 「특정연구기관육성법」 등이 있다.

둘째, 고용노동부는 근로조건의 기준, 노사관계의 조정, 노동조합의 지도, 산업안전보건, 근로자의 복지후생, 고용정책 및 고용보험, 직업능력개발훈련, 산업재해보상보험, 기타 노동에 관한 사무를 관장한다(고용노동부와 소속기관직제 제3조). 이러한 고용노동부의 관장사무는 전반적으로 평생직업교육과 매우 연관성이 크다. 특히 직업능력개발훈련은 교육부 소관의 학교교육 및 평생교육과 함께 국가 인적자원개발의 중요한 축을 이룬다. 관계 법령으로는 「직업교육훈련촉진법」「근로자직업훈련촉진법」「기능대학법」「기능장려법시행령」「국가기술자격법」「고용정책기본법」「직업안정법」「남녀고용평등법」「장애인고용촉진 및 직업재활법」 등이 있다.

셋째, 문화체육관광부는 문화 · 예술 · 영상 · 광고 · 출판 · 간행물 · 체육 · 청소년 및 관광에 관한 사무를 관장한다. 이와 같은 주요 업무에 있어서 평생교육 관련 사무는 문화 관련 전문인력의 양성과 청소년지도로 크게 구분할 수 있다. 관계 법령으로는 「도서관 및 독서진흥법」「박물관 및 미술관진흥법」「청소년기본법」 등이 있다.

넷째, 산업통상자원부는 상업 · 무역 · 투자 · 무역진흥 · 공업 및 에너지 · 지하자원에 관한 사무를 관장한다. 이와 같은 주요 업무는 전반적으로 평생교육과 관련된다고 할 수 있으나, 대표적인 지식경제부 관련 평생교육 관련 사무는 기술혁신체제 구축 및 기술인력 양성, 산업경쟁력 강화를 위한 산업기술 기반 조성을 들 수 있다. 관계 법령으로는 「기술이전촉진법」「산업발전법」 등이 있다.

다섯째, 보건복지부는 보건위생 · 방역 · 의정 · 약정 · 생활보호 · 자활지원 · 여성복지 · 아동 · 노인 · 장애인 및 사회보장에 관한 사무를 관장한다. 이러한 보건복지부의 관장 사무 중 평생교육과 관련되는 것으로는 크게 보건의료기술 등의 지원 사무, 의료인력 및 보건요원 · 사회복지요원의 양성과 관리, 노인 · 여성 · 장애인 등의 국민사회복지 증진 차원에서의 교육 · 훈련 및 취업알선 활동 등을 들 수 있다. 관계 법령으로는 「공중보건장학을 위한 특례법」「국민기초생활보장법」「장애인복지법」「모자복지법」「보건의료기술진흥법」「한국보건산업진흥원법」「영유아보육법」 등이 있다.

여섯째, 행정자치부는 국무회의의 의안정리 및 서무, 법령 및 조약의 공포, 공직자의 재산등록, 공무원의 인사ㆍ시험ㆍ훈련관리, 행정기관의 조직 및 정원의 관리, 행정능률 향상 및 행정정보자원 관리, 행정사무 및 민원제도의 개선과 실태의 평가, 상훈, 공무원의 보수 및 연금에 관한 사무, 지방자치제도 개선, 지방자치단체의 사무지원, 주민등록ㆍ선거ㆍ국민투표ㆍ지방재정ㆍ지역경제ㆍ지방세ㆍ지적ㆍ민방위ㆍ재해재난관리 및 소방에 관한 사무와 국가의 행정사무로서 다른 중앙행정기관의 소관에 속하지 아니하는 사무를 관장한다. 이러한 행정자치부 관장 사무 중 평생교육과 관련된 사무로는 각종 공무원의 국내외 교육훈련제도의 수립 및 실시를 들 수 있다. 구체적으로 소속 공무원의 직무 관련 교육ㆍ훈련, 공무원의 정보화 교육, 공무원의 국내 위탁교육ㆍ훈련, 공무원 국외 교육ㆍ훈련 등이 있다. 관계 법령으로는 「행정자치부와 그 소속기관 직제 및 시행규칙」「국가공무원법」「공무원교육훈련법」「지방자치법」 등이 있다.

일곱째, 농림축산식품부는 농산ㆍ농촌개발ㆍ식량ㆍ농지ㆍ수리ㆍ농산물유통 및 축산에 관한 사무를 관장한다. 이와 같은 농림축산식품부의 주요 업무에 있어 평생교육과 관련되는 것으로는 농업기술개발 및 농업인력 확충을 위한 농업교육 그리고 농업계 학교교육 지원이 있다. 단계 법령으로는 「농업ㆍ농촌기본법」「농촌진흥법」「한국농업전문학교ㆍ한국임업전문학교 및 한국수산전문학교설치령」 등이 있다.

여덟째, 환경부는 자연환경 및 생활환경의 보전과 환경오염방지에 관한 사무를 관장한다(환경부와 그 소속기관직제 제3조). 이러한 환경부의 관장 사무에서 평생교육과 관련되는 내용으로는 크게 환경기술의 연구ㆍ개발지원, 환경 분야 종사자의 교육ㆍ훈련 사무, 환경교육 관련 사무를 꼽을 수 있다. 관계 법령으로는 「환경기술개발 및 지원에 관한 법률」「환경관리공단법」 등이 있다.

2. 평생교육행정 조직 및 추진체제

1) 평생교육추진체제의 개관

과거 국가의 평생교육추진체제는 2000년 「평생교육법」의 시행에 따라 중앙 수준의 평생교육센터가 교육부의 지원에 의해 한국교육개발원(KEDI)에 설치되고, 시·도 교육청의 지원에 의해 16개 시·도에 지방 수준의 지역평생교육정보센터가 지정·운영되어 왔다. 그런데 우리나라의 행정체제는 대부분의 외국 국가와는 달리 일반행정과 교육행정이 이원화된 체제로 운영되고 있기 때문에 학교교육에 집중된 정책을 추진하는 시·도 교육청이 일반행정과 관련된 기관 및 단체에서 이루어지고 있는 평생교육에 대해 행·재정적 지원을 하는 데는 한계가 있는 것으로 지적되어 왔다(강일규, 2001). 이에 정부는 2007년 12월 14일 「평생교육법」을 전부 개정·공포하고, 2008년 2월 15일 시행하였다. 주요 골자는 종전 시·도 교육청이 수행했던 지역평생교육진흥 업무를 일반행정 기관에 해당하는 시·도와 시·군·구 지방자치단체가 책임지도록 하고, '협의'를 통하여 교육청이 지방평생교육에 참여하게 하였다.

그래서 현재 평생교육법령에 의한 평생교육전담기구는 중앙수준의 국가평생교육진흥원과 시·도 수준의 평생교육진흥원, 그리고 시·군·구 지역에 설치·운영되는 평생학습관이다. 평생교육법령에는 명시되지 않았지만 평생학습도시로 선정된 기초자치단체들은 지역주민의 평생학습기회를 제공하기 위하여 조례에 의한 평생학습센터를 설치·운영하고 있다. 국가 평생교육추진체제를 평생교육 전담기구, 즉 국가평생교육진흥원(중앙), 시·도 평생교육진흥원, 기초자치단체의 평생학습센터를 중심으로 일반 행정기구와 교육 행정기구와의 연계에 의해 도식화하면 [그림 2-3]과 같다.

[그림 2-3]에서 보는 바와 같이, 한국의 평생교육추진체제는 행정조직, 전담기

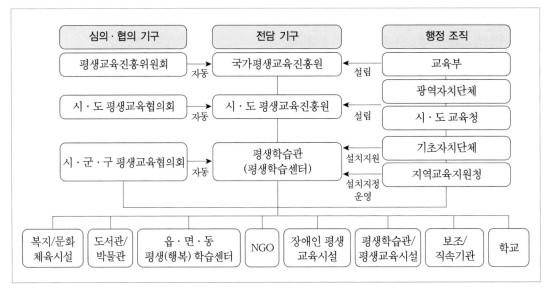

심의 · 협의 기구

평생교육진흥위원회 ─자동→ 국가평생교육진흥원

시 · 도 평생교육협의회 ─자동→ 시 · 도 평생교육진흥원

시 · 군 · 구 평생교육협의회 ─자동→ 평생학습관 (평생학습센터)

전담 기구

국가평생교육진흥원 ←설립─ 교육부

시 · 도 평생교육진흥원 ←설립─ 광역자치단체 / 시 · 도 교육청

평생학습관 (평생학습센터) ←설치지원─ 기초자치단체 / 지역교육지원청 (설치지정 운영)

행정 조직

교육부

광역자치단체

시 · 도 교육청

기초자치단체

지역교육지원청

복지/문화 체육시설 | 도서관/ 박물관 | 읍 · 면 · 동 평생(행복) 학습센터 | NGO | 장애인 평생 교육시설 | 평생학습관/ 평생교육시설 | 보조/ 직속기관 | 학교

[그림 2-3] 한국의 평생교육추진체제

구, 심의 및 협의기구로 구성되어 있다. 평생교육정책을 지원하는 조직으로서 행정
조직은 중앙수준의 교육부, 광역수준의 시 · 도 자치단체와 시 · 도 교육청, 지역수
준의 기초자치단체와 지역교육지원청으로 체제화되어 있고, 평생교육정책을 실행
하는 기구로서 전담기구는 국가평생교육진흥원(중앙), 시 · 도 평생교육진흥원, 평
생학습관, 평생교육시설 등으로 체제화되어 있으며, 심의 · 협의 기구는 평생교육
진흥위원회, 시 · 도 평생교육협의회, 시 · 군 · 구 평생교육협의회로 체제화되어 있
다. 그런데 지역평생교육을 위한 법규 정비가 6년 전에 이루어졌음에도 불구하고,
각 시 · 도의 지방평생교육진흥을 위한 조직과 제도의 정비 및 예산 확보가 매우 미
진하며 추진 상황과 속도도 지역별로 상당한 차이가 있는 것으로 나타나고 있다.

2) 중앙수준의 평생교육체제

중앙수준의 평생교육추진체제는 평생교육행정을 중추적으로 전담하는 일반행정 조직과 평생교육을 실행하는 전담기구로 구분되어 설명될 수 있다. 중앙 수준의 평생교육 행정조직은 교육부이고, 전담기구는 국가평생교육진흥원이다.

(1) 평생교육 행정조직: 교육부

국가 평생교육에 관한 기본·종합 정책을 수립하고 실행하기 위한 중앙수준의 행정조직은 정부의 교육부이며, 주무부서는 평생학습정책과라 할 수 있다. 주요 업무는 평생교육진흥에 관한 종합 정책의 수립 및 시행, 5년마다 평생교육진흥기본계획 수립, 평생교육에 관한 법령의 제정·개정, 평생교육진흥위원회의 구성·운영 지원, 국가평생교육진흥원 운영 지원 및 지도, 시·도 평생교육협의회, 시·도 평생교육진흥원, 시·군 자치구 평생교육협의회 및 시·군 자치구 평생학습관의 운영 지원 등 지방자치단체의 평생교육진흥에 관한 사항, 전문대학 학력인정 평생교육시설의 운영 지원·지도, 학점은행제와 독학에 의한 학위 취득제 운영에 관한 사항, 시간제 등록제운영 지원에 관한 사항, 평생학습 중심대학 등 고등교육기관의 평생교육 지원에 관한 사항, 평생학습도시의 지정·운영 지원 및 평생학습도시협의회의운영 지원, 대학부설 평생교육원 등 각종 평생교육시설·단체의 육성 및 운영 지원, 평생학습계좌제 운영, 문해교육의 실시 및 문해교육 프로그램의 운영 지원, 평생교육 통계조사 등 평생교육인프라 구축, 평생교육 관련 국제교류의 증진 및 대외개방에 관한 사항, 학원 관련 법령의 제·개정 및 한국학원총연합회의 운영 지원·지도 등이다.

(2) 평생교육 전담기구: 국가평생교육진흥원

「평생교육법」 제19조에 의하면, 국가평생교육진흥원은 국가 평생교육 진흥 관련 업무를 지원하기 위하여 2008년에 설립되었으며, 국가 단위 평생교육 관련 정책의 집행, 평생교육 프로그램의 개발 지원, 평생교육사를 포함한 평생교육 종사자 양성·연수, 평생교육 종합정보시스템 구축, 평생학습 결과의 인정, 평생학습계좌제, 학점은행제, 독학학위제 운영 등 평생교육 관련 주요 집행 기능을 수행한다.

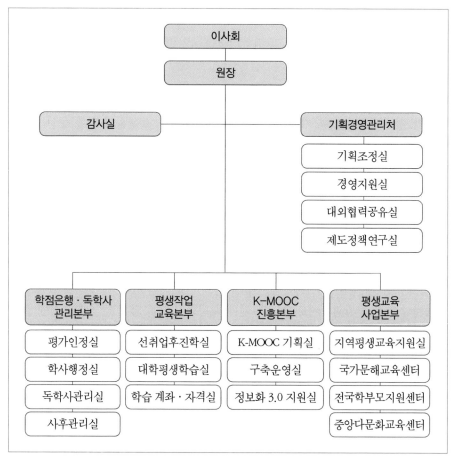

[그림 2-4] 국가평생교육진흥원 조직 구조(http://www.nile.or.kr)

2012년에는 '평생교육진흥원'을 '국가평생교육진흥원'으로 명칭을 변경하고, 1처, 3본부, 5센터, 1사업단, 1감사실, 16실로 체제를 재정비하였다. 국가평생교육 전담 기구인 국가평생교육진흥원의 기능과 역할은 [그림 2-4]와 같다.

[그림 2-4]에서 보는 바와 같이, 국가평생교육진흥원은 대학 중심의 평생학습 활성화 사업, 저학력 성인의 생애기초능력 향상을 위한 성인문해교육 지원사업, 전 국민 평생학습 참여 인프라를 구축하기 위한 평생학습계좌제와 학점은행제, 독학 학위제 등과 같은 주요 사업을 수행하고 있다. 또한 평생교육 관계자들의 전문성

2. 평생교육행정 조직 및 추진체제

향상을 위한 평생교육 연수 사업, 평생교육사 자격제도 운영, 평생교육 국제교류
등 평생학습 진흥과 관련된 다양한 지원 사업들을 진행하였을 뿐만 아니라 학부모
교육, 다문화 교육, 100세 시대 인재개발 사업 등 다양한 영역으로 활발하게 평생
교육 사업을 확장해 나가고 있다. 2013년에는 정부로부터 대학 중심의 평생학습
활성화 사업에 대한 대폭적인 예산을 지원받아 사업을 추진하였고, 지방자치단체
의 평생학습참여를 활성화하기 위하여 평생학습도시를 118개로 확대하였으며,
읍·면·동 단위의 평생학습을 활성화하기 위하여 행복학습센터를 시범 운영하고,
평생교육 평생학습 문화의 진흥 및 확산을 위해 전국평생학습박람회를 충북 제천
에서 개최하였다.

3) 광역수준의 평생교육체제

(1) 평생교육 행정조직: 시·도 평생교육팀(과)

현행 「평생교육법」은 평생교육에 대한 지방자치단체의 기능과 역할뿐만 아니라
시·도교육청의 역할을 함께 고려하고 있다. 가장 대표적인 기능은 '협의'로, 평생
교육시행계획의 수립·시행에 관한 사항, 시·도 평생교육협의회의 위원 구성에 관
한 사항, 시·도지사가 조례에 따라 실시하거나, 지원하는 평생교육 진흥 사업에 관
한 사항, 그리고 시·도 평생교육진흥원의 설치나 지정에 관한 사항(시행령 제12조)
이 교육감 협의 대상이 되며, 시·도 평생교육협의회의 부의장은 부교육감을 당연
직으로 두도록 함으로써 지방평생교육에 대한 시·도 교육청의 참여를 유도하고
있다.

광역자치단체의 역할을 살펴보면, 시·도 지방자치단체는 시·군·구의 동일 기
준, 통일적인 광역적 사무 및 시·군·구의 연락·조정에 관한 사무를 취급하는 기
능을 담당한다. 「평생교육법」 제5조는 지방자치단체에 대하여 지역평생교육계획의
수립·수행의 임무를 부과시킴으로써 광역자치단체는 평생교육 행정조직을 구축하
고, 지역평생학습의 업무를 수행해야 한다고 명시하고 있다. 「평생교육법」 제11조

에 따르면 시·도지사는 교육부장관이 5년마다 수립하는 '평생교육진흥기본계획'에 따라 광역지자체의 '연도별 평생교육진흥시행계획을 수립·시행'하고, 매년 다음 해의 평생교육진흥시행계획을 수립하여 교육부장관에게 제출하여야 한다(시행령 제3조 제3항)고 강제함으로써 광역 단위 지방자치단체에 대한 평생교육의 책무성을 강조하고 있다. 또한 「평생교육법」 제12조는 시행계획의 수립·시행에 필요한 사항을 심의하기 위하여 시·도지사 소속의 시·도 평생교육협의회를 두도록 하고 있으며, 「동법」 제20조 제1항과 제2항은 광역의 지방 평생교육 사업을 추진할수 있도록 시·도 평생교육진흥원을 설치 또는 지정·운영을 권고하며 시·도 평생교육진흥원의 주요 업무를 규정하고 있다. 시·도 평생교육진흥원의 주요 업무로는 ① 해당 지역의 평생교육 기회 및 정보의 제공, ② 평생교육 상담, ③ 평생교육 프로그램 운영, ④ 해당 지역의 평생교육기관 간 연계체제 구축, ⑤ 그 밖에 평생교육진흥을 위하여 시·도지사가 필요하다고 인정하는 사항이다.

한편, 시·도 교육청의 평생교육에 관한 중요한 업무는 평생교육시설의 인가 및 등록에 관한 사항으로 교육감의 직접 관리 대상이 되는 시설로서 학교의 평생교육, 학교 부설 평생교육시설(단, 대학 소속 시설은 제외), 학교 형태의 평생교육시설(등록 사항), 사업장 부설 평생교육시설, 시민사회단체 부설 평생교육시설, 언론기관 부설 평생교육시설, 지식·인력개발 관련 평생교육시설이 있다. 이들 시설에 대해서 교육감은 설치인가 또는 등록을 취소할 수 있는 강력한 권한을 부여받고 있다. 교육청이 직접 실시하고 있는 평생교육 진흥 사업으로 문자해득교육이 있으며 교육감이 책임을 지도록 하고 있다. 또한 현행 「평생교육법」은 경과규정을 두어 교육감은 시·도 평생교육진흥원과 사실상 동일한 기능을 수행하는 지역 평생교육정보센터를 지정·운영할 수 있다.

이상에 보는 바와 같이 현행 「평생교육법」에는 교육감도 평생교육 사무를 계속 추진할 수 있는 경과조치를 두고 있어, 교육감도 사실상 시·도 지사와 같이 의지에 따라 계속 평생교육 사무를 추진할 수 있다. 이러한 평생교육법에서의 광역 지방자치단체와 교육자치단체의 평생교육 역할을 요약하여 제시하면 〈표 2-5〉와 같다.

〈표 2-5〉 **평생교육법에서의 광역 자치단체의 평생교육에 대한 역할**

구분	시·도청	시·도교육청
평생교육진흥 시행계획	• 수립·시행(제11조) • 교육부장관 제출(제3조)	• 시·도지사의 수립·시행에 협의 (제11조)
행정권한	• 시행계획 수립을 위해 관련기관에 자료 요구(제13조) • 평생교육통계조사(제18조)	• 평생교육시설 설치인가 또는 등록 관리 (제28~제38조) • 평생교육시설 설치인가 또는 등록 취소(제42조)
시·도 평생교육 협의회	• 협의회 구성·운영(제12조) • 시·도지사 당연직 위원장(제12조)	• 협의회 위원 구성 협의(제12조) • 부교육감은 당연직 부의장(제12조)
평생교육기관 지도 및 지원	• 기관요청 시 평생교육활동 지도 또는 지원(제17조)	• 좌동
평생교육사업 추진기구 운영	• 시·도 평생교육진흥원 설치 또는 지정·운영(제20조) ※ 시행령 제13조에 따라 '전문인력정보은행제' 위탁 가능	• 지역평생교육정보센터 지정운영 (부칙 경과조치) • 시·도 평생교육진흥원 설치 또는 지정에 대한 협의(시행령 제12조)
평생교육진흥 사업 내용	• 평생교육진흥사업 실시 또는 지원(제16조) - 평생교육기관의 설치·운영 - 평생교육사의 양성 및 배치 - 평생교육프로그램의 개발 - 그 밖에 국민의 평생교육 참여를 촉진하기 위하여 수행하는 사업 등 • 조례에 따라 주민을 위한 평생교육진흥사업(제16조) • 전문인력정보은행제 운영(시행령 제13조)	• 좌동 • 시·도청의 평생교육진흥사업에 대한 협의 (제16조)
평생교육진흥 사업 영역	• 법이 규정한 모든 평생교육 사업 - 정규교육과정을 제외한 학력보완교육, 성인기초 문자해득교육, 직업능력향상교육, 인문교양교육, 문화예술교육, 시민참여교육 • 정보화 관련 평생교육(제22조)	• 문자해득교육(제39조) • 좌동

출처: 고영상 외(2011). 시·도-시·군·구 평생교육 연계체제 구축방안 연구.

(2) 평생교육 전담기구: 시 · 도 평생교육진흥원

「평생교육법」제20조는 시 · 도의 평생교육진흥사업의 효율적 추진을 위하여 시 · 도 평생교육진흥원을 교육감과 협의하여(시행령 제12조) 설치 또는 지정 · 운영할 수 있도록 명시하고 있다. 또한 시 · 도 평생교육진흥원 임무를 해당 지역의 평생교육기회 및 정보의 제공, 평생교육 상담, 평생교육 프로그램 운영, 해당 지역의 평생교육기관 간 연계체제 구축, 그 밖에 평생교육진흥을 위하여 시 · 도지사가 필요하다고 인정하는 사항 등을 규정하고 있다. 이러한 「평생교육법」규정에 따라 각 시 · 도 지방자치단체는 조례를 제정하여 시 · 도 평생교육진흥원을 설치 또는 운영하고 평생교육진흥사업을 추진한다. 이러한 평생교육법령을 기초로 각 시 · 도 지방자치단체가 조례규정한 시 · 도 평생교육진흥원의 사업을 종합 · 정리하여 제시하면 〈표 2-6〉과 같다.

〈표 2-6〉에서 보는 바와 같이 시 · 도 평생교육진흥원의 사업에 대한 각 시 · 도 지방자치단체의 조례는 평생교육법령의 내용에 비하여 상당히 구체적으로 제시하고 있다. 다만, 평생교육진흥사업의 구체적 내용은 법 제16조를 비롯하여 평생교육사 배치, 평생교육시설 등에 대한 경비지원, 시 · 도 평생교육진흥원의 업무 등 여러 조항 속에 담겨 있는 사항을 정리한 수준이지만 법령보다는 훨씬 구체적으로 제시되고 있다. 하지만 조례의 내용이 지역에 따라 다른데 이들의 구체적인 내용은 ① 평생교육 프로그램 개발, 운영, 보급, 지원, ② 자치구와 평생교육기관 간의 연계체계 구축, ③ 평생교육 관계자 연수, ④ 평생교육 기회 및 정보제공, ⑤ 평생교육 상담, ⑥ 전문인력정보은행제, ⑦ 학습계좌제 운영, ⑧ 평생교육 관련 통계 조사 및 자료 구축, ⑨ 평생교육기관의 설치 · 운영, ⑩ 평생교육사의 양성 · 배치, ⑪ 평생학습축제 등 시민의 평생교육 참여 확산을 위한 사업, ⑫ 문자해득교육 지원, ⑬ 평생교육 관련 정책개발 및 연구, ⑭ 학습동아리 육성 및 활동 지원, ⑮ 소외계층에 대한 평생교육 참여 지원, ⑯ 지역 평생교육진흥 컨설팅 시행 또는 자치구 및 평생교육기관에 대한 장학 및 평가, ⑰ 저소득층에 대한 평생교육 지원, ⑱ 장애인 평생교육과정 설치 · 운영 및 지원, ⑲ 자치구 및 평생교육기관 등에 대한 평생

〈표 2-6〉 각 시·도 조례의 평생교육진흥사업 및 진흥원 업무

평생교육진흥사업 및 진흥원 업무		서울	대구	인천	광주	울산	경기	충북	충남	전북	전남	경북	경남	제주	부산	대전	강원	세종
진흥원 업무	(1) 평생교육 프로그램 개발, 운영, 보급, 지원	•	•	•	•	•	•	•	•	•	•	•	•	•	•	•	•	•
	(2) 자치구와 평생교육기관 간의 연계체계 구축	•	•	•	•	•	•	•	•	•	•	•	•		•	•	•	•
	(3) 평생교육 기회 및 정보제공	•	•	•	•	•	•	•	•	•	•	•				•	•	
	(4) 평생교육 상담	•	•	•												•	•	•
시·도 평생교육 진흥 사업	(5) 평생교육 관계자 연수 및 전문성 제고	•														•		
	(6) 전문인력정보은행제		•						•			•				•		
	(7) 학습계좌제 운영						•											
	(8) 평생교육 관련 통계조사 및 자료 구축						•	•				•				•		
	(9) 평생교육기관의 설치·운영						•	•					•	•			•	
	(10) 평생교육사의 양성·배치	•														•		
	(11) 평생학습축제 등 시민의 평생교육 참여 확산을 위한 사업	•																
	(12) 문자해득교육 지원	•	•	•			•						•			•		
	(13) 평생교육 관련 정책개발 및 연구	•	•	•			•		•				•					
	(14) 학습동아리 육성 및 활동 지원	•												•	•	•		
	(15) 소외계층에 대한 평생교육 참여 지원	•			•	•										•		
	(16) 지역평생교육진흥 컨설팅 시행 또는 자치구 및 평생교육기관에 대한 장학 및 평가	•											•					
	(17) 저소득층에 대한 평생교육지원							•	•									
	(18) 장애인 평생교육과정 설치·운영 및 지원							•		•	•							
	(19) 자치구 및 평생교육기관 등의 평생학습 진흥 사업 지원	•	•						•		•	•						
	(20) 그 밖에 평생교육진흥을 위하여 시·도지사가 필요하다고 인정하는 사항	•	•	•	•	•	•	•	•	•	•	•	•	•	•	•	•	•

학습 진흥사업 지원, ⑳ 그 밖에 평생교육진흥을 위하여 자치단체장(시·도지사)이 필요하다고 인정하는 사항 등이다.

　한편, 광역 자치단체는 평생교육추진 전담기구인 시·도 평생교육진흥원을 설치하고 있는데 세종시를 포함한 17개 광역자치단체 가운데 15개 시·도가 설치 또는 지정하여 운영하고 있다. 지방평생교육진흥 사업을 추진하기 위한 시·도 평생교육지원부서와 시·도 평생교육진흥원 설치 현황을 살펴보면 〈표 2-7〉과 같다.

〈표 2-7〉 시·도 평생교육진흥원 설치 현황(2016. 6. 현재)

연변	시·도	설립/지정시기	설립형태		지정(위탁)기관	소재지
			법인설립	위탁지정		
1	서울평생교육진흥원	2014. 4. 3.	○		–	서울 마포구
2	부산평생교육진흥원	2011. 3. 1.		○	부산인적자원개발원	부산 동래구
3	대구평생교육진흥원	2014. 2. 20.		○	대구경북연구원	대구 수성구
4	인천평생교육진흥원	2013. 5. 9.		○	인천인재육성재단	인천 서구
5	광주평생교육진흥원	2013. 4. 16.	○		–	광주 광산구
6	대전평생교육진흥원	2011. 6. 13.	○		–	대전 중구
7	울산평생교육진흥원	2012. 7. 1.		○	울산발전연구원	울산 북구
8	세종평생교육진흥원	2016. 2. 5.		○	세종인재육성재단	세종시
9	경기평생교육진흥원	2011. 12. 28.	○		–	경기 수원시
10	강원평생교육진흥원	2014. 3. 25.		○	강원발전연구원	강원 춘천시
11	충북평생교육진흥원	2011. 4. 20.		○	충북발전연구원	충북 청주시
12	충남평생교육진흥원	2016. 6. 3.	○		–	충남 홍성군
13	전북평생교육진흥원	2016. 10.		○	전북연구원	전북 전주시
14	전남평생교육진흥원	2014. 3. 19.		○	광주전남연구원	전남 무안군
15	경북평생교육진흥원	2013. 6. 27.		○	대구대학교	경북 경산시
16	경남평생교육진흥원	2015. 1. 1.		○	경남발전연구원	경남 창원시
17	제주평생교육진흥원	2012. 7. 18.		○	제주발전연구원	제주 제주시
	소계		5	11		

4) 기초수준의 평생교육체제

(1) 평생교육 행정조직: 시·군·구 평생교육담당(과)

기초자치단체장의 임무가 시·도지사와 같이 법령에서 매년 평생교육시행계획을 수립·시행하도록 명시되지 않았지만, 시·군 구청장들은 국가 및 지방의 평생교육진흥 기본계획을 통보받을 뿐만 아니라 자체의 평생교육 시책을 수립하여 국가와 함께 주민을 위한 평생교육을 시행해야 할 책임이 있다. 「평생교육법」 제14조에서는 시·군·구의 "지역주민을 위한 평생교육의 실시와 관련되는 사업 간 조정 및 유관기관 간 협력 증진을 위하여 시·군 자치구 평생교육협의회를 둔다.”라고 정하고 있으며, 시·군·구는 조례에서 정하는 바에 따라 주민을 위한 평생교육진흥사업을 실시하거나 지원할 수 있다. 정부로부터 평생학습도시로 지정된 지방자치단체들은 대부분 평생교육을 지원하는 팀, 과, 국 수준으로 행정조직을 구축하고, 지역의 평생학습사업의 전반에 걸친 정책개발 및 사업추진에 대한 행·재정적 지원을 하며, 시·군·구 지역의 평생학습추진을 위한 전담기구인 평생학습센터 또는 평생학습관을 지원한다.

(2) 평생교육 전담기구: 시·군·구 평생교육센터(평생학습관)

평생교육법령에서는 시·군·구청장이 평생학습관을 설치·운영하도록 규정하고 있으나(법 21조), 평생학습센터의 설치·운영에 대해 규정되어 있지 않다. 여기에서는 법령에 규정되어 있지 않았지만 시·군·구의 평생학습 전담기구로서 기초자치단체의 조례에 의하여 설치·운영하고 있는 평생학습센터와 법령에 규정된 평생학습관 등을 살펴본다.

① 시·군·구 평생학습센터

정부로부터 평생학습도시로 지정받은 시·군·구청은 기초자치단체의 평생학습계획의 수립과 실행, 평생학습기관 간 네트워크, 평생교육 프로그램 개발 및 운영, 평생학습정보제공, 평생학습상담 등을 총괄하는 전담기구의 필요성 때문에 평생학습센터를 설치·운영하고 있다. 시·군·구의 평생학습센터는 지역 내의 도서관, 학교, 평생교육시설, 각종 복지관, 사회체육문화시설, 기업 및 산업체 등과의 네트워크를 통하여 지역의 평생학습프로젝트를 실행한다. 평생학습센터는 2003년 전주시가 최초로 설치·운영하였으며, 188개의 평생학습도시 가운데 40여 기초자치단체가 평생학습센터를 설치·운영하고 있다(권인탁, 2011).

〈표 2-8〉 시 · 군 · 구 평생학습센터의 기능

시설명	평생학습센터	센터장	전문가 또는 공무원
설치자	지방자치단체	설치 근거	시 평생학습 조례
관리 · 운영	자치단체 직속기구 또는 평생학습진흥재단		
인력구조	평생교육사, 평생학습행정 지원공무원 등		
사업 내용	1. 평생학습센터의 서무에 관한 일 2. 시 평생학습센터 조례에 규정한 사항 　• 평생학습에 관한 정보의 수집 및 제공에 관한 일 　• 평생학습에 관한 조사 · 연구 및 계발에 관한 일 　• 지도자 등의 양성 및 연수에 관한 일 　• 평생학습에 관한 강좌, 강연회 등의 개최에 관한 일 　• 평생학습과 관련되는 상담에 관한 일 　• 센터의 시설 제공에 관한 일 　• 그 외 센터의 목적을 달성하기 위해서 필요한 사업 3. 시설 · 설비의 유지 · 관리에 관한 일 4. 학습정보 제공 시스템의 유지관리에 관한 일		

② 평생학습관

지금까지 평생학습관의 설치 또는 지정 · 운영은 시 · 도 교육감의 권한이었다. 그러나 2008년에 개정된 「평생교육법」 제21조에 의하면, 교육감뿐만 아니라 시장 · 군수 · 자치구의 구청장도 평생학습관의 설치 또는 재정적 지원 등 해당 지방자치단체의 평생교육을 진흥하기 위하여 필요한 사업을 실시할 수 있도록 규정하고 있으며, 이를 위해 조례를 제정하여 실시하도록 규정하고 있다. 기초수준의 지방평생교육과 관련하여 교육감은 평생학습관을 설치 및 지정할 수 있으나 기초자치단체장은 지정 권한은 없고 설치 지원만을 할 수 있다.

평생학습관은 지역 특성에 따라 시 · 군 · 구 단위 또는 읍 · 면 · 동 단위로 도서관, 시 · 군 · 구민회관, 문화원 등 기존의 평생교육시설을 활용하거나 신설하여 운영될 수 있다. 평생학습관은 지역주민을 대상으로 평생교육 프로그램 운영 및 평생학습정보 제공 기능을 수행하고 있다. 평생학습관은 2001년 208개에서 시작하여

2015년 기준 358개의 기관이 운영 중에 있으며(교육부 · 한국교육개발원, 2015), 계속 증가할 것으로 예상된다.

③ 주민자치센터

주민자치센터는 "일정한 지역에 생활터전을 가지고 있는 주민이 주인의식과 연대의식을 가지고 자발적으로 참여하고 각자 분담하여 지역의 발전을 도모하고 지역사회의 문화, 여가, 복지를 증진시키는 지역사회의 거점"으로 정의된다(행정자치부, 2002).

주민자치센터는 당초(1999년 2월)에는 행정자치부가 읍 · 면 · 동사무소를 폐지하고 주민자치센터로 기능을 전환하고자 추진한 과제였으나, 의견 수렴 과정에서 그 내용을 다소 보완하여 현행 읍 · 면 · 동 제도를 유지하면서 쇠퇴한 기능과 과다한 인력을 정비하고, 여유 시설 및 공간에 주민을 위한 문화, 복지, 정보 등 편익시설과 주민자치활동의 구심체 역할을 수행할 수 있는 주민자치센터를 설치 · 운영하도록 하고 있다(1999년 4월).

주민자치센터는 주민의 복리 증진과 지역공동체 형성 촉진, 주민참여의 보장 및 자치활동의 조장, 읍 · 면 · 동사무소별 자율적 운영 유도, 건전한 육성 및 발전을 위한 행 · 재정지원, 정치적 이용 목적의 배제 등의 원칙에 따라 운영되며, 읍 · 면 · 동사무소별로 각계각층의 15~25명의 주민대표로 구성된 주민자치위원회를 두어 지역주민의 참여에 의한 주체적 · 자발적 운영을 유도하고 있다.

행정자치부가 민 · 관 협력에 의한 주민자치센터의 건전한 조기 정착을 위하여 제시한 민간단체(NGO)의 참여방안은 ① 자치센터의 프로그램을 자치센터로부터 위탁받아 직접 운영, ② 자치단체와 협력하여 프로그램, 운영 모델 등 공동 개발 · 보급, ③ 주민자치위원으로서 자치센터 운영 전반에 참여, ④ 자치센터를 중심으로 지역사회 진흥운동, 시민운동 전개, ⑤ 자치센터 운영 상황 모니터링, 평가, 개선방안 제시 등이다.

주민자치센터의 중요한 역할과 기능은 ① 시민교육, 청소년교육, 여성교육, 노인교육, 직업교육, 생애학습 등을 포함한 사회교육 기능, ② 지역 문화행사, 취미동호회, 스포츠 활동, 전시회, 음악감상실, 강연회, 취미교실 등과 같은 문화·여가활동 기능 ③ 자원봉사, 불우이웃 돕기, 놀이방, 경로시설, 보건진료센터, 탁아소, 경로시설, 예식장 등과 같은 지역복지 기능, ④ 회의장, 정보센터, 자원 재활용, 농산물 직거래, 알뜰시장 등과 같은 주민편익 기능, ⑤ 지역문제 토론, 내 집 앞 청소하기, 하천 살리기 등과 같은 자치활동 기능, ⑥ 영농정보, 특산물 전시, 농업전문교육 등과 같은 영농복지 기능 등이라고 할 수 있다.

행정자치부는 읍·면·동사무소가 행정 기능 수행 중심에서 주민의 자치활동 및 문화와 여가 기회를 제공하는 공간으로 새롭게 변화시키고자 주민자치센터를 설치한 것이다. 이러한 조치는 주민자치센터가 지역평생학습관으로서 주민을 위한 평생학습 프로그램 운영의 전환점이 되었다. 따라서 주민자치센터 역할과 기능 가운데 상당 부분이 지역평생학습 프로그램에 관련되어 있다고 볼 수 있다.

그리하여 주민자치센터가 지역평생학습의 장이 되고 지역주민의 학습을 위한 삶의 터이자 지역평생학습의 전진기지의 역할을 수행할 수 있도록 하는 것이 바람직하다. 여기에서는 주민자치센터와 프로그램 현황을 살펴본다.

주민자치센터 설치사업은 1999년 7월부터 전국 도시지역 278개 동을 대상으로 시범 실시하면서 시작되었다. 주민자치센터는 2002년 5월 31일까지 230개 시·군·구, 3,522개 읍·면·동 가운데 읍 16개, 면 56개, 동 1,683개의 총 1,759개가 설치되었는데, 이 수치는 전체 읍·면·동의 50% 이상에 해당한다. 주민자치센터는 2016년 현재 226개 시·군·구에서 2,800여 개가 운영 중에 있다. 주민자치센터의 시설 종류로는 다목적실, 회의실 및 교육장, 체력단련실, 정보이용실, 취미활동실, 창작·전시실, 독서·문고실, 기타 시설 등이 있으며, 프로그램으로는 주민자치, 문화·여가, 지역복지, 주민편익, 시민교육, 지역사회진흥 등 프로그램을 운영하고 있다(행정자치부, 2002).

④ 행복학습센터

행복학습센터는 지역주민 누구나, 원하는 경우 학습에 참여할 수 있도록 지역 내 유휴공간을 발굴하여 다양한 평생교육 프로그램을 제공해 주는 학습공간을 의미한다. 이곳에서는 지역의 특성 및 주민 수요를 반영하여 주민이 필요로 하는 프로그램을 개발·운영하며 행복학습 매니저를 통해 필요한 학습정보를 제공하고, 마을의 인적·물적 자원을 활용하는 등 지역 내 학습공동체가 활발히 이루어지도록 하고 있다.

이는 2013년 출범한 박근혜 정부의 '100세 시대 국가평생학습체제 구축' 국정

〈표 2-9〉 행복학습센터 현황(2016. 6. 현재)

시·도	2014년 지원(3년차)	개수	2015년 선정(2년차)	개수	소계
서울	금천구, 서대문구, 송파구, 영등포구, 은평구	5	관악구, 도봉구, 성동구, 양천구, 중랑구	5	10
부산	금정구, 남구, 부산진구, 사상구, 사하구, 서구, 연제구, 영도구, 해운대구	9	기장군, 동구	2	11
대구	달서구, 북구, 수성구	3	동구	1	4
인천	남구, 남동구, 부평구, 연수구	4	서구	1	5
광주	광산구, 남구, 북구	3	동구, 서구	2	5
대전	대덕구, 동구, 서구, 유성구	4	–	0	4
울산	중구	1	–	0	1
경기	광명시, 군포시, 김포시, 부천시, 의정부시, 포천시	6	고양시, 안산시, 양평군	3	9
강원	인제군, 삼척시, 태백시, 평창군	4	강릉시, 동해시	2	6
충북	제천시, 진천군, 청주시	3	단양군, 증평군	2	5
충남	서천군, 홍성군	2	예산군	1	3
전북	군산시, 완주군, 익산시	3	김제시, 남원시, 정읍시	3	6
전남	곡성군, 순천시, 여수시	3	담양군, 목포시, 신안군, 영암군	4	7
경북	경산시, 경주시, 구미시, 칠곡군	4	고령군, 안동시	2	6
경남	거창군, 양산시, 창녕군, 창원시, 하동군	5	고성군, 밀양시, 합천군	3	8
제주	제주시	1	서귀포시	1	2
계		60		32	92

과제에 따라 제3차 평생교육진흥기본계획에서 정책적 구상으로 전국 읍·면·동 단위로 설치되었다. 행복학습센터는 2013년 시범형으로 16개가 운영되었으며, 2014년 60개, 2015년 32개가 지정되어 2016년에는 92개가 운영되고 있다. 행복학습센터는 읍·면·동 단위에 설치되어 있는 주민센터, 복지회관, 도서관, 아파트 시설 등 각종 유휴시설을 활용하여 운영되며, 농어촌 등 평생교육시설이 부족한 지역에 우선적으로 확대하여 지역 간 평생교육 격차를 해소하고 평생학습의 접근성을 보다 강화하려는 노력으로 설치되고 있다.

제 3 장
평생교육기관 분류

1. 평생교육기관의 개념

평생교육기관은 개인적으로나 집단적으로 주민의 요구를 충족시키기 위하여 설치된 조형물이나 장소·공간으로, 거기에 배치된 전문직원과 소정의 기능을 포함하여 전문적 지도·조언과 함께 평생교육활동 및 프로그램 사업을 행하는 시설이나 시스템을 말한다. 즉, 그것은 주민의 교육적 요구 충족을 위하여 교육, 문화활동, 레크리에이션 등의 학습활동이 이루어질 수 있도록 조형물 등을 포함한 각종 장비에 의해 학습환경이 정비된 장소 또는 공간이 갖춰진 시설 및 시스템을 말한다.

건축계획학적 사고방법에 의하면, 평생교육시설의 기능은 교류, 연락, 상담, 집회(강습), 실습, 감상, 열람, 연구, 전시, 보관, 운동, 놀이, 방송, 제작, 숙박, 식사, 정보 제공, 도서 제공, 기자재 제공 및 탁아 등으로 나누어진다. 각각의 시설은 이용 대상, 이용 형태 및 제공 서비스의 방식에 의하여 특색 있는 설계가 요구된다.

예를 들어, 도서관은 정보와 도서의 제공 기능을 중핵으로 하여 당연히 보관과 놀이 기능을 조합한 시설이며, 평생교육관은 교류, 연락, 상담의 기능을 전제로 하여 집회, 실습, 운동, 열람의 기능에 중점을 둔 시설이라고 할 수 있다(양병찬, 2002).

한편, 「평생교육법」에 의한 평생교육기관의 개념은 동법에서 규정하고 있는 교육기관과 동법 조항에서 명시하고 있는 기관 및 기타 평생교육 관련 법령에 의한 교육기관을 의미한다. 「평생교육법」 제2조에서는 평생교육기관을 ① 「평생교육법」에 따라 인가·등록·신고된 시설·법인 또는 단체, ② 「학원의 설립·운영 및 과외교습에 관한 법률」에 따른 학원 중 학교교과교습학원을 제외한 평생직업교육을 실시하는 학원, ③ 그 밖에 다른 법령에 따라 평생교육을 주된 목적으로 하는 시설·법인 또는 단체로 규정하고 있다. 반면, 평생교육단체, 평생교육시설은 법적인 정의를 내리지 않고 있다. 하지만 이들 개념은 평생교육기관에 포괄된 개념이라고 이해될 수 있다. 구체적인 평생교육 법인 및 단체를 살펴보면, 평생교육법인에는 평생교육을 주된 목적으로 하는 법인으로서 공익법인, 비영리법인, 특수법인 등 각종 법인이 있으며, 평생교육단체에는 정부단체 및 각종 시민사회단체 및 민간단체(NGO) 등이 있다. 또한 평생교육시설은 평생교육을 주된 목적으로 하는 시설로서 「평생교육법」에 의하여 인가·등록·신고 또는 설치 보고된 시설을 말한다.

2. 평생교육기관의 분류 기준

평생교육기관의 분류는 지역과 전국에 산재해 있는 수많은 평생교육기관 간의 연계·협력을 위해서 필요하다. 평생교육기관은 자체 기관이 어떤 형태의 평생교육시설의 특성인가에 따라 평생교육 사업 및 프로그램 운영의 방향이 달라진다. 한편 평생교육기관이란 무엇이며, 평생교육기관에는 어떠한 기관이 있으며, 그러한 기관을 어떻게 분류할 것인가는 매우 복잡하다.

1) 다양한 준거에 의한 평생교육기관의 분류

평생교육기관의 분류는 교육 형태, 기관의 후원 형태, 설립 및 운영 주체와 성격, 소관 부처, 교육 프로그램의 목적 및 내용, 교육대상 등 다양한 기준에 따라 분류될 수 있다.

(1) 교육 형태에 따른 분류

우선 평생교육기관은 교육 형태에 따라 다음과 같이 분류할 수 있다(Darkenwald & Merriam, 1982; Merriam & Brockett, 1977).

① I유형: **독립 형태의 평생교육기관**(independent lifelong education organizations)

이 유형은 평생교육을 독립적으로 실시하는 시설·기관이다. 대학평생교육원, 지방자치단체에 의해 설립된 평생학습센터 또는 평생학습관, 평생교육법령에 규정된 절차에 따라서 개인이나 법인에 의해 설립된 독자적인 평생교육기관이 해당된다.

② II유형: **공교육 형태의 평생교육기관**(educational institutions)

이 유형은 학교 형태의 평생교육 및 기존 교육기관에서 학력을 취득하는 형태의 평생교육이다. 미국에서는 공립 성인교육학교(public school adult education), 커뮤니티 컬리지(community college), 대학 및 대학교(성인 재학생), 대학의 확장교육 프로그램 등이며, 우리나라에서는 「평생교육법」에 의해 설립된 성인 중·고등학교, 학점은행제를 운영하는 기관 등이 해당된다.

③ III유형: **준교육기관 형태의 평생교육기관**(quasieducational organizations)

이 유형은 준교육기관에서 실시하는 평생교육이다. 여기에 포함되는 시설이나 기관은 정규 교육기관은 아니지만 평생교육활동이 이들 시설이나 기관의 중요한 기능과 연결될 수 있기 때문에 준교육 시설 및 기관이라고 말할 수 있다. 도서관,

박물관, 문화시설(영화관, 종교시설), 매스미디어, 공연시설, 전시장, 문화보급시설(문화원, 국악원, 전수회관) 등이 해당된다.

④ Ⅳ유형: 비교육기관 형태의 평생교육기관(non-educational organizations)

이 유형은 교육적 조직체의 성격을 가지고 있지 않은 평생교육시설·기관이다. 준교육적 시설과 비교할 때 교육을 주목적으로 하지 않는다는 점에서 비슷한 점이 있지만 평생교육을 그들 기관 나름의 목적을 위한 도구로 간주한다는 점에서 차이가 있다. 즉, 산업체에서 실시하는 평생교육활동이 이에 포함된다. 또한 민간시민 단체가 하는 평생교육활동 역시 그 기관의 본래의 목적을 수행하기 위하여 부수적으로 교육사업을 전개하고 있다고 할 수 있기 때문에 이 유형에 해당된다.

(2) 기관의 후원 형태에 따른 분류

평생교육은 기관의 후원 형태(sponsoring type)에 따라 다음과 같이 분류할 수 있다(Kowalski, 1988; Merriam & Brockett, 1997).

① 독립 평생교육기관(independent lifelong education organizations)

이 유형은 Merriam과 Brockett이 분류한 Ⅰ유형과 같이 평생교육을 독립적으로 실시하는 시설·기관이다.

② 학교 형태의 평생교육시설(educational institutions)

이 유형은 Merriam과 Brockett이 분류한 Ⅱ유형과 같이 기존의 학교교육기관을 활용하여 평생교육을 실시하는 시설·기관이다.

③ 지역서비스 기관(community service agencies)

이 유형은 기관의 본래 목적이 있으면서 부차적으로 평생교육을 제공하는 시설·기관이다. 이러한 기관은 도서관, 박물관, 병원, 공영 TV와 같은 언론매체 등이다.

④ **기업 및 법인**(private organizations)

이 유형은 본래의 목적이 영리(profit) 추구가 목적인 기관에서 부차적으로 평생교육을 제공하는 시설·기관이다. 이러한 평생교육기관은 기업이나 법인체에 소속된 평생교육기관이다.

⑤ **자원봉사기관**(voluntary organizations and groups)

이 유형은 자원봉사 기관 및 집단에서 부차적으로 평생교육을 제공하는 것을 말한다. 이러한 시설에는 봉사클럽, YMCA 및 YWCA, 교회, 전문가단체, 노동조합 등이 포함된다.

⑥ **정부기관**(government agencies)

이 유형은 정부 및 지방자치단체에서 실시하는 모든 교육을 포함한다. 이러한 프로그램은 정부 및 지방자치단체의 각 부서에서 실시하는 교육 프로그램이 해당되며, 직속기관과 사업소의 교육 프로그램도 해당된다.

(3) 운영 주체와 성격에 따른 분류

이러한 분류는 국가주도형, 학교주도형, 민간단체주도형, 종교 및 문화기관주도형, 기업주도형으로 구분한 후, 이를 다시 교육 프로그램의 특성이나 실시기관의 특성에 따라 하위 유형으로 재분류하는 방식이다.

국가주도형 평생교육기관에는 공무원교육기관, 공공직업교육기관, 농민교육기관, 공공여성교육기관, 정부산하 공공기관이 있다. 학교주도형 기관에는 산업체 부설 학교(학급), 대학 부설 평생교육기관, 산업대학, 방송통신대학, 폴리텍대학, 기술대학, 원격대학이 있다. 민간단체주도형에는 일반자원단체, 민간새마을교육기관, 학원이 있다. 종교 및 문화기관주도형은 종교기관과 박물관, 문화원, 도서관이 있다. 기업주도형에는 기업체 연수원 및 기업체 훈련원이 있다. 이와 함께 목적 및 주요 기능에 따른 분류로 ① 평생교육 전담기관, ② 일반교육기관(정규 학교), ③ 준교육기관, ④ 기타 교육기관(비교육기관)으로 분류하기도 한다.

(4) 운영하는 평생교육 프로그램의 종류에 따른 분류

① 국민생활에 필요한 기초교육과 교양교육, ② 직업·기술 및 전문 교육, ③ 건강 및 보건 교육, ④ 가족생활교육, ⑤ 지역사회교육과 새마을교육, ⑥ 여가교육, ⑦ 국제이해교육, ⑧ 국민독서교육, ⑨ 전통문화 이해교육, ⑩ 기타 평생교육 프로그램으로 분류된다. 이와 비슷하게 대상을 중심으로 공무원교육, 농민교육, 여성교육, 노인교육, 근로자교육, 청소년교육 등으로 분류하기도 한다.

(5) 평생교육 편람에 의한 분류

대표적으로 기존의 교육부 분류 방식이 이에 해당된다. 여기에는 ① 공무원 연수원 및 공공 교육·훈련기관, ② 직업훈련기관(공공·사업 내·인정 직업훈련원 등), ③ 산업교육연수기관(산업체·금융계 연수원 등), ④ 학원과 일반 평생교육기관, ⑤ 학교중심(부설) 평생교육기관(평생교육원·지역사회학교 등), ⑥ 학교 형태 평생교육기관(각종 학교·기술학교·방송통신대), ⑦ 청소년평생교육 기관 및 단체(수련시설·자연학습원 등), ⑧ 여성평생교육 기관 및 단체(여성회관·부녀복지관 등), ⑨ 노인평생교육 기관 및 단체(노인회·노인대학·경로당 등), ⑩ 사회복지 기관 및 시설과 단체(여성·노인·보육시설·복지기관 등), ⑪ 문화시설 중심 평생교육기관(도서관·박물관·문화원·구민회관 등), ⑫ 상담기관, ⑬ 학술 및 연구 기관(연구소 및 학회), ⑭ 시민사회단체 등이 포함되어 기관 유형으로 분류되고 있다. 교육부의『평생교육편람』(1998)을 근거로 한국교육개발원이 제시한 평생교육기관 분류를 살펴보면 〈표 3-1〉과 같다.

〈표 3-1〉 **평생교육기관 분류표**

기관 분류	세부 기관
공무원 및 공공교육연수기관	국가공무원 교육연수기관, 지방공무원교육원, 대학 부설 중등교원연수원, 교육대학 부설 초등교원연수원 등
직업훈련기관	공공직업훈련기관, 사업 내 직업훈련기관, 인정직업훈련기관, 각 도 농업기술지원 및 시·군 농업기술센터 등
산업교육연수기관	공공산업교육연수원, 운수연수원, 금융계연수원, 사업체연수원 등
일반평생교육기관	공공평생교육기관, 일반사회교육시설 등
학교 형태 평생교육기관	공민학교·고등공민학교, 고등기술학교, 각종 학교(중·고과정), 각종 학교(전문대학, 대학과정), 사업체 부설 학교(중·고과정), 산업체특별학급, 특수학교, 방송통신고등학교, 한국방송통신대학교, 산업대학, 학력인정 사회교육시설, 학력미인정 사회교육시설, 사내기술대학(원), 학점은행제 평가인정기관 등
청소년평생교육 기관 및 단체	청소년수련시설, 자연학습원, 학생교육원, 교육과학연구원, 학생회관, 심신수련장, 자연공원, 청소년단체 등
여성평생교육 기관 및 단체	여성회관, 여성단체, 여성정책 담당기관 등
노인평생교육 기관 및 단체	시·도등록노인교실, 대한노인회 노인학교, 종교단체노인학교, 노인단체 등
사회복지시설	아동복지시설, 노인복지시설, 여성복지시설, 장애인복지시설, 지역사회복지관, 사회복지단체 등
문화시설 중심 평생교육기관	공공도서관, 박물관, 미술관, 전시실·화랑, 문화원, 국악원, 전수회관, 시·군·구민회관, 종합공연장, 일반공연장, 문화학교, 문화의 집, 문화유적지 등
상담기관	청소년 종합상담기관, 아동·여성 관련 상담기관, 비행 및 약물 관련 상담기관, 근로 관련 상담기관, 학교 관련 상담기관, 사회복지 관련 상담기관, 민간 및 사회단체 상담기관, 종교 관련 상담기관 등
학술 및 연구 기관	학술단체, 국공립 및 정부출연 민간생산학술기관, 기업 부설 연구소 등

시민사회단체	정치, 사회, 교육 · 문화, 종교, 경제, 국제, 신규 설립 등
학원	문리, 기술, 예 · 체능, 가정, 사무계열 학원, 준사설강습소 등

2) 평생교육법에 의한 평생교육기관의 분류

평생교육단체, 평생교육시설은 법적인 정의가 내려져 있지 않지만 「평생교육법」 제2조에서 규정된 평생교육기관의 개념에 포함된다고 할 수 있다.

현행 「평생교육법」에 의거한 8대 평생교육시설은 ① 학교 부설 평생교육시설, ② 학교 형태 평생교육시설, ③ 사내대학 형태 평생교육시설, ④ 원격 평생교육시설, ⑤ 사업장 부설 평생교육시설, ⑥ 시민사회단체 부설 평생교육시설, ⑦ 언론기관 부설 평생교육시설, ⑧ 지식 · 인력개발사업 관련 평생교육시설이다. 평생직업교육을 실시하는 학원은 「학원의 설립 · 운영 및 과외교습에 관한 법률」에 의한 학원 중 평생직업교육을 실시하는 학원, 「근로자직업훈련촉진법」 등에 의한 학원 등이 있다. 다른 법령에 의한 시설이라 함은 「도서관 및 독서진흥법」 「박물관 및 미술관진흥법」 「근로자직업훈련촉진법」 「지방문화원진흥법」에 의한 평생직업교육 실시 학원, 직업훈련원, 도서관, 박물관, 문화원 등을 말한다.

그러므로 평생교육기관이라 함은 협의로는 「평생교육법」과 다른 법령에 의거하여 평생교육을 주된 목적으로 하는 시설을 의미하나, 광의로는 평생교육을 주된 목적으로 하는 법인, 단체와 시설을 모두 포괄하는 것으로 해석된다.

첫째, 학교 부설 평생교육시설이라 함은 학교의 인적 · 물적 자원을 지역사회에 개방하고 다양한 평생교육을 실시함으로써 각급 학교의 평생학습장화를 촉진하고 열린교육 사회의 구현에 기여하기 위한 시설을 말한다. 「평생교육법」에 의거하여 각급 학교의 장은 학생 · 학부모 및 지역주민을 대상으로 교양 증진 또는 직업교육을 위한 평생교육시설을 설치 · 운영할 수 있다.

둘째, 학교 형태의 평생교육시설은 교육과정 및 시설·설비 등이 중학교 또는 고등학교와 유사한 시설이다. 경제적 이유 등 개인 사정으로 중·고등학교에 진학하지 못한 근로청소년, 성인 등을 대상으로 하는 평생교육시설로, 전문대학 졸업자와 동등한 학력·학위가 인정된다. 학력인정 평생교육시설은 교육감에게 등록한 학교 형태 평생교육시설 중 일정 기준 이상의 요건을 갖춘 경우 중·고등학교 졸업자와 동등한 학력이 인정되는 시설이다.

셋째, 사내대학 형태의 평생교육시설이란 시간적·경제적 여유가 없어 대학에 가지 못한 근로자를 위해 학교법인을 설립하지 않고 일정 기간 사내교육을 이수하면 학력·학위가 인정되는 평생교육 차원의 고등교육기관이다. 교육경비를 고용주가 부담하여 근로자의 면학 욕구를 수용할 수 있고 기업 입장에서는 전문 직무교육과 특화교육 효과를 거둘 수 있도록 한 새로운 평생교육제도다. 대표적인 사내대학의 예로는 삼성전자, 삼성중공업, SPC식품, 대우조선, 현대중공업, LH토지, KDB금융 등이 사내대학을 운영하고 있다(권인탁, 2013).

넷째, 원격 형태 평생교육시설이란 정보통신매체를 이용하여 특정 또는 불특정 다수인에게 원격교육을 실시하거나 다양한 정보를 제공하는 시설이다. 원격대학 형태의 평생교육시설이라 함은 정보통신기술, 멀티미디어 기술 및 관련 소프트웨어 기술 등을 이용하여 형성된 사이버 공간을 주 학습장으로 하여 시간과 공간의 제약 없이 주로 비대면 교육을 통하여 전문대 또는 대학 졸업자와 동등한 학력을 인정하고 학위를 주는 평생교육 차원의 고등교육기관을 말한다.

다섯째, 사업장 부설 평생교육시설이라 함은 산업체, 백화점 문화센터 등 일정 규모(종사자 200명) 이상의 사업장에서 당해 사업장의 고객을 대상으로 하는 평생교육시설을 말한다.

여섯째, 시민사회단체 부설 평생교육시설이라 함은 법인인 시민사회단체, 법령에 의하여 주무관청에 등록된 시민사회단체, 회원 수가 300명 이상인 시민사회단체가 소속 회원 외에 일반 시민을 대상으로 평생교육시설을 부설하는 경우를 말한다.

일곱째, 언론기관 부설 평생교육시설이라 함은 신문·방송 등 언론기관이 언론 매체를 통하여 평생교육 진흥에 기여해야 하는 임무를 지게 함과 동시에 일반 국민을 대상으로 교양 증진과 능력 향상을 위한 평생교육시설을 설치·운영할 수 있게 한 것을 말한다.

여덟째, 지식·인력개발사업 관련 평생교육시설이라 함은 지식정보의 제공 사업, 교육·훈련 및 연구용역 사업, 교육위탁사업, 교육훈련기관의 경영 진단 및 평가 사업, 교육자문 및 상담 사업, 교수·학습 프로그램의 개발 및 공급 사업 등을 경영하는 곳으로, 자본금 또는 자산이 3억 원 이상이고 전문인력을 5명 이상 확보하고 있는 법인을 말한다.

아홉째, 다른 법령에 의한 평생교육시설을 살펴보면 다음과 같다. ①「학원의 설립·운영 및 과외교습에 관한 법률」에 의거한 '학원'이라 함은 사인(私人)이 대통령령이 정하는 수 이상의 학습자에게 30일 이상의 교습과정에 따라 지식·기술·예능을 교습하거나, 30일 이상 학습 장소로 제공되는 시설을 말한다. ②「근로자직업능력개발법」에 의거한 '직업훈련원'이라 함은 근로자의 직업능력 개발을 위한 훈련 등을 통하여 근로자가 직업능력을 최대한 개발·발휘함으로써 근로자의 고용 증진 및 지위 향상과 기업의 생산성 향상을 도모하고 경제·사회발전에 이바지함을 목적으로 설치된 직업능력개발훈련 시설을 말한다. ③「도서관 및 독서진흥법」에 의거한 '도서관'이라 함은 도서관 자료를 수집·정리·분석·보존·축적하여 공중 또는 특정인의 이용에 제공함으로써 정보 이용·조사·연구·학습·교양 등 문화발전 및 평생교육에 이바지하는 시설을 말한다. ④「박물관 및 미술관진흥법」에 의거한 '박물관'이라 함은 문화·예술·학문의 발전과 일반 공중의 문화향수 증진에 이바지하기 위해 역사·고고·인류·민속·예술·동물·식물·광물·과학·기술·산업 등에 관한 자료를 수집·관리·보존·조사·연구·전시하는 시설을 말한다. ⑤「지방문화원진흥법」에 의거한 '지방문화원'이라 함은 지방문화 진흥을 위한 지역문화사업을 수행할 목적으로 설립된 법인을 말한다. 이를 정리해 보면 〈표 3-2〉와 같다.

〈표 3-2〉 **평생교육법의 평생교육기관 분류**

관계법	시설 구분	학력인정 여부	설치 요건	담당과
평생교육법 제30조	① 학교 부설 평생교육시설 (법 제30조)	학력미인정	초·중등학교	평생학습정책과
			대학(교)	상동
평생교육법 제31조	② 학교 형태 평생교육시설 (법 제31조)	학력인정	교육감에 등록	상동
		학력미인정	교육감에 등록	
평생교육법 제32조	③ 사내대학 형태 평생교육 시설(법 제32조)	사내대학	교육부장관 인가	직업교육정책과
평생교육법 제33조	④ 원격 형태 평생교육시설 (법 제33조)	학력미인정	교육감에 신고	평생학습정책과
		학력인정	교육부장관 인가	
평생교육법 제35조	⑤ 사업장 부설 평생교육 시설(법 제35조)	학력미인정	교육감에 신고	평생학습정책과
평생교육법 제36조	⑥ 시민사회단체 부설 평생 교육시설(법 제36조)	상동	상동	상동
평생교육법 제37조	⑦ 언론기관 부설 평생교육 시설(법 제37조)	상동	상동	상동
평생교육법 제38조	⑧ 지식·인력개발사업 관련 평생교육시설(법 제38조)	상동	상동	상동
법령에 의한 시설	「학원의 설립·운영 및 과외교습에 관한 법률」에 의한 학원 중 평생직업교육을 실시하는 학원, 「도서관 및 독서진흥법」 「박물관 및 미술관진흥법」 「근로자직업 능력개발법」 등에 의한 학원, 도서관, 박물관, 미술관, 직업훈련원 등			

3) 분류체계에 의한 평생교육기관의 분류

앞에서 평생교육시설은 「평생교육법」과 다른 법령에서 규정하고 있는 감독관청과 설립 요건에 따라 분류되었으나, 평생교육을 받는 일반인에게는 평생교육기관을 어느 부처, 어느 행정기관에서 감독하는지 등에 대한 관심보다는 평생교육기관을 손쉽게 이해하고 찾을 수 있는지에 대한 관심이 더 크다. 이를 위해서는 다음과 같은 원칙에 의하여 분류체계를 설정하여 평생교육기관을 분류할 필요가 있다.

첫째, 분류체계는 대분류, 중분류, 소분류의 3단계 분류체계를 따른다. 여기서

대·중분류에 의해 해당 평생교육기관을 모두 포괄할 수 있을 경우는 대·중분류
만 사용하고 소분류는 적용하지 않는다.

둘째, 교육대상은 「평생교육법」에서 규정하고 있는 평생교육의 범위에 따른다.
이에 입각하여 초·중등학생을 교육대상으로 학교교육을 다시 가르치는 보습기능
을 수행하는 학원은 제외하고 성인을 교육하는 학원에 국한한다. 따라서 학원에서
기술계, 어학계, 문리계 학원만 성인을 교습대상으로 하고 있기 때문에 이들 계열
의 학원 중 성인을 주 교습대상으로 하는 경우에 국한한다. 또한 평생교육활동을
위한 물리적인 시설은 제외한다.

셋째, 학습자가 쉽게 검색할 수 있도록 분류한다. 「평생교육법」 제30조의 학교
부설 평생교육시설과 제31조의 학교 형태 평생교육시설은 통합하여 학교평생교육
시설로 대분류를 설정하고, 중분류는 학교 부설 평생교육시설인 초·중등학교, 대
학 부설 평생교육시설과 학교 형태 평생교육시설인 학력인정 평생교육시설, 학력
미인정 평생교육시설로 구분한다.

넷째, 교육활동이 기관의 주 기능이 아닌 각종 단체, 시설인 경우 정기적인 교육
활동을 실시하는 경우에 국한하여 평생교육시설로 분류한다. 여기에는 청소년·여
성·노인 평생교육 기관과 단체, 사회복지 기관 및 시설, 문화시설 중심 평생교육
기관, 시민사회단체 부설 평생교육시설, 언론기관 부설 평생교육시설, 연구·상담
기관 등이 해당된다.

다섯째, 특정 계층을 대상으로 하는 평생교육기관은 대상별 분류체계를 따른다.
이에는 청소년평생교육 기관 및 단체, 여성평생교육 기관 및 단체, 노인평생교육
기관 및 단체가 해당된다. 이상과 같은 기준에 따라 평생교육기관을 분류하면 〈표
3-3〉과 같다.

〈표 3-3〉 평생교육기관 분류체계

구분	대분류	중분류	소분류	비고
1	학교평생 교육시설	초·중등 부설 평생교육시설		
		대학 부설 평생교육시설		
		학력인정 평생교육시설		
		학력미인정 평생교육시설		
2	직업훈련기관	공공직업훈련기관		
		인정직업훈련기관		
		사업 내 직업훈련기관	직업훈련원	
			사내대학	
3	학원	기술계학원		성인을 주 교습 대상으로 하는 경우에 한함
		어학계학원		
		문리계학원		
4	원격 평생교육시설	일반원격교육기관	초·중등	
			대학	
			대학원	
		사이버대학		
5	연수기관	공무원연수기관	일반행정연수기관	
			교육공무원 연수기관	
			특수직무연수기관	
		일반연수기관	공공연수기관	
			종합연수기관	
			특수직무연수기관	
6	청소년평생교육 기관 및 단체	청소년 평생교육기관		
		청소년단체		
7	여성평생교육 기관 및 단체	여성평생교육기관		
		여성단체		
8	노인평생교육 기관 및 단체	노인평생교육기관		정기적인 교육 활동이 있는 경우에 한함
		노인단체		
9	사회복지 기관 및 시설	사회복지기관		
		장애인복지기관		
		시·군·구민회관		
10	문화시설 중심 평생교육기관	도서관		
		박물관		
		문화원		
		기타		
11	시민사회단체 부설 평생교육시설	시민 단체 및 시설(NGO 포함)		정기적인 교육 활동이 있는
		사회 단체 및 시설		

12	언론기관 부설 평생교육시설	신문사		경우에 한함
		방송국		
13	연구 · 상담기관	연구기관		
		상담기관		

3. 평생교육시설의 유형

1) 학교 형태의 평생교육시설

학교는 풍부한 인적 · 물적 자원을 확보하고 있고 어느 지역이든 골고루 분포되어 있기 때문에 이와 같은 자원을 활용하여 국민의 평생교육 욕구를 충족시킬 수 있는 평생교육의 장으로 활용하기에 매우 유용한 기관이다. 「평생교육법」 제30조에 따르면, 각급 학교의 장은 교육환경을 고려하여 그 특성에 맞는 평생교육을 실시하고, 평생교육실시자가 당해 학교의 도서관, 박물관 및 기타 시설을 평생교육을 위하여 이용하고자 하는 경우에는 적극 협조해야 하며, 학생 · 학부모 및 지역주민을 대상으로 교양 증진 또는 직업교육을 위한 평생교육시설을 설치 · 운영할 수 있다. 또한 각급 학교의 시설은 다양한 평생교육을 실시하기에 편리한 형태의 구조와 설비를 갖추어야 한다. 따라서 「평생교육법」은 학교가 정규 학생뿐만 아니라 지역주민의 삶의 질 향상을 위한 평생학습의 터전을 제공하여 평생학습사회 체제 구현에 기여할 것을 명시한다.

학교 형태의 평생교육시설은 정규 학교는 아니지만 사실상의 학교로서 정규 학교에 진학하지 못하였거나 부득이한 사유로 학습을 중단할 처지에 있는 청소년을 비롯하여 주부, 성인 등을 대상으로 하는 평생교육시설이다. 학교 형태 평생교육시설은 교육감에게 등록하여야 하는데, 교육감은 등록한 학교 형태 평생교육시설 중 일정 기준 이상의 요건을 갖춘 경우에는 중 · 고등학교 졸업자와 동등한 학력이 인정되는 이른바 학력인정 평생교육시설로 지정할 수 있다. 학교 형태 평생교육시설

〈표 3-4〉 **학교 형태 평생교육시설의 시설 · 설비기준**

구분	시설 · 설비기준
1. 학습시설	가. 수업실 1실 이상(실당 기준면적 49.5m² 이상) 나. 학습에 필요한 시설 · 설비
2. 자료실	가. 도서 및 자료 500권 이상 나. 관리실과 겸용할 수 있음
3. 관리실	1실 이상

은 교사의 가르칠 의무와 학생의 교육받을 권리가 지속적으로 보장되어야 한다. 그러므로 〈표 3-4〉와 같이 최소한의 교육환경을 위한 시설 · 설비를 갖추어야 한다 (평생교육법 시행규칙 제10조).

또한 학력인정 평생교육시설의 경우에는 중등의 학력이 인정되는 만큼 수업의 질을 유지하기 위하여 〈표 3-4〉의 기준 외에도 최소한의 교육환경 확보 및 교육과정 운영과 학사관리에 필요한 사항에 대한 기준을 충족하여야 하는데, 수업연한 · 학기 · 수업일수 및 수업시간 수, 교육과정, 학생 정원 · 학급 수 및 학급 편성, 입학 자격, 교원자격 · 정원, 수료 및 졸업, 시설 및 설비, 교과서 · 교재에 대하여는 중학교 및 고등학교에 준하는 각종 학교의 설립 · 운영 기준과 동등 이상의 것이 되어야 한다. 또한 학력인정 평생교육시설은 관할청의 승인을 얻어 1년 3학기제로 운영할 수 있다. 학력인정 평생교육시설의 1년 3학기제는 학령기를 상실한 근로청소년, 성인 등에게 단기간에 중 · 고등교육과정의 이수 기회를 부여하고, 여름 · 겨울방학을 수업기간으로 활용하여 인적 · 물적 자원의 활용을 극대화하려는 것이다.

2) 초 · 중등학교에서의 평생교육

초 · 중등학교가 지역주민의 평생교육을 위해 학교시설을 개방하기 시작한 것은 그리 오래전의 일이 아니다. 1983년 「사회교육법」의 시행으로 시 · 도 교육청이 사회교육 업무를 시행하게 되었고, 각급 학교에서도 학부모교실 등 사회교육에 대한 관심을 갖게 되었다. 이때까지만 해도 학교는 학교교육의 중심으로 운영되어 왔기 때문에 사회교육은 학교교육에서 열외 취급을 받아 왔던 것이 사실이다. 1995년 5월 31일 열린교육, 평생학습 사회 구현을 위한 교육개혁 방안이 제시되면서 각급 학교는 주민의 평생교육 욕구를 충족시키기 위해 학교시설을 개방해야 한다는 필요성이 대두되었고, 학교는 지역사회와 공존하면서 성장·발전해야 한다는 인식이 확산되기 시작하였다. 이러한 시대적 상황에 부응하기 위하여 1999년 「평생교육법」이 공포되면서 초·중등학교에도 학교 부설 평생교육원의 설치가 가능하게 되었다. 「평생교육법」 제29조에 따르면, 각급 학교의 장은 해당 학교의 교육 여건을 고려하여 학생·학부모와 지역주민의 요구에 부합하는 평생교육을 직접 실시하거나 지방자치단체 또는 민간에 위탁하여 실시할 수 있다.

초·중등학교에는 극소수의 학교 부설 평생교육원이 설치되어 있지만 각 시·도 교육청에서는 평생교육 시범학교를 지정·운영하고 있으며, 각 학교의 실정에 맞는 교육 프로그램을 개발하여 평생교육을 실시하고 있다. 평생교육 시범학교는 지역별 특성에 따라 학교별 주제를 선정하여 2년간 지정받아 운영하고, 프로그램 운영 결과로 만들어진 산출물 전시와 공개수업, 발표회 등을 열어 그동안의 운영 결과를 발표한다. 이와 같이 학교 평생교육 시범학교 운영 결과로 나타난 성과는 다음과 같다.

첫째, 자아실현의 기회를 부여하고 자격증 취득을 통한 취업 기회를 제공하고 있다. 일부 시범학교에서는 기존의 학교에서 실시하던 취미 위주의 프로그램과 함께 자격증 취득과정을 통하여 자격증 취득은 물론 취업의 기회를 제공하고 있다. 나아가 자격취득자를 해당 학교의 강사로 위촉하기도 하고, 그들에게 부업이나 취업을 알선하기도 한다.

둘째, 지역의 문화센터로서의 역할을 수행하고 있다. 평생교육 시범학교를 시행함에 따라 지역주민에게 폐쇄적이었던 학교가 개방되어 지역주민이 자유롭게 학교를 이용하거나 학교의 각종 행사에 직간접적으로 참여함으로써 학교에 대한 소속감이 생겨났으며, 가정과 지역사회 간의 거리감이 해소되고 유대관계가 깊어졌다.

셋째, 학습동아리를 결성하여 다양한 봉사활동을 전개하고 있다. 지역주민은 평생교육을 통해 다른 지역주민과 친분을 갖고 일정 기간을 같이 학습하게 되어 자연적으로 모임이 만들어지고, 이러한 모임이 지속성을 가진 학습동아리로 발전하여 다양한 봉사활동까지 전개하고 있다.

넷째, 세대공동체의 장이 마련되었다. 학부모는 평생학습을 하면서 자녀의 학교생활을 이해할 수 있게 되고, 학생은 학습하는 지역주민을 보고 많은 교훈을 얻게 된다.

3) 대학에서의 평생교육

우리나라 대학의 평생교육 역사는 1970년대 들어서 지역사회 주민을 대상으로 하는 더욱 발전된 형태로 대학평생교육이 시작되었다. 1950년대부터 이화여자대학교에서는 학생들의 농촌계몽교육을 위한 교과지도가 있었으나, 대학평생교육의 시발은 1970년 12월에 대구시와 계명대학교의 협동사업으로 시작된 여성을 위한 시민강좌라고 볼 수 있다. 1982년 12월 「사회교육법」이 제정되면서 이 법령으로 대학평생교육원 설립을 위한 법과 제도가 마련되었다. 최초로 교육부에 신고한 대학 부설 평생교육원은 1986년 1월 20일에 신고한 이화여자대학교 부설 평생교육원이다. 그 이후 사립대학을 중심으로 각 대학 부설 평생교육원이 설치되어 왔고, 1990년대 중반부터는 금오공대, 전북대학교 등이 대학 부설 평생교육원을 설립하면서 대부분의 국공립대학도 평생교육원을 설립했다.

우리나라의 대학 부설 평생교육기관은 1986년 3개 기관에서 2015년 현재 403개 기관으로 증가하였다. 대학 부설 평생교육원은 「평생교육법」 제30조 제2항에 따라 대학의 총·학장 책임 아래 각 대학의 특성에 맞추어 자율적으로 운영된다.

대학평생교육원의 프로그램은 일반교양 증진을 목적으로 하는 일반교양교육과정, 각 분야에 대한 전문지식 함양을 목적으로 하는 전문교육과정, 그리고 독학에 의한 학위과정과 학점은행제, 보육교사 양성과정 등으로 구분할 수 있다. 대학평생교육에 참여하는 유형은 다음과 같이 분류할 수 있다. 첫째, 대학생과 더불어 대학교 내에 사범 및 의학 계열을 제외한 전 학과에 참여하는 시간제 학생(part-time student) 유형이 있다. 둘째, 대학평생교육원에서의 학점은행제에 의한 학점취득 과정(credit course)이 있다. 셋째, 공개강좌 또는 비학점취득 과정(non-credit course)이 있다. 넷째, 독학사 학위를 위한 대체과정에 참여하는 과정이 있다. 다섯째, 사이버교육 프로그램이 있다. 최근 들어서는 산업체 및 공공기관의 위탁교육, 재취업을 위한 직업교육과정 등이 개설되고 있다(권인탁, 1999: 63-64).

과정별 지원기준은 학위과정이나 전문자격증의 획득과 관련된 강좌 등에서는 학력 제한(고졸 이상)이 있으나, 그 외에는 제한이 없는 것으로 나타났다. 다만, 간혹 강좌의 특성상 노인을 대상으로 하거나 여성만을 대상으로 하는 경우에 연령이나 성별에 따른 제한이 있기도 하다. 선발 방법은 과정별 수용 인원에 따라 선착순으로 마감하는 경우가 대부분이다.

강좌운영 시간은 한 학기를 4개월로 해서 15주 과정을 이수하는 경우가 많다. 강좌는 주당 1회인 경우가 가장 많으며, 1회에 2~3시간의 강좌가 실시된다. 교육시설의 경우 대학평생교육기관은 본교의 교육시설을 이용하는 경우가 대부분이며, 독립적인 시설을 확보하고 있는 경우도 있으나 매우 적은 편이며 대학 간의 차이가 크다.

4) 문화시설에서의 평생교육

문화체육관광부의 문화공간 분류표에 따르면, 문화시설은 크게 공연시설, 전시시설, 지역문화 · 복지시설, 문화보급 · 전수시설, 도서관으로 나뉜다. 이 중에서 지역문화시설을 제외하고 평생교육 프로그램을 진행하고 있는 대표적인 문화시설에는 박물관(미술관 포함), 도서관, 문화원, 문화학교, 기타 문화시설이 있다. 이와 같은 문화시설의 현황을 알아보면 〈표 3-5〉와 같다.

박물관은 문화유물과 자연유물을 수집, 보존, 전시하는 문화시설이다. 전시 이

전에 전시하고자 하는 문화유물과 자연유물에 대한 연구를 진행하고, 전시를 계획
하면서 참여자의 배움을 고려한다는 점에서 박물관은 연구와 교육의 기능도 수행
하고 있다. 박물관에서 교육의 기능을 확대해 가고 있는 것이 최근의 추세다. 미술
관은 미술 분야를 특화한 일종의 박물관으로 분류된다. 「박물관 및 미술관진흥법」
에 따르면, 미술관은 문화 · 예술의 발전과 일반 공중의 문화향수 증진에 이바지하
기 위하여 박물관 중에서 특히 서화 · 조각 · 공예 · 건축사진 등 미술에 관한 자료

〈표 3-5〉 평생교육을 실시하는 문화시설의 현황

구분	내역		관수	비고
박물관	등록박물관	박물관	118	
		미술관	48	
		소계	166	
	국립박물관	박물관	24	
		미술관	1	국립현대미술관
		소계	25	
	대학박물관	박물관	80	
		미술관	2	
		소계	82	
	계		273	
도서관	국립중앙도서관		1	
	공공도서관		426	자치단체, 교육청 등
	대학도서관		416	
	학교도서관		8,060	
	전문 · 특수도서관		561	국회 · 법원 · 의학도서관
	계		9,464	
	문화학교		310	
기타 문화시설	문화의 집		86	
	국악원		43	
	전수회관		59	
	공연장		851	
	계		1,039	

출처: 교육인적자원부, 한국교육개발원(2011). 평생교육백서; 국가통계포털(2016).

를 수집·관리·보전·전시·조사·연구하는 시설을 말한다.

도서관은 도서관 자료를 수집·정리·분석·보존·축적하여 공중 또는 특정인의 이용에 제공함으로써 정보 이용·조사·연구·학습·교양 등 문화발전 및 평생교육에 이바지하는 시설을 말한다. 「도서관 및 독서진흥법」은 공공도서관을 공중의 정보 이용·문화활동 및 평생교육을 증진함을 주된 목적으로 하는 도서관으로 정의하고 있으며, 그 기능 가운데 '강연회·감상회·전시회·독서회 기타 문화활동 및 평생교육의 주최 또는 장려'를 명시하고 있다.

문화원은 「지방문화진흥법」에 의거하여 지역문화 발굴·보존과 각종 문화행사를 주최하여 균형 있는 지방문화 진흥에 이바지함을 목적으로 설치·운영되고 있다. 문화원은 향토문화연구소와 향토사료전시관을 설치하여 지역의 향토사 연구 및 지원, 교육사업을 하고 있으며, 문화체육관광부의 지정을 받아 문화학교를 개설하고 있다.

문화학교는 「문화예술진흥법」에 근거하여 국민이 높은 문화예술을 누리도록 하기 위하여 문화강좌 설치 기관 또는 단체를 지정하여 문화예술을 보급할 수 있도록 강좌 편성 및 강사진, 강의시설·설비, 소요예산 운영 현황 등을 기준으로 문화예술 보급기관으로 지정하여 그 운영을 지원하고 있는 교육기관이다. 문화학교로 지정되고 있는 시설로는 도서관, 박물관, 문화원, 기타 시설, 즉 문예회관, 청소년 수련원시설, 예총, 여성회관 등이다.

기타 문화시설에는 문화의 집, 국악원, 전수회관, 공연장 등이 있다.

5) 기업체의 평생교육시설

기업의 요구에 부합되는 인력을 더욱 체계적이고 효율적으로 확보하기 위해서 기업체 내에서는 제도화된 형태의 평생교육시설로서 사내대학, 기능대학, 그리고 사내기술대학(원)을 운영하고 있다. 사내대학, 기술대학, 그리고 사내기술대학(원)은 기업체가 주도적으로 직원의 능력개발을 위해서 고등교육 기회를 제공한다는

〈표 3-6〉 기업체의 평생교육시설 비교

구분	사내대학	기술대학	사내기술대학
도입 배경	• 평생교육	• 교육개혁위원회 '신대학' • 산업체 근로자의 계속교육과 전문인력 양성	• 산업체 근로자의 계속교육과 전문인력 양성기업의 기술력 제고를 위한 자체 기술인력 양성
근거 법령	• 평생교육법 • 동 시행령 및 시행규칙	• 고등교육법 • 기술대학설립운영규정 • 동 시행규칙	• 과학기술부 고시
설립주체	• 종업원 300명 이상으로서 상법 또는 특별법에 의하여 설립된 법인인 사업장	• 산업체, 사업체 법인, 산업체 대학 및 전문대학 공동 • 학교법인 필요	• 사업장
인가 여부	• 인가	• 인가	• 과기부장관 인정
학위수여	• 학위 · 학력인정	• 학위수여	• 학력미인정, 기업이 자체적으로 상응한 대우
비용부담	• 고용주	• 학교법인, 산업체	• 고용주
과정	• 전문학사, 학사	• 전문학사, 학사	• 전문대학, 대학, 대학원
교육대상	• 종업원 • 당사업장에서 1년 6개월 이상 근무한 종업원만 가능	• 사업체근무한자 • 단, 산업체 이외의 자도 가능	• 당해 사업장 종업원
교육기간	• 학사(2년 또는 4년)	• 학사(2년)	• 6개월
설치계열	• 전문학사(2년) • 인문 · 사회 · 예체능계열 • 자연과학 · 공학계열	• 전문학사(92년) • 사회실무계열 • 자연공학계열	• 4년까지 다양 • 이공계 중심

출처: 교육인적자원부, 한국교육개발원(2002). 평생교육백서.

점에서 공통성을 가지고 있다. 그러나 설립의 법적 근거가 각각 다르기 때문에 여러 면에서 다소 차이가 있으며, 그 차이점은 〈표 3-6〉과 같다.

(1) 사내대학

사내대학은 「평생교육법」 제32조(사내대학 형태의 평생교육시설)에 근거하고 있다. 단순히 기업 자체에서 인정해 주던 학위 · 학력을 이제 공식적으로 교육부에서

〈표 3-7〉 사내대학 형태의 평생교육시설의 현황

대학명	학과명	인원(명)	학위	설치자	개교년도
삼성전자 공과대학교	반도체	40	학사(4년)	삼성전자	2005
삼성중공업 공과대학	조선해양	40	전문학사	삼성중공업	2007
SPC*식품 과학대학	베이커리 (제과 · 제빵)	30	전문학사	(주)파리크라상 등 4개 업체 공동	2011
대우조선 해양공과대학	조선해양	100	전문학사	대우조선해양(주)	2013
현대중공업 공과대학	조선해양	30	전문학사	현대중공업(주)	2013
	기전학과	30			
LH토지 주택대학교	건설경영과	20	학사(4년)	한국주택공사	2013
	건설기술과	20			
KDB금융 대학	금융학과	120	학사(4년)	한국산업은행, 대우증권, KDB생명보험, 산은캐피탈(주), 산은자산운용, 한국인프라자산운용(주)	2013
포스코기술대학	철강융합과	100	전문학사	포스코	2014

*SPC:Superb Company with Passionate Creative
출처: 권인탁(2013). 대학학점인정 범위설정에 관한 연구 및 교육부 자료 참조.

인정해 주기 때문에 사내대학에서 학습하는 학습자에게는 커다란 동기부여가 될 것이고, 기업 측면에서는 안정적으로 종업원의 능력개발을 확보할 수 있다. 사내대학 형태의 평생교육시설은 4년제 3개교, 2년제 5개교 총 8개교이며 구체적인 현황은 〈표 3-7〉과 같다.

(2) 기술대학

기술대학은 「고등교육법」 제55조에서 규정한 바와 같이 "산업체 근로자가 산업현장에서 전문적인 지식 · 기술의 연구 · 연마를 위한 교육을 계속하여 받을 수 있도록 함으로써 이론과 실무능력을 고루 갖춘 전문인력을 양성함"을 목적으로 설립 · 운영된다. 고등교육법에 의거하여 설립된 기술대학의 사례는 한진그룹이 운영하는 '정석대학'이다.

(3) 사내기술대학(원)

정부는 급속하게 진보하는 기술 발전에 대처하고 산업계에서 필요로 하는 고급 기술인력을 해당 기업의 특성에 맞게 자체 양성하는 것을 지원하기 위하여 1991년 부터 사내기술대학(원)의 설립 및 운영을 지원하고 있다. 이공계 중심의 전문대학과 정, 대학과정 및 대학원(석사)과정을 운영하는 사내기술대학(원)에 대하여는 연간 운영비의 일정 부분에 대해서 법인세를 감면해 주고 있고, 학술연구 용품 및 실험실 습 기자재 수입 시 관세를 감면하며, 교육기간 2년 이상 수료자에 대해서는 산업기 사 응시자격을 부여하여 재학생에 대한 적극적인 동기부여 시책을 강구하고 있다.

(4) 폴리텍대학

한국폴리텍대학(Korea Polytechnics)은 대한민국의 기능대학으로 고용노동부산 하 기타 공공기관으로 지정되어 있다. 폴리텍대학이란 폴리테크닉의 Poly(종합)와 Technics(기술)의 합성어로 종합기술대학(Polytechnics)이라는 의미이며, 2005년 공공훈련 인프라 혁신방안을 담은 「기능대학법」에 의해 전국의 24개 기능대학과 한국산업인력공단 소속의 19개 직업전문학교가 통합되어 4개의 특성화대학 및 7개 의 권역별 대학체제로 전환되면서 대학 명칭도 기능대학에서 한국폴리텍대학으로 변경되었다. 현재는 한국폴리텍(I~VII대학, 30개 캠퍼스)의 7개 대학과 한국폴리텍 특성화대학(한국폴리텍 바이오캠퍼스, 한국폴리텍 안성여자캠퍼스, 한국폴리텍 섬유패 션캠퍼스, 한국폴리텍 항공캠퍼스 등)이 있고, 다문화가정 청소년들을 위해 설립한 한 국폴리텍 다솜학교와 남원연수원, 신기술센터도 설치되어 있다.

한국폴리텍대학 교육훈련은 산업인력양성 및 능력개발훈련과 향상훈련으로 크 게 분류된다. 산업인력 양성의 기능사 양성과정은 산업 현장에서 필요로 하는 숙련 기능 인력을, 다기능 기술자과정은 전문학사과정으로 국가기간산업과 신산업 분야 의 기술인력을 양성하고 있다. 또 하나의 축인 향상훈련은 직무수행에 필요한 숙련 에 대한 수요가 증대되고 빠르게 기술혁신이 진행되면서 노동자들의 노동시장 진 입 이후 지속적인 능력개발이 요구되면서 그 의미가 커지고 있다.

〈표 3-8〉 한국폴리텍대학 교육훈련과정 운영 현황

구분	교육훈련과정	2016년	비고
총계		80,370명	
양성 훈련	다기능기술자	16,010명	2년제 학위과정
	기능사	7,400명	취업희망자 대상 (3개월~1년)
	전공 심화	500명	2년제 졸업자 대상 → 4년제 학위
	기능장	325명	기능 분야 최고 숙련 전문가
	다솜학교	135명	다문화가정 기술대안학교
향상 훈련	재직자 훈련 등	56,000명	재직자 및 취업취약계층 훈련 등

출처: 한국폴리텍대학 홈페이지(www.kopo.ac.kr)

한국폴리텍대학은 직업훈련학교의 역할을 다하고 있으며, 사회적 취약계층(베이비부머, 다문화가정, 경력단절 여성, 장애인, 기초생활수급자 등)에 대한 직업훈련을 지원하는 공공기관의 역할도 강화하고 있다.

또한 한국폴리텍대학은 크게 구직자들에게 취업과 연계된 직업훈련을 실시함으로써 실업 및 기업 인력난 해소를 위한 양성훈련과 재직자들에게 지속적 직무능력향상 기회를 제공하여 일자리를 유지하고 기업 경쟁력 제고를 위한 향상훈련을 〈표 3-8〉과 같이 운영하고 있다.

6) 청소년 수련시설에서의 평생교육

청소년 수련시설은 청소년 '수련활동의 실시를 주된 목적으로 하는 시설'이다. 따라서 청소년 수련시설에서의 평생교육은 청소년육성제도라는 독특한 영역 내에서 청소년의 균형 있는 성장·발달을 지원하기 위해 제도화되어 있는 청소년 수련활동의 의미로 이해되어야 한다. 청소년 수련시설은 청소년에게 다양한 수련활동의 기회를 부여하기 위해 설립·운영되는 시설로서「청소년기본법」에서 그 개념에서부터 설치·운영에 이르기까지 규정하고 있다.

청소년 수련시설은 그 기능이나 운영하고 있는 수련거리 및 시설의 입지적 여건

등에 따라 크게 생활권 수련시설과 자연권 수련시설 및 유스호스텔의 세 종류로 나
누어진다. 그리고 각 시설에는 국가 자격검정을 거쳐 청소년지도사 자격증을 소지
한 전문인력이 일정한 법적 기준에 따라 배치되어 있다. 청소년 수련시설로는 청소
년수련원, 청소년문화의 집 등이 있다.

제 4장
평생교육경영의 기획

평생교육기관은 평생교육에 관한 사업을 추진하다 보면 많은 의사결정을 내려야 하는 경우에 직면한다. 대표적인 질문은 어떤 프로그램을 운영할 것인가, 학습자를 어떻게 모집하고 재원조달은 어떻게 할 것인가, 다른 기관 또는 지역사회와 어떻게 관계를 개선해 나갈 수 있는가 등이다. 이러한 문제는 전략적인 기획과정을 통하여 해결됨으로써 평생교육기관 경영의 효과성이 달성될 수 있다. 이 장에서는 평생교육기획의 의미, 평생교육기획의 전략적 과정, 평생교육기획의 실제, 평생교육 시장분석 등을 살펴본다.

1. 평생교육기획의 의미

1) 평생교육기획의 개념

흔히 기획이라는 용어는 계획이나 정책과 혼용되는 경우가 많다. 이들 용어를 구분하여 설명해 보면, 기획은 계속적인 과정이며, 계획은 기획을 통해 이루어진 결과이며, 정책은 기획에 선행되는 것으로서 기획을 위한 기본적 틀을 말한다. 이런 구분을 기초로 평생교육기획을 정의하면, 현상에 대한 분석과 미래에 대한 예측을 기초로 하여 타당한 목표를 설정하고 그것을 달성할 수 있는 전략과 함께 활동 계획을 수립하는 의식적인 과정이라고 할 수 있다. 한마디로 평생교육기획은 미래의 평생교육활동에 대한 사전의 지적·합리적 준비과정으로 정의할 수 있으며, 그 특성은 다음과 같다(김종철, 1985: 300-301).

첫째, 평생교육기획은 미래 지향적 활동이다. 미래의 평생교육활동에 관하여 준비하는 과정에서 기획이 성립한다. 주간계획, 월간계획, 연간계획 또는 보다 장기적인 계획이건, 어떠한 일이 실제로 시행되기 이전에 그것을 준비하고 구상하는 가운데 그 과정으로서 기획이 이루어진다.

둘째, 평생교육기획은 지적인 활동이다. 어떠한 일을 구체적으로 시행하기에 앞서 지적으로 그 목표와 내용, 절차와 방법, 기대되는 성과 등에 관해서 생각해 보는 가운데 기획은 전개된다. 따라서 기획에는 고도의 전문적 지식이 요구된다.

셋째, 평생교육기획은 합리적 활동이다. 모든 기획의 과정이 반드시 합리적으로 이루어진다고 보장할 수는 없지만, 적어도 그것이 표방하는 바는 합리성이고 효율성이다. 목표와 수단, 방법을 합리적으로 연결하고 목표를 효율적으로 달성하고자 하는 데에 기획이 필요하게 된다. 따라서 이러한 기획과정에서는 구체적인 정보와 창의적인 문제해결능력이 요구된다.

넷째, 평생교육기획은 사전의 준비과정이다. 기획은 사전의 준비이지 실천과는 다르기 때문에 상황의 변화에 따라 시행의 과정에서 수정·보완될 수 있는 특성을 지니고 있다.

2) 평생교육기획의 원리

평생교육기획의 원리는 평생교육을 기획할 때 평생교육 담당자나 경영자가 준수해야 할 지침이라고 할 수 있다. 일반적으로 교육기획의 원리는 효과성, 타당성, 균형성, 종합성, 경제성, 신축성 또는 적응성, 안정성, 구체성, 단순성, 민주성, 계속성, 과학성, 중립성, 전문성, 일관성, 그리고 예측성의 열여섯 가지 이상이 제시되고 있다(김종철, 1973; 김윤태, 1984). 여기서는 앞의 교육기획 원리 가운데 평생교육기획에서 중요하다고 생각되는 몇 가지만 골라 설명하고자 한다.

① 경제성: 이용 가능한 모든 인적·물적 자원을 최대한 활용하여 평생교육기획의 효과를 극대화하여야 한다.
② 민주성: 국민이나 이해집단의 광범위한 참여를 통하여 민주적으로 평생교육기획이 이루어져야 한다.
③ 신축성: 정치, 경제, 사회, 문화 등의 변화에 신축적으로 대응할 수 있도록 평생교육기획이 탄력적으로 수립되어야 한다.
④ 안정성: 평생교육기획은 정책의 안정성을 유지할 수 있도록 수립되어야 하며 지나친 수정은 피해야 한다.
⑤ 전문성: 전문가의 참여를 통하여 전문적인 평생교육기획이 이루어져야 한다.
⑥ 계속성: 평생교육기획은 계속적인 평가와 연구를 통하여 평생교육발전에 이바지해야 한다.
⑦ 과학성: 개인적인 주관이나 선입관을 배제하고 과학적인 방법에 의하여 자료의 수집과 분석 및 평가가 이루어져야 한다.

3) 평생교육기획의 유형

평생교육기획은 교육의 특수성에 비추어 기획의 주체, 기간 그리고 계획의 종합성 정도에 따라 유형화할 수 있으며, 기획은 계획보다 폭넓은 개념이나 여기에서는 혼용하여 사용한다.

첫째, 평생교육기획은 기획의 주체에 따라 국가평생교육기획, 지역평생교육기획, 기관 단위 평생교육기획 등으로 구분할 수 있다. 국가평생교육기획은 국가가 평생교육의 주체가 되며, 평생교육체제 운영 전반에 대한 정책이나 행정개혁 또는 발전기획 등이 포함된다. 지역평생교육기획은 서울특별시, 각 시·도 및 시·군·구의 지방자치단체에서 수립하는 평생교육기획이다. 기관 단위 평생교육기획은 단위기관에서 수립되는 평생교육기획으로 기관의 자율성 확대로 인하여 그 중요성이 부각될 전망이다.

둘째, 평생교육기획은 그 기간의 장단에 따라 기본 구상, 장기, 중기, 단기 계획으로 나눌 수 있다. 일반적으로 기본 구상은 계획 기간이 20년 이상을 말하며 비전 수립을 의미한다. 장기계획(long-range planning)은 대개 10~20년의 국가의 기본정책에 대한 것을 의미한다. 중기계획(intermediate-range planning)은 보통 5~10년 정도의 기획을 말하며, 국가 평생학습정책의 5개년 계획인 평생학습진흥종합계획이 이에 해당된다. 단기계획(short-term planning)은 보통 3~5년의 기간을 가진 기

〈표 4-1〉 **평생교육기획의 종류**

계획 기간	구분	계획의 종류
20년 이상	기본 구상	Vision(발상)
		Pilot-plan(계획 구상)
10~20년	장기계획	Master-plan(계획)
5~10년	중기계획	Plan(계획)
		Program(사업화 계획)
3~5년	단기계획	Project(사업계획, 특수사업계획)

획을 의미하지만 대개는 1년 이내의 당해년도 기본운영계획이나 사업계획 등이 해당된다. 이러한 기획은 상호관계 속에서 이루어진다. 다시 말하면, 장기기획에 의거해서 중기기획이 수립되며, 중기기획에 의해서 단기기획이 수립된다.

셋째, 평생교육기획은 그 종합성 정도에 따라서 종합교육기획과 부문교육기획으로 구분된다. 종합교육기획은 교육의 여러 부문과 영역을 종합적으로 다루는 것으로, 한정된 부문의 특정한 대상만을 중점적으로 다루는 부문계획의 문제점을 보완할 수 있는 특성을 가지고 있다. 평생학습진흥종합계획 5개년 기획이 부문교육기획이라면, 1995년의 5 · 31 교육개혁안은 종합교육계획이라 할 수 있다.

넷째, 평생교육기획은 시간적 단계에 따라 문제해결기획, 전술적 기획, 전략적 기획으로 구분된다(Lewis, 1983). 문제해결기획(problem-solving planning)은 일상적 업무에 역행하는 문제를 확인하고, 문제를 해결하기 위한 적절한 전략을 선택하여 1~2개월 내에 계획을 실행하는 것이다. 전술적 기획(operational, tactical, or short-range planning)은 단기적인 목표를 설정하며, 수행 수준을 상세화하고, 행동계획을 기술하는 과정이 요구된다. 전략적 기획(strategic or long-range planning)은

〈표 4-2〉 시간 단계에 따른 기획 유형

구분	문제해결기획	전술적 기획	전략적 기획
기간	1~2개월	보통 1년	3~5년
위험요소	매우 높다	높다	높다
목적	정상적 수행으로 복귀	정상적 수행으로의 복귀 및 원하는 수행 수준으로 도달	자치단체, 시 · 도 교육청, 평생교육기관 등의 목적과 임무에 도달하기 위한 수행 증진
구성원 참여	팀 참여와 실행에 대한 책임: 개인의 높은 참여	다른 유형보다 많은 사람의 참여: 모든 임원의 참여	자치단체, 시 · 도 교육청, 평생교육기관 등의 횡적인 면으로 구성된 기획위원회의 참여: 중간행정가의 많은 참여
연계	전술적 기획	전략적 기획	교육구청의 교육 목적과 업무
비용	하	중	상
예산 과정	품목별 예산제도	영기준예산제도	기획예산제도

평생교육조직의 임무와 장기목표 설정, 임무수행을 위해 필요한 인적·물적 자원 이용관리 등을 담당한다. 이 세 가지 기획의 특징을 정리하면 〈표 4-2〉와 같다.

4) 평생교육기획의 효과성

평생교육기획은 평생교육목적 달성을 효과적으로 할 수 있게 하는 기능을 가지고 있다. 평생교육기획의 효과성을 좀 더 구체적으로 살펴보면 다음과 같다(김신복, 1977: 208-209).

첫째, 기획은 정책수행과 행정의 안정화에 기여한다. 장기적인 전망을 기초로 수립된 평생교육기획은 일관성 있는 정책수행과 시행착오를 줄이는 효과를 가지고 있다.

둘째, 기획은 한정된 자원의 합리적 배분을 가능케 한다. 평생교육기획은 교육투자 지출의 우선순위를 합리적으로 설정하고 그 효과를 극대화하도록 배분함으로써 투자의 효율성을 제고할 수 있다.

셋째, 기획은 행정이나 경영의 효율성과 타당성을 높일 수 있다. 설정된 목표를 가장 효율적으로 달성할 수 있는 최적 대안을 선택함으로써 경제적 효율성을 높일 수 있으며, 목적과 수단을 합리적으로 연결시킴으로써 행정활동의 합목적성과 타당성을 제고할 수 있다.

넷째, 기획은 변화와 개혁을 촉진함으로써 정세의 변동에 능동적으로 대처할 수 있게 한다. 정세의 변동을 미리 예견하고 그에 대한 준비를 충분히 함으로써 변화와 혁신에 대하여 능동적으로 대처해 결국 평생교육발전을 촉진할 수 있다.

다섯째, 기획은 합리적인 통제를 가능케 한다. 기획의 과정에는 평가와 심사분석이 반드시 수반된다. 이와 같은 기능을 통하여 설정된 목표를 수정할 수도 있고 진도를 조절할 수도 있다. 이러한 통제활동을 통하여 필요한 시정조치를 적시에 취함으로써 통제가 가능해진다.

2. 평생교육의 전략적 기획 과정

1) 일반적 교육의 기획 과정

교육기획은 반드시 어떤 정형적인 과정을 따라 이루어지는 것은 아니다. 기획의 내용이나 소요되는 시간, 이용 가능한 자원, 기획의 환경 여건 등에 따라 기획의 과정이 다르기 때문이다. 일반적으로 교육기획은 과학적인 문제해결과정과 유사한 단계를 거쳐 추진된다고 볼 수 있다. 유네스코 산하의 국제교육계획 연구소에서는 통계자료의 분석과 평가, 계획안의 작성, 추정 작업 및 세부적 사업계획, 비용 수정, 실현 가능성 검증 및 대안의 고려, 그리고 대안의 결정과 집행 및 평가와 수정의 6단계로 제시한 바 있다(Chesswas, 1969: 12-13). 여기서는 평생교육기관의 기획을 수립하는 데 참고가 될 수 있는 과정과 고려사항을 중심으로 간단히 살펴보고자 한다(김윤태, 1984: 195-200).

첫째는 상황분석 단계다. 이는 기관 안팎의 많은 변인과 관련하여 평생교육기관의 현황을 확인하고 기획의 필요성 및 그 우선순위를 정하는 단계다. 이 단계에서는 평생교육기획의 기초가 되어야 하는 상위의 목표를 확인하고 평생교육기관의 자원과 지침이 되고 있는 경영방침이나 철학을 검토하며 평생교육조직 운영에 직간접적으로 관여하고 있는 다양한 구성원의 요구사항도 종합적으로 분석되어야 한다.

둘째는 목표설정 단계다. 이는 상황분석에 근거하여 목표의 위계를 설정하는 단계로서, 일반 목표에서부터 세부 목표에 이르기까지 비교적 구체적으로 정해야 한다. 이것이 기초가 되어 이후의 기획에 대한 평가과정이 이루어진다는 사실을 유념해야 한다.

셋째는 전략선정 단계다. 일단 목표가 설정되면 목표를 달성하는 데 필요한 전략이나 대안을 고려해야 한다. 최선의 전략을 설정하기 위해서는 집단적 사고나 전략선정의 기준 등이 구체적으로 사용될 수 있다. 가장 많이 사용되고 있는 전략 선정의 기준으로는 목표에의 기여도, 비용, 실현 가능성, 파급효과 등이 있다.

넷째는 활동계획 단계다. 선정된 전략을 실천에 옮기기 위해서는 누가, 언제, 무엇을 수행할 것인가를 상세하게 기술한 활동계획이 필요하다. 말하자면 목표 달성을 위한 청사진인 실천계획서를 작성하는 것이다.

마지막은 평가의 계획과 평가 단계다. 활동계획이 마련되면 평생교육경영 활동 전반에 대한 평가계획을 마련하고 그에 의거해서 평가를 하는 일이 필요하다. 아무리 훌륭한 기획을 했다 하더라도 실천과정에서 전혀 예상치 못했던 일이 생길 수 있다. 따라서 체계적이고 과학적인 평가를 해야 이후의 기획에 도움이 되며, 또 평생교육기획의 개선을 위해서도 이는 절대 필요한 것이다. [그림 4-1]은 평생교육기획에서 참고할 수 있는 일반적인 교육기획 과정을 도식화한 것이다.

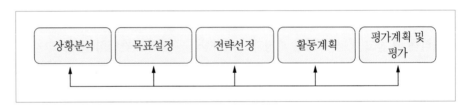

[그림 4-1] 교육기획의 과정

2) 평생교육의 전략적 기획 과정

(1) 전략적 기획의 의미

전략적 기획은 "기관의 의사결정을 향상시키기 위하여 계획을 기획하고 실행하고 모니터링하는 데 관심을 갖는 과정"으로 정의된다(Simerly & Associates, 1987). 전략적 기획은 종종 다른 많은 기관의 절차와 같이 기관의 사명을 달성하는 데 이용되고 있는 목적, 목표, 전략을 모든 사람이 이해하고 분석하고 논평할 수 있도록 상세하게 문서화한 기록의 결과다. 전략적 기획은 기관의 모든 사람에게 의사결정에 참여하도록 기회를 주는 것이므로 기관의 미래에 개인의 영향력이 미치도록 하는 것이다.

Steiner(1979)는 기획을 직관 · 예언적 기획과 형식 · 체계적 기획의 방법으로 나누어 제시했는데, 이 두 가지 접근방법은 모두 중요하다. 그러나 많은 기관에서 이들 접근방법 간에는 갈등이 있어 왔다. 직관적 기획을 편하게 느끼는 지도자는 형식적이고 문서화된 계획을 회피하며, 대신에 변화를 가져오기 위하여 비공식적으로 영향력 있는 네트워크에 의존한다. 형식 · 체계적 기획을 선호하는 지도자는 직관적 기획을 중요하게 생각하지 않으며, 장기적인 기획의 개발을 강조하는 경향이 있다.

Steiner(1979: 13)는 기획에 관하여 다음과 같은 네 가지 관점을 확인하고 분석해야 함을 제시하고 있다. 첫째, 기획은 현재의 결정(Today's decisions)에 관련된다. 이는 기획이 원인과 결과와 관련되고 대안적 실행의 과정임을 의미한다. 그러므로 현재의 의사결정은 기관의 미래에 어떻게 영향을 미칠 것인가와 관련해서 이루어져야 한다. 둘째, 전략적 기획은 과정(process)으로 생각될 수 있다. 이 과정은 조직 사명의 성취 수단으로서 설정된 기관의 목적과 목표에 대한 합의를 창출하는 데 관련된다. 셋째, 전략적 기획은 기관을 어떻게 이끌 것인가에 대한 철학(philosophy)이다. 즉, 기획은 매일의 모든 행동을 안내하기 위한 종합적인 사고과정이다. 넷째, 전략적 기획은 미래를 준비하기 위하여 계획된 구조적인 방법이므로 형식적이고 문서화된 계획을 강조하는 방법이다.

전략적 기획의 요소는 조직의 중요한 이익을 창출하기 위하여 로프와 같이 서로 결속되어 있다. 전략적 기획은 기관의 미래를 개선하기 위하여 계획된 역동적, 나아가 변화의 과정이다. 그리고 전략적 기획이 효과적이려면 기관의 모든 사람이 통합된 사고과정의 일부분이 되어야 할 필요가 있다.

전략적 기획 과정은 기관을 평가하고, 미래에 대한 기관의 바람직한 방향에 대하여 의사결정을 내리고 그 결정을 실행하고 모니터하는 것에 관련된다. 전략적 기획의 모형은 평생교육지도자가 그들의 기관을 강화시키면서 어떤 생각으로 추진할 것인가를 제안하는 것이며, 모든 평생교육기관에서 채택될 수 있도록 충분한 융통성이 있어야 한다. 전략적 기획 과정은 지도자의 지식이나 기술에 좌우되어 내려지는 직관적 의사결정이나 기획과는 전혀 상반되는 체계적인 과정이다. 전략적 기획 과정은 기관의 일상적 일과에서 이루어져야 하고, 기관문화의 일부분이 되어 있어야 한다. 전략적 기획 과정은 모든 직원이 기관의 일원으로서 소속감을 가지고 일할 수 있도록 이끄는 과정에 헌신하도록 하는 것이다.

(2) 평생교육의 전략적 기획 과정

Simerly와 동료들(1987)은 평생교육의 전략적 기획 과정을 경영적 진단, 가치 명료화, 기관의 사명 진술, 목적과 목표의 수립, 실행계획, 현실진단, 피드백과 통제의

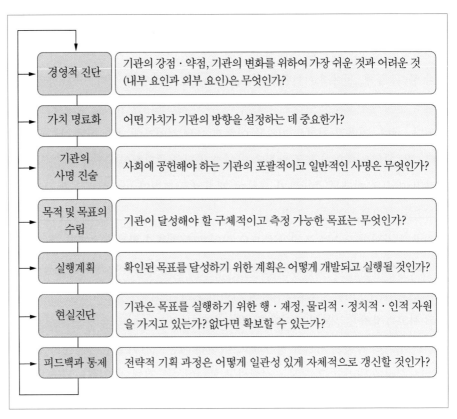

[그림 4-2] 평생교육의 전략적 기획 과정

7단계로 제시하고 있다. 평생교육기획의 7단계를 도식화하면 [그림 4-2]와 같다.

[그림 4-2]에서 보는 바와 같이 전략적 기획 과정은 단계적으로 이루어지는 것이며 구체적으로 설명하면 다음과 같다.

① 제1단계: 경영적 진단

경영적 진단은 기관의 현재 상황을 분석하는 것이다. 즉, 기관의 내부 요인과 외부 요인을 진단하는 것이다. 경영진단은 ① 기관의 강점과 약점은 무엇인가? ② 기회의 창은 무엇인가? ③ 무엇이 변화되어야 하고, 왜 변화되어야 하는가? ④ 변화를 실행하는 데 어떤 어려움이 있을 것인가? 등과 같은 중요한 이슈를 다루어야 한다. 기본적으로 이 단계는 기관의 스냅사진을 제공하는 것이다. 이러한 스냅사진 또는 분석은 미래의 기획에 효과적일 수 있는 전략을 고안하는 토대가 된다. 전략적 기획의 초기 단계는 기관의 강점과 취약점 부분에 대한 직원의 조명된 인식을 개발해야만 한다.

② 제2단계: 가치 명료화

이 단계는 조직의 문화를 확인하는 것이다. 이 단계에서는 직원에게 그들의 중요한 핵심 이슈, 감정, 태도가 무엇인지를 확인하기 위하여 질문을 해야 한다. 조직의 중요한 가치를 확인하는 이유는 그 가치가 사람들의 행동에 직접적으로 영향을 미치기 때문이다. 이러한 가치가 조직의 문화를 결정하며, 조직문화는 모든 조직에 영향을 미치는 가장 중요한 내부 요인이다. 조직문화는 어떻게 과업이 이루어지고, 어떻게 결정되고, 어떻게 사회적 상호작용이 구조화되고, 사람들이 어떻게 의사소통을 하는가 등으로 평가될 수 있다. 전략적 기획은 조직의 중요한 가치와 문화를 고양하기 위하여 이루어져야 한다. 고도의 성과를 나타내는 기관의 주요 특징 가운데 하나는 종업원에 의해 공유된 가치가 중추적인 핵심으로 주도하는 조직문화를 가지고 있다는 것이다. 성공적인 지도자는 조직문화에 관한 이야기를 하는 데 상당히 많은 시간을 보내고 그것을 강화시키려 한다. 그들은 지역민에 대한 책임과 반응을 효과적으로 확인하기 위해 환경을 모니터하고 조사하는 방법을 개발한다.

③ 제3단계: 기관의 사명 진술

기관의 사명 진술은 기관의 기본적인 목적을 반영해야만 한다. 진술은 ① 기관이 사회에 어떤 공헌을 해야 하는지, ② 기관은 누구를 위해 봉사해야 하는지, ③ 기관은 사람들에게 어떻게 봉사해야 하는지, ④ 기관의 봉사와 프로그램의 결과는 사회에 어떤 이익을 가져다주는지와 같은 이슈를 다룸으로써 기관을 정의해야 한다. 사명 진술은 전략적 기획에서 매우 중요하기 때문에 실현 가능성이 있어야 하고, 분명하고 정확하게 진술되어야 한다. 또한 직원이 도전의식을 갖도록 진술되어야 한다. 평생교육기관에서의 사명 진술은 진부한 일상 업무를 성취하는 것보다 더 큰 목적으로 제시되어야 한다. 즉, '주민의 삶을 고양시키기 위해 내가 하고 있는 것은 무엇인가?'라는 질문에 대한 좋은 답이어야 한다. 그 답으로서 기관의 사명 진술을 위해 고려되어야 할 유용한 내용을 제시하면 다음과 같다.

① 사명 진술은 재정적 용어로만 진술되지 않아야 한다.
② 사명 진술은 기관의 미래 방향을 설정해야 한다.
③ 사명 진술은 지역주민에게 호소될 수 있도록 가능한 한 정확하고 분명해야 한다.
④ 사명 진술은 영감을 불어넣을 수 있는 것이어야 하고, 차별화된 인간적 삶을 살기 위하여 기관을 위해 일하기 원하는 것이며, 이러한 요구를 반영하는 것이어야 한다.

한편, 앞에서 제시한 사항을 고려한 지방자치단체의 지역평생학습센터의 효과적인 사명 진술을 예시하면 다음과 같다.

○○지역 평생학습센터의 사명은 지역주민에게 교양, 여가, 취미, 직업에 대한 수준 높은 평생학습의 기회를 제공하는 것이다. 센터의 평생학습 프로그램은

직원의 헌신적인 노력과 교·강사의 전문화를 통하여 제공되어야 한다. 센터는 지역의 평생교육기관, 대학 및 지방자치단체와의 네트워크를 구축하고, 직원 및 교·강사의 전문화와 지역주민의 삶의 질 향상을 위하여 다양한 평생학습 프로그램 개발과 보급을 위해 최선의 노력을 한다.

④ 제4단계: 목적 및 목표의 수립

이 단계는 기관의 목적과 목표를 설정하는 것이다. 목적은 기관의 미래 방향을 제시하는 광범위하고 일반적인 진술이다. 그러므로 목적은 일반적으로 시간과 공간 속에서 쉽게 측정될 수 없다. 목적은 쉽고 간단하게 진술되어야 하며, 효과적인 목적 진술은 보통 한두 문장 정도로 진술되는 것이 적당하다.

목표는 목적의 세부적인 진술이다. 그 특징은 ① 시공간에서 측정될 수 있고, ② 수행할 사람을 위임할 수 있으며, ③ 달성 기간을 명시할 수 있다는 것 등이다. 전략적 기획의 필수적인 부분은 목적을 설정하는 것이다. 그리고 각 목적이 달성될 수 있도록 구체적인 목표를 개발하는 것인데 목표 달성 완수시간이 부과될 수 있다. 구체적인 목표가 없다면 목적은 단지 이상적인 비전으로만 남게 된다. 평생교육기관에서 다루어질 수 있는 목적과 목표의 효과적인 진술의 사례를 살펴보면 다음과 같다.

〈사례 1〉 직원의 전문성 개발
• 목적: 모든 직원의 전문적 능력 개발을 기관의 최우선 과제로 둔다.
• 목표
  – 직원의 전문적인 능력 개발을 위해 1,000만 원의 예산을 3월 1일까지 책정한다.
  – 직원 능력 개발을 위한 위원회와 팀장을 임명한다. 팀장은 위원회와 더불어 직원 능력 개발을 위한 예산 사용지침을 개발하고, 전문능력 개발 교육 내용을 확정한다. 직원 능력 개발 보고서는 기관장에 의해 3월 15일까지 승인받아야 한다.
  – 직원 전문능력 개발 연수는 직장 내 연수와 외부 연수훈련 참가의 두 가지

형태로 진행한다. 이 연수의 목적은 전문성 향상을 위하여 가능한 한 융통성 있게 실시한다.

〈사례 2〉 기관의 마케팅

• 목적: 총체적인 기관의 마케팅 계획을 개발한다(직원 중심의 계획안 개발).
• 목표
  – 홍보기획 팀장은 마케팅을 개발하기 위한 위원회를 만들고 책임을 진다. 위원회는 최종 보고서를 11월 1일까지 제출한다.
  – 위원회는 모든 직원과 프로그램에 참여한 모든 학습자의 의견을 반영할 책임이 있다.

〈사례 3〉 기관의 시설관리

• 목적: 매년 계획된 예산의 범위 내에서 아름답고 깨끗한 평생교육시설이 될 수 있도록 유지 · 관리한다.
• 목표
  – 우리 기관의 시설관리 팀장은 7월 1일까지 시설관리에 필요한 장기계획을 개발한다.
  – 이 계획은 10월 1일 과장과 팀장 회의에서 논의될 것이다.
  – 이 계획은 시설 변화의 필요성과 유지 · 보수에 필요한 예산의 확보를 고려하여 매년 한 번씩 수정될 것이다.

이들 사례에서 볼 수 있듯이, 평생교육기관의 전략적 기획이 유용하게 이용되고 종합적인 것이 되기 위해서는 적어도 인적자원, 재정자원, 물리적 자원, 정치적 자원, 행정 제도적 자원, 의사소통/홍보 자원 등의 영역에서 목적과 목표가 개발되어야 한다. 평생교육기관의 효과적인 전략적 기획에 포함될 수 있는 목적은 일반적으로 5~10개 정도가 적당하다. 그러나 어떤 기관은 하나의 목적을 진술할 수도 있다.

이 경우 목표는 세부적이고 구체적으로 진술되어야 한다.

⑤ 제5단계: 실행계획

　전략적 기획의 통합적 부분은 목표를 실행하기 위한 실행계획을 개발하는 것이다. 이러한 실행계획은 ① 전략적 계획이 실행될 때 문제가 발생할 가능성이 있는 영역은 무엇인가, ② 주된 계획이 잘못된 방향으로 가고 있다면 새로운 전략을 어떻게 개발할 것인가의 두 가지 문제를 생각해야 한다. 이 단계는 계획이 실제적으로 실행되도록 하게 하는 것이다. 이러한 실행계획은 다음 이슈를 고려해야 한다.

　① 종합적인 계획은 구체적으로 어떻게 실행될 것인가?
　② 누가 그 계획의 실행에 대한 책임을 맡을 것인가?
　③ 실행을 위한 현실적인 시간계획은 무엇인가?
　④ 달성된 계획의 성공 여부는 어떻게 측정할 것인가?

　요컨대, 실행계획은 언제, 어떻게 목적과 목표가 실현될 수 있고, 누가 책임질 것인가를 확인할 수 있어야 한다.

⑥ 제6단계: 현실진단

　일반적으로 기관의 비전, 가치, 목적, 목표 등에 관한 토론은 열정적이고 진지하게 이루어진다. 이와 같은 토론이 이루어지는 것은 매우 바람직하지만, 때로는 기관의 현실과 동떨어진 비전을 제시하고 미래의 방향을 제시할 수 있기 때문에 매우 위험할 수 있다. 전략적 기획의 6단계는 이와 같은 상황의 발생을 예방하기 위한 것이다. 현실적 진단을 할 때는 다음과 같은 질문이 제기된다.

　① 우리는 목적과 목표를 달성하고 사명을 충실히 완수하기 위해 어떤 자원이 필요한가?

② 만약 필요한 자원이 없다면 그것을 어떻게 획득하고 만들 것인가?

③ 누가 그러한 자원을 얻는 데 도움을 줄 것인가?

④ 목적과 목표를 달성하지 못하게 하는 주된 제약요인은 무엇인가?

⑤ 이러한 제약요인을 줄일 수 있는가? 만약 가능하다면 어떻게 줄일 수 있는가?

이와 같이 현실적 진단은 기관이 직면한 주어진 자원의 제약과 한계 내에서 계획이 실현 가능한지를 구성원이 생각하는 단계다. 이 단계는 사명, 목적, 목표를 변경할 수 있는 마지막 기회가 된다.

7 제7단계: 피드백과 통제

이 단계는 전략적 기획의 최종 단계로서 계획이 실행되는 동안 필요하다면 진행과정을 모니터하고 수정할 수 있도록 허용하는 시스템이다. 전략적 기획 과정에서는 다음과 같은 질문에 답함으로써 피드백이 이루어질 수 있다.

① 목적과 목표가 성취되었을 때를 어떻게 파악할 것인가?

② 목적과 목표를 충족시키는 과정에서 발생한 문제점에 대한 초기 경고를 위한 일련의 점검사항은 어떻게 개발할 것인가?

③ 실패할 경우 그 실패는 어떻게 처리할 것인가?

④ 사람들이 시행착오를 범할 때 그들에 대한 처벌은 어떻게 피할 것인가?

⑤ 목적과 목표가 성공적으로 달성된다면 사람들에게 어떻게 보상할 것인가?

⑥ 전략적 기획의 실행 기간에 누가 정기적으로 점검할 것인가?

⑦ 이를 위한 과정과 구조는 어떤 것이 될 것인가?

⑧ 전략적 기획의 실행에 대한 진보는 어떻게 측정할 것인가?

⑨ 피드백 시스템은 전략적 기획을 성공적으로 실행하는 데 충분히 종합적인가?

3. 평생교육기관의 경영진단

1) 평생교육기관 경영진단의 의미

평생교육경영자의 임무는 외부환경과 기관 간의 교량을 구축하는 것이다. 바람직한 경제, 사회, 교육적 경향이 이러한 교량을 구축하는 데 기회를 제공한다. 평생교육경영자가 이러한 임무를 수행하기 위해서는 전략적 기획을 실행해야 한다. 평생교육기획에서 가장 중요한 것은 기관의 환경조사 및 기관의 내부 자원 분석, 즉 기관의 경영적 진단이다.

평생교육기관에서는 과제가 다르기 때문에 그에 대한 전략적 기획을 위하여 서로 다른 태스크포스(task force) 팀이 소집될 수 있다. 평생교육기관은 종종 기관 구조, 조직의 풍토와 문화, 기금의 증가와 자원의 확보, 기관의 사명과 철학, 홍보와 마케팅, 다른 기관과의 협조와 경쟁 여부 등에 관하여 알고 있어야 한다. 이러한 이슈는 항상 같은 방식으로 다루어지지 않으며, 주제 영역별로 다르게 다루어진다. 그러나 기관의 태스크포스 팀이나 각 위원회는 보통 사업이나 기획의 활동 범위에 관한 결정을 내리기 위해 두 가지의 광범위한 평가 영역, 즉 기관의 내부 활동과 외부 활동에 대한 평가의 정보를 필요로 한다. 기관의 내부 활동 평가는 기관의 구조, 문화, 풍토 등에 대한 평가이며, 외부 활동 평가는 기금의 증가와 자원의 확보, 기관의 사명과 철학, 홍보와 마케팅, 다른 조직과의 협조와 경쟁, 외부환경 등에 대한 평가를 포함한다. 이들 두 영역에 관한 정보를 습득하는 것은 모든 전략적 기획의 기본이다. 이러한 전략적 기획의 모형으로는 SWOT 분석을 들 수 있다. SWOT 분석은 기관의 강점(Strengths)과 약점(Weaknesses), 기회(Opportunities)와 위협(Threats) 요인을 분석하는 모형이다. 이 영역의 첫째 영역은 기관의 내부 기능을 평가하는 것이고, 둘째 영역은 기관의 외부환경을 평가하는 것이다.

이와 같은 평생교육기관의 외부환경 요인과 내부자원을 분석하는 SWOT 분석은 기관의 경영적 진단에 매우 유용한 모형이다. 평생교육 담당자 및 경영자가 평생교육 프로그램의 개발·운영과 기관의 경영에 있어서 전략적 기획의 일환으로 경영적 진단을 실시하는 것은 매우 중요하며 반드시 필요하다.

2) 평생교육기관의 외부환경 분석

모든 기관은 환경에 둘러싸여 있다. 그러므로 기관의 주변 환경과 그것을 둘러싸고 있는 기관 간의 관계성을 이해하는 것은 기관이 어떻게 기능할 것인가를 결정하는 데 매우 중요하다. 이와 같은 외부환경 요인은 경제·인구학적인 추세, 사회적 변화, 정치·법률·규정의 변화, 기술공학적인 진보 및 경쟁자와 협력자의 활동 등 매우 다양하고 광범위하다.

기관의 복잡한 외부환경을 다루기 위해서는 환경을 여러 부분으로 분류해서 분석하는 것이 필요하다. 기관의 외부환경에 영향을 미치는 요인은 경제, 사회, 기술, 정치 등으로 분류되거나 기술, 경제, 인구통계학적 변인, 정치·법률, 사회·문화 등으로 분류될 수 있다. 이러한 기관의 경영환경 요인은 거시환경, 내부환경, 시장환경, 공중환경, 경쟁환경 등으로 분류된다.

첫째, 거시환경(macro environment)은 해당 조직에 기회와 위협을 제고하는 광범위한 여러 힘을 뜻하는 것으로 인구통계학적, 경제적, 기술적, 정치적, 사회적 환경 등이 포함된다. 둘째, 내부환경(internal environment)은 조직 내부의 공중으로서 이사회, 관리자, 종사자, 후원자 등이 포함된다. 주된 과제는 그들의 요구, 욕구, 관심을 파악하는 것이다. 셋째, 시장환경(market environment)은 조직이 이념 달성을 위해 직접 부딪쳐야 할 그룹과 기타 조직이 해당된다. 시장환경에서 주요한 그룹은 고객, 중간업자, 공급업자, 지지자 등이고, 조직은 이들의 요구, 지각, 선호, 만족의 정도를 부단히 분석, 평가해야 한다. 넷째, 공중환경(public environment)은 조직의 활동에 관심을 가지는 집단을 의미하는 것으로 조직의 성장에 영향을 미치는 지역 공중(local publics), 활동가 집단(activist publics), 일반 공중, 미디어 관계

자, 단독기관 등이 해당된다. 다섯째, 경쟁환경(competitive environment)은 교육수
요자로부터 관심과 선택을 얻기 위해 경합하는 외부 집단 및 기관과의 경쟁을 의미
한다. 경쟁환경 분석을 위해 고려해야 할 점은 경쟁기관의 수, 경쟁기관의 강점과
약점, 경쟁기관의 수강료, 경쟁기관의 미래전략 등이 될 수 있다.

　　한편, Dean, Murk와 Prete(2000)는 기관의 실질적인 외부환경 평가로서 수용적
환경과 과업환경, 상급조직 및 모기관과의 관계, 재정 및 예산 확보 등을 평가할 것
을 제시하고 있다.

(1) 수용적 환경과 과업환경의 평가

　　조직환경은 수용적 환경과 과업환경으로 평가될 수 있다. 수용적 환경의 평가는
단지 그 기관의 기능을 수용하는 것인지, 반대하는 것인지를 평가하는 것이다. 평
생교육기관은 취미와 여가 및 직업 교육기관인지, 고객을 위한 서비스 기관인지,
봉사를 위한 기관인지에 따라 외부환경에 대해 수용, 거부, 냉담 등의 성향을 보일
수 있다.

　　과업환경에 대한 평가는 기관 및 단체가 ① 감독기관, ② 자원제공기관, ③ 협력
및 경쟁 기관, ④ 실제적·잠재적 고객에 대한 프로그램 및 서비스 기관의 네 가지
형태의 공공서비스로 유형화할 수 있다. 이와 같이 기관과 공공서비스의 관련성은
그 관계가 변화, 강화, 축소, 개선이 필요한지에 대한 질문을 통해서 확인될 수 있
다. 첫째, 감독기관은 정책이나 프로그램을 책임질 수 있는 기관이나 단체다. 정책
이나 프로그램을 모니터하는 정부기관이나 단체, 전문자격 발급기관, 지방자치단
체 등이 이에 해당한다. 둘째, 유·무형의 도움을 제공하는 자원제공기관은 또 다
른 공공서비스 형태다. 유형의 자원은 책과 교재, 금전, 시설 및 설비 등을 포함하
며, 무형의 자원은 기관에 의해 제공되는 프로그램이 지역사회의 유명한 기관의 이
름과 연관되어 진행되는 것을 의미한다. 미국의 커뮤니티 컬리지가 병원과 공동으
로 비학점 과정으로서 응급구조사 코스를 운영하는 것이 그 예다. 셋째, 협력 및 경
쟁 기관은 지역사회에 제공자 기관과 비슷한 활동을 제공하는 다른 기관이 있는 것

을 의미한다. 대부분의 경우 어떻게 경쟁기관과 협력을 할 수 있는가에 대한 의문을 가진다. 하지만 동일한 교육 내용이나 학습자를 두고 경쟁하는 것보다 타 기관과 공동으로 협력하고 일을 하는 것이 덜 낭비적이다. 마지막으로, 실제적 · 잠재적 고객에 대한 프로그램 및 서비스 기관이 있다. 이러한 범주는 기관이 이미 프로그램에 참여하고 있는 사람과 끌어들이고 싶은 사람에게 관심을 두는 것을 의미한다.

(2) 상부조직 및 모기관과의 관계

평생교육은 평생교육을 목적으로 하는 단독기관에서만 이루어지는 것이 아니다. 다른 목적과 기능을 가진 기관이나 조직에서도 성인학습자를 위한 평생교육 프로그램이 운영되고 있다. 따라서 기관에서의 평생교육 프로그램 운영은 상부조직이나 상급기관의 방침, 지원 등을 고려해야 한다. Schroeder(1970)는 다음과 같이 네 가지 형태의 평생교육기관 유형을 제시하고 있다(Dean et al., 2000: 26-27).

① 형태 I: 독립형

이 형태는 평생교육이 중추적 기능인 기관이다. 이 형태의 기관은 경우에 따라서는 상급기관이 없으며 전체 기능이 평생교육이다. 예를 들면, 대학평생교육원, 학력인정시설, 직업훈련원, 한국방송대학교 및 방송통신고등학교 등이 있다.

② 형태 II: 보조형

이 형태는 교육기관이면서도 성인교육을 부차적으로 하는 기관이다. 예를 들면, 초 · 중등학교는 청소년교육이 일차적인 목적이고 성인교육은 이차적이라 할 수 있다. 이 형태의 기관은 상부 및 상급 기관의 상황에 따라 성인교육이 없어질 수도 있다.

③ 형태 III: 보충형

이 형태는 유사 교육기관의 보충적 형태를 취하는 기관이다. 예를 들면, 도서관, 박물관, 사회복지기관, 문화원 등이 있다. 이 형태의 기관은 기관의 주된 기능으로서 평생교육기능과 더불어 하나 이상의 사명을 가지고 있다. 박물관은 연구수행, 문화재 보호, 교육 프로그램 제공의 세 가지 주요 목적을 가지고 있다.

④ 형태 Ⅳ: 종속형

이 형태는 성인교육이 비교육기관에 종속되어서 이루어진다. 이런 형태의 대표적인 평생교육 프로그램의 예로 기업체의 인적자원 연수 프로그램이 있다. 상급기관은 영리를 목적으로 하는 기업체, 즉 비교육기관이다. 이러한 환경에서는 상급부서나 기관의 구성원이 평생교육을 기관 전체에 공헌하는 것으로 여길 때만이 실현 가능하다.

평생교육경영 기관은 평생교육 프로그램을 운영하는 데 있어서 상급기관 및 모기관과의 관계가 매우 중요하다. 상급기관 및 모기관의 사명과 임무와 조화를 이루면서 평생교육이 전체 기관 및 조직에서 중추적인 활동이 되도록 해야 한다. 평생교육기관이 상급기관과 모기관으로부터 얼마나 충분히 재정적 지원을 받고 출발하고 있는가가 그와 직접적인 연관이 있다고 볼 수 있다.

(3) 재정 및 예산 확보

평생교육기관의 재정은 다양한 형태로 이루어진다. 재정은 평생교육기관이 프로그램을 운용하는 데 있어서 매우 중요한 요인으로 작용한다. Apps(1989)는 평생교육기관의 주요한 재원 확보 유형을 분류하여 제시하고 있다. 첫 번째 재원조달 방식의 유형은 전부 또는 부분적으로 국가의 세금지원으로 운영되는 평생교육기관이다. 이러한 기관은 기능대학, 직업훈련원, 학력인정시설, 도서관, 박물관 등이다. 두 번째 재원조달 방식의 유형은 비영리, 자체 조달로 운영되는 평생교육기관이다. 이러한 기관은 종교기관, 지역사회 기반의 기관으로서 YMCA, YWCA, 적십자사, 봉사단체, 전문가단체 등이 있다. 세 번째 재원조달 방식의 유형은 영리를 목적으로 평생교육을 제공하는 프로그램이나 기관이다. 영리 목적으로 운영되는 대학평생교육원, 기업체 지원으로 운영되는 프로그램, 학원 및 교습소 등을 들 수 있다. 네 번째 재원조달 방식의 유형은 비형식(nonorganized) 학습기회를 제공하는 범주다. 이런 유형은 공식적인 기관이나 조직의 지원에 의해서 성취되지 않는 프로그램으로서, 기관에서 제공하는 것과는 달리 TV 등과 같은 대중매체, 직장 현장, 가족, 여행, 여가, 레크리에이션 활동 등이다. 이와 같이 평생교육기관 운영은 그 비용이 어떻게 조달되고 어떤 형태로 지원받을 것인가 하는 문제가 매우 중요하다. 또한 평생교육재정의 조달과 확보는 평생교육경영에 있어 외부환경 요인의 검토에서 없어서는 안 될 중요한 요소다.

3) 평생교육기관의 내부자원 분석

평생교육기관 기획에 있어서 외부환경 분석을 마친 후 관리자는 기관의 목적과 내부 경영자원 분석에 착수해야 한다. 이는 조직의 주요 자원을 강점과 약점의 관점에서 명확하게 판단하기 위함이다. 조직은 강점에 의해 유지되므로 그에 적합한 목표, 기회, 그리고 전략이 추구되어야 하고, 자원 면에서 취약한 부문은 회피하여야 한다. 평생교육기획을 하는 데 있어서 기관의 목적과 내부자원 평가 영역은 기관이 어떻게, 왜 존재하는가를 이해하는 데 기초가 된다.

(1) 조직의 목적 평가

여기에서 기본적인 질문은 기관이 왜 존재하는가라는 것이다. 이는 기관의 기본적인 목적이 무엇이고, 기관이 존재함으로써 누가 이익을 보는가라는 질문으로 다시 표현될 수 있다. 평생교육자 간의 논의 중 하나는 공익조직에서 일하는 것인가, 아니면 봉사하는 것인가이다. 봉사조직이 공익조직보다 협의의 목적을 가진다 할지라도 어떤 조직은 양쪽의 목적을 모두 가진다고 할 수 있다. 예를 들면, 성인 중등학교는 성인이 더 나은 학력을 취득할 수 있고, 나아가 사회의 생산적인 구성원이 되는 데 도움을 준다. 이러한 사례는 기관의 사명을 진술하는 데 있어서 양 측면의 목적을 명료화하는 데 도움을 줄 수 있다. 그러나 일차적 수혜(학력 취득)와 이차적 수혜(사회 진출)를 구별하는 것은 똑같이 중요하다. 두 가지 수혜를 제공하려는 역량을 유지하고 자원을 획득하는 것은 매우 어려운 것이며, 그렇게 하려고 시도하는 것은 종종 기관의 초점을 상실하는 결과로 나타날 수 있다.

기관의 기본적인 목적을 이해하려는 것은 전략적 기획의 시작이다. 전략적 기획의 공통된 결과 중의 하나는 기관의 사명을 개발하거나 다시 기술하는 것이다. 이러한 진술은 여러 가지 것을 성취하기 위하여 기술되어야 한다.

- 조직의 사명은 기관의 공적인 진술이다.
- 조직의 사명은 구성원이 일상적인 활동을 할 때 기관이 전체적으로 의도하는 바를 상기시켜야 한다.
- 조직의 사명은 미래의 변화를 위한 출발점으로서 제시되어야 한다.

어떤 조직은 조직의 사명과 비전의 양 측면을 발전시킨다. 비전 진술은 일반적으로 사명 진술보다 단기적이고, 기관의 주요 속성, 일차적인 고객, 기관이 무엇을 하는지를 제시한다. 반대로 기관의 사명 진술은 장기적이고, 더욱 세부적인 기관의 일차적인 목적과 세부적인 목적을 충족시키기 위하여 기관이 무엇을 해야 할 것인가를 제시한다. 보통 사명 진술에서는 ① 기관의 주요 목적을 언급하고, ② 유사한 서비스를 제공하는 다른 기관과 대조하여 기관의 독특한 점을 제시하고, ③ 기관의 핵심 가치를 반영하는 공약이나 약속을 진술한다.

(2) 기관의 경영자원 평가

기관의 경영자원 평가는 내부자원 요소가 기관의 임무를 성취하는 데 얼마나 도움이 되는가를 질문함으로써 이루어질 수 있는데, 흔히 조직표(organization charts)와 직무기술서(job descriptions)를 통해서 평가될 수 있다. 평생교육기관의 경영자원은 인적자원, 자금, 교육시설, 시스템, 시장 자산 등과 같은 요소가 평가될 수 있다(정익준, 1999: 82-84).

〈표 4-3〉에서 보는 바와 같이, 첫째, 인적자원은 교육활동을 수행하거나 지원하는 사람으로서 강사, 직원, 자원봉사자 등을 의미한다. 둘째, 자금은 경영활동을 위해 투입되는 수강료, 기금, 후원금 등을 의미한다. 셋째, 교육시설은 강의시설, 편의시설, 교육시설 등 교육활동을 하기 위한 시설과 설비를 의미한다. 넷째, 시스템은 기관이 소유하고 있는 유용한 정보, 축적된 지식 및 노하우를 의미한다. 다섯째, 시장 자산은 수요자 고객의 정도, 기부자 확보 정도, 그리고 기관에 대한 일반적인 평가를 의미한다.

〈표 4-3〉 **조직의 경영자원 분석**

경영자원			강함 ←			중립	→ 약함		
경영요소	세부 자원	평가내용	고	중	저	중립	저	중	고
인적자원	• 직원 • 교 · 강사 • 자원봉사자	1. 충분한가?							V
		2. 숙련되어 있는가?	V						
		3. 열심인가?	V						
		4. 충실한가?	V						
		5. 서비스 지향적인가?	V						
자금	• 수강료 • 보조금 • 후원금	1. 충분한가?						V	
		2. 융통성이 있는가?						V	
교육시설	• 강의실 • 편의시설 • 교재 · 교구	1. 충분한가?			V				
		2. 유연성이 있는가?			V				
		3. 배치의 질은?			V				
시스템	• 행정조직 • 각종 위원회 • 네트워크	1. 정보 시스템의 질은?						V	
		2. 계획 시스템의 질은?							V
		3. 통제 시스템의 질은?						V	
시장 자산	• 고객 • 기부자 • 일반 시민	1. 수요 및 지지 기반은?		V					
		2. 일반적인 평가는?		V					

4) 평생교육기관의 외부환경 및 내부자원 분석: SWOT 분석

(1) SWOT 분석의 모형

SWOT 분석은 기관의 외부환경과 내부자원 분석을 통하여 경영전략을 수립하려는 기법이다. SWOT에서 S는 'strengths'의 약자로서 기관이 활용할 수 있는 기관 내부자원의 강점을 말하며, W는 'weaknesses'의 약자로서 기관 내부의 약점을 말한다. 그리고 O는 'opportunities'의 약자로서 기관에 미치는 환경의 기회적 요소를 의미하며, T는 'threats'의 약자로서 기관에 미칠 수 있는 환경의 위협적 요소를 의미한다. SWOT 분석은 기관의 경영전략을 수립하기 위하여 기관의 외부환경과 내부자원의 두 가지 측면을 평가한다.

① 기관의 외부환경 평가: 위협 및 기회의 분석

기관의 외부환경 평가는 기관을 둘러싼 거시적 환경 분석을 의미한다. 평가의 목적은 향후 5~10년 동안 현 조직에 의미 있는 변화를 가져다줄 만한 외부환경의 변화와 흐름(trends)을 파악하기 위함이다. 경영환경 평가의 내용 및 과정은 경제적, 정치적, 기술적, 사회적 흐름과 생활양식 및 인구 특성의 변화, 경쟁 대상자의 조짐, 평생교육의 사회적 붐 등의 경향을 살펴본다. 그리고 어떤 변화가 기회적 요소이며, 어떤 변화가 위협적 요소인지를 결정한다. 그중에서도 현 조직의 행로에 함의를 주는 핵심 요소를 선택하고 그 요소에 대해 조직 내에서 향후 어떻게 대응할 것인지에 대한 방법을 모색한다.

① 위협 분석

환경의 위협이란 조직 목적의 달성에 장애가 되는 외부의 바람직하지 않은 도전을 의미한다. 평생교육기관은 여러 가지 경영환경의 부정적 영향을 받을 가능성이 있다. 따라서 평생교육기관은 이러한 위협요소가 무엇이며 어떻게 작용할 수 있는지 판단하여 적절히 대처해야 한다.

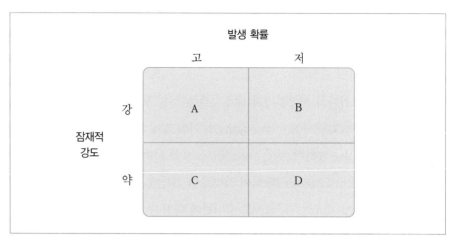

[그림 4-3] 위협 매트릭스

이러한 위협의 평가기준으로는 위협이 미치는 영향력의 잠재적 강도와 위협적인 사태의 발생 확률을 들 수 있다. 잠재적 강도란 그 위협이 구체화될 때 조직이 입게 될 피해 정도를 의미한다. 발생 확률이란 그러한 위협이 실제로 일어날 확률을 의미한다.

잠재적 강도의 강약과 발생 확률의 고저를 종합적으로 고려할 때, 유형은 [그림 4-3]과 같이 네 가지로 나누어 볼 수 있다. 즉, 발생 확률도 높고 부정적 영향도 큰

⟨표 4-4⟩ 위협 상황의 유형 및 대처방법

유형	상황	예	대처방법
A	발생할 확률도 높고 부정적인 영향도 큰 경우	장마철에 청소년 산악훈련 프로그램을 갖는 경우	우선적으로 회피
B	발생할 확률은 낮지만 한번 발생하면 큰 피해를 보는 경우	프로그램 진행 중 천재지변이 발생할 경우로, 가령 대관령에서 스키교실을 열었는데 눈이 오지 않는 경우	대안 마련 후 진행
C	발생할 확률은 높지만 그 영향력이 작은 경우	여름방학에 축구교실을 운영하는 경우. 덥고 비가 올 확률이 높지만 교육에 큰 영향력이 없음	무시 또는 여유가 있는 경우에 대처
D	발생할 확률도 낮고 그 영향력도 작은 경우	특별히 신경을 쓰지 않게 되는 대부분의 경우	계획대로 실시

경우(A), 발생 확률이 낮지만 한번 발생하면 큰 피해를 보는 경우(B), 발생할 확률
은 높지만 그 영향력이 적은 경우(C), 그리고 발생 확률도 낮고 그 영향력도 적은
경우(D)가 있다(오혁진, 2003: 119-120; 정익준, 1999: 79-82).

이상의 위협 매트릭스에 따라 평생교육기관의 대처방안도 달라진다. 위협 상황
유형별 사례와 대처방법을 정리하면 〈표 4-4〉와 같다.

② 기회 분석

마케팅 기회란 특정 조직이 보다 경쟁우위를 확보하도록 적절한 마케팅 활동을
발휘할 수 있는 매력적인 분야다. 기회 분석의 평가기준으로는 잠재적 매력성과 성
공 확률을 들 수 있다. 잠재적 매력성이란 특정 환경이 기회로 작용할 경우 그 긍정
적인 영향력의 정도를 말한다. 성공 확률은 이러한 기회를 활용하여 성공할 가능성
정도다(정익준, 1999: 79-82).

이 두 가지 조건을 종합적으로 고려할 때, 기회는 [그림 4-4]와 같이 네 가지 유
형으로 나누어 볼 수 있다. 즉, 성공 확률도 높고 성공했을 때 기관에게 유익이 큰
경우(A), 성공 확률은 낮지만 한번 성공했을 시 기관에게 유익이 큰 경우(B), 성공할

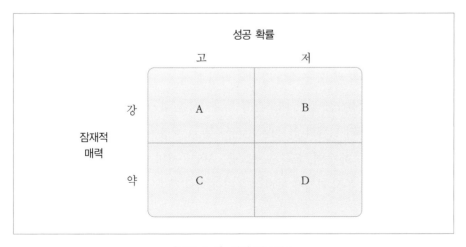

[그림 4-4] 기회 매트릭스

확률은 높지만 기관에게 그 유익이 그리 크지 않은 경우(C), 그리고 성공할 확률도
높지 않고 기관에게 돌아올 유익도 별로 없는 경우(D)가 있다(오혁진, 2003: 120-122;
정익준, 1999: 79-82).

이상의 기회 매트릭스에 따라 평생교육기관의 대처방안도 달라지게 된다. 기회
상황 유형별 사례와 대처방법을 정리하면 〈표 4-5〉와 같다.

〈표 4-5〉 **기회 상황의 유형 및 대처방법**

유형	상황	예	대처방법
A	성공할 확률도 높고 성공했을 때 기관에게 유익이 큰 경우	정부의 지원을 받아 우리 기관의 핵심 프로그램을 실시하는 경우	우선적으로 실시
B	성공할 확률은 낮지만 한번 성공했을 시 기관에게 유익이 큰 경우	정부에서 공모하는 평생교육사업에 응모하는 경우	실패해도 결정적인 타격을 보지 않는 경우 신중하게 도전
C	성공할 확률은 높지만 기관에게 그 유익이 그리 크지 않은 경우	누군가로부터 지원을 받을 수 있게 됨으로써 사업은 성공할 가능성이 높지만 그 사업이 우리 기관의 이미지 제고나 역량 제고에 별 도움이 되지 않는 경우	대안이 없는 경우 실시
D	성공할 확률도 높지 않고, 기관에게 돌아올 유익도 별로 없는 경우	기관의 고유한 설립 취지에 맞지 않는 새로운 프로그램을 실시하는 경우	회피

② **내부 경영자원 평가: 조직의 강점과 약점 분석**

내부 경영자원 평가는 기관 내부환경에 있어서 인적 · 물적 자원의 장단점을 분
석하는 것이다. 우리 기관의 인사관리(유급 · 무급) 재정운영, 시설, 기술력, 교육매
체, 관리행정, 협의회 운영, 교육 프로그램 · 사업 · 서비스, 시장에서의 위치 등 내
용에 대한 평가 및 분석 과정을 통하여 우리 조직의 강점과 약점을 파악한다.

〈표 4-6〉 **내부 경영자원 평가의 예**

영역	의미	예	강점(S)	약점(W)	해결방안
인적자원	교육활동을 수행하거나 지원하는 사람	강사, 직원, 자원봉사자, 자원인사			
자금	경영활동을 위해 투입되는 금전	수강료, 기금, 후원금 등			
교육시설	교육활동을 수행하거나 지원하는 사람	강의시설, 편의시설, 교육기자재			
지적자원	기관이 소유하고 있는 유용한 정보, 축적된 지식 및 노하우	독특한 교육기법, 요구분석 프로그램 개발 및 운영 기법, 정보망			
시스템	교육활동을 위해 구축되어 있는 조직 및 네트워크	기관의 행정조직, 부서, 위원회 및 네트워크			

(2) 평생학습관의 SWOT 분석과 대안(예시)

평생교육기관은 기관의 효율성과 효과성을 위하여 경영적 진단, 즉 SWOT 분석을 해야 한다. 이러한 SWOT 분석과 같은 총체적인 분석을 통해서 기관의 외부환경에 대한 긍정적 · 부정적 상황과 내부 경영자원의 강점과 약점을 복합적으로 파악함으로써 평생교육기관이 수행해야 할 종합적이고 구체적인 대안을 도출할 수 있다.

평생학습관의 SWOT 분석은 평생교육 경영자 또는 관계자의 평생학습 프로그램 평가와 평생학습관 운영에 대한 경영적 판단에 많은 공헌을 할 수 있으므로 다음에서 그 예를 제시하고자 한다. 〈표 4-7〉은 평생학습관의 외부환경 요인에 대하여 기회와 위협의 내용과 해결방안을 기술한 예고, 〈표 4-8〉은 평생학습관의 내부자원요소의 강점과 약점을 분석하고 그 해결방안을 제시한 예다.

〈표 4-7〉 평생학습관의 외부환경 분석의 예

외부환경 요인	기회(O)	위협(T)	해결방안 및 보완전략
거시환경	• 전문화 및 정보화시대 도래	• 지역 인구의 감소	• (O) 전문화 및 정보화 프로그램 개발 • (T) 표적집단 프로그램 운영
내부환경	• 단체장의 직업 및 전문교육 강조	• 교·강사 협의회 결성	• (O) 직업 및 전문 교육지원 확보 • (T) 교·강사 처우개선 조치
시장환경	• 다양한 학습요구 집단 증가(새터민, 이주민 가정)	• 생계 유지 및 열악한 학습환경	• (O) 학습집단 파악 및 요구조사 • (T) 보완된 학습환경 및 생계형 프로그램 운영
공중환경	• 노인인구의 비율 증가	• 지역별 소수의 학습자 존재	• (O) 노인교육 프로그램 개발 • (T) 교통수단을 통한 학습 장소 마련
경쟁환경	• 국가 및 지자체의 평생학습관 지원 정책 강화	• 대학평생교육원의 고차원 프로그램 운영	• (O) 공공의 평생학습 프로그램 중심 운영 • (T) 대학평생교육원과 협력 프로그램 운영

〈표 4-8〉 평생학습관의 내부자원 분석의 예

요소	세부요소	강점(S)	약점(W)	해결방안 및 보완전략
인적 자원	강사, 직원, 자원봉사자, 자원인사	• 전문화된 직원 • 자원인사 목록	• 소수의 직원 • 소수의 자원봉사자	• 직원 및 전문인사에 의한 훈련으로 전문화된 자원봉사자 인력 운영
자금	수강료, 보조금, 후원금	• 수강료 부과 가능 • 비영리기관	• 소액의 보조금 • 후원금 미흡	• 모기관의 보조금 증대 • 다양한 후원금 모금방법 개발 • 프로그램 양질화로 수강료 인상
교육 시설	강의시설, 편의시설, 교육기자재	• 소·대규모 강당 • 많은 강의시설	• 주차시설 부족 • 교육기자재 부족	• 인근 유료주차장 임대 • 대규모 강좌 및 강의실 임대 • 교육기자재 기증 및 확보 방안마련
지적 자원	독특한 교육기법, 요구분석 프로그램 개발 및 운영기법, 정보망	• 프로그램 개발팀 운영 • 통계프로그램소유 • 다수·다양한 교·강사 확보	• 직원의 요구 분석 능력 부족 • 교육기법 및 프로그램 개발 자료 정보 부족	• 직원의 전문가에 의한 요구분석 훈련 • 전문화된 교·강사와의 개발 T/F 팀 구성
시스템	행정조직, 위원회, 네트워크	• 전문화 및 분권화된 조직 • 강사 및 기관 네트워크	• 분과별 위원회부재 • 학습자와의 연계 시스템 없음	• 분과별 위원회 조직 • 사업 추진 시 네트워크 활용 • 학습자단체 결성 지원

5) 평생교육조직의 SWOT 분석 사례

평생학습관의 SWOT 분석은 큰 규모의 조직, 소규모의 기관, 집단 등과 같은 조직뿐만 아니라 평생학습 프로젝트 또는 프로그램에도 적용하여 실시할 수 있다. 또한 SWOT 분석 방법도 상황이나 절차에 있어서 약식분석, 총괄분석 등 다양한 방식으로 실시할 수 있다. 다음에서는 평생학습관과 평생학습도시에 대한 SWOT의 예를 제시한다.

(1) 평생학습관

평생학습관에서는 프로젝트나 프로그램에 대한 계획을 세우기 위하여 간단한 SWOT 분석을 실시할 수 있다. 기관 외부환경의 기회 및 위협, 기관의 강점 및 약점 요인에 대하여 가장 대표적이고 현실적인 분석을 실시해야 한다. 평생교육기관은 이 분석에 의하여 많은 대안을 고려할 수 있지만 검토된 대안들 가운데 효율성과 현실성이 높은 대안을 선택하여 우선적으로 실시해야 한다. 평생학습관에 대한 간단한 SWOT 분석을 하고 그 대안을 기술하면 다음과 같다.

① SWOT 분석
- 강점: 우리 기관의 강사는 다른 기관보다 저렴한 학습비로 평생교육 프로그램을 운영한다.
- 약점: 우리 기관의 시설은 낙후된 편이다.
- 기회: 평생학습에 대한 기업 및 정부의 재정적 지원이 늘어날 것이다.
- 위협: 민간 등 평생학습시설이 급속도로 늘고 있다.

② 대안
- 강점 대안: 학습자에게 저렴한 학습비의 평생교육 프로그램을 운영함을 적극적으로 홍보한다.

- 약점 대안: 정부 또는 모 기관에 기관의 시설 개선의 시급함을 알리고, 낙후된 시설 개선을 위해 우선적으로 투자한다.
- 기회 대안: 기관의 장점을 이용하여 기관 및 정부의 재정지원 프로젝트의 지원을 받을 수 있도록 평생교육전문가를 고용하고, 각종 지원 프로젝트의 지원을 받을 수 있도록 만반의 준비를 한다.
- 위협 대안: 기관 고유의 특화된 프로그램을 개발하고, 비영리기관일 경우 다른 평생학습관과의 파트너십을 통해 프로그램 및 사업에 대하여 협력할 수 있는 방안을 강구한다.

(2) K시 평생학습도시의 SWOT 분석(예)

다음은 K 평생학습도시의 평생학습 진흥계획을 수립하기 위한 SWOT 분석이다. K시 지역 및 학습환경 분석으로는 지정학적 특성 및 인구 특성, 경제 특성, 사회문화 특성, 교육 특성 등 결과와 평생교육기관의 현황을 토대로 SWOT 분석을 실시하였다(권인탁 외, 2007).

① K시 평생학습도시 조성을 위한 SWOT 분석

K시 평생학습도시 조성을 위한 SWOT 분석으로서 내부환경 분석을 통한 K시의 강점과 약점을, 외부환경 분석을 통한 기회와 위협의 요인을 분석하였으며, 구체적인 내용은 [그림 4-5]와 같다.

② SWOT 분석 결과의 보완전략

K시의 평생학습도시 조성을 위한 SWOT 분석 결과에 대한 보완 또는 대응 전략을 제시하면 〈글상자 4-1〉~〈글상자 4-4〉와 같다.

강점(Strength)	기회(Opportunity)
• 평생학습도시 추진을 위한 법규 정비 • 평생교육시설 인프라 기반 정비 양호 • 시민의 평생학습에 대한 강한 욕구 • 도심권 인구집중(시 인구의 85%)으로 인한 권역별 평생학습사업 추진 용이 • 지방자치단체 중 재정자립도 최고 수준 • 높은 평생학습 예산 비율(전체 예산의 3.6%) • 시민들의 문화, 공연 및 체육 활동을 위한 시의 다각적인 지원 풍부 • 산업도시로의 성장과 발전 가능성(4년간 업체 수 12% 증가) • 문화관광 명소로 발전할 수 있는 자연경관 풍부(3권역 등) • 문화 · 역사의 홍보 가능한 문화재 소재 • 관광체험을 위한 다양한 유적지 및 자연휴양 명소 소재 • 다양한 관광 축제(5개 및 1퍼포먼스 등) • 다양한 학원 소재	• 10대 중 · 고등학교 학령기 연령층의 증가 • 지속적인 인구 증가로 인한 성장 동력 있는 도시발전계획(1.3% 증가) • 21C 동북아 태평양 물류 산업도시 성장 가속화 • 산업단지의 군집화(국가산업단지, 지방산업단지 등 60.8%) • 높은 비율의 경제활동인구(20~50대, 비율 60.3%) • 경제자유구역 지정으로 인한 인구 유입 증가 요인 발생 • 외국 물류대학 캠퍼스 개설 예정 • 과실산업 생산량 증가(감, 매실, 밤 등) • 도시권역 영상문화벨트조성사업 추진 (2006~2010)
• 20세 이상 고졸 학력자(40.9%), 중졸 이하 학력자(29.2%), 초등학교 미만 학력자(8.2%) • 교통 · 문화 생활권의 다핵화로 인한 행 · 재정적 총체적 역량집중 곤란 • 복지 및 여가 시설 부족 • 지속적으로 거주하는 시민보다는 일자리 이동과 함께 유입되는 인구의 증가로 지역주민 간의 동질문화 형성이 어려움 • 시민단체활동 저조 • 대학 및 고등교육기관의 부재로 인한 고급 인적자원 부족 • 평생교육 프로그램의 획일화와 편중화 • 평생학습도시 조성을 위한 체계적 행정지원 체제 미비 • 평생교육기관 간 네트워크 및 파트너십 부족 • 평생학습 전문가 및 전담인력 부족	• 감소하는 농가 인구(19,147명) 2000년 대비 11% 감소 • 읍 권역과 도심권 간 지리적 이질감으로 인한 시민공동체 의식 부족 • 인근 도시의 우수한 교육적 여건에 의한 인구 유출 가능성 상존 • 산업화로 인한 지역의 특색 있는 전통문화를 계승하고 전승하는 데 취약 • 청 · 장년층의 인구 집중으로 인한 지역주민의 가족 단위 세대공동체 의식 저하 • 외부 인구 유입 및 인근 지역으로의 유출 등으로 지역주민의 정주의식 약화 • 지역산업체 이전 시 세입 감소 및 지역경제 위축 가능성
약점(Weakness)	위협(Threat)

[그림 4-5] K시 평생학습도시 조성을 위한 SWOT 분석 예

〈글상자 4-1〉   **강점강화 전략**

- 평생교육 관련 조례를 보완하여 지역의 평생교육사업이 지속적으로 추진될 수 있는 기반을 조성
- 평생교육진흥을 위한 예산을 지속적으로 증가시키고, 이를 효율적으로 운용할 수 있는 체제 정비
- 평생학습 프로그램 활성화를 위한 행·재정적 지원방안 강구
- 시민의 강한 평생학습 요구 충족을 위해 주기적인 권역별, 연령별, 직업별, 계층별 요구분석 필요
- 일자리 창출 및 지역 인적자원개발 필요
- 산업인력 양성 및 충원을 위한 직업훈련 프로그램 운영
- 평생학습과 연계한 교육·문화·관광 프로그램 운영(시티투어와 연계)
- 문화체육활동을 위한 통합적인 정보 제공 및 체제 구축(평생학습 포털 사이트 운영)
- 역사·문화재 체험을 위한 평생학습 프로그램 운영(사지, 산성, 기념 석탑과 연계한 프로그램 운영)
- 성지 유적지, 고궁, 화산, ○○동 매화마을, ○○ 휴양 관광지, ○○도 해변 등을 연계한 평생학습 관광 프로그램을 개발
- 다양한 지역축제를 평생학습과 연계한 학습축제로 승화, 시 평생학습 포털 사이트를 통한 정보 제공
- 저소득층 자녀를 위한 학원 및 학원교습소 수강료 지원

〈글상자 4-2〉   **약점보완 전략**

- 초·중·고 및 대학의 학력취득을 위한 제도 도입 및 시설 필요
- 중핵 권역별 특화 평생학습 프로그램 및 사업계획 수립
- 문화센터 및 복지시설 개소와 주민자치센터, 도서관 등 아동을 위한 공부방 시설 및 프로그램 운영 필요
- 시민사회단체 및 지역의 평생학습기관과의 긴밀한 네트워크 형성을 통한 정보 공유 및 역할 재정립 필요
- 지역지도자 및 평생학습 코디네이터 양성과정 운영을 통한 평생학습 리더 양성
- 주기적인 수요조사를 통한 지역주민의 필요와 요구 반영
- 평생학습기관별 특성화 프로그램 개발 및 주민 접근성 강화
- 평생학습 전담부서 조직개편 및 평생학습 전담인력 배치

〈글상자 4-3〉　　　　　　　　　　　　**기회활용 전략**

- 경제활동을 위한 인력양성 프로그램 및 사업 전략 필요
- 경제자유구역 산업인력 양성 프로그램 준비, 특화된 외국문화 이해교육 프로그램 준비
- 해양물류대학과 민·관·학 협력체제 구축
- 과실영농산업 체험 프로그램과 평생학습 연계
- 평생학습의 필요성과 효용성에 대한 시민의식 제고를 통해 자발적 참여 유도
- 학교교육을 통한 지역 인재양성체제 정비
- 기업체의 사내교육과 연계하여 직업능력개발 프로그램 운영
- 과실산업 및 관광문화 자원을 적극 활용한 평생학습체험 프로그램 운영
- 마을별 가족공동체 프로그램 및 세대공동체 프로그램 운영
- 주민자치위원회를 중심으로 한 주민자치 활성화 및 시민의식 함양 강좌 운영
- 국제화 도시로서의 역량 강화를 위한 시민 외국어 능력 향상
  - 영어마을 조성 영어학습 벨트 조성
- 외국기업 투자 유치에 따른 핵심 인적자원개발 전략 마련

〈글상자 4-4〉　　　　　　　　　　　　**위협극복 전략**

- 농가를 위한 지속적인 영농 평생학습 프로그램 사업 전개 및 추진
- 시민공동체 의식 함양을 위한 지역학 및 정주의식 함양 강좌 운영
- 학교교육 및 평생학습을 통한 교육환경 개선 지속적 추진
- 지역문화유산 및 관광자원의 특화 프로그램 개발을 위한 문화유산해설사 학습동아리 구축
  - 지속적인 학습을 통한 문화체험 프로그램 개발 및 보급
- 지역의 경제적 생산력을 높일 수 있는 다방면 산업 육성
  - 현재 집중 육성되고 있는 2차 산업 외에, 1차 산업과 3차 산업의 균형적 발전을 통한 지역 경제 자생력 강화
  - 농·임·수산업의 고부가가치 품종개량 및 3차 서비스 산업과 연계한 생산물 판매방안 마련(원스톱 쇼핑, 체험 프로그램 연계)

제 5 장

평생교육 네트워크와 학습동아리 운영

1. 평생교육기관의 네트워크

1) 평생교육 네트워크의 의미

(1) 평생교육 네트워크 개념

평생교육기관의 네트워크(network) 또는 네트워킹(networking)은 사업조직이 전반의 경쟁력을 강화하고, 부족한 자본과 인력, 기술 등을 만회하기 위하여 한 곳에 모여 중복된 사업을 피하고 인력과 기술을 공유하면서 효율성을 높이는 것을 말한다.

「평생교육법」 제19조 제5항에서 국가는 평생교육진흥원을 설립하고 평생교육 연계체제를 구축해야 하는 책임이 명시되어 있다. 또한 동법 제20조 제4항에서 시·도지사의 책무로서 시·도 평생교육진흥원의 설치와 함께 해당 지역의 평생교육기관 간 연계체제를 구축해야 함을 명시하고 있다. 따라서 시·도 평생교육진흥원은 네트워크 구축을 통한 지역공동체(community) 구축을 위하여 지방자치단체, 지방교육자치단체 및 지역유관기관과 협력하여 지역 특색에 맞는 평생교육의 시스템을 개발하고 정착시켜야 한다. 시·도 행정구역 내의 단체 또는 국가나 지방자치단체로부터 행정적 지원을 받고 있는 평생교육단체 및 평생교육시설에 대하여 네트워킹을 구축함으로써 지역주민에게 다양한 평생학습의 기회 및 정보를 신속히 제공할 수 있어야 한다. 수직으로는 국가 평생교육진흥원과 시·군·구 평생학습관을 연계하고, 수평으로는 지역의 각종 평생교육기관 간의 네트워크 체제를 구축해야 한다. 평생교육의 네트워크는 기관별뿐만 아니라 유형별, 지역별, 학교단계별, 교육대상별(학생, 성인, 노인) 등의 네트워크 구성이 이루어져야 한다. 네트워크의 개념은 다음과 같은 의미를 함축하고 있다(양병찬 외, 2001).

첫째, 기관·시설·단체 간의 연계 강화다. 이는 학교를 포함한 모든 평생학습 관련 기관·시설·단체 간의 연계·제휴 강화를 의미한다.

둘째, 시설의 효율화를 위한 공유화다. 교육기능의 확산과 효율화를 촉진하기 위하여 하나의 시설에 대해 한 시내에서 혹은 시와 시, 시와 도 상호 간에 공유화를 촉진시켜야 한다.

셋째, 시설의 복합화를 이루어야 한다. 평생교육시설과 직업훈련시설, 스포츠·문화시설, 도서관 등의 복합 시설화 혹은 노인, 성인, 청년, 여성, 유아 등과 같은 대상중심 시설의 복합화가 이루어져야 한다. 즉, 평생학습 관련 시설의 네트워크화를 위하여 학교를 포함한 모든 평생학습 관련 시설 간의 연계·제휴 강화를 통한 유기적인 체계화가 요구된다. 그리고 교육기능의 확산과 효율화를 촉진하기 위하여 시내에서 혹은 시와 시, 시와 도 간에 하나의 시설 상호 간의 공유화를 촉진시켜야 한다. 인접 시에 있는 다른 기능을 갖고 있는 시설 간의 상호 보완 이용을 촉진하고, 학교와 기업시설을 사회교육시설로 공동 사용한다든지, 학습자원의 총체적 활용을 위해 민간도 포함한 다양한 부문에서의 시설의 복합화를 이루어야 한다.

(2) 평생교육 네트워크의 중요성

사회교육기관과의 연계·협력에 관한 한 연구(한준상 외, 1997: 69)에서는 교육기관 간의 협력을 통하여 얻어지는 예상 효과로 교육의 질 향상과 기관 간 상호 이해의 증진을 들었다. 수강생 증대나 교육비용의 절감 효과도 긍정적인 효과로 들었다. 이러한 예상 효과에 대한 연구결과와 관련하여 교육시설의 연계·협력, 즉 네트워크는 다음과 같은 두 가지 측면에서의 합리화와 효율화를 목적으로 한다. 첫째는 기존 시설을 효율적으로 이용하며 지역의 교육−학습 자원을 유효하게 활용한다는 측면이며, 둘째는 재정적으로 합리적인 운영이라는 측면이다.

한편, 사회·경제적으로는 기업을 중심으로 한 사회 전반에 인텔리전트화(고도 정보 집적화)와 네트워크화가 진행되고 있고, 이것은 기존 시스템과 기능을 유기적으로 조합한다거나 리엔지니어링하여 새로운 종류 혹은 기능·역할을 창출하려는 움직임으로 나타나고 있다. 그 목적은 고객과 시민에 대한 서비스의 질적 향상과 다양한 요구에 대한 대응이다.

이상과 같은 평생교육 네트워크를 통하여 획득할 수 있는 장점을 정리하여 보면 다음과 같은 측면에서 네트워크의 중요성이 강조된다(Skage, 1996; 양병찬 외, 2001 재인용).

① **지역주민의 교육 요구에 대한 총체적인 접근**

정부부처, 사회단체, 각종 평생교육기관 등은 주민의 교육 요구를 해결하기 위해 서로 협력하는 체제를 구축하고 있지 못하다. 네트워크로 연계되지 않은 이러한 기관은 지역주민의 요구가 어느 정도이며 어떠한 범위의 것인지, 다른 기관에서 제공되는 서비스와 지원은 어느 정도이며 어떠한 범위의 것인지, 또한 서비스상에 공백이 있는지를 알지 못한다. 따라서 많은 지역사회 구성원은 상호적이며 상호 관련성이 있는 교육서비스를 손쉽게 이용하지 못하고 있으며, 이를 해결할 필요가 있다.

② 교육서비스의 중복 회피

파트너십은 교육서비스의 중복을 피하는 데 도움을 준다. 교육서비스의 중복은 제한된 자원을 낭비하며 지역주민에게 혼란을 줄 수 있다. 자원이 감소하고 재정 확보 경쟁이 증가하는 시대에 살고 있는 우리는 평생교육에 있어서도 가능하다면 효율성을 높이기 위해 노력해야 한다.

③ 정부지원의 필요조건

여러 기관 간의 지원, 협동, 협력은 서비스를 개선하고 제한된 자원을 비용 효과적으로 사용하는 방법이기 때문에 바람직한 것으로 받아들여지고 있다. 따라서 선진국의 경우는 다른 기관과의 강력하고 효과적인 파트너십의 실현 정도를 중앙정부 및 지방자치단체의 평생교육기관에 대한 재정지원 요건으로 포함하고 있는 것이 일반적이다.

④ 단위 평생교육기관의 역량 부족 보완

단위 평생교육기관은 인적·재정적으로 역량이 불충분하기 때문에 지역주민의 교육 요구에 대응하기 위해서 자기 기관 외에 다른 기관을 찾게 된다. 직원이 지역주민의 추가적인 교육 요구를 발견하였을 때는 이미 그들이 감당할 수 있는 능력의 한계를 벗어나기 쉽다. 이때에 스스로 추가적인 서비스를 제공하려 하기보다는 다른 기관을 참여시켜 그 기관이 보유하고 있는 자원과 전문지식을 이용하는 것이 기관과 주민 모두에게 효율적이다.

(3) 평생교육 네트워크의 영역

평생학습 네트워킹은 제도적 네트워킹과 디지털 네트워킹으로 분류해서 생각할 수 있다. 제도적 네트워킹은 기획 및 계획, 프로그램, 정보 등을 공유하기 위한 인위적인 회의나 행사 등을 의미하고, 디지털 네트워킹은 그것을 통해 각종 정보, 각종 프로그램, 교·강사 등을 공유하는 것을 의미한다. 井上講四와 手打明敏(1989)

는 평생학습 네트워킹을 구체적으로 인적 네트워크(communication), 사업 네트워크(transportation), 정보 네트워크(information), 공간 네트워크(location)로 분류하여 제시하고 있다(양병찬 외, 2001: 175-177 재인용).

① 인적자원 네트워크

인적자원 네트워킹은 인적자원 요소 간의 교류를 의미한다. 각 지역의 공공기관, 각종 단체, 법인, 학교 등과 같은 평생교육 시설 및 단체는 많은 평생교육 프로그램을 운영하고 있으나 각 분야에서의 전문강사를 초빙하는 데 많은 어려움을 겪고 있다. 왜냐하면 평생교육기관 종사자 간의 상호 정보 교류를 위한 연결 기제가 없고, 그들의 전문성을 향상시키기 위한 평생교육 분야 전문가로부터의 협력 · 조언체제가 미흡하고, 평생교육 분야에서 자원봉사자 간의 교류도 거의 전무하며, 그들 간의 협의체를 통한 연결체제 또한 미흡하기 때문이다.

이에 지역평생교육의 활성화를 위해 평생교육 기관과 단체가 평생교육과 관련된 사업을 교류할 경우에 인적자원 요소, 즉 평생교육을 담당하는 교 · 강사, 종사자, 자원봉사자 등 인적자원의 교류 또는 네트워크가 선행되어야 한다.

인적자원 네트워크 구성은 인적자원에 대한 문서화와 디지털 공간의 서비스 등의 방식으로 가능하다. 문서화에 의한 인적자원 교류는 지역별 교 · 강사 편람, 기관별 교 · 강사 편람, 전문분야별 교 · 강사 편람 제작 등을 통한 방법과 행정수단을 통한 문서 연락의 방법 등으로 이루어질 수 있다. 디지털 공간의 서비스는 전문분야별 전문 교 · 강사 파일, 지역별 평생교육기관 파일, 교육 유형별 교 · 강사 파일 등을 제공할 수 있다. 인적자원 네트워크 추진활동은 협회 또는 협의체 구성, 정기적인 회합, 세미나 및 포럼 등을 통한 방식으로 가능하다. 협의체 구성은 지역별 평생교육종사자 협의체, 동종의 평생교육 분야 협의체 구성, 전문 분야별 교 · 강사 협의체 구성 등이 있을 수 있다. 정기적인 회합은 평생교육 시작 전후, 기타 필요한 인적 교류를 위하여 가능하다. 세미나 및 포럼은 평생교육전문가로부터 협력 및 조언을 얻기 위한 활동이다.

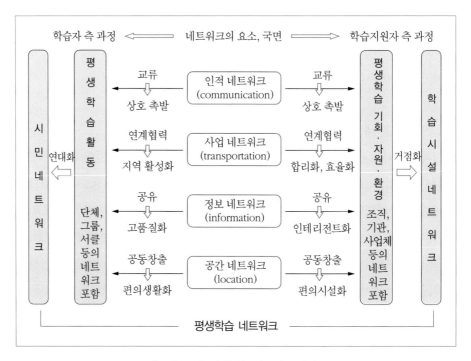

[그림 5-1] 평생학습 네트워크 영역

출처: 井上講四, 手打明敏(1989), p. 71.

② 사업 네트워크

사업 네트워킹은 지역단위별로 평생교육 기관 및 단체 간의 사업을 서로 연계·협력함으로써 보다 효율적으로 사업을 추진·운영할 수 있다. 지역의 평생학습사업을 통하여 지역의 종합적인 학습 프로그램의 제공과 그 이용 체제를 정비하고, 시설의 합리적이고 효율적인 활용을 촉진한다. 민간교육시설을 포함하여 지역에 있는 모든 평생학습시설 간에 평생학습사업을 공유하고 상호 이해를 도모하기 위한 체제화를 촉진한다. 또한 지방의 문화축제라든가 평생학습축제, 열린 음악회 등과 같은 문화 및 교육 관련 이벤트 사업이 계획·운영될 때 상호 간의 협력지원체제가 가동되어야 함을 의미한다.

③ 정보 네트워크

정보 네트워킹은 학습자의 평생학습에 도움이 되는 모든 것을 메시지, 문서, 디지털 등으로 제공될 수 있도록 교류가 이루어지는 체제 구축을 의미한다. 정보의 교류는 네트워크의 기본이며, 네트워크는 정보의 네트워크라고 해도 과언이 아니다. 시·도 평생교육진흥원이나 시·군·구 평생학습센터에 서버 컴퓨터를 설치하고 각종 정보를 데이터베이스화하여 홈페이지를 운영함으로써 각 평생교육시설 및 평생학습관은 진흥원이나 센터의 홈페이지를 통해 정보를 수집해 가는 정보 네트워크 구성이 필요하다. 시·도 평생교육진흥원이나 시·군·구 평생학습센터가 평생학습 정보를 수집하고 데이터베이스화하는 과정까지는 많은 노력이 들겠지만, 한번 데이터베이스화된 정보는 보통 자연스럽게 확대될 수 있다.

④ 공간 네트워크

공간의 네트워킹은 학교를 비롯하여, 평생교육관계 시설이 보유하고 있는 물적 자원을 교류하는 것을 의미한다. 물적 자원의 교류는 자원의 효율적인 활용이라는 문제와 관련되는 것으로 시설·설비·교재·교구 등이 포함된다. 공립학교와 같은 공공시설의 경우에는 그 시설을 독점해서는 안 된다. 모든 공공의 교육시설도 물적 자원의 관리를 위임받은 것이라는 해석이 가능하기 때문이다. 반면에 사립대학이나 민간시설에 대하여 그 시설이 보유하고 있는 물적 자원의 개방을 요구하는 것은 용이한 일은 아니다. 유상으로 개방한다거나 행정적으로 개방에 대한 합당한 보상을 함으로써 점차 교류가 이루어지도록 시도해야 할 것이다. 앞으로 지역사회의 시민을 위한 평생교육 기관·단체·시설의 유기적인 연계체제를 구축하여 인적·물적 자원과 정보자원을 공유함으로써 평생교육 관련 사업과 활동의 상승 효과가 기대된다.

(4) 평생교육 네트워크의 유형

지방자치단체나 대학 부설 평생교육원, 기업체와 같은 지역 네트워크의 주체와의 관계에는 두 가지 유형이 가능하다. 하나는 특정 기관이 단독 네트워킹하는 경

〈표 5-1〉 **지역 대학과 평생교육기관 간의 네트워크 유형**

형태	내용
주최사업	한 기관이 독자적으로 기획·운영하는 프로그램으로 타 기관으로부터 시설 및 홍보를 부분적으로 협력받음
공동개최사업	지역 순회의 시민교양강좌와 같은 프로그램을 대학과 지자체가 공동으로 개최하는 경우가 있는데 이처럼 복수의 기관이 공동 개최하는 사업임
수탁사업	지자체나 기업체가 대학에 프로그램을 위탁하는 것과 같이 한 기관이 타 기관에 프로그램의 기획·운영을 위탁하는 경우
협력사업	지역사회교육기관 간의 강사 소개 및 프로그램 기획 협력

우이고, 다른 하나는 지역에 있는 모든 교육기관(초·중·고교, 민간사회교육기관 등도 포함)을 망라해 연계·협력을 하는 경우다.

기관 간의 단독 연계·협력관계를 맺는 경우에는 〈표 5-1〉과 같이 연계·협력 내용에 따라 네 가지 유형으로 나누어 볼 수 있다. 우선, 주최사업은 한 기관이 독자적인 프로그램을 기획·운영하는 사업으로 타 기관으로부터 시설·홍보 등의 부분적인 협력을 받는 것을 말한다. 둘째, 공동개최사업은 대학 부설 평생교육원이 지방자치단체와 협력하여 이동 대학강좌로 시민교양강좌를 운영하는 것처럼 복수 기관이 공동으로 개최하는 사업을 말한다.

한편, 수탁사업은 최근 많은 지방자치단체와 대학 간, 산업체와 대학 간에 위탁 기관의 요구에 따라 운영하는 위탁교육 프로그램을 말한다. 시민대학과 같은 교양 강좌로부터 시작하여 초등영어교사 양성과정, 실업자재취업과정 등 다양하게 전개 되고 있다. 기업에서 자신들이 원하는 내용의 직원교육을 주문식 프로그램으로 대학에 위탁하여 운영하는 경우도 해당된다.

마지막으로, 협력사업은 대학이 지역사회교육기관 등의 사업에 대하여 프로그램 기획이나 강사 소개 등의 협력을 행하는 경우다. 이 경우는 상호 의존도가 높지 않은 일상적인 협력사항이 가능할 것이다. 앞에서 언급한 평생교육기관 간 구체적인 네트워크 부문과 관련하여, 〈표 5-2〉는 板本登(1991)에 의해 제시된 네트워크 영역 간에 자원과 요소가 교환될 때 검토될 수 있는 항목의 예다(양병찬 외, 2001 재인용).

〈표 5-2〉 **평생학습 네트워크의 구체적인 예**

영역	활동 형태		활동의 구체적 예		활동을 위한 조직의 예	자원·요소의 등가성을 검토할 때의 항목 예
시설 · 설비	시설 제공		학교 개방 기업시설 개방		학교개방운영위원회 시설이용조정위원회 협의	• 사용료　• 규모 • 설비　• 기구의 성능 • 수선 등의 관계 • 대차빈도의 균형 • 이용수속
	교재 제공		교재 이용 교재 제작		학습교재센터 교재제작연구회	• 사용료　• 안전성 • 편리성 • 이용수속 • 대차빈도의 균형
사업	학습 기회 제공	공동 주최 (후원)	이벤트 공동주최 강좌의 공동주최 광역사업		기획위원회 실행위원회 광역협의회	• 수용인원 • 수익자 부담(참가비 등) • 경비부담액 • 실시를 위한 부담인원
		프로 그램 교환	상호교환		프로그램 검토회 협정서	• 수용인원 • 수익자 부담(참가비 등) • 경비부담액 • 실시를 위한 부담인원 • 교환하는 프로그램의 　양과 내용의 수준
	평가		자격부여 학점 교환		평가위원회 학점인정위원회	• 프로그램 내용의 수준 • 평가방법　• 평가수준 • 교환 수속
인재	인재 제공	자원봉사자	인재 파견 활용		인재은행 협의	• 지도, 원조능력의 수준 • 경비부담액 • 상호 파견 균형 • 인원 수　• 기간 • 신분상의 대우　• 빈도
		전문가	출장 파견 위촉		인재교류센터 협의	• 인원 수　• 기간 • 보수금액　• 빈도 • 신분상의 대우 • 상호 파견의 균형

				• 그 외 계약 시점에 보 증할 수 있는 내용 · 지 도, 원조능력의 수준
단체	단체활동	연락조정 연합활동	연합회 협의회	• 의무적 부담액 • 부담요원 • 의무적 참가 필요 횟수
정보	정보 제공	정보 수집 · 제공	데이터베이스 협의	• 정보의 등질성 • 유지 · 관리 • 정보 제공량의 균형 • 부담경비

출처: 坂本澄(1991), p. 80.

2) 평생교육 네트워크의 절차

(1) 평생교육 네트워킹을 위한 준비단계

① 지역사회의 요구 및 자원 검토

① 시행 가능한 평생교육사업의 기획

지역사회 주민의 교육 요구에 대한 대략적인 파악을 바탕으로 먼저 지역기관 간에 우선적으로 추진할 수 있는(혹은 추진해야 할) 평생교육사업 및 프로그램의 유형과 방향성을 결정한다(양병찬 외, 2001).

② 지역사회 주민의 교육 요구와 프로그램 제공기관 확인

〈글상자 5-1〉과 같은 질문에 답해 봄으로써 지역사회의 요구와 자원에 대하여 검토하고 정리할 수 있다.

현 시점에서 교육 요구 및 자원의 조사에 대해 걱정할 필요는 없다. 조사 작업은 이후의 진행과정에서 보다 체계적으로 이루어질 것이다. 현재로서는 담당자가 실시하고자 하는 사업의 맥락을 반추하고 개발하기 위해 지역사회에 대한 그 자신의

〈글상자 5-1〉 | 지역사회 요구 · 자원 검토를 위한 질문

- 당신이 실시하고자 하는 특정 평생교육사업에 대하여 우선적으로 관심을 갖게 된 이유는 무엇인가?
- 특정 평생교육사업을 실시하고 지역사회 파트너를 찾고자 할 때 거기에는 누가 관련되며, 또 어느 지역에서 실시할 것인가?
- 당신은 당신의 지역사회 내에 존재하는 평생교육의 요구에 대하여 이미 알고 있는가?
- 당신은 여러 분야에서 특정 평생교육사업과 유사한 사업이나 프로그램을 실시하는 다른 기관을 알고 있는가?
- 당신은 특정 평생교육사업과 관련하여 지역사회 내에서 이미 이루어지고 있는 교육서비스의 종류를 알고 있는가?

지식을 활용하면 되는 것이다.

③ 기관의 요구와 자원 검증

지역사회에서 시행 가능한 특정 평생교육사업 및 프로그램의 유형을 결정하였다면, 다음으로 자신이 속한 조직이 다른 기관과 협력하고자 하는 이유를 자세하게 분석해 볼 필요가 있다. 기관의 요구와 동기가 무엇인지를 분명하고 체계적으로 규명하는 것이 중요하다. 자기 기관이 기획하는 사업을 통하여 얻고자 하는 것이 무엇이며, 이를 통하여 다른 기관에게 제공할 수 있는 이득에 대하여 따져보아야 한다. 기관이 결정한 유형의 특정 평생교육사업 및 프로그램(혹은 이미 실시하고 있는 프로그램)에 기초하여 프로그램을 진행할 때 필요한 것에 대해 생각해 보아야 한다. 네트워킹은 호혜적이어야 하며, 그렇지 못하면 성공하지 못할 것이다. 또한 추진하고자 하는 사업과 관련하여 지역사회 내에서 이미 이루어지고 있는 교육서비스의 종류에 대해서 살펴보아야 한다.

〈글상자 5-2〉의 질문에 대하여 검토해 볼 필요가 있다. 이들 질문은 특정한 파트너에 초점을 두기보다는 협력에 대한 요구에 초점을 두고 있다.

〈글상자 5-2〉 **상호 지원 가능 요소에 대한 검토**

- 당신의 기관이 내부적으로 성취할 수 없거나 제공할 수 없는 것 중에서, 다른 기관과 파트너십을 형성함으로써 무엇을 얻기 바라는가?
- 당신은 금전적 혹은 비금전적 지원을 바라는가? 그 경우에 무엇을 지원받을 수 있겠는가?
- 당신은 다른 분야의 전문지식을 얻길 바라는가? 그 경우에 어떤 종류의 전문지식을 찾고 있는가?
- 당신은 다른 기관으로부터 소개를 받거나 다른 기관을 소개해 주고자 하는가?
- 당신과 당신이 속한 기관은 다른 사람에게 도움이 되는 전문지식을 갖추고 있는가? 만일 그렇다면, 어떤 전문지식인가?
- 제시된 특정 평생교육사업 및 프로그램과 관련하여 파트너와의 연계를 통하여 더 얻을 수 있는 가치는 무엇인가?

---

② 네트워킹 파트너 찾기

하나의 평생교육기관은 지역사회 내에서 이미 여러 기관으로 구성된 모임의 일원이거나 지역사회에 설치되어 있는 각종 위원회(committee)에 참여하고 있을 수도 있으며, 다른 프로젝트에서 협동을 해 본 경험이 있을 수도 있다. 그렇다면 그 기관은 이미 나름대로 최선의 방법으로 특정 평생교육사업 및 프로그램의 활성화를 위한 네트워크 파트너십을 구축하고 있는 것이다. 왜냐하면 협동(cooperating)

〈글상자 5-3〉 **잠재적 파트너 목록**

- 중앙정부 및 지방자치단체
- 지역주민에게 봉사하는 기관 및 집단
- 과거에 특정 평생교육사업 및 프로그램을 지원한 적이 있거나 프로그램 개선에 관심을 갖고 있는 기관 및 집단
- 이런 프로젝트와 관련하여 명성을 얻고자 하는 기관 및 집단
- 특정 평생교육사업을 위해 사용될 재원을 갖고 있는 기관 및 집단
- 지역사회를 위한 특정 평생교육 사업 및 프로그램에 가치를 부여하고 이를 장려할 수 있도록 도움을 줄 수 있는 기관 및 집단

및 상호 지원(mutual support)의 가치를 인식하는 지역사회의 다른 구성원과 이미 친하게 지내고 있기 때문이다.

평생교육기관은 잠재적 파트너의 요구와 동기가 무엇인지를 분명하고 체계적으로 규명하는 것이 중요하다.

① 지역평생교육 관련 기관이 파트너십을 추구하는 이유 검토

잠재적 파트너를 결정하기 위한 예비단계로서, 지역평생교육 관련 기관이 파트너십을 추구하는 이유를 기관의 관점에서 구체적으로 따져 보는 것이 유용하다.

〈재정상의 이득〉

• 시간 제약 대비 경제적 효율성

• 후원 및 기금 마련

• 기금 마련의 어려움에 따른 자원 확보

• 소중한 자원의 중복과 낭비 회피

• 기금 제공에 따른 지역사회와의 연계 혹은 지역사회의 지원 획득 조건

〈자원 및 전문성의 공유〉

• 사람들의 역량 활용

• 한 기관에 대한 업무 부담 경감

• 교재 공유 및 도서관 공동 활용

• 다른 지역사회로부터의 투입

〈지역주민에 대한 접근방법, 프로그램 대상자를 위한 지원방법 찾기〉

• 다른 기관이 실시하는 서비스 및 프로그램에 대한 이해

• 프로그램 대상자가 그들을 지원할 수 있는 기관과 항상 접촉할 수 있는 것은 아님

- 접근하기 어려운 지역주민과 접근하는 데 성공한 기관의 역량 활용
- 접근이 어려운 지역주민을 모집하는 데 필요한 시간, 직원, 자원을 충분히 갖고 있는 기관의 역량 활용
- 프로그램 대상자의 새로운 요구 규명
- 프로그램 대상자의 요구를 규명하기 위한 다학문적 접근의 사례회의 개최
- 프로그램 대상자에게 보다 일관된 정보 및 서비스 제공
- 프로그램 대상자를 위한 간편하고 능률적인 '원스톱' 서비스 제공
- 서비스의 중복을 피할 것

② 지역평생교육 지도 그리기

한 기관이 타 기관과 네트워킹하기 위해서는 하나의 지역을 학습서비스 지역으로 만드는 것을 전제로 한다. 따라서 평생교육 지도 그리기는 우리 기관이 활용할 수 있는 지역사회가 가지고 있는 평생교육 자원을 파악하고 그 위치를 지도에 표시하고 기관과의 접촉을 준비하는 쉬우면서도 실용적인 방법이다.

〈글상자 5-4〉   구획화에 의한 파트너 목록의 분류

- 정규적으로 지역사회 주민과 상호작용하는 사람/기관
- 당신이 속한 기관이 처리할 수 없는 요구를 충족시키는 데 도움을 줄 수 있는 사람/기관
- 특정 대상집단과 접촉할 수 있는 사람/기관 등

---

③ 잠재적 파트너와의 접촉을 위한 정보 패키지의 준비

잠재적 파트너와 접촉하기 전에 정보를 주고 질의에 응답할 수 있도록 준비하여야 한다. 기관은 잠재적 파트너와 첫 번째 접촉 후에 그들에게 우편으로 발송할 정보 패키지를 정리하는 것이 바람직하다.

<글상자 5-5>　　　　　　　　　**정보 패키지에 포함될 정보의 유형**

특정 평생교육사업에 대한 설명 및 그 이득에 대한 단순하면서도 분명한 설명

만약 당신이 속한 조직이 이미 실행 가능한 특정 평생교육사업 및 프로그램을 선정하였다면 프로그램 및 그것이 의도하는 산출물에 대해서도 함께 기술하라.

해당 프로그램에 대한 요구

프로그램에 대한 요구는 당신이 속한 기관이 특정 평생교육사업 및 프로그램의 실시를 결정하는 데 주된 영향을 준 정보를 토대로 만들어질 수 있다. 당신이 속한 조직은 특정 프로그램 시행을 일반적으로 정당화하기 위해서 지역사회의 요구조사를 실시하였는가? 그랬다면 프로그램의 필요성을 설명할 때 이 정보를 활용하라. 그렇지 않았다면 전국적인 조사결과 통계를 정리해 놓은 기관에 접촉하여 정보를 구하라.

파트너십 형성이 필수적인 이유

정보 패키지는 지역사회 파트너십 형성이 왜 중요한지, 그 이유를 분명히 설명해야만 한다. 파트너십에 대한 정당성을 요약해 보면 다음과 같다.

• 통합 서비스 및 접근을 사용하여 주민의 상호 관련된 요구를 충족시키기 위해서
• 다른 기관에서 제공하는 서비스 및 지원에 대해 알기 위해서
• 서비스의 중복을 피하기 위해서
• 자원과 전문지식을 공동으로 이용하기 위해서
• 프로그램 참여자 및 잠재적 참여자에 대한 접근방법을 개선하기 위해서
• 재정지원기관의 기준을 충족시키기 위해서

③ 네트워킹 파트너와의 접촉

평생교육 파트너십 형성을 위해 조정자(coordinator)가 잠재적 파트너에게 접근하는 방법은 다음과 같이 요약할 수 있다.

• 가능한 장소에서의 비공식적 대화
• 기존의 경로, 조직 구조를 통해 기관에게 제안하고자 하는 프로그램과 파트너십의 필요성을 인식시킴

- 전화를 통해 제안하는 프로그램을 설명하고, 기관의 서비스와 지역주민의 요구를 파악하기 위한 회의 약속
- 관심을 보이는 집단을 위한 모임 개최

① 전화 사용

네트워크를 희망하는 평생교육기관이 타 기관과 처음 접촉하거나 이후에 비공식적으로 논의할 때는 전화 통화가 사용된다. 이 경우 평생교육사업프로그램 제안자가 요구할 것과 제시할 정보를 잘 준비할 필요가 있다. 전화 통화를 할 때 다음과 같은 내용을 포함하는 전화 요지 메모를 활용하면 좋다.

전화를 하는 동안 당신이 그 기관을 방문할 날짜와 시간을 확정하도록 한다. 당신이 말하는 상대가 적절한 사람이 아닐 경우에는 전화번호와 이름을 확인하고 다시 전화를 걸도록 한다. 무엇보다도 끈기 있게, 적극적으로 대하며, 모든 파트너에게 잠재적인 이점을 강조하도록 한다.

② 기관 방문

기관의 실무자가 당신이 제안한 사업 및 프로그램의 파트너가 되는 데 관심을 가지도록 하기 위해서는 제안하는 사업 및 프로그램과 그들 기관의 목적 및 고객의 필요를 연계시킬 필요가 있다. 앞에서 언급한 것처럼 파트너십은 상호 이익적인 것이 되어야 한다. 그렇지 않으면 성공하기가 어렵다. 또한 기관의 실무자의 관점과 전문성이 제안하고자 하는 프로그램의 목적과 방향을 설정함에 있어서 매우 귀중한 것임을 확실히 강조하라. 이 순간이 당신이 준비해 간 정보 패키지를 그들에게 제공할 적기가 될 것이다.

④ 기관 간 회의의 조직
① 모임 기획하기
모임은 네트워킹을 성공시킬 수도 있고 파괴할 수도 있다. 모임에서 회의가 복잡

하고 서툴더라도 잘 준비하고 실천행동을 위한 계획 수립에 초점을 맞추어 효율적으로 운영한다면 네트워크의 성공에 도움이 되지만, 계획이 엉성하고 비효율적이며 실천행동에 초점을 맞추지 못한다면 성공이 어려워질 수도 있다.

② 모임 준비 및 접대

모임을 효율적으로 잘 운영하기 위해서는 꼼꼼한 준비가 필요하다. 모임이 명확한 목적을 가져야 하며, 참석 예정자에게 가장 편안한 시간에 회의를 배정해야 하며, 장소 선정에서도 친근성, 입지성, 편의시설 여부 등이 고려되어야 할 것이다. 모든 회의에는 의장이 있어야 하는데, 의장은 기획 사업·프로그램에 대하여 설명할 필요가 없는 사람, 의장으로서 많은 질문에 대답할 필요가 없는 사람을 선택하는 것이 좋다. 좌석의 배치를 비롯하여 현황판, 시청각 기자재의 설치, 다과의 준비 등 세세한 사전 준비가 요구된다.

③ 회의의 효율화

- 모든 사람을 환영하라.
- 회의를 신속하게 시작하라.
- 사람들을 소개하라.
- 회의 운영규칙에 대해 설명하라.
- 참여를 촉진시키라.
- 의제를 고수하라.
- 세부적인 의사결정은 피하라.
- 실천계획을 수립하라.
- 헌신을 받아내라.
- 회의 결과를 요약하고 후속 조치를 정리하라.
- 사람들에게 감사를 표시하라.
- 약속된 시간 이내에 회의를 마감하라.

(2) 평생교육 네트워크의 구축과 유지[1]

① 자문위원회 구성

특정 평생교육사업 및 프로그램의 개발에서 네트워크가 형성된 다음에는 자문위원회 구성이 중요하다. 지역사회의 여러 분야의 대표를 자문위원회에 참여하게 함으로써 중요 이해당사자의 의미 있는 참여의식, 주인의식, 헌신을 불러일으킬 수 있다. 먼저 해당 조직 사이의 회합에서 파트너십에 관심 있는 사람들이 모여 프로젝트를 위한 소규모 그룹을 구성하게 된다.

- 지역사회 요구분석에 대한 안내와 개발, 그리고 실행의 기능을 한다.
- 요구분석의 결과물을 바탕으로 프로그램의 목적을 분명히 결정하고 실행계획을 제공한다.
- 프로그램 실천을 위한 여러 가지 지원업무 및 모집과 관련된 리더 역할을 수행한다.
- 프로그램에 대한 측정과 평가 전략의 개발업무도 담당한다.

② 공유된 비전과 네트워크 사업 목표의 개발

자문위원회의 구성이 끝나면, 다음으로 먼저 파트너십을 위한 공유 비전을 개발하고 그룹의 단기적인 목표를 검증하는 것이 필요하다. 공유된 비전과 목표는 그룹의 활동을 추진시키는 매개체가 되며, 그들이 기울이는 노력의 척도가 될 뿐만 아니라 구성원이 시간을 할애하는 일에 대하여 정당성을 부여한다.

파트너십의 단기적인 목적은 파트너십의 구축과 프로그램의 개발에 초점이 있으며, 장기적인 목적은 요구분석을 통해 수집된 자료를 바탕으로 결정하게 된다. 파

---

1) 한국교육개발원 평생교육센터가 Skage, S. (1996). Building Strong and Effective Community Partnerships-A Manual for Family Literacy Workers를 제1차 지역평생교육정보센터 관계자 워크숍에서 소개한 내용에서 재인용.

트너십의 목표를 개발하기 위해서는 전반적인 목표를 세우는 것도 중요하지만, 개인과 기관의 참여를 이끌어 낼 수 있는 통합된 목적과 관심을 구성하는 것 또한 중요한 일이다.

③ 요구분석

요구분석은 기관이 개발한 프로그램이 지역사회에 적합하고 현실성이 있는지를 확인시켜 준다. 지역사회가 진정 필요로 하는 것이 무엇인지 체계적인 분석이 필요하다. 그리고 예전에 이와 같은 프로그램이나 서비스가 존재하였는지, 참여한 적이 있는지를 분석하는 것도 중요하다. 지역사회의 요구와 프로그램을 비교함으로써 기관은 프로그램의 부족한 부분에 대한 정보를 얻게 된다.

요구분석의 개발과 실행에 자문위원회와 그 외 다른 지역사회 기관과 개인이 참여하도록 함으로써 여러 이해당사자로부터의 참여의식, 주인의식과 후원을 얻을 수 있다.

요구분석은 지역사회의 실질적인 요구를 분석하는 것뿐 아니라, 활용 가능한 자원을 확인함으로써 지역사회가 필요로 하는 현실적인 목표가 설정되도록 하는 데 확신을 줄 수 있다.

④ 실행계획 세우기

요구분석으로부터의 정보를 바탕으로 지역사회에 필요하면서 효과적인 특정 평생교육사업 및 프로그램의 모델이 개발될 수 있다. 다음 단계는 프로그램 개발을 위한 세부 목표의 목록을 개발하고 목표 달성을 위한 실행계획을 세우는 것이다.

구체적인 실행계획은 프로그램 수행 직원의 이해를 도와주고, 프로그램의 착수를 촉진시키며, 프로그램 실행 초기에 생겨날 수 있는 문제를 해결하도록 한다. '실행계획(action plans)'은 과제 목록, 시간계획, 개인의 역할 등으로 구성되며, 성공적인 프로그램의 실행을 위한 청사진을 제공할 수 있다.

세부적인 실행계획은 주변 환경에 의존하게 되는데, 다음과 같은 사항을 유의해야 한다.

- 다른 지역사회에서의 유사한 상황에 대한 확인 및 경험의 활용
- 프로그램을 위한 시설 또는 위치의 선택(고객에의 접근성, 활용 가능성, 비용, 다른 기관 사무국과의 장소 공유, 고객의 태도와 인지도, 다른 서비스와의 관련성 등)
- 프로그램의 참여 자격 결정(대상 집단의 선정)
- 파트너의 역할과 책임 규명
- 활용 가능한 자금과 자원의 사용
- 학습참여자 모집
- 홍보
- 프로그램 개발
- 기금 및 자금의 조달
- 프로그램 및 파트너십에 대한 평가

⑤ 역할과 책임 나누기

파트너십 구성원의 역할과 책임을 정하고자 할 때는 융통성이 중요하다는 것을 기억해야 한다. 역할은 프로그램이 개발되어 실행되면서 예측할 수 없는 방식으로 변화한다. 각 파트너십의 경우마다 이루어지는 활동이 다양하기 때문에 그 역할과 책임도 다양하다. 책임은 제안서 작성부터 프로그램 제공까지 포괄적이다. 역할과 책임의 결정은 위원회 구성원 모두의 공동 의사결정의 결과여야 한다.

역할과 책임을 결정함에 있어 개별 구성원의 장점, 전문성, 경험, 여력(가용 능력) 등을 고려해야 한다. 특정한 평생교육 프로그램 운영진 가운데 새로운 파트너십 때문에 지위가 흔들릴 처지에 있는 사람이 있는가? 그들의 일이 파트너십에 통합될 수 있는 방법은 없는가? 그들의 역할에 대해 무엇을 기대하는가?

지역사회기관이 특정 평생교육 사업 및 프로그램에서 하는 역할을 예로 들면 다음과 같다.

- 참여자 제공 및 소개
- 프로그램을 위한 장소 제공
- 다른 프로그램 중간에 특정 평생교육사업 시간 할애
- 자문위원으로 참석
- 기금 모금에 일조
- 여러 가지 자원봉사활동
- 프로그램과 관련하여 도서 및 도서관 회원증의 제공
- 평생교육기관에 대한 회계 감사
- 특정 평생교육사업 프로그램의 기획
- 특정 평생교육사업에 관한 정보 제공
- 평가
- 학습자 모집을 위한 재정 및 인력 제공

⑥ 협력관계 협약서 작성

역할과 책임을 규정함에 있어 파트너십 협약서가 집단에 따라서 반드시 필요하거나 적절히 도움이 되는 경우가 있다. 파트너십 협약서의 가치에 대해서는 상이한 의견이 존재한다. 어떤 사람과 기관은 참여자의 명확한 책임 구분과 헌신을 확인하는 데에 협약서가 반드시 필요하다고 보지만, 어떤 사람은 불필요하거나 심지어는 비생산적인 것으로 보기도 한다.

파트너십 협약서란 당신과 파트너의 관계를 공식화하는 데 사용할 수 있는 수단이다. 그러한 협약서는 '명료하고, 간결하며, 직설적'이어야 한다. 협약서는 다음과 같은 사항을 보증해야 한다.

- 참조용어, 목표, 절차, 역할, 권한, 약정기간을 명확히 해야 한다. 과정을 이끌수 있도록 세부적이어야 하며, 명확한 언어로 쓰여야 하고, 모든 이해당사자에게 활용될 수 있는 것이어야 한다.

- 기대되는 서비스가 명시되어 있어야 한다.
- 자격기준이 명시되어 있어야 한다.
- 재정, 인적자원, 의사소통 및 정보관리, 책무성 요구 등이 확립되어 있어야 한다.
- 평가요건, 성취도 측정 그리고 보고 절차가 확립되어 있어야 한다.
- 변화하는 외적·내적 환경에 적합하도록 융통성이 있어야 한다.

파트너십 협약서를 마련하는 방식은 당신이 어떤 형태의 정보를 필요로 하는지에 좌우된다. 예컨대, 각 파트너에게 할당할 재정을 구체화해야 할 필요가 있는가? 사무용품이나 도서 혹은 보험요건과 같은 보유 자산에 관한 세부사항이 포함되어 있는가? 어떻게 파트너십을 감독하고 평가하는지에 대해 파트너십 협약서에 제시되어 있어야 하는가? 필요하다면 파트너십의 변화 또는 종결에 관한 사항 역시 포함되어야 할 것이다.

⑦ 파트너를 위한 계속적인 정보 제공

파트너에게 정보를 제공하는 것은 파트너십의 구축과 유지에 있어 매우 중요한 측면이다. 의사소통은 장벽이자 도전이며 동시에 성공의 핵심요소다. 효과적인 의사소통이 이루어질 때, 파트너는 어떤 문제가 규명되었는지, 문제해결을 위한 노력이 어떻게 이루어졌는지 등 그 프로그램의 진행 상황을 알게 된다. 적절한 의사소통이 이루어지지 못했을 때, 파트너는 정보를 갖고 있지 못할 뿐 아니라 다른 파트너를 의심할 수도 있고, 자신들의 참여가 무가치하다는 느낌을 가질 수도 있다.

새로운 파트너십을 위해 해야 할 우선적인 일 중 하나는 모임과 행사의 구성원, 특히 불참한 사람들에게 모임시간 등을 알려 줄 통지 수단을 마련하는 것이다. 모임의 횟수, 장소, 시간은 촉진자(facilitator)나 주도적인 기관에서 결정하기보다는 집단 차원에서 결정해야 할 사항이다. 그리고 모임에 소요되는 시간도 집단 차원에서 결정되어야 한다. 바쁜 일과와 봉사 때문에 짧고 생산적인 회의를 원하는 지역사회 파트너나 실천가도 상당수 있기 때문이다.

오늘날 파트너십을 유지하는 것은 늘 계획된 모임을 통해서만 이루어지는 것은 아니다. 직접적인 대면이 관계를 유지하는 데 가장 효과적인 방법이기는 하지만, 전화 접촉 역시 파트너십을 유지하는 데 중요한 부분이다. 어떤 조정자는 점심식사를 통한 파트너와의 만남이 갖는 중요성에 대해 이야기한다. 파트너가 그러한 방문에서 특정 평생교육 사업 및 프로그램에 대해 의논하지 않는다 하더라도 접촉 자체가 중요하며, 혹시 한쪽 파트너가 토의가 필요하다고 느낀다면 거기서 토의의 기회를 가질 수도 있을 것이다.

⑧ 문제해결

기관이 함께 일할 때 발생할 수 있는 필연적인 문제를 어떻게 해결할 것인가? 파트너십과 프로그램이 진행되면서 발생할 수 있는 모든 상황, 변화, 도전을 처음부터 예측하기란 불가능하다. 중요한 것은 문제가 닥치기 전에 협의된 문제해결 전략을 가지고 있는 것이다. 위원회가 고려할 수 있는 한 가지 가능성은 회의 의제를 토론하고 해결할 수 있는 시간을 확보하는 것이다. 문제 진술의 필요성을 공식적으로 인정하는 것은 사람들로 하여금 그들이 가지고 있는 어떤 관심사에 대해서도 목소리를 내며 그들이 객관적으로 토론하도록 격려할 것이다. 일반적인 문제해결방식을 제시하면 다음과 같다.

- 기꺼이 변화에 적응할 수 있도록 융통성이 있어야 한다.
- 문제를 개인적인 것으로 취급하지 말아야 한다.
- 의사소통의 통로를 개방해야 한다.
- 실수로부터 배울 준비를 갖추고 파트너에게도 실수를 허용해야 한다.
- 문제를 오랫동안 방치하지 말아야 한다. 즉시 회의를 소집하여 그것을 논의한다.
- 목표와 우선순위를 명료히 한다. 그래야 해결책을 결정할 수 있다.
- 어떤 변화에 대해서도 사람들에게 정보를 제공해야 한다.

⑨ 재조정

구성원 가운데 파트너십을 재조정해야 할 필요를 느끼게 될 때가 있다. 재조정은 사람들이 파트너십을 지속하기 원하지만 다음과 같은 경우에 거쳐야 할 필연적인 단계다.

- 한 명 혹은 그 이상의 파트너가 그들의 책무를 더 이상 수행할 수 없게 되었을 때
- 현재의 협정의 테두리에서는 해결할 수 없는 논쟁이 발생하였을 때
- 처음의 사업을 확대할 기회가 마련되었을 때
- 새로운 구성원을 파트너십에 포함시킬 기회가 생겼을 때

재조정은 파트너를 한자리에 모아 재조정이 필요한 맥락에서 역할과 책임을 결정하는 과정을 반복하는 것이다.

⑩ 평가

평가는 파트너십을 형성하고 유지하는 데 있어 핵심요소다. 파트너십을 평가하는 목적과 수단은 자문위원회에서 언급되고 논의·발전시켜야 하는 최우선 사항이다. 충분히 기록하고 자료를 수집하여야 발전과 성취가 측정될 수 있다는 점을 기억하라.

평가는 파트너십에 관계한 구성원으로 하여금 관계에 대해 기대되는 요구로부터 거리를 두고 더 큰 그림을 볼 수 있게 한다. 그것은 성공한 것이 무엇인지, 또한 어느 영역에서 진보가 있었는지를 알게 해 준다. 또한 파트너십이 효과적이었다면 왜 그러했는지, 효과적이지 않았다면 왜 그런지에 대해서도 규명해 준다. 파트너십의 평가는 다음과 같은 효과를 가져올 수 있도록 이루어져야 한다.

- 의사결정의 질 향상

- (외부 지원을 포함하여) 기관들과 고객들로부터 지속적인 지원을 얻을 수 있는 파트너십 능력의 강화
- 명확한 파트너십 정책 및 실천방법의 개발 및 촉진
- 파트너십을 맺은 모든 구성원에 대한 신뢰를 구체적인 방식으로 정당화

결국 파트너십에 대한 평가는 파트너십의 목표, 필요, 파트너십에 대한 기대가 총체적으로 그리고 개별적으로 충족되었는가 여부를 평가하는 것이다. 당신은 단기적·장기적 목적의 성취를 검토해야 할 것이다.

파트너십이 전통적인 서비스 제공 방법에 비해 비용절감의 효과를 가져왔는지 여부는 재정적, 정치적 지원을 얻어 내는 데에 중요하다.

평가는 성공과 향상된 영역을 확인하는 데 도움을 준다. 성공은 확인되고 축하받고 공표되어야 한다. 평가는 파트너십의 이정표와 성취의 기록으로, 구성원은 자신들의 성취에 대해 축하받을 필요가 있다. 평가는 구성원의 열의를 유지시키고 활성화할 뿐 아니라 파트너십의 성공을 공표함으로써 지역사회의 지원을 유지시키고 프로그램에 대한 신용을 확보할 수 있게 한다. 그리고 다른 프로그램도 마찬가지로 파트너십 접근을 시도하도록 촉진할 수 있을 것이다.

⑪ 네트워크 강화를 위한 후속 기획회의

네트워크 강화를 위하여 후속 기획회의가 필요하다. 이는 현재의 실천과 활동에 대한 수정을 의미할 수도 있고, 파트너십의 근본적인 재구조화를 의미할 수도 있다. 평가와 추후 기획(follow-up planning)의 시간을 파트너십의 구조 안에 포함시키는 것은 사람들로 하여금 과정을 예측하고 수용하게 하며 변화에 대한 저항의 위험을 감소시켜 줄 것이다.

2. 평생학습동아리 운영

1) 학습동아리의 의미

(1) 학습동아리의 개념

그동안 우리나라의 평생교육정책은 정부와 지방자치단체가 법의 정비, 제도의 도입 및 시행, 재정 확보, 정보 시스템 구축 등을 시행해 왔으나, 이제는 주민과 직장인이 가정, 직장, 지역사회 등 일상생활 속에서 평생학습에 참여할 수 있도록 추진되어야 한다. 그것은 주민의 생활권과 학습권이 있는 지역사회 속에서 평생학습이 생활과 문화로 뿌리내릴 수 있도록 지역주민의 학습동아리 활동을 활성화하는 것이다.

학습동아리는 타율적이 아닌 자율적으로 지역 재생과 지역경제 개발에 참여하는 지역주민의 자조(自助) 조직이다. 따라서 학습동아리는 지역 인적자원개발, 주민의 평생학습 기회 확대, 소규모 조직화된 학습을 통한 지역공동체 형성, 그리고 토론문화 정착을 통한 민주시민사회 형성 등에 기여할 수 있다.

학습동아리는 성인학습과 사회 변화를 위한 비형식적·실제적·효과적인 방법으로서, 1870년대 뉴욕의 민주적 토론을 위한 학습자공동체인 준토(Junto, 1727년), 그리고 Josiah Holbrok의 라이시움(Lyceum) 운동의 영향을 받아 창립된 쇼토쿠와 문해교육 및 과학동아리(Chautauqua Literacy and Scientific Circle)가 최초의 모형이다(Huhta, 2000: 38-41).

'학습동아리'는 스웨덴이나 미국의 '스터디 서클(study circle)', 호주의 '학습 서클(learning circle)' 또는 일본의 '자주학습조직(自主學習組織)'과 유사어로서, 같은 주제에 관심 있는 성인이 함께 모여 공부하는 소모임을 말한다. 미국의 대표적인 학습동아리 조직은 톱스필드(Topsfield) 재단에 의해 설립된 학습동아리자원센터(Study Circles Resource Center: SCRC)이며, 호주의 대표적인 학습동아리 프로그램은 LCA(Learning Circles Australia)다. 그리고 스웨덴은 11개 협회를 통해 학습동아리를 지원하고 있다. 이들 대부분의 국가는 소집단 토론과 포럼 등 다양한 형태의 학습동아리 활동을 적극적으로 지원하고 있다.

　학습동아리는 보통 8~15명 내외의 성인이 원형 테이블에 둘러앉아 관심 주제를 놓고 열띤 토론을 벌이고 함께 모여 공부하는 소모임을 말한다. 국가마다 또 상황에 따라 조금씩 다르지만, 본래는 같은 지역사회에 살고 있는 시민이 함께 부딪히는 문제에 대하여 공동의 해결방안을 찾거나 생각해 보는 토론이 중심이 된다. 궁극적으로 학습동아리는 학습공동체를 통하여 나 혼자만의 삶이 아니라 '더불어 살아가는 사회'를 지향한다고 할 수 있다. 학습동아리는 개개인이 서로가 상호작용, 협동의 방법으로 학습하는 협동적 교육 방법을 사용한다. 구체적인 학습동아리의 특성은 다음과 같다(http://www.studycircles.org/pages).

- 자발적 참여에 의해 실시되는 소규모 집단 토의과정(small-group deliberation)이다.
- 통상 8~15명으로 구성된 소규모 집단이다.
- 공정한 입장에서 촉진자에 의해 주도된다. 촉진자는 토론 과정을 진행하는 데 도움을 주지만 전통적인 의미의 전문가 또는 교사가 아니다.
- 특정한 관점을 주장하기보다는 오히려 많은 관점을 고려한다.
- 우호적인 어조의 사용과 생산적인 토론을 위한 기본 규칙을 사용한다.
- 논쟁이 아닌 대화와 토의에 근거한다.
- 이슈에 대한 개인의 경험을 제안하고, 다양한 관점을 고려하며, 행동전략을 수립할 수 있도록 많은 회의를 가진다.
- 합의를 필요로 하지 않지만 의견 일치 영역과 공통의 관심을 공개한다.
- 시민이 지역사회 개선을 위하여 공동으로 일할 수 있는 기회를 제공한다.

이상과 같이 학습동아리는 지역주민이 소모임을 구성하여 주제를 정하고 '학습'

과 '토론'을 주목적으로 장소를 정하여 정기적으로 모이는 집단이라고 할 수 있다. 결국 학습동아리는 "일정한 인원의 성인이(운영 주체) 자발적으로 모임을 구성하여 (결성 과정), 정해진 주제에 대한 학습과 토론을 위해서(운영 목적) 정기적으로 만나는 모임(운영 방식)"이라고 정의할 수 있다(이지혜 외, 2001).

(2) 학습동아리의 활성화 원리

최근 들어 우리나라도 외국과 마찬가지로 학습동아리가 급증하고 있는 추세다. 학습동아리는 각종 사회단체, 종교단체, 기업체, 공공기관 및 평생교육기관에서 조직하여 운영하는 예가 늘고 있다. 학습동아리는 국가 평생학습추진체제의 근간을 이루는 기초단위로서 학습동아리의 활성화는 평생학습사회 실현에 기여할 수 있다. 여기에서는 학습동아리의 활성화 원리에 대하여 살펴본다.

① 네트워크 원리: 지역사회 평생학습 문화와 연계

평생교육봉사 학습동아리는 지역 내 학습동아리축제, 모범 학습동아리 시상, 평생학습도시 구현, 평생학습축제 실시 등 여타 지역사회 평생교육 진흥정책과 연계하여 운영하는 것이 바람직하다.

② 평등과 민주의 원리

평생교육봉사 학습동아리는 모든 학습자 간, 그리고 학습자의 한 사람인 리더와 다른 학습자가 모두 평등한 것을 원칙으로 해야 한다. 필요에 따라 전문가의 도움을 받을 수도 있지만 모든 의사결정은 평생교육봉사자의 대화를 바탕으로 한다.

③ 현실 적용의 원리

평생교육봉사 학습동아리는 평생교육봉사자의 경험과 지식을 존중한다. 학습동아리는 그들의 평생교육봉사 경험과 문제점에서 출발하여, 학습동아리에서 얻어진 새로운 지식과 경험을 다시 평생교육봉사에 활용하도록 하고, 더불어 평생교육봉사자 각자의 현실문제 해결과 개선에 영향을 미칠 수 있도록 한다.

④ 협력의 원리

평생교육봉사 학습동아리에 참여하는 사람들은 서로 동료이자 친구가 되어 경쟁하기보다는 서로를 돕는다. 성과도 어려움도 함께 나누며 자신과 타인에 대한 이해와 공감을 창출하는 과정에서 학습자는 인간관계의 기쁨을 경험한다.

⑤ 자유와 자율성의 원리

평생교육봉사 학습동아리의 운영 규칙 등은 학습자에 의해 자유로이 결정되며, 일정한 형식에 매이지 않는다는 점에서 자율적이다. 그러므로 학습자는 그들의 봉사활동과 학습을 스스로 책임진다.

⑥ 계속성과 계획성의 원리

평생교육봉사 학습동아리의 활동에는 시간 제한은 없으나, 일정 과제나 주제에 대한 시간 계획은 필요하다. 이는 학습의 기회 측면에서뿐만 아니라 '일방성, 자기충족성 또는 독점'을 방지하고 대화를 촉진하기 위해서도 필요하다. 그리고 학습동아리는 조직과 계획이 필요하다는 점에서 계속성을 가져야 한다. 학습목적을 달성하기 위해서는 목표를 정하고 세우는 일이 꼭 필요하다.

(3) 학습동아리 유형

최근 평생학습사회 도래와 더불어 많은 평생학습시설이 설립되면서 공식적 · 비공식적으로 민간 차원에서 학습동아리를 결성하여 운영하고 있다. 우리나라에서 조직화되어 활동하고 있는 학습동아리의 유형은 Cranton의 분류 근거에 따라 다음 세 가지로 나눌 수 있다(이지혜 외, 2001: 337-339).

첫째, 심화학습형 학습동아리다. 이 유형은 일정한 성인학습 프로그램을 마친 후 참여자가 배운 지식의 심층학습과 기술을 습득하기 위한 목적으로 만들어진다. 심화학습형(생활문화형) 학습동아리는 인천서구도서관 '동화를 읽는 어른들의 모임', 태화종합사회복지관 '사랑빵회', 충북 음성군(충북지역사회교육협의회) '삼성면 좋은 가정 만들기', 고양지도농협 '고향을 생각하는 주부모임', 전북 임실군 생활개선회 '홍곡리 생활개선회', 일산여성인력개발센터 '비디오촬영동아리', 안산여성복지회관 '영어독서지도연구회', 부천지역사회교육협의회 글쓰기연구모임 '울림', 성남지역사회교육협의회 '좋은 책을 읽는 주부들', 서울시 '우리궁궐지킴이 학습동아리' 등으로 우리 주위에서 가장 쉽게 접할 수 있는 유형이다.

둘째, 전문탐구형 학습동아리다. 이 유형은 일정 수준의 지적 능력을 가진 학습자가 전문 영역별로 스스로 선택한 주제를 가지고 공동 토의와 탐구를 위해 만들어진다. 이러한 학습동아리는 대부분 전문 영역별 지도자 모임으로 구성되는 경우가 대부분이다. 녹색 삶을 사는 여성의 모임의 'NGO 스터디 모임', 서울시 생명의 전화 '해오름', 고양여성인력개발센터의 '영어독서지도연구회−SEED(씨앗)', '방과후아동지도사연구회', 부천지역사회교육협의회 글쓰기연구모임 '울림', 성남지역사회교육협의회 '좋은 책을 읽는 주부들', 서울시 '우리궁궐지킴이 학습동아리' 등에서 이러한 특성을 찾아볼 수 있다.

셋째, 문제해결형 학습동아리다. 이 유형은 자신이 살고 있는 지역사회의 당면과제나 장기과제를 찾아내고 그 해결을 위한 목적으로 만들어진다. 시민운동단체에 속해 있는 학습동아리가 이 문제해결형의 특성을 지니고, 이슈 중심의 관심을 가지고 선호하는 주제로 학습을 한다. 이 유형은 광명 YMCA의 '아이사랑'과 녹색 삶을 사는 여성의 모임의 'NGO 스터디 모임' 등에서 그 특성을 찾아볼 수 있다.

이상에서 살펴볼 수 있듯이 우리나라의 학습동아리 유형은 심화학습형, 전문탐구형, 문제해결형의 세 유형으로 나뉘는데, 유형별 특성을 뚜렷하게 나타내는 경우도 있으나 상호 중복된 특성을 보여 주기도 한다. 결론적으로, 학습동아리는 사교나 친목의 모임을 넘어서 운영 주체가 구성원과 더불어 결성 과정을 거쳐 운영 목적을 가지고 정기적으로 만나는 모임으로서, 학습동아리의 특성을 보이면서 활동할 때 진정한 학습동아리라고 볼 수 있다.

2) 학습동아리의 조직 과정

학습동아리의 조직은 기관 및 단체가 중심이 되어 결성되는 경우와 참여자 중심으로 자발적으로 결성되는 경우로 나누어 볼 수 있다. 즉, 학습동아리 조직 형태는 기관중심 학습동아리(organization based study circles)와 자생적 학습동아리(self generation based study circles)로 구분할 수 있다. 이지혜 등(2001)은 학습동아리의 조직 과정을 네 단계로 분류하여 제시하고 있다.

첫째, 조직 준비 단계다. 이 단계는 기관(단체)중심과 자생적 학습동아리의 준비 단계로 구분된다. 전자의 단계에서는 프로그램 기획 단계에서의 목표 설정, 프로그램 진행 시 동기유발, 지속적 학습을 위한 비전 제시, 학습동아리 전담실무자 배치, 지속적 학습의 동기부여, 학습주제 선정, 임시 리더 발탁 등이 이루어진다. 후자의 단계에서는 문제(관심) 영역 발굴과 합의를 통한 학습목표 설정, 2~3인 이상의 발기 멤버를 확보하여 준비위원회 구성, 학습공간 물색 및 확보, 학습과정 기획, 외부 협력기관 정보 입수 등을 제시한다.

둘째, 조직 단계다. 이 단계에서는 홍보, 참여자 모집, 참여자 간 결속 기회 마련(공동체 경험 제공), 임시 리더 선출, 학습동아리 운영계획 수립 및 운영원칙 합의, 학습계획 수립, 학습자료 확보, 리더 선출, 참여자 간의 역할 분담, 학습 영역에 따른 전문강사 확보, 출범 행사(kick-off Event) 등이 이루어진다.

셋째, 학습동아리의 운영 및 활성화 단계다. 이 단계에서는 정기적인 만남과 학습, 학습결과 활용(나눔) 기회 제공, 학습결과 발표 기회 마련, 지역사회 문제해결 과제 선정, 지역사회 문제해결 참여, 지역사회 참여결과 발표 기회 마련, 학습주제 재선정 등을 통한 심화 발전방안 수립 등이 이루어진다.

넷째, 학습동아리 간의 연합활동 단계다. 이 단계에서는 주제 영역별 기관단위의 정기적인 리더 모임, 각 학습동아리 간의 활동정보 교환, 기관단위의 학습동아리 참여자 간 결속기회 마련, 학습동아리 연합에서 리더 및 회원 교육, 기관단위의 학습동아리 참여자 간 연합활동 기회 마련 등이 이루어진다.

미국의 학습동아리연구센터는 학습동아리의 조직 과정을 단계별 전략으로 구체적으로 기술하고 있다(SCRC, 1998; 권인탁, 2004 재인용).

첫째, 시작 단계는 기획위원회와 같은 작업 그룹(working group)을 구축하고 선도적인 학습동아리를 선정하여 지역사회를 위해 학습동아리가 성취해야 할 것이 무엇인가를 토의하는 단계다.

둘째, 토론해야 할 이슈를 명료화하고 토론 자료에 관하여 생각하는 단계다.

셋째, 강력하고 다양한 기획단과 연합체를 구축하고 조정자를 확인하고 분명한 책임 영역을 설정하는 단계다.

넷째, 계획을 계발하는 단계다. 토의가 왜 중요한지 이야기하고, 학습동아리 프로그램의 목적을 정의하고 지리적 범위를 결정하고, 동아리에서 다양성을 어떻게 성취할 것인가 생각하고, 행동적 아이디어를 어떻게 지원할 것인가 결정하고, 자원에 대하여 생각하고 명시된 작업계획을 개발하고, 작업에 관련된 삶과 효과적인 의사소통을 확실히 하는 단계다.

다섯째, 학습동아리의 조직화를 공유하는 단계다. 의사소통계획 수립 및 수행, 예산개발 및 재원 확보 계획, 프로그램 기록 및 평가, 참여자 확보 및 다양한 그룹 결성, 실천 포럼을 포함한 실천계획, 촉진자의 모집·훈련 지원방안, 출범 계획 수립 등을 수행하는 단계다.

여섯째, 학습동아리를 결성하고 활성화하는 단계다. 학습동아리를 결성하고, 활성화하고, 실천 포럼을 개최하며 실천 노력을 지원하는 단계다.

일곱째, 학습동아리를 지속시키고 그 영향력을 확대하는 단계다. 초기 학습동아리 프로그램의 현재와 미래를 논의하고, 학습동아리 프로그램 소유권한을 공유하고, 코디네이터를 지원하고, 학습동아리 성공담을 다른 지역사회에 전달하고, 자신과 다른 사람을 지원하는 것 등의 단계다.

이상의 내용을 요약하여 학습동아리의 조직화 과정을 준비 단계-실행 단계-지원 단계로 도식화하면 [그림 5-2]와 같다.

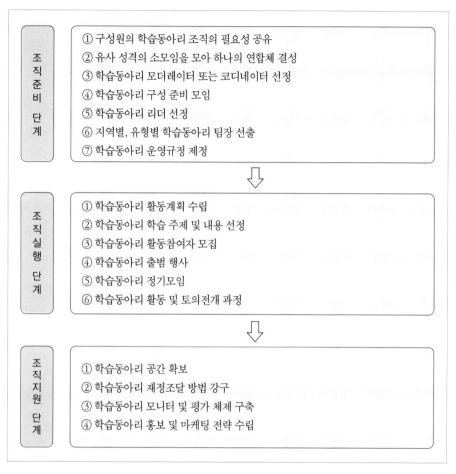

[그림 5-2] 학습동아리의 단계별 조직 과정

3) 학습동아리의 토의활동 전개 과정

학습동아리는 사람들이 학습에 대한 본능을 가지고 있다는 믿음 때문에 평생학습 공동체와 사회 변화를 증진시키기 위한 도구로서 협력적 집단학습(collective group learning)을 이용한다. 학습동아리는 방법적으로 협동학습(cooperative learning), 민주적 참여(democratic participation), 개인 의사존중(respect for individual views),

협동적 집단활동에서 얻은 지식의 학습 등을 통하여 지역공동체 평생학습을 자극한다(McCoy et al., 1996). 참여자는 다른 사람과 평등하게 느껴야 한다. 그것은 대화와 토론을 촉진하는 데 매우 중요하다.

　대부분의 학습동아리의 본격적인 활동인 토론전개 과정은 일련의 기본 단계에 따라 수행되는데, 구체적인 절차는 다음과 같다.

① 학습동아리를 위한 준비(preparing for the study circle): 촉진자가 학습동아리 토론을 위한 장소를 정하고, 모든 구성원이 사전에 토론을 위한 배경 정보를 받아볼 수 있도록 하고, 토론 자료를 검토하고 토론에서 제기 가능한 질문이나 이슈를 예측한다.

② 학습동아리 활동 시작(beginning the study circle): 구성원이 자신을 소개하고 지난 모임 이후 제기된 중요한 이슈나 뉴스를 토론한다. 이것은 구성원이 그룹에서 편안한 감정을 갖도록 하는 기회를 제공한다.

③ 명확한 기본 규칙 설정(establishing clear ground rules): 토론 초기에 촉진자는 모든 사람이 동의해야 하는 기본적인 몇 가지 규칙을 설정한다. 가령 타인의 견해에 대한 존중, 개인의 시간 제한 설정 등이 고려된다.

④ 교재에 대한 검토(reflecting on background material): 참여자가 모임 전에 배포된 교재를 검토하거나, 교재가 모임에 전해져서 참여자가 교재를 읽거나 검토할 수 있도록 시간적 여유를 허용해야 한다.

⑤ 토론과 심층토의(discussing and deliberating): 참여자는 토론 질문과 다른 사람의 견해에 대한 논평에 응답해야 한다.

⑥ 요약 및 공통된 관심사(summary and common ground): 참여자는 중요한 사항을 요약하고 공동의 관심사를 확인한다. 학습동아리 외부에서 가능한 조치의 단계가 토의되어야 할 것이다.

⑦ 평가와 다음 단계 준비(evaluation and next step): 토론모임에 대한 피드백이 참여자에 의해 제공된 다음 학습동아리 활동의 토론계획이 수립된다.

이와 같이 학습동아리의 본격적인 활동은 학습에 대한 실천적 접근방법으로 활용된다. 그것은 학습동아리의 설립과 주도에 있어서 학습자의 적극적인 관여와 참여를 필요로 한다. 동아리 구성원은 학습동아리 토의안을 조직할 뿐만 아니라 토론을 촉진할 책임을 지며, 그들의 경험과 지식을 공유함으로써 서로 가르치고 배운다. 교재를 선정하여 그것을 통해 개념을 이해하고, 관심이 되는 문제와 이슈를 확인하고, 협동적으로 논의한다. 학습동아리는 또한 지역개발 문제를 탐구하고, 개발문제를 주장하기 위한 선택과 전략을 평가하는 기회로 지역사회에 이용될 수 있다.

4) 학습동아리 촉진자와 참여자의 역할

(1) 학습동아리 촉진자의 역할

학습동아리 활성화를 위한 구성원은 지원인사 그룹(supporting staff group)과 참여자 그룹(participant group)으로 구분할 수 있다. 지원인사는 경영관리인사, 실무지원인사, 자문협력인사로 구분할 수 있으며, 구체적인 그들의 역할은 다음과 같다.

첫째, 경영관리인사(management)는 중앙부처관계관, 지방자치단체 또는 교육자치단체 관계관, 각 평생교육 기관 및 단체의 장 등일 수 있다. 그들은 정책 및 행정제도의 지원, 예산 확보 및 지원, 물리적 · 심리적인 지원을 담당한다.

둘째, 실무지원인사(technical staff)는 평생교육행정 실무자, 각 기관 및 단체의 평생교육 프로그램 담당자 등이다. 그들의 역할은 학습동아리에 대한 세부적인 인적 · 물적 자원을 관리하고, 장소 제공, 지속적인 모임 유도 등과 같은 학습동아리 활성화에 직접적인 지원을 담당한다.

셋째, 자문협력인사(consultant)는 평생교육 프로그램 담당 교 · 강사, 전문적 지식을 가진 지역사회의 학계 및 전문 인적자원 등이다. 그들은 학습동아리의 활동에 대한 자극, 지도, 조언 및 자문의 역할을 담당한다.

결국 학습동아리의 촉진자(facilitator)는 학습동아리 활성화를 위해 지원하거나 주도적으로 참여하는 사람을 말한다. 학습동아리의 지원인사 그룹과 참여자 그룹

의 구성원 가운데 학습동아리 학습자를 제외한 경영관리인사, 실무지원인사, 자문
협력인사, 리더, 조직자 등은 학습동아리의 촉진자가 될 수 있다.

　학습동아리 활성화에 관련된 촉진자의 인적자원으로는 모더레이터(moderator),
코디네이터(coordinator), 애니메이터(animator) 등을 생각해 볼 수 있다. 일본은 지
역평생학습공동체 사업의 일환인 평생학습 만들기 사업을 추진하기 위하여 코디네
이터와 애니메이터를 양성하여 활용하고 있다(內田晴代, 2003: 95-100). 첫째, 애니메
이터는 가까운 생활의 장에서 주위 사람의 활동을 지원하거나 상담하면서 활약의 장
을 만들고 지역을 활성화시키는 지역지도자다. 둘째, 코디네이터는 애니메이터 출
신으로 평생학습 강좌나 대회 등에서 기획이나 운영을 하는 동시에 애니메이터 활동
을 지원하는 자다. 애니메이터를 '점'이라 한다면, 코디네이터는 '점'을 연결하는
'선'이 되고 학습동아리의 '면'까지도 만들어 가는 지도자다. 셋째, 모더레이터는 학
자나 전문가로서 코디네이터 또는 애니메이터를 발굴하거나 학습동아리사업에 대
한 전문적인 상담 또는 정보를 제공하는 전문가 그룹을 의미한다. 이들 촉진자는 학
습동아리를 조직화하고 활성화하기 위하여 전문적인 연수가 필요하다고 하겠다.

(2) 학습동아리 참여자의 역할

　학습동아리 참여자의 역할은 리더, 조직자, 학습자 등으로 구분할 수 있으며, 구
체적인 그들의 역할을 제시하면 다음과 같다.

　첫째, 리더(leader)는 토론이 활발하게 이루어지고 토론의 초점이 흐려지지 않도록
하고, 경청하는 모범을 보이고 학습자가 활발하게 자신들의 지식·경험·의견을 나
눌 수 있도록 분위기를 주도하는 자다. 구체적으로 리더는 효과적인 토론을 위한 철
저한 준비, 개방적인 학습환경 조성, 명확한 규칙 설정, 토론 과정의 보조, 참여자의
정확한 학습내용 파악 유도, 토론 결과의 공유 등과 관련해 리더십을 발휘해야 한다.

　둘째, 학습동아리 조직자(organizer)는 리더와 동일 인물일 수도 있으며, 처음 학
습동아리를 조직하는 사람이다. 조직자는 리더를 선정하고 학습자를 모집하며, 읽
기 자료를 선택하고, 모임 시간과 장소를 조정한다. 그리고 학습동아리를 계속해서

지원하고 관리 및 평가한다. 만약 공공 프로그램이나 집단활동을 조직한 경험이 있는 자원봉사자라면 학습동아리를 조직할 수 있을 것이며, 또한 학습자를 끌어들일 수 있는 조직에 속해 있다면 학습동아리를 조직하는 일이 쉬울 것이다. 구체적인 조직자의 역할은 지역조직과의 연대 구축, 학습자료 선택, 참여자 모집, 리더 선정, 모임 조직, 피드백 절차 마련, 체크리스트 점검 등이다.

셋째, 성인 학습자(adult learner)는 실질적인 학습동아리의 주인이다. 즉, 학습자의 헌신과 관심이 학습동아리의 성공에 필수적인 요소다. 학습자의 역할과 리더의 역할에 대한 명확한 이해는 민주적이고 협동적인 분위기를 형성하는 데 도움을 준다. 학습동아리에 참여하는 학습자의 구체적인 역할은 타인의 말에 대한 적극적 경청, 개방적인 자세, 토론 진행에의 협조, 독점적 토론 자제, 학습자 간의 상호작용 중시, 충분한 경험 활용, 의견 불일치에 대한 수용적 자세 등이다.

한편, 학습동아리 활동에서 리더와 조직자의 역할을 살펴보면 다음과 같다.

① 효과적인 토론 리더십을 위한 조언: 리더의 역할

① 철저히 준비하기
리더는 토론 주제에 대한 전문가일 필요는 없다. 그러나 리더는 토론을 위한 준비를 가장 잘해야 한다. 리더가 준비해야 할 것은 학습동아리의 목표에 대한 이해, 주제에 대한 익숙함, 토론이 진행될 방향에 대한 생각, 평생교육봉사자가 주제에 대해서 심사숙고할 때 도와줄 수 있는 질문의 준비 등이다. 또한 리더는 참여자의 활발한 참여와 학습자가 말하고 있는 것에 대한 충분한 이해를 위해서 철저한 준비가 필요하다.

② 긴장되지 않고 개방적인 학습환경을 조성하기
리더는 모든 사람을 기쁘게 맞이하고, 친밀하고 긴장되지 않은 분위기를 만든다. 그리고 상황에 맞는 유머를 구사하고, 사람들이 인격이 아닌 생각의 차이에 초점을 두도록 돕는다.

③ 기본적인 규칙을 명확히 세우기

리더는 학습동아리의 시작 단계에서 기본 규칙을 세우고 참여자에게 그 규칙에 동의하는지, 아니면 더 추가할 것이 있는지를 묻는다. 모든 참여자는 자신의 정직한 견해를 표현하고 반성해 본다. 생각 불일치와 갈등이 학습을 위해 유용할 수 있을지라도, 불일치로 인하여 인격적인 다툼의 문제가 되지 않아야 한다. 혹평, 비난 또는 인신공격은 허용되지 않을 것이다. 그리고 모든 사람에게 경청하는 것도 중요하다. 집단 내에서 말을 많이 하는 경향이 있는 사람은 다른 사람이 말할 기회를 가질 수 있도록 특별한 노력을 기울여야 한다. 리더의 가장 중요한 역할은 중립을 지키고 기본 규칙에 따라서 대화를 진행시키는 것이다.

④ 토론 과정을 인식하고 보조하기

리더는 참여자가 토론 내용에 집중하도록 도울 뿐 아니라 서로 의사소통을 잘하고 있는가를 관찰할 것이다. 다양한 관점을 검토하거나 사람들에게 토론 주제에 대한 자신의 생각을 좀 더 쉽게 이야기할 기회를 주기 위해서 소그룹으로 나누는 것을 고려해 본다. 그리고 리더는 집단이 목표를 향해 잘 나아가는지 끊임없이 생각해야 한다. 또한 리더는 침묵을 두려워하지 말아야 하며, 어느 한 사람이 토론을 주도하지 않고 모든 사람이 참여하도록 유도한다.

⑤ 참여자가 학습내용을 파악하도록 돕기

리더는 학습자가 넓고 다양한 관점을 고려하도록 한다. 주제를 생각하고 문제를 해결하는 여러 방식의 장점과 단점에 대해서 생각해 보도록 질문하고, 참여자가 자신들의 관심과 가치에 대해서 생각해 보도록 질문한다. 리더는 참여자가 특정 인물의 경험이나 일화에 집중하거나 지나치게 영향을 받지 않도록 한다. 그리고 리더는 때때로 스스로 토론을 요약하거나 참여자가 요약하도록 하게 하고, 내용에 대해서 중립을 지키고 자신의 가치판단을 표현하지 않도록 주의를 기울인다. 그럼으로써 참여자가 '공통의 입장'을 확인하도록 돕는다. 그러나 합의를 강요하지 않도록 한다.

⑥ 토론을 마치면서

리더는 참여자와 그 주제에 대한 생각과 마지막 논평을 요청한다. 리더는 참여자가 새로운 생각 또는 토론 결과로 가지게 된 생각을 공유할 것을 요구한다. 만약 다시 모임을 가진다면 다음 시간 주제와 읽을 것을 알려 주고, 모든 사람에게 감사의 인사를 한다. 마지막으로 이야기나 간략한 평가서를 통해서 참여자가 집단과정을 평가할 시간을 제공한다.

② 학습동아리 조직: 조직자의 역할

학습동아리 조직자는 학습동아리를 만드는 사람이다. 조직자는 토론을 위한 학습자료를 선택하고, 학습자를 모집하고, 토론 리더를 선정하며, 학습동아리 모임에 필요한 모든 일에 관심을 기울인다. 조직자는 활동 내용의 성격을 정하고 리더와 학습자에게 학습동아리의 목표와 목적을 알려 주어야 한다. 만약 공공 프로그램이나 집단활동을 조직한 경험이 있는 자원봉사자라면 학습동아리를 조직할 수 있을 것이며, 또한 학습자를 끌어들일 수 있는 조직에 속해 있다면 학습동아리를 조직하는 일이 쉬울 것이다.

① 지역조직과의 연대 구축하기

지역 내 다른 학습동아리와의 연대는 학습동아리 창출에서 매우 중요하다. 지역에 있는 기관이나 조직은 학습동아리를 조직하는 과정에서뿐만 아니라 학습동아리 운영과 발전에도 중요하다. 지역사회의 평생교육기관, 시민조직, 기타 학습동아리 등과 연대해 필요한 자원을 공유하고 신뢰감을 형성하며 네트워크를 구축할 필요가 있다.

② 학습자료 선택하기

몇몇 학습동아리는 그 목적에 맞는 학습자료를 가지고 있지만, 대부분의 학습동아리가 사용하는 학습자료는 그 집단의 관심과 목적에 맞게 준비된 것이 아니다.

가능한 한 조직자는 학습동아리 참여자의 관심과 필요에 맞는 학습자료를 준비해 주어야 한다. 학습동아리의 학습자료가 전문적인 지식을 다루는 학습자료일 필요는 없지만, 학습자료가 중요하다는 사실을 잊어서는 안 된다.

③ 학습동아리 참여자 모집하기

우수한 학습동아리는 다양성을 지향한다. 따라서 가능한 한 다양한 부류의 사람이 참여하게 하는 것을 목표로 삼아야 한다. 상이한 배경과 삶의 경험을 가진 사람이 대화를 나눌 때 새로운 관계와 네트워크를 형성하며 혁신적인 아이디어를 창출할 수 있다. 일단 모집대상으로 하는 사람의 수를 결정하고 학습자를 모집하기 시작한다. 학습자 모집은 개별적인 참여 권유와 대중적인 광고를 결합한 접근을 사용한다.

학습자에게는 학습동아리의 목적을 설명하고, 모임에 적극적으로 참여할 것을 부탁한다. 이를 통해서 학습동아리의 연속성과 집단 내의 친밀감을 높일 수 있을 것이다. 처음에 학습자가 적더라도 사람들을 기다리기보다 일단 학습동아리를 시작하는 것이 좋다. 일단 학습동아리 활동이 시작되면 다른 사람들은 학습동아리에 대해서 듣고 관심을 갖게 된다.

④ 리더 선정하기

리더를 선정하는 것이 조직자의 일 중에서 가장 중요한 결정사항일 것이다. 무능한 리더는 학습동아리를 실패하게 만들지만, 유능한 리더는 학습동아리를 훌륭하게 만들 수 있다. 리더를 선택하는 데 있어서 가장 중요한 고려사항은 토론을 이끄는 기술과 그 경험이다. 학습동아리를 이끄는 데 가장 어려운 측면을 어떻게 다룰 것인지 평가해 보라. 리더가 토론을 잘 이끌어 갈 수 있을 것인가? 리더가 조용한 사람을 이끌어 내고 방해가 되는 사람은 저지할 수 있는가? 학습동아리 리더의 역할을 할 사람이 교육 프로그램에 참가한 적이 없다면, 조직자는 리더에게 학습동아리에 대해서 설명하고 학습동아리가 어떻게 운영되는지 설명해 주어야 한다.

⑤ 모임 조직하기

학습동아리 모임을 가질 수 있는 장소를 구한다. 모임 장소는 산만하지 않고 학습자가 일상적인 대화를 나눌 수 있는 공간이어야 한다. 조직자는 학습자의 의견을 듣고 모임의 날짜와 시간을 정해야 한다. 만일 학습자료가 간결하지 않다면 학습자가 모임 며칠 전에는 학습자료를 받을 수 있도록 해야 한다. 또한 학습동아리나 지원기관에 대한 소개도 미리 해 주어야 한다.

⑥ 피드백 마련하기

일단 학습동아리가 시작되면, 조직자의 역할은 리더의 역할보다 부차적인 것이 된다. 그러나 조직자는 리더에게 피드백을 제공해 줄 수 있는 가장 좋은 위치에 있다. 학습동아리에 참여하거나 모임의 전후를 이용해서 조직자는 문제를 발견하고 다음 모임 전에 그 문제를 리더가 수정하도록 도와줄 수 있다. 학습동아리가 어떻게 잘 운영되었고, 어떤 문제가 있었으며, 앞으로 수정되어야 할 점이 무엇인지에 대해서 기록하는 것 역시 중요하다. 학습동아리가 그 기록을 서로 나눈다면 학습동아리의 발전에 많은 도움을 줄 수 있을 것이다.

⑦ 체크리스트 점검하기

학습동아리를 조직하는 일을 책임진 사람이면 누구나 첫 모임 전에 고려해야 할 점이 있다. 다음 항목은 첫 모임 전에 조직자가 체크해야 할 것이다.

- 학습자 목록을 가지고 그들이 왜 참여하게 되었는지를 알아낸다.
- 이름표와 펜, 관리일지 등을 제공한다.
- 첫 모임 전에 모든 학습자가 읽어 와야 할 자료를 나누어 준다.
- 학습동아리에 필요한 물품을 공급해 준다.
- 비디오, 카세트, OHP와 같은 필요한 장비를 사용할 수 있게 한다.

③ 학습동아리 학습자의 역할

다음은 학습자가 학습동아리의 경험을 최대한 활용할 수 있는 길을 제시하고 있다.

① 다른 사람의 말을 경청하기

다른 사람의 말을 적극적이고 주의 깊게 들어야 한다. 이는 각 학습자가 제안하고 있는 내용을 다른 학습자가 듣고 있다는 확신을 들게 해 줄 것이다. 또한 다른 사람의 말에서 그 사람의 가치관과 문제에 대한 관심이 어떤 것인지를 이해하려고 노력해야 한다.

② 항상 개방적인 자세를 취하기

열린 마음을 유지한다. 단지 한 사람의 입장만을 고수하는 것은 당사자나 집단 전체가 발전하는 데 도움을 주지 못한다. 학습자는 이전에 말한 내용에 지나치게 집착할 필요가 없다. 이전에는 받아들이지 않았거나 생각하지 않았던 아이디어를 자유롭게 생각해 보아야 한다.

③ 자신의 생각에 동의하지 않는 사람의 입장을 이해하려고 노력하기

반대의 관점을 이해하는 것이 그것을 받아들이거나 심지어 그것에 동의하는 것은 아니다. 그것은 종종 당신 자신의 관점을 더 잘 지지하도록 할 수 있다. 다른 사람의 입장과 왜 그들이 그렇게 생각하고 있는지를 충분히 이해해야 자신의 생각도 비로소 완전해질 것이다.

④ 토론이 일관성 있게 진행되도록 협조하기

토론이 궤도에서 벗어나지 않도록 주의해야 한다. 특히 당신의 발언이 토론 진행에 적절해야 한다. 이러한 일을 모두 리더에게만 맡기지 말고, 토론되고 있는 주요 문제에 대한 견해를 제시하도록 노력한다.

⑤ 마음껏 이야기하되, 토론을 독점하지 않기

자유롭게 이야기하라. 그러나 토론을 지배하지는 말아야 한다. 만약 학습자가 훌륭한 이야기꾼이라면 다른 사람에게 용기를 북돋워 주고, 조용한 사람이라면 더 많이 이야기하도록 노력해야 한다. 그리고 다른 사람에게도 충분히 말할 수 있는 기회를 주어야 한다.

⑥ 학습동아리 리더가 아닌 다른 학습자에게 말하기

다른 학습자에게 자유롭게 당신의 의견을 말하라. 특히 말을 한 번도 하지 않은 사람이나 학습자가 생각하기에 특별한 안목을 가지고 있는 사람에게 말을 하라. 다른 사람의 말에 무엇인가 궁금한 것이 있다면 주저하지 말고 질문하라.

⑦ 리더에게 자신의 요구 말하기

리더는 토론을 인도하고, 중요한 아이디어를 요약하고, 불분명한 부분을 명확하게 정리할 책임이 있다. 그러나 촉진자도 언제 어떻게 해야 할지를 잘 모를 수 있다. 누군가 말한 것을 충분히 이해하지 못했다면 리더에게 도움을 요청하라.

⑧ 학습자의 경험과 의견은 값진 것임을 알기

학습자가 말해야 한다는 압박감을 가질 필요는 없다. 그러나 말하지 않는 것은 다른 사람이 그 사람의 지혜를 알 수 있는 기회를 빼앗는 것이란 점을 기억하라.

⑨ 의견 불일치를 두려워하지 말기

의견 차이는 특히 학습자의 배경이 다양하지 못할 때 모임을 더 활발하게 해 준다. 학습자가 동의하지 않는 의견에 대해 문제를 제기하는 것을 주저하지 말라. 그러나 그것이 의견에 대한 반대 의견이어야 하며, 상대에 대한 인격적인 모독이나 질책이어서는 안 된다. 또 다른 사람이 의견에 문제를 제기할 때 그것을 개인에 대한 공격으로 받아들이지 말라.

〈 ○○○○ **평생학습동아리 활동일지**〉

학습동아리명		리더	
활동일시		활동장소	
참여자			
학습목표			
학습내용			
학습자료			
학습과제			
학습평가			
기록자	(인)	관리자	(인)

제 6 장

평생교육기관의 마케팅, 홍보 및 광고

1. 평생교육기관의 마케팅

1) 마케팅의 필요성과 개념

전통적으로 교육과 기업이 전혀 별개의 세계로 여겨짐에 따라 마케팅이라는 용어는 교육에서 전혀 사용되지 않았다. 그러나 최근 들어 교육기관도 기업으로부터 예산체계, 투자, 재무관리, 인적자원의 관리 등 다양한 마케팅 기법을 배우고 있다. 마찬가지로 평생교육기관에서도 각 부분에서 마케팅 기법이 상호 혼용되고 있다.

오늘날 교육기관이 효과적으로 프로그램을 운영하고 생존하기 위해서는 프로그램의 질 관리와 학습자 유치에 있어서 효과적인 전략이 필요하다. 이런 점에서 평생교육기관의 경우, 프로그램의 선정, 조직, 운영 등과 관련하여 교수자 중심에서 학습자 중심으로 그 성격의 변화가 요구되고 있다. 더 나아가 평생교육기관을 둘러싼 최근의 상황 변화는 경영 부문에서의 고객 중심을 강조하는 마케팅 개념을 불가피하게 요청하고 있다. 평생교육 마케팅을 활성화해야 할 이유와 배경은 다음과 같다.

첫째, 평생교육기관이 급증하고 있다. 대학 등 정규교육기관의 학습자 수의 감소 현상에도 불구하고 평생교육기관에 참여하는 사람의 수와 각종 문화센터, 평생학습관 등을 포함한 평생교육기관의 수가 급증하고 있다. 또한 각 평생교육기관은 유사 프로그램을 제공하는 다양한 유형의 평생교육기관과 학습자의 참여를 확보하기 위한 전방위적인 경쟁을 하게 되어 있다.

둘째, 미흡한 재정지원이다. 우리나라의 경우 사회 구성원의 요구에 따라 평생교육기관이 늘어나고 있으나 정부지원은 미흡한 상태로서 자체적인 생존경쟁을 통해 경영을 하게 된다. 선진 복지국가의 경우 복지정책 후퇴의 최우선순위가 거의 사회교육 분야라고 할 수 있으며, 그 혜택도 점차 줄고 있다. 따라서 평생교육기관은 국가가 지원하는 미흡한 재정으로 경영하는 것을 탈피하여 적극적인 마케팅 전략으로 평생교육기관 운영을 활성화해야 한다.

셋째, 시장논리에 의한 평생교육기관의 경영 추세다. 세계화의 도래에 따라 사회는 자본주의체제 속에서 무한경쟁이 이루어지고 있다. 평생교육 분야도 예외가 아니어서 시장논리를 따르게 됨에 따라 사설 영리 평생교육기관이 급증하고 있다. 어느 정도 영리를 추구하는 평생교육기관은 백화점 부설 평생교육기관, 언론매체, 기업체 및 대학 부설 평생교육원 등이다. 이러한 기관은 기관의 영리추구를 위하여 마케팅 기법의 도입을 절실히 필요로 한다.

넷째, 학습권에 대한 시민의식의 고조다. 시민사회의 성숙 및 소비자주권주의 확산과 더불어 평생교육기관의 학습자는 수동적인 학습자가 아닌 주체적인 참여자로서 학습권을 주장하고 있다. 학습권은 학습활동의 자유, 학습기회의 보장, 교육 선택의 권리, 교육에 관한 결정과정 참여권, 지식과 사상 창출의 자유 등을 말한다. 이와 같이 학습참여자로서 성인학습자의 학습권에 대한 요구가 고조됨으로써 이를 수용하기 위한 평생교육 마케팅이 필요하다.

많은 사람은 마케팅을 장사를 통해 많이 팔고 이윤을 남기는 것으로 생각하고 있다. 오늘날에 이르러 마케팅은 단지 상품의 판매만을 의미하는 것이 아니라 보다 확대된 개념으로서 고객의 관점에서 출발하여 고객의 필요를 최대한 충족시키기 위해 경주하는 모든 노력으로 이해되고 있다. 고객 중심의 새로운 마케팅 개념은 영리를 추구하는 기업뿐만 아니라 정부, 공공기관, 사회운동기관, 평생교육기관 등과 같은 비영리기관에서도 적용이 가능하고 또 실제로 적용되고 있다.

Kotler(1982: 6)는 "마케팅은 조직의 목표를 달성하기 위하여 표적시장(target markets)에서 자발적인 가치의 교환(voluntary exchanges of values)이 이루어지도록 만들어진 프로그램 분석, 계획, 집행, 조정이며, 마케팅은 크게 조직이 제공할 수 있는 물품을 표적시장의 욕구에 따라 결정하며, 사람들에게 알리고 동기를 부여하며 서비스를 제공하기 위해 효과적인 가격 설정과 홍보 그리고 유통경로를 사용하는 것에 달려 있다."라고 정의하고 있다. 즉, Kotler는 마케팅의 개념을 "교환을 통하여 인간 욕구를 충족시키는 사회적 행위"라고 보고 있다. Kotler는 이같은 마케팅 정의를 바탕으로 다음 몇 가지의 구체적인 내용을 덧붙여 제시하고 있다.

- 마케팅은 분석, 계획, 집행, 그리고 조정을 포함하는 체계적인 과정이다.
- 마케팅은 비체계적인 활동이 아닌 욕구 충족을 위해 면밀하게 짜인 프로그램 속에서 명확하게 나타난다.
- 마케팅은 가치의 자발적인 교환을 추구한다.
- 마케팅은 모든 사람에게, 모든 제품을 대상으로, 모든 시장을 찾아 비현실적으로 공략하기보다는 표적시장을 대상으로 해야 한다.
- 마케팅의 목적은 효과적인 시장의 공략을 통해 조직의 생존과 건강한 유지를 돕는 것이다. 따라서 효과적인 마케팅 계획을 위해서는 조직이 구체적인 목표를 설정하는 것이 필요하다.
- 마케팅은 파는 자의 입장보다는 표적시장의 욕구에 따른 조직의 공략체계에 달려 있다.
- 마케팅은 소위 마케팅 혼합(marketing mix)이라 불리는 제품설계(product

design), 가격, 홍보, 그리고 유통의 방법을 이용하고 혼합하는 것이다(Kotler, 1982: 6-7).

이와 같은 Kotler의 마케팅 정의를 종합해 볼 때, 마케팅의 저변에 깔린 중심개념은 교환(exchange)이다. 교환이란 상대방에게 무엇을 줌으로써 그로부터 무엇을 되돌려 받는 것을 의미한다. 마케팅 교환은 상업적 교환, 비영리적 교환, 사회복지기관의 교환으로 분류할 수 있으며, 각각은 [그림 6-1]과 같이 정리할 수 있다.

이 그림에서 보는 바와 같이, 마케팅 교환에서 상업적 교환은 판매자가 재화와 서비스를 제공하면 구매자는 돈을 지불한다. 비영리적 교환은 공급자가 공공서비스를 제공하면 이용자는 세금을 지불한다. 사회복지기관의 교환은 사회복지기관이 기부자에게 만족감 및 보람을 제공하면 기부자는 기부금을 기부한다.

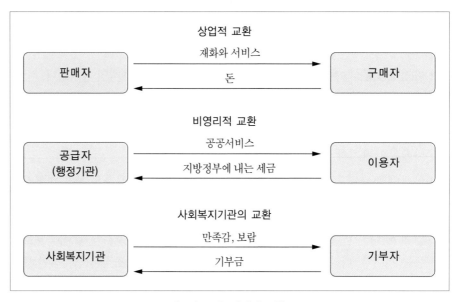

[그림 6-1] 마케팅 교환

2) 평생교육기관 마케팅의 성격

평생교육기관의 마케팅은 일반 기업의 마케팅과는 몇 가지 점에서 차이가 있다. 이는 비영리기관이 갖는 독특한 성격 때문이라고 할 수 있다(홍부길, 1994).

첫째, 성과를 측정하는 기준 면에서 영리단체는 '이윤'과 같은 경제적 동기가 우선시되는 것에 반해, 비영리조직·단체는 뚜렷한 (한 가지의) 결정적 성과기준이 없다. 모든 것이 형평에 맞아야 하고 조직의 전체를 생각해야 하기 때문에 어떻게 보면 성과기준이 종합예술작품의 평가기준에 비견된다(Drucker, 1995: 57). 그러나 무엇보다도 비영리기관은 '사명'을 가장 우선시한다. 사명감 없는 비영리기관의 존재 가치는 결코 있을 수 없다(Drucker, 1995: 103). 기관의 사명과 고객의 만족을 동시에 충족시킬 수 없을 때는 기관의 사명이 우선이라고 할 수 있다. 단지 고객을 만족시키기 위해 기관 본연의 사명을 포기할 수는 없는 것이다. 그러므로 비영리기관에서는 그 기관의 사명에 공감하는 고객을 대상으로 그들의 욕구를 파악함으로써 최대한 만족시켜야 하는 것이다. 즉, 비영리조직의 마케팅은 도덕적 동기를 우선시하면서도 효율성 역시 매우 중요한 조건으로 고려해야 한다.

둘째, 재정충당 면에서 영리조직은 고객에게 무엇을 판매함으로써 자금을 충당하지만, 비영리기관은 기금개발을 위한 전략이 별도로 필요하다. 이러한 기금의 재원이야말로 비영리기관과 영리기업, 정부 사이에서 가장 현격한 차이를 보이는 부분이라고 할 수 있다.

셋째, 유권자 및 고객의 종류 면에서 영리조직은 단수의 유권자, 즉 제품을 구입하는 고객만을 대상으로 하지만, 비영리조직·단체의 경우는 유권자 및 고객이 다양한 복수이며, 그들 개개인은 모두 나름대로의 권리를 행사할 수 있다. 따라서 비영리조직·단체의 최고경영자는 조직의 유권자가 관심을 두는 각각의 문제를 심도 있게 파악해야 한다(Drucker, 1995: 210). 비영리기관에서 고려해야 할 고객 또는 공중(public)을 정리하면 〈표 6-1〉과 같다.

〈표 6-1〉 조직과의 기능적 관계에 따른 고객의 분류

구분	투입공중	내부공중	매개공중	소비공중
하위요소	기부자 공급자 규제자	경영자 이사회 직원 자원봉사자	도소매점(merchant) 대리점(agent) 촉진조직 자문기관	고객 지역 공중 사회활동가 공중 미디어 공중 경쟁자 공중

이러한 비영리기관의 성격에 비추어 볼 때, 평생교육기관의 마케팅은 다음과 같은 기능적인 영역을 모두 포괄한다고 할 수 있다.

첫째, 자원개발 마케팅이다. 이는 다시 기금개발을 위한 마케팅과 자원봉사자를 확보하기 위한 마케팅으로 구분된다. 먼저 기금개발(fund development)을 위한 마케팅이란 비영리기관이 그 운영에 필요한 자금을 획득하기 위해 마케팅 기법을 사용하는 것을 말한다. 영리를 추구하는 일반 서비스 기관의 경우, 기금개발은 곧 수요자로부터 비용을 초과하여 이루어진다. 즉, 기금개발시장과 프로그램 판매시장이 단일한 것이다. 그러나 평생교육기관의 경우는 그 성격상 모든 비용을 수혜자에게서 얻기가 어렵다. 만약 평생교육기관이 기금개발시장과 서비스 판매시장을 동일시하는 마케팅 전략을 사용한다면 그 기관은 자체의 본질적인 성격을 잃게 될 우려가 크다. 그러므로 평생교육기관은 뜻있는 사람들로부터 기금을 개발하는 것이 매우 중요하다. 따라서 평생교육기관의 경우 후원자로부터 기금을 얻는 마케팅을 전개해야 한다. 기금후원자는 정부가 될 수 있고, 일반 재단이나 기업체, 시민, 회원 등도 될 수 있다. 이때 마케팅의 관점에서 중요한 것은 이러한 기금개발이 일종의 가치교환이라는 사실이다. 즉, 기금개발은 협박이나, 강요, 구걸 등에 의해서가 아니라 쌍방이 서로 가치를 교환함으로써 만족을 얻는다는 사실에 기초할 때 마케팅의 원리가 실현되었다고 볼 수 있다.

한편, 자원봉사자를 위한 마케팅이란 평생교육기관에서 필요한 자원봉사자를 확보하기 위한 마케팅을 말한다. 평생교육에 있어서 자원봉사자란 평생교육기관의 직업적 정규지도자를 돕거나 그들을 대신해서 일하는 사람을 말한다(남정걸, 1993:

290). 평생교육 분야의 광범위함과 그 활동의 다양성으로 인해 충분한 지도자를 확보하지 못하는 것이 평생교육기관의 실정이므로 각종 생활기술지도, 레크리에이션지도, 상담활동, 각종 실기지도 등에 자원봉사자의 기능과 역할이 크게 요청되고 있다.

둘째, 자원배분 마케팅이다. 비영리기관에 있어서 이는 일반 수혜자에게 적절한 자원을 효과적으로 배분하는 것을 의미한다. 평생교육기관의 경우는 수요자에게 적절한 프로그램을 효과적으로 제공하는 것을 말한다. 마케팅의 관점에서 볼 때 이 경우에도 평생교육기관과 수요자 사이에는 가치의 교환이 이루어진다. 즉, 평생교육기관은 수요자의 참여를 촉진하고 그들의 욕구를 최대한 만족하게 하는 것과 동시에, 그 기관의 사명에 동조하는 잠재적인 후원자를 얻게 되는 것이다.

자원배분 마케팅과 관련하여 평생교육기관의 효과적인 운영을 위해서는 기관과 학습자 사이의 대화와 조정이 필요하다. 그런 면에서 평생교육기관이 충족시켜야 할 학습자의 요구는 기관과 '합의된 고객 요구(agreed customer need)'라고 할 수 있다. 평생교육기관의 서비스 전략은 학습자에 대한 조사로부터 시작되지만, 이는 반드시 그 기관의 사명과 연계되어야 한다. 평생교육기관은 먼저 자신의 기관에서 추구하는 고유한 교육적 가치를 강조해야 한다. 효과적인 교육을 위해 그러한 교육적 가치는 평생교육기관 지도자에 의해 검토되어야 한다(Weidermann, 1989: 118). 학습자 지향적인 경영을 한다고 해서 이러한 기본적인 가치를 포기한다는 것은 아니다. 단, 그러한 기본적인 교육목표에 공감하는 학습자에 대해서는 그들이 갖는 다양한 욕구를 충족시켜 주기 위해 최대한의 노력을 한다. 아무리 기관의 입장에서 교육적인 가치가 있는 것이라고 하더라도 학습자의 관심에서 떨어져 있을 때는 소용이 없음을 고려해야 한다. 그렇다고 학습자와 가치를 공유하고 있다고 해서 기관의 객관적인 한계에도 불구하고 무조건 학습자의 요구를 들어줄 수는 없다.

이런 의미에서 평생교육기관에서의 학습자 지향성은 마케팅의 관점에서 '틈새 마케팅(niche marketing)' 전략과 맥을 같이한다고 볼 수 있다. 이는 자신의 조직 목표와 상황에 맞는 한두 개의 세분시장만을 선택하여 그곳에 조직의 모든 역량을 집중하는 것을 의미한다(Kotler & Andreasen, 1991). 이러한 틈새 마케팅 전략은 고객 지향적인 마케팅 전략의 하나로서 특히 한정된 자원을 가진 비영리조직에 적절하다. 따라서 여러 가지 제약적인 상황에 처해 있는 평생교육기관에 적절한 방법이라고 볼 수 있다. 이와 같이 평생교육기관에서의 학습자 지향성이란 그 기관의 궁극적인 교육목표의 범주 안에서 그 기관이 갖는 현실적인 제약조건하에 최대한 학습자의 요구와 욕구를 충족시켜 주기 위한 노력이라고 할 수 있다.

셋째, 내부 마케팅이다. 이는 그 조직원의 만족을 도모하는 것이다. 서비스 조직의 경우 일선에서 고객을 상대하는 직원에 대한 대우가 매우 중요하다. 그들의 만족도가 소비자에 대한 태도와 직결되기 때문이다. 이는 평생교육기관의 경우도 마찬가지다. 평생교육기관에서는 그 기관에서 근무하는 강사, 전일제 및 시간제 직원, 자원봉사자 그리고 이사진에 대한 내부 마케팅이 필요하다. 특히 평생교육기관의 경우에는 프로그래머를 비롯한 직원이 단지 보수를 얻기 위해서가 아니라 일종의 특별한 사명감에 의해 일하는 경우가 많다. 따라서 그들에 대해서는 서로 대등한 차원에서 주체적으로 참여하고 의견을 제시하게 해 주며, 그들의 능력을 정확하게 파악하여 효과적으로 발휘하게 하는 분위기의 조성과 제도적인 뒷받침이 필요

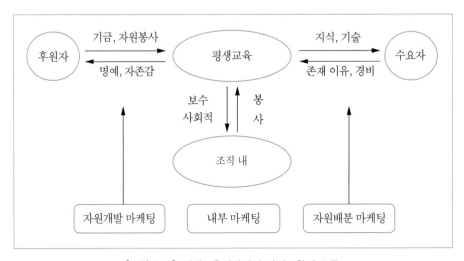

[그림 6-2] 평생교육기관에서 가치교환의 흐름

하다. 그러한 조건이 충족되지 않을 때, 직원은 정신적으로 좌절하거나 직무에 대해 회의를 느끼게 된다. 그러므로 평생교육기관에서는 기관장과 직원, 또는 직원 상호 간에 신뢰와 존중으로 대하는 자세가 필요하다.

마케팅이 서로의 만족을 위한 가치교환이라고 할 때 지금까지 논의한 평생교육 마케팅 구조와 그 관계를 정리하면 [그림 6-2]와 같다(오혁진, 2002).

3) 평생교육 마케팅의 전략

마케팅 전략이란 기관이 설정한 목표를 달성하기 위해 표적시장을 어떻게 선정하고 어떤 수단을 활용할 것인가를 다루는 것이다. 마케팅 전략은 크게 'STP 전략'과 '마케팅 혼합전략(marketing mix strategy)'으로 구성된다. STP 전략이란, '시장을 세분화(Segmentation)'하고, 거기서 그 조직의 '표적집단을 설정(Targeting)'하고, 표적화된 집단을 만족시켜 주기 위해서 다른 경쟁조직과 '차별화된 위치를 선점(Positioning)'하는 것이다(한국능률협회, 1994; Drucker, 1995: 159).

(1) 마케팅의 시장 세분화, 표적시장 선택 및 포지셔닝(STP)

① 평생교육시장 세분화

일반적으로 시장 세분화(segmentation)란 일정 기간에 걸쳐서 대중집단을 특정 제품 및 서비스의 마케팅 활동에 대한 반응이 유사할 것으로 예상되는 집단으로 나누는 작업을 말한다. 평생교육 맥락에서 볼 때, 시장 세분화란 잠재적 학습자 집단을 특정한 평생교육 프로그램에 대해 비슷한 요구를 갖고 있을 것으로 예상되는 하위집단으로 구분하는 것을 의미한다. 이와 같은 시장 세분화는 다음과 같은 필요성을 갖는다(오혁진, 2003: 149).

첫째, 기관에 유리한 시장을 선택할 수 있다. 평생교육기관은 자체의 강약점을 평가함으로써 가장 적합한 세분시장을 선택할 수 있다. 다시 말해 우리 기관이 가진 장점을 가장 선호하며 우리 약점에 대해, 덜 민감한 집단을 선택할 수 있는 것이다.

둘째, 평생교육기관의 자원을 효율적으로 배분할 수 있다. 이는 여러 개의 세분 시장을 동시에 관리하는 경우에 해당한다. 평생교육기관은 시장 세분화를 통해 우리 기관의 경영자원을 고르게 활용할 수 있는 세분시장을 선택함으로써 경영자원의 전체적인 효율성을 높일 수 있다.

셋째, 평생교육시장 변화에 효율적으로 대처할 수 있다. 이는 잠재적 교육수요자 집단을 세분화함으로써 세분시장별로 변화하는 시장수요에 창조적으로 대응할 수 있음을 말한다. 예를 들어, 경제 불황이라는 환경의 변화가 닥쳤을 때는 특정한 교육 프로그램에 대해 성별, 연령별, 소득별, 참여 동기별로 어느 세분시장이 보다 민감하게 수요가 변화하는지와 그 세분시장별로 각각 어떤 욕구를 가지고 있는지 파악함으로써 선별적으로 대처할 수 있다.

한편, 시장을 세분화하는 유일한 방법 또는 옳은 방법이란 없다. 그런데 평생교육시장 세분화는 평생교육기관의 효율적인 경영을 위해 매우 필요한 전략이다. 평생교육 차원에서 의미 있는 세분화 기준을 적용하기 위하여 일반적인 네 가지 변수를 살펴보면 다음과 같다.

① 지리적 변수에 의한 세분화

지리적 자료는 학습자의 요구와 반응이 지역에 따라 다르다는 전제하에 시장을 지역별로 세분하는 것이다. 그것은 학습자의 거주지역의 일반적인 성격에 따라 행정구역, 대·중·소도시 등과 같은 인구 규모 및 밀도, 농·공·상업 등과 같은 주요 산업, 기후 등에 따라 시장을 세분화할 수 있다.

② 인구통계학적 변수에 의한 세분화

이것은 여러 가지 인구통계학적 변수를 기준으로 세분화하는 것이다. 인구통계학적 변수는 소비자 욕구, 선호 및 사용률 등과 밀접한 관련이 있는 것으로 나타나고 있다. 이 변수는 비통계적 변수로서 측정하기 쉬우며, 다른 시장 세분화 자료보다 저렴한 비용으로 수집할 수 있다는 점에서 이점이 있다. 이러한 인구통계학적 변수의 종류를 자세하게 살펴보면 다음과 같다.

- 연령과 생활주기: 성인학습자의 욕구와 능력은 연령에 따라 달라진다. 이에 따라 평생교육기관은 아동, 젊은이, 독신, 연장자를 위한 프로그램을 달리 준비해야 한다. 예컨대, 노인교육을 실시하는 평생교육기관 중에서 연장자를 55~70세(young old) 및 70세 이상(old old)으로 더욱 세분화하는 곳도 있다.
- 성(性): 성에 의한 세분화는 학교, 서비스 기관 및 사교클럽, 형무소, 군대 등의 비영리조직에서 많이 이용한다. 이 성은 더욱 세분화가 가능하다. 예컨대, 대학 부설 평생교육원은 성인여성 학습자를 전업주부(專業主婦)와 유직주부(有職主婦)로 나눌 수 있다. 그리고 전업주부는 다시 일반주부와 일자리를 잃은 주부로 세분화할 수 있는데, 전자는 가사 등 일반 프로그램에 관심을 가질 것이고, 후자는 직업훈련 쪽에 관심을 가질 것이다. 유직주부도 사무직 또는 기술직 주부와 경영자로 나눌 수 있다. 이와 같이 평생교육원 학습자가 각자 동기가 상이하므로 당연히 교육 프로그램도 달라야 한다.
- 소득: 소득은 오랫동안 비영리조직이 이용한 세분화의 기준이다. 예컨대, 대학평생교육원은 저소득자와 고소득자를 구분하여 특유한 문제점을 깊이 연구함으로써 학습자를 교육 프로그램에 참여시킬 수 있다.

③ 심리적 변수에 의한 세분화

평생교육에 있어서 심리적 자료는 학습자의 성격, 태도, 신념, 동기, 욕구, 기대에 관한 자료를 말한다. 심리학적 자료는 인구통계학적 자료보다 추상적이고 측정하기가 쉽지 않으나 시장을 의미 있게 세분화하는 기준으로 그 중요성이 커지고 있다. 심리학적 자료 유형을 구체적으로 살펴보면 다음과 같다(오혁진, 2003).

- 학습자의 이타적인 성격: 외향적, 내성적(MBTI 등 활용)

• 학습자의 참여 동기
• 자신의 학습능력에 대한 태도: 긍정적, 부정적
• 이전의 학습경험에 대한 인식

④ 행동변수에 의한 세분화

행동변수는 프로그램을 이용하는 학습자의 행태와 관련된 변수다. 여기에는 다음과 같은 것이 포함된다(오혁진, 2003).

• 학습자가 참여하는 프로그램의 수
• 해당 프로그램 분야에 대한 학습자의 학습경험 정도: 초심자에서 전문가 수준까지
• 해당 교육기관에 대한 학습자의 지속적인 참여 정도: 처음 우리 기관에 찾아온 학습자, 오랫동안 꾸준히 관계를 맺어 온 학습자
• 해당 교육기관에 대한 학습자의 충성도
  – 우리 기관만을 선호하며 참여하는 학습자
  – 우리 기관을 포함한 2~3개의 기관에 꾸준히 참여하는 학습자
  – 우리 기관에서 다른 기관으로 옮기려는 학습자
  – 우리 기관을 포함한 어떠한 기관도 관심을 기울이지 않는 학습자

이와 같이 시장을 세분화할 수 있는 방법은 여러 가지다. 그런데 시장 세분화가 이루어진 결과로서 인식되는 모든 세분시장이 반드시 마케팅의 관점에서 유효하다고 하기는 어렵다. 따라서 시장 세분화는 다음과 같은 요건을 갖추고 있어야 한다.

첫째, 측정 가능성(measurability)이다. 이는 세분시장의 규모와 구매력을 정확하게 측정할 수 있는 정도를 나타낸다. 평생교육에 있어서 잠재적 학습자를 측정할 수 있어야 한다는 것을 의미한다. 예를 들어, 대학 부설 평생교육원이 시장 세분화를 했을 경우 전업주부와 유직주부의 프로그램 참여 특성을 파악할 수 없다면 주부

구분에 의한 시장 세분화는 의미가 없다.

둘째, 접근 가능성(accessibility)이다. 이것은 세분시장이 효과적으로 도달할 수 있고 또 충족할 수 있는 정도를 나타내는 것이다. 예를 들어, 시골 및 농촌 지역에 많은 사람이 살고 있으나 실제로 프로그램을 제공할 수 없을 때 시장 세분화는 큰 의미가 없다.

셋째, 실질성(substantiality)이다. 이는 조직이 별도의 제품과 마케팅 혼합으로서 개척할 만한 가치가 충분할 정도로 규모가 크거나 수익성이 높은 세분시장이어야 함을 나타내는 것이다. 따라서 평생교육에서의 실질성은 경제적 관점에서 특별한 마케팅 활동을 수행해도 될 정도로 수익성이 보장되는 세분시장이거나, 최소한 교육적인 면에서 특별히 세분화하여 접근할 필요가 있는 의미 있는 세분시장이어야 한다.

② 표적시장 선택

'표적시장의 선택'이란 시장 세분화를 실시한 후 자신의 조직 여건에 가장 적절하다고 생각되는 특정한 세분시장을 표적으로 삼는 것을 말한다. 표적시장을 선택하는 데에는 다음의 세 가지 마케팅 전략이 사용된다(Galbraith, Sisco, & Guglielmino, 1997: 95).

첫째, 비차별적 마케팅 전략(undifferentiated marketing strategy)은 대중 마케팅 전략(mass marketing strategy)이라고 한다. 이 전략은 세분화된 시장 간의 차이를 무시하고 하나의 프로그램으로 전체 시장을 공략하는 것이다. 이와 같은 전략은 하나의 프로그램으로 시장을 공략한다는 점에서 비용이 적게 든다는 장점이 있지만, 학습자의 세분화된 요구를 충족시켜 주지 못한다는 점에서 한계가 있다. 실제로 비차별적 전략이 효과적인 경우는 매우 드물다. 평생교육기관에 참여하는 학습자의 필요와 요구가 다양화되고 있으며, 유사한 성격의 프로그램을 제공하는 평생교육기관이 늘어나고 있기 때문에 고객의 프로그램 참여율은 저조하게 된다.

둘째, 차별적 마케팅 전략(differentiated marketing strategy)은 모든 세분시장을

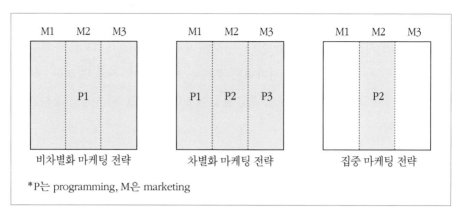

[그림 6-3] 표적시장의 선택전략

대상으로 적합한 제품과 마케팅 혼합을 투입하는 전략을 의미한다. 이 전략은 자원이 풍부한 기관이 선택할 수 있는 전략으로, 두 개 이상의 표적시장을 선정하여 각각에 적합한 마케팅 전략을 구사하는 것이다. 일반적으로 마케팅에서의 차별화 전략은 최고의 결과를 가져올 수 있으며, 고객에게는 최고의 서비스를 제공할 수 있다고 인식된다. 그러나 이러한 전략은 인적·재정적 자원 등이 풍부할 때에 가능하다는 점에서 한계가 있다.

셋째, 집중 마케팅 전략(concentrated marketing strategy)은 큰 시장에서 낮은 시장 점유율을 누리기보다는 하나 또는 소수의 작은 시장에서 높은 시장 점유율을 누리기 위한 전략이다. 집중 마케팅 전략을 통해 기관은 표적으로 삼고 있는 특정한 시장에 속한 고객의 요구를 매우 잘 알고 있기 때문에 그 시장 안에서 강력한 위치를 점할 수 있다. 그러나 이 전략은 다른 전략에 비해 위험한데, 이는 표적으로 삼고 있는 고객의 심리적·행동적 변수 등이 작용할 경우 시장성을 갖지 못하게 될 수 있기 때문이다. 이상의 표적시장의 선택전략을 도식화하면 [그림 6-3]과 같다.

③ 포지셔닝

특정 시장 분할을 통하여 표적시장을 설정하고, 그에 도달하기 위해서 많은 전략을 가지고 접근하는데, 각각의 분할마다 서로 다른 접근 방법과 전략이 활용된다. 여기에서 포지셔닝(positioning)이란 표적집단을 만족시켜 주기 위해서 다른 경쟁조직과 차별화된 자신의 조직의 위치를 잡는 것이다. 포지셔닝은 다양한 변수를 기준으로 이루어질 수 있다. 프로그램의 속성을 강조하여 다른 프로그램과 다르게 인지하게 한다든지, 이미지를 차별화한다든지, 프로그램 참여자를 부각시킴으로써 포지셔닝을 할 수 있다.

① 프로그램 속성에 의한 포지셔닝

이것은 평생교육 프로그램 속성을 기준으로 포지셔닝하는 방법으로서 가장 널리 이용된다고 할 수 있다. 평생학습관에서 저렴한 학습비를 책정하고 실제적인 지식을 가르치는 것은 평생교육 프로그램의 저가격과 실용성에 대한 포지셔닝이다.

② 이미지 포지셔닝

이것은 프로그램의 추상적인 편익을 강조하여 포지셔닝하는 경우다. 은빛, 금빛은 노인에 관한 이미지를 형성하는 것으로 포지셔닝된다.

③ 사용 상황이나 목적에 의한 포지셔닝

이것은 교육 프로그램이 사용될 수 있는 상황을 묘사하거나 사용 목적으로 포지셔닝하는 경우다. 부모교육 프로그램은 현대 가족관계 상황에서 자녀를 대하는 기법을 널리 사용한다는 것을 강하게 포지셔닝한다.

④ 학습자에 의한 포지셔닝

프로그램 참여자나 참여계층을 이용하여 포지셔닝할 수 있다. 평생교육 프로그램의 지도자 과정, 최고경영자 과정은 주로 상류 평생학습자 계층이 참여하는 평생교육 프로그램으로 포지셔닝하고 있다.

⑤ 경쟁 프로그램에 의한 포지셔닝

학습참여자의 지각 속에 위치하고 있는 경쟁 프로그램과 명시적 혹은 묵시적으로 비교하여 포지셔닝하는 방법이다. 교육 프로그램이 타 기관 프로그램보다 현실적으로 활용 가능한 점을 간접적으로 비교하도록 하여 포지셔닝한다.

(2) 마케팅 혼합 전략의 수립

표적시장에서 마케팅 목표를 달성하기 위해서는 가장 적절한 '마케팅 혼합 (marketing mix)'을 결정해야 한다. 마케팅 혼합이란 조직이 목표고객으로부터 원하는 반응을 얻을 수 있도록 하기 위해 사용하는 통제 가능한 수단의 집합을 의미한다. 마케팅 혼합의 목적은 최소의 마케팅 비용으로 최대의 마케팅 성과를 달성하는 것이다. 일반적으로 마케팅 혼합요소에 대한 연구는 제품(Product), 가격(Price), 유통(Place) 및 판촉(Promotion)의 4P 모델을 따른다. 이러한 마케팅 혼합요소를 평생교육기관의 맥락에서 볼 때, 제품은 교육 프로그램으로, 가격은 수강료로, 유통은 시간 배정과 장소의 선정으로, 그리고 판촉은 광고, 홍보 및 교육특전 제공 등으로 설명된다. 최근에는 서비스업의 특수성을 고려하여 기존의 4P에 사람(Person), 물리적 증거(Physical evidence), 과정(Process)이라는 3P를 추가하여 혼합요소가 7P 모델로 제시되고 있다(최덕철, 1995; Booms & Bitner, 1981).

① 제품

평생교육기관에서의 제품(product)은 프로그램이나 서비스에 해당한다. 제품을 결정하는 전략은 무엇보다도 고객에게 이익이 되는 의미에서 선택되어야 한다. 즉, 학습자가 어떤 프로그램에 참여하는지와 참여하고 싶어 하는지, 어떤 서비스를 요구하는지를 주목해야 한다. 이를 통해 새로운 프로그램을 계획·운영할 수 있으며, 기존의 프로그램 중 학습자가 더 이상 원하지 않는 것은 폐지할 수도 있다. 이와 같은 제품 의사결정 과정에서 기관의 운영자는 명백한 핵심 프로그램을 지속해야 한다. 프로그램 참여자가 원하는 것을 무조건 수용하는 것은 기관의 수명을 단기적으로는 연장할 수 있을지 모르지만, 장기적으로는 그렇지 못한 경우가 많다. 따라서 핵심 프로그램을 지속함으로써 평생교육기관의 사명을 유지하며 기관을 특성화시킬 수 있다. 또한 장기적으로 고객에게 기관의 핵심 프로그램에 참여하도록 동기를 부여할 수도 있고, 학습자의 편의를 위한 서비스로의 개선 방향에 대해서도 결정할 수 있을 것이다.

② 가격

가격(price)은 프로그램에 대한 수강료에 해당한다. 가격은 교환 과정에서 중요한 의미를 지닐 뿐만 아니라 기관의 수입을 결정한다는 측면에서도 중요한 기능을 한다. Kotler(1982)는 세 가지 범주에서 가격결정 전략을 제시한 바 있다. 비용 지향적, 요구 지향적, 경쟁 지향적 가격결정이 그것이다. 비용 중심의 가격결정은 기관 운영과 프로그램 운영 등의 비용을 고려해 가격을 결정하는 것이고, 요구 중심의 가격결정은 표적시장의 지불 능력을 중심으로 가격을 결정하는 것이다. 예를 들어, 산업교육 프로그램에 참여하는 학습자는 대체로 높은 가격을 지불할 여유가 있기 때문에 높은 가격이 책정된다. 반면, 대부분 공공 부문의 프로그램은 가격이 낮게 책정되는데, 이러한 프로그램에 참여한 학습자는 대체로 낮은 가격을 요구하기 때문이다.

경쟁 중심의 가격결정은 가격결정의 가장 일반적인 형태로서, 유사한 프로그램을 제공하는 기관의 가격과 비슷한 수준에서 가격을 결정하는 경우다.

③ 유통

유통(place)전략은 평생교육기관의 프로그램이나 서비스를 얼마나 효과적으로 학습자에게 전달할 것인가와 관련이 있다. 잘 고안된 제품전략과 가격전략일지라도 유통전략이 효과적이지 못하면 성공할 수 없다. 프로그램의 질이 좋고 가격이 적정하게 결정되면 유통경로를 효과적으로 결정해야 한다. 이를 위한 의사결정 항목으로는 고객서비스의 수준과 품질, 시설 디자인, 시간의 배정 등을 들 수 있다. 시설의 외관은 프로그램의 성격에 적합하도록 결정되어야 하며, 학습자가 프로그

램에 참여하도록 하는 데 있어서 첫인상이 될 수 있으므로 이용이 편리하고 깔끔하
게 설계되어야 한다. 또한 표적으로 삼고 있는 학습자가 선호하는 시간에 프로그램
을 제공하는 것도 유통전략의 한 부분이 된다. 유통전략에서는 근본적으로 학습자
에게 익숙한 것이 무엇인가에 대해 주목할 필요가 있다. 학습자에게 익숙한 경로와
방법을 통해 프로그램이 제공될 경우, 평생교육기관의 마케팅 성공 가능성은 높아
지게 된다. 평생교육기관은 고객에게 근본적으로는 최선의 프로그램과 서비스를
제공해야 하지만, 기관의 현실적 여건과 함께 고려되어야 한다는 점도 간과해서는
안 된다.

④ 판촉

제품, 가격, 유통전략이 아무리 좋다고 하더라도 고객이 이를 인식하지 못한다면
마케팅은 성공할 수 없기 때문에 판촉(promotion)전략은 매우 중요하다. 판촉전략
이란 프로그램이나 서비스를 어떻게 효과적으로 많은 고객에게 알릴 것인가의 문
제와 관련이 있다. 프로그램이 고객에게 주는 이익이 무엇이며, 이러한 프로그램을
어디에서 어떻게 제공받을 수 있는가에 대한 정보를 알리는 작업은 마케팅에서 필
수적이다. 이를 통해 고객에게 프로그램에 참여하도록 동기를 유발할 수 있다. 따
라서 평생교육기관 운영자는 판촉전략의 중요성을 인지해야만 한다. 판촉수단으로
는 광고, 판매판촉, 인적 판매, 홍보 등이 활용될 수 있는데, 기관의 자원과 표적시
장의 성격 등을 고려해 효과적인 판촉수단을 선택하는 것이 필요하다.

판촉수단은 매우 다양한데, 크게 네 가지 유형으로 나누면 다음과 같다(정익준,
1999: 373-374). 첫째는 광고로, 아이디어나 서비스에 관련되는 판촉을 위해 광고주
에 의해 비용이 부담되는 특정한 모든 형태를 의미한다. 예를 들어, A대학 평생교
육원이 3,000만 원의 광고비를 지불하고 3회에 걸쳐 신문사를 통해 신입생 모집광
고를 하는 경우다.

둘째는 판매판촉으로, 어떤 제품이나 서비스의 구입과 판매를 판촉하기 위한 단
기적인 유인 내지 자극책을 말한다. 예를 들어, B대학 평생교육원이 우수한 연수

프로그램을 마련하여 각 회사의 인력개발담당자를 초빙하여 설명회를 갖는 것을 말한다.

셋째는 인적 판촉으로, 잠재 고객과 만나 대화를 통해 제시하는 활동을 말한다. 예를 들어, C대학 평생교육원 관계자가 표적집단의 회사 종업원을 직접 방문하여 평생교육 프로그램의 우수성을 알림으로써 많은 지원자를 확보하기 위해 활동을 하는 경우다.

넷째는 홍보로, 프로그램을 판촉하기 위해 별도의 비용 없이 잠재 고객에게 전달하는 것을 말한다. 신문이나 방송에서 기사화된 기획물이나 인터뷰 등이 포함된다. 예를 들어, D대학 평생교육원이 우수대학으로 평가받았을 경우 이를 어떤 신문사가 기사화하는 활동이 해당된다.

⑤ 사람

사람(person)과 관련된 요인에는 강사, 직원 및 동료학습자가 매우 중요한 요소로 인식되어야 한다. 강사는 내용과 방법상의 전문가로 학습자의 만족도에서 큰 비중을 차지하고 있다. 직원은 전체 프로그램 구성과 운영을 위해 학습자와 직접 접촉하는 일선에 서 있다. 그러므로 직원의 사명감, 태도와 능력, 권한은 학습자의 만족도에 직접적인 영향을 미치게 된다(Weidermann, 1989). 또한 동료 학습자를 어떻게 구성할 것인가라는 점도 매우 중요하다. 평생교육기관에서 학습은 일반적으로 집단적으로 이루어지기에 학습집단 구성원의 성격이 어떠하며, 어떤 방식으로 집단을 구성했는가라는 점이 매우 중요한 환경적 요소가 될 수 있다. 그러므로 동료 학습자의 구성과 집단의 운영 방법도 별도의 중요한 경영요소라고 할 수 있다.

⑥ 물리적 증거

물리적 증거(Physical evidence)에는 교육 시설과 설비, 각종 편의시설 등이 포함된다. 교육공학과 정보화의 발달로 인해 평생교육기관에서도 각종 첨단 교육 기자재와 시설이 요구되고 있다. 또한 휴식과 개인 연구를 위한 각종 편의시설과 교육환경이 요구되고 있다. 여기에는 각종 환경의 디자인과 분위기도 포함된다. 또한 교육은 교재 · 자료집을 통한 추수교육, 자율학습이 가능하다는 점에서 매우 중시되는 요소다. 따라서 교재 · 자료집의 제작과 활용도별로 요소를 파악하여야 할 것이다.

⑦ 과정

과정(process)에 해당하는 것은 평생교육기관의 학사과정이나 각종 규칙과 제도의 운영 방법이라고 할 것이다. 즉, 교육과정에 대한 안내에서부터 접수, 변경, 수료, 서류 발급, 건의 등의 과정이 원활하고 신속하게 진행되는가가 중요한 요소가 된다.

(3) 평생교육 마케팅의 혼합요소와 추구 가치

평생교육기관의 경영자는 평생교육기관의 효과적인 마케팅을 위하여 마케팅 혼합요소가 어떤 가치에 입각해 활용되어야 할 것인가를 고려해야 한다. 그런 면에서 각각의 마케팅 혼합요소가 어떤 가치를 추구해야 하는가를 파악하는 것이 필요하다. 평생교육 마케팅 혼합요소별로 추구해야 할 가치를 설명하면 〈표 6-2〉와 같다(양병찬, 2002).

〈표 6-2〉에서 보는 바와 같이, 평생교육 마케팅은 혼합요소별로 공공성, 학습자의 인격성, 서비스성의 가치를 추구해야 한다. 첫째, 평생교육 마케팅의 공공성은 공동의 선을 추구하는 것을 전제로 하며, 하위요소는 공익성과 형평성이다. 공익성은 평생교육의 내용과 방법이 개인의 이익만을 추구하는 것이 아니라 시민사회의 성숙과 관련되어야 한다. 형평성은 학습을 받을 수 있는 기회나 학습내용, 학습과정에서의 배려가 사회 · 경제적인 조건에 의해 불평등하게 배분되어서는 안 된다. 둘째, 평생교육 마케팅에서 학습자의 인격성 추구는 교육에 참여하는 학습자의 인격을 존중하고 인간적인 관계를 중시해야 한다는 것으로서 하위요소는 주체성과 긴밀성이다. 주체성은 평생교육 프로그램의 계획 수립과 운영과정상에 있어서 학습자의 자발적인 참여를 강조한다. 긴밀성은 교 · 강사와 기관 및 동료와의 성숙한 인간관계를 의미한다.

〈표 6-2〉 평생교육 마케팅 혼합요소와 추구 가치

요소 \ 지향성		공익성	형평성	참여성	긴밀성	다양성 (융통성)	편의성 (접근성)	신뢰성	응답성	차별성
프로그램 (제품)		내용이 사회발전에 유익한가?	내용이 특정 집단에게 반감을 느끼게 하지 않는가?	결정, 평가과정에 학습자가 참여할 수 있는가?	구성 시 학습자와 교사가 긴밀히 협조하는가?	학습자의 수준, 관심에 따라 세분화되어 있는가?	내용이 이해하기 쉽게 구성되어 있는가?	내용이 기대했던 바와 같은가? 목표가 명확한가?	학습자의 요구에 따라 개발하는가?	내용이 다른 곳에서는 학습하기 어려운 것인가?
수강료 (가격)		저렴한가?	저소득계층을 위한 수강료 지원이 있는가?	결정에 학습자가 참여할 수 있는가?	상호 교제를 위한 경제적 지원이 잘 되고 있는가?	다양한 가격대의 프로그램이 마련되어 있는가?	지불방식이 편리한가?	수강료만큼의 가치가 있는가? 수강료 외 예상치 못한 추가 비용은 적절한가?	관련 의견이 신속하게 반영되는가?	다른 곳과 비교하여 많이 저렴한가?
장소·시간 (유통)		누구든 언제나 다닐 수 있을 만한 장소인가?	장소, 시간의 선정이 특정인에게 불리하지는 않은가?	장소, 시간 결정에 학습자가 참여할 수 있는가?	교제할 수 있는 시간과 장소가 적절한가?	장소, 시간 및 기간 구성이 다양한가?	교통수단, 통신방법, 시간 선택이 자유롭고 편리한가?	시간, 기한, 일정을 잘 지키는가?	학습자에 맞춰 시간, 장소가 적절하게 변경될 수 있는가?	장소의 입지조건이나 분위기가 탁월한가?
의사소통 (판촉)		광고수단, 홍보매체 면에서 공신력이 있는가?	홍보·광고방법, 선택 매체가 특정인이 접하기 어려운 것은 아닌가?	홍보·광고방법, 결정 및 실행과정에 학습자가 참여할 수 있는가?	강사, 직원, 학습자 간 연락이 긴밀히 이루어지고 있는가?	기관이 정보를 접할 수 있는 홍보·광고 매체가 다양한가?	언제, 어디서나 기관에 대한 정보를 입수할 수 있는가?	홍보·광고 내용이 믿을 만한가?	학습자가 알고 싶은 정보를 신속하게 알려주는가?	홍보·광고 판촉기법이 탁월한가?
사람	강사	강사는 공적인 사명감을 갖고 일하는가?	강사가 모든 사람을 동등하게 대하는가?	강사 선정에 학습자가 참여할 수 있는가?	강사가 학습자에게 적극적이며 친절한가?	다양한 자격, 전공 영역의 강사가 있는가?	언제 어디서나 강사를 쉽게 만나 요청할 수 있는가?	강사는 강의계획대로 약속을 잘 지키는가?	강사는 학습자의 요구를 신속하게 반영하는가?	강사는 능력이 탁월한가?

사람	직원	직원은 공적인 사명감을 가지고 일하는가?	직원이 모든 사람을 동등하게 대하는가?	직원 배정에 학습자가 참여할 수 있는가?	직원이 학습자에게 적극적이며 친절한가?	다양한 자격, 전공 영역의 직원이 있는가?	언제 어디서나 직원을 쉽게 만나 요청할 수 있는가?	직원은 규정이나 안내사항대로 약속을 잘 지키는가?	직원은 학습자가 원하는 사항을 신속하게 처리하는가?	직원의 업무수행능력이 탁월한가?
	동료 학습자	동료학습자는 공적인 의식을 가지고 있는가?	이들 집단 내에 소외된 사람이 있는가?	학습 동아리 구성에 학습자가 참여할 수 있는가?	동료학습자는 서로 적극적이며 친절한가?	다양한 부류의 동료 학습자를 만날 수 있는가?	언제 어디서나 동료 학습자를 쉽게 만날 수 있는가? 학급 규모가 작아서 학습하기 편리한가?	동료학습자는 믿을 만하고 약속을 잘 지키는가?	학습자의 요구에 따라 새로운 동료학습자를 만날 수 있는가?	동료학습자는 사회적으로 인정받는 사람들인가?
물리적 증거	시설 · 설비	사용이 개방되어 있는가?	특수 소외 계층의 사람들을 고려했는가?	결정, 운영에 학습자가 참여할 수 있는가?	교제를 위한 시설,설비,기구가 적절하게 마련되어 있는가?	각 대상에 따라 다양하게 마련되어 있는가?	편리한 곳에 있으며, 그 사용이 용이한가?	성능이 우수하고 안전한가?	학습자가 원하는 설비, 시설을 신속히 제공하는가?	분위기가 세련되었는가?
	교재 · 자료	교재 · 자료의 내용이 사회의 건전한 가치를 반영하는가?	교재 · 자료의 내용이 공정하게 선택되는가?	학습자가 교재 · 자료의 개발 및 선정에 참여할 수 있는가?	강사, 직원, 학습자 간 도서 · 자료의 교환이 활발하게 이루어지는가?	교재 · 자료가 다양하게 마련되어 활용할 수 있는가?	교재 · 자료가 이해하기 쉽게 구성되어 있는가?	교재 · 자료의 내용은 믿을 만한가?	학습자가 원하는 교재 · 자료를 신속하게 보급하는가?	교재 · 자료의 질적 수준이 우수한가?
과정 · 제도 (과정)		사회에 유익한가?	소외된 사람들의 의견을 반영하기 위한 특별 제도가 마련되어 있는가?	학사과정, 제도의 구성과 변경 과정에 학습자가 적극적으로 참여할 수 있는가?	기관은 학습자 자치 기구를 적극적으로 지원하는가?	다양한 학사경로가 마련되어 있는가?	접수, 변경, 탈퇴의 조건과 절차가 간소한가?	학습자의 선발이나 평가가 객관적으로 공정하게 이루어지고 있는가?	학습자 요구를 신속하게 반영하는 제도가 마련되어 있는가?	제도가 탁월한가?

셋째, 평생교육 마케팅의 서비스성은 서비스 기관으로서의 학습자에게 갖추어야 할 조건으로서 편의성, 다양성, 신속성, 신뢰성, 차별성 등을 말한다.

2. 평생교육기관의 홍보

1) 홍보의 중요성

홍보는 PR(public relation)과 유사한 개념으로 인식되고 있다. 그러나 홍보는 비용을 들이지 않고 기업이나 제품을 매체의 기사나 뉴스로 소비자에게 알리는 것을 일컫는 반면, PR은 홍보활동 이외에도 기관의 대 언론관계활동, 기관에 대한 이해를 돕기 위한 대내외적 커뮤니케이션, 기관의 이미지에 관하여 조언을 하는 일 등을 모두 포함한다. 한마디로 정의하면, 홍보는 라디오, TV, 기타 매체의 호의에 의한 무료 출연(presentation)의 기회를 얻거나 기관 자체의 활동이나 행사를 통하여 기관(또는 기관의 프로그램)에 대한 호의적인 관심을 얻고자 하는 노력이다.

평생교육에서 홍보란 평생교육기관이나 그 기관에서 개발한 교육 프로그램을 어떤 매체를 활용하여 잠재적 교육참여자(학습자)와 지속적으로 상호작용함으로써 기관을 이해시키고 프로그램 참여를 촉진시키는 제반 활동이다. 평생교육기관에서 홍보의 중요성을 살펴보면 다음과 같다.

첫째, 홍보를 통해 학습자, 참여자를 유인하고 확보할 수 있다. 평생교육기관은 사회사업기관이나 병원, 법률사무소와 같이 외래 고객에게 서비스를 제공하는 조직이기 때문에 고객을 어떻게 유치하느냐가 가장 큰 문제다. 평생교육기관은 회원이나 참여자의 회비에 의해서 대부분의 재정이 충당되기 때문에, 홍보에 의한 참여자의 유치가 평생교육의 질은 물론 그 기관의 사활과도 관계되는 중요한 문제가 된다.

둘째, 홍보활동을 통해 평생교육기관의 정신적 및 재정적 후원자를 확보하는 것이 가능하다. 평생교육기관 재원의 대부분이 학습자의 회비나 학습비와 독지가의 기부금에 의존하고 있기 때문에, 평생교육에서의 활동은 재원 확보라는 목적을 무시할 수 없다. 또한 평생교육기관이 성공적으로 운영된다는 것은 학습자의 수가 많다는 것만을 의미하는 것이 아니라 기관의 사명이나 가치 등을 공유하는 사람이 많다는 것도 의미한다. 이는 홍보활동을 통해서 효과적으로 성취할 수 있다.

셋째, 홍보활동은 자원봉사자의 유치와 그들 상호 간의 이해를 증진시키는 데 중요한 역할을 한다. 비영리로 운영되는 평생교육기관의 경우, 특히 자원봉사자의 활동은 기관을 운영하는 데 중요하다. 기관이나 프로그램을 운영하는 데 있어서 현실적으로 충분한 인력을 확보하지 못하고 있는 실정이므로 자원봉사자의 중요성은 더욱 크다고 하겠다. 그러므로 자원봉사자를 활용하는 기관은 그들의 확보를 위해 정확한 정보를 효과적으로 제공하여 활동에 적합한 자원봉사자를 유치할 수 있도록 노력해야 할 것이다.

넷째, 평생교육의 성격상 각종 매체를 통한 홍보의 내용 자체가 교육적 효과가 있다는 것은 중요한 측면이다. 평생교육이 학교에서뿐만 아니라 생활 속의 다양한 경험을 통해 학습활동이 발생할 수 있다는 관점에서 볼 때, 학습자는 홍보의 내용을 통해서도 충분히 학습할 가능성이 있다. 따라서 평생교육기관의 기본적인 성격을 감안한다면, 기관운영자는 프로그램을 통한 교육과 함께 홍보활동을 통해서도 교육적 효과를 거둘 수 있음을 주지해야 한다.

다섯째, 평생교육기관은 종사자의 지지와 이해, 공감과 단합심을 제고하고 참여자의 기관에 대한 일체감을 형성하는 것이 하나의 중요한 목적이 될 수 있다. 이를 성취하는 것이 바로 홍보활동이다. 기관과 관련된 다양한 공중과 적절한 관계를 맺는 것은 기관의 활동을 활성화하고 성공적으로 운영하는 데 중요한 요소가 된다. 홍보를 통해 기관의 사명이나 프로그램 등을 다양한 대중에게 전달하고 유용한 의견을 수렴함으로써 평생교육기관의 질도 효과적으로 관리할 수 있다.

평생교육실무자는 프로그램 개발이 완료되고 나면 강좌를 개설한다는 것을 잠재적 학습자에게 알려야 한다. 프로그램 홍보란 개설된 강좌에 사람들을 등록시키는 데에 결정적인 요소가 된다. 아무리 훌륭한 강좌라고 하더라도 고객에게 그 내용을 충분히 알리지 못한다면 그 강좌는 성공을 거둘 수가 없다. 따라서 어떠한 강좌도 참가자의 확보를 위하여 홍보가 필요하다.

2) 홍보의 원칙

홍보의 대상은 대중(the public)이다. 이러한 대중은 내부 대중과 외부 대중으로 구분된다. 내부 대중은 평생교육기관의 모든 직원 및 자원봉사자 등이다. 외부 대중은 언론기관, 평생교육담당자, 종교기관, 시민, 기업, 여성단체, 사회집단 등이다.

홍보의 효과를 극대화하기 위해서는 대중에 대하여 일관성 있는 원칙을 가지고 홍보가 이루어져야 한다. 홍보는 AIDOMA 법칙에 따라 실시할 수 있다. Attention(주의)은 사람들의 주의를 불러일으키고 눈길을 끄는 것이며, Interest(관심)는 사람들에게 더욱 관심을 가지게 하여 사로잡히게 하는 것이고, Desire(요구)는 사람들의 요구를 불러일으켜 충동시키는 것이다. 그리고 Memory(기억)는 사람들에게 기억시켜 관심과 요구를 정착시키는 것이며, Action(행동)은 사람들로 하여금 실제 행동하도록 하는 것이다(양병찬, 2002).

홍보의 AIDOMA 법칙보다 더 구체적인 일반적인 홍보 원칙을 살펴보면 다음과 같다.

- 전달할 내용을 홍보의 목적, 내용, 방법, 시간, 장소, 대상의 육하원칙에 입각하여 제시해야 한다.
- 홍보물이 대상자에게 분명하게 전달될 수 있도록 해야 한다.
- 신뢰감을 떨어뜨리는 과대 홍보는 삼가야 한다.
- 시기적으로 적합한 타이밍을 포착해야 한다. 프로그램의 의의나 성격을 시기적 환경이나 조건에 반영하여 홍보해야 한다. 그리고 유사 기관의 유사 프로그램 개강 시기도 고려해야 한다.
- 방송이나 신문을 접할 때, 사람들과 대화를 나눌 때 등 어떠한 상황에서도 홍

보에 대한 아이디어를 얻고자 하는 마음가짐을 갖는다.
- 성공적 홍보를 위해서는 소비자행동이론을 이해하고 상품 차별화 및 시장 차별화 전략을 구사할 필요가 있다.
- 대부분의 홍보는 잠재적 학습자의 관심을 끌지 못하는 경우가 많다. 잠재적 학습자가 교육에 대한 설명을 읽지 않는다면 해당 교육에 참석하기를 기대할 수는 없다. 따라서 홍보는 가급적 단순하고 흥미롭고 간단명료해서 읽기에 용이한 설명을 할 수 있어야 할 것이다.

3) 홍보 내용

홍보의 내용은 평생교육기관의 소식, 교육 프로그램, 평생교육 소식 등으로 구성될 수 있다. 평생교육기관의 소식으로는 각종 사업, 지역사회 소식 등이 소개될 수 있다. 교육 프로그램은 교육과정, 교육내용, 교육방법, 교육 기간 및 일시, 교육 장소, 교육비 등을 포함하여 소개할 수 있다. 평생교육 소식으로는 국가의 평생교육 정책, 평생학습관 소식 등을 소개하기도 한다.

(1) 홍보 내용의 구성 지침
홍보 내용은 다음과 같은 구성 지침을 따라야 한다.

① 정확하고 명확한 내용 전달: 학습자에게 교육 프로그램에 대한 정확한 정보가 전달되어야 한다.
② 최소한의 내용만 전달: 잠재적 학습자의 교육 요구를 자극하여 학습동기를 유발하고 학습계획 수립에 필요한 학습안내 내용이 전달되어야 한다.
③ 쉬운 표현 사용: 주어가 확실해야 하고, 짧은 문장으로 진술해야 하고, 한자어와 외국어는 최대한 피하고, 어렵고 모호한 표현을 피하며, 간접적이고 은유적 표현을 사용하지 말고, 명확하게 기술한다.

④ 친숙한 내용으로 구성: 학습자 자신의 것으로 인식되는 내용으로 전달해야 한다. 홍보 내용은 학습자의 신변과 직접 관련이 있는 친숙한 내용으로 구성해야 한다.

(2) 홍보 카피 작성 원칙

효과적인 홍보 카피 작성을 위한 여덟 가지 원칙은 다음과 같다(이화정, 양병찬, 변종임, 2003; Simerly & Associates, 1989).

① 홍보 카피를 작성하기 전에 목표시장을 정확하게 정의하기
- 당신은 활용할 우편 주소록(mailing list)이 어떤 것인지 알고 있는가?
- 홍보대상자의 직업은 무엇인가?
- 그들의 생활 스타일은 어떠한가?
- 평균 교육수준은 어느 정도인가?
- 평균 가계수입은 어느 정도인가?
- 그들이 소속된 사회단체나 전문가 집단은 무엇인가?

② 잠재적 학습자의 요구를 알고 나서 이러한 요구를 충족할 수 있도록 돕는 목표로 작성하라.
- 당신은 목표집단의 요구를 파악하기 위하여 구성원과 이야기하거나 설문조사를 실시한 적이 있는가?
- 프로그램 내용은 이들 요구를 충족시키는가?
- 목표집단의 요구를 적어도 15개 이상 목록으로 만들고 홍보 카피에 포함시키라.

③ 교육에 참여하면서 얻을 수 있는 혜택을 강조하라.
- 사람들이 교육참여에 의해 받을 수 있는 혜택을 적어도 10개 정도 홍보 문구에 포함하라.
- 특혜 부분을 따로 강조하라.

- 당신은 이러한 혜택이 참여자에게 가치 있는 것으로 인식된다는 것을 어떻게 정확히 판단하는가?

④ 처음 3~4초 내에 독자의 관심을 포착하라.

- 홍보 카피는 앞뒷면 모두에서 대담하면서 실천 지향적으로 쓰였는가?
- 제목에 있어서 실천성, 긴급성, 중요성 그리고 우수성이 강조되었는가?
- 당신은 프로그램 제목에 대한 감(feel)이 오는가? 그리고 그것이 당신을 자극하는가?

⑤ 독자를 참여시키라.

- 홍보 카피는 즉각적으로 독자를 참여시킬 수 있는가?
- 홍보 카피는 완성된 내용을 전달하고 있는가?
- 홍보 카피는 논리적 순서에 의해 제시되는가?
- 홍보 카피는 등록을 활동적으로 권고하는가?
- 등록이 용이한가?

⑥ 독자의 참여를 독려하는 단어와 강력한 메시지를 사용하라.

- 당신은 홍보 카피에 활동적이고 강력한 단어를 최소한 50개 사용했는가?
- 홍보의 페이지마다 강력하고 행동 지향적인 머리글이 있는가?
- 제목은 학습결과를 강조하는가?

⑦ 메시지를 통해 당신이 원하는 행동을 취하도록 자신이 만든 홍보 카피를 배열하라.

- 당신은 적어도 한 명의 동료로부터 홍보 카피의 검증을 받고 피드백을 받는가?
- 당신은 학습참여자 중 적어도 한 사람으로부터 자신의 홍보 카피를 검증받은 적이 있는가?

⑧ 시험하라! 시험하라! 시험하라!

- 당신은 홍보 카피의 효과성에 대한 평가를 어떻게 계획하였나?
- 당신은 우편 주소록의 효과성을 추적하기 위한 시스템을 고안하였는가?
- 당신은 신선한 관점을 가지고 수정하기 위하여 며칠 동안 홍보 카피를 따로

제쳐둔 적이 있는가?
• 홍보 카피는 당신이 최선의 노력을 다한 결과물인가?

4) 홍보지 작성

우선, 홍보지를 작성할 때에는 모집과정, 대상, 교육내용, 교육기간, 접수기간, 제출서류, 수강료 등을 명시한다. 팸플릿이나 브로슈어를 받아보았을 때 가장 처음 보이는 면은 모집과정의 특성을 가장 잘 드러내는 문구와 그에 적절한 그림으로 묘사한다. 다음으로 팸플릿을 펼쳤을 때 보이는 내부의 면에는 모집대상, 교육내용, 교육기간, 접수기간, 제출서류, 수강료 등을 제시한다. 프로그램에 대한 고객의 관심을 높이기 위해서는 지면의 한 부분을 할애하여 교육 내용과 시간, 강사명 정도를 언급하는 것이 효과적이다. 마지막 지면에는 기관을 찾아오는 방법(차량 서비스)이나 접수문의(상담)에 대한 문구를 제시한다(이화정 외, 2003).

둘째, 프로그램 참여 시 얻는 혜택이 있을 경우 간결한 문구로 팸플릿의 하단에 제시한다.

셋째, 팸플릿이나 브로슈어의 색상은 눈에 띌수록 효과적이기는 하나 자칫 촌스러워질 수 있으므로 색상 선택에 주의를 기울여야 한다. 특히 홍보지의 색상과 톤을 어떻게 선택하느냐에 따라 기관과 프로그램의 질이 달라 보일 수 있기 때문에 색상과 톤의 선택은 민감한 부분이다. 보색을 사용하여 눈에 띄도록 하는 것도 효과적이기는 하지만, 최근에는 원색을 피하는 경향이 있다. 색상의 선택은 4~5개 정도가 가장 적절하다. 1~2개 정도의 색을 사용할 경우, 경비 절감 효과는 얻을 수 있지만 홍보지의 단조로움을 피할 수 없기 때문에 실패 가능성이 높다.

넷째, 문구를 작성할 시에는 간결하면서도 독특한 카피를 이용하도록 한다. 우리가 TV 광고를 한 번 보고 나면 잘 잊지 않듯이 기억에 남는 독특하고도 간결한 카피를 만들어 내는 것이 중요하다.

2P(내부)	3P(내부)	4P(뒤)	1P(앞)

• 모집대상
• 교육내용
• 교육기간
• 접수기간
• 제출서류
• 수강료
	• 프로그램 일정
	  (프로그램 내용 및
	  시간, 강사)
	• 표
		• 약도
		• 기관을 찾아오는
		  방법(차량 서비스)
		• 접수문의(상담)
			• 프로그램의 제목과
			  이에 적합한 문구
			  및 그림

[그림 6-4] 홍보지 작성 내용

5) 홍보매체

홍보매체의 제작과 함께 중요한 것이 매체의 선정이다. 홍보매체 선정을 위한 몇 가지 기본 원칙은 다음과 같다.

(1) 홍보매체 선정의 기본 원칙

홍보매체를 선정할 때 고려해야 할 기본 원칙을 정리하면 다음과 같다.

① 홍보매체의 특성을 감안하여 주 매체를 선정하고 그 매체의 단점을 보완할 수 있는 보조매체를 다각적으로 활용한다.
② 무료 홍보수단(지역신문 등)을 보조 홍보매체로 최대한 활용한다.
③ 홍보 내용이 간단한 것은 '눈보다는 귀', 복잡한 것은 '귀보다는 눈'을 활용하는 홍보매체를 선택한다.
④ 교육 프로그램의 내용을 고려하여 그 대상의 교육수준이 낮을수록 청각매체를 활용한다. 반면에 대상의 교육수준이 높을수록 시각매체를 활용하는 것이 바람직하다.
⑤ 광범위하게 홍보할 수 있는 매체를 선택한다.

⑥ 내용을 정확하게 전달할 수 있는 매체를 선택한다.

⑦ 빠른 정보전달이 가능한 동시성 있는 매체를 선택한다.

⑧ 학습요구를 촉발시킬 수 있을 정도의 내용 전달이 가능한 매체를 선택한다.

⑨ 적은 경비로 최대의 효과를 얻을 수 있는 매체를 선택한다.

(2) 홍보매체의 종류

① 구두(口頭)

① 활용 방법: 전화 상담, 공식 연설, 종교시설 특강, 비공식 대화, 내부 학습자 또는 회원의 입소문 등을 활용한다.

② 장점: 개별적인 접촉을 통하여 정확하게 전달, 안정적 학습자 확보, 비용이 들지 않는다.

③ 단점: 전달자의 자질과 심성에 의해 좌우된다.

② 강의 안내지

① 강좌명: 단순하고 외우기 쉬워야 한다. 길거나 복잡한 강좌명은 혼동되기 쉬우며 불명확한 제목은 사람들의 시선을 끌지 못한다.

② 개요: 강사명, 교육 장소 · 시간 · 기간, 비용, 교재비, 강좌번호, 그 외의 필요한 정보가 포함된다.

③ 과정 설명: 일반적으로 과정 설명의 처음 한두 단락은 매력적이거나 극적이거나 흥미로워야 한다. 처음 몇 단어를 가지고 고객은 더 읽을 것인가, 아니면 다른 강좌의 설명으로 넘어갈 것인가를 결정하게 된다. 그다음 2~5단락은 과정의 범위와 내용의 개요를 설명하는 것이어야 한다. 어떠한 설명이든 다음의 요소를 갖추어야 한다.

• 사람들의 관심을 끌거나 흥미로울 것

• 사실에 기초한 완전하고 정확한 내용이어야 할 것

· 필요한 것을 모두 포함하여 과정에 관한 충실한 정보를 갖추어야 할 것

④ 강사: 강사의 약력은 과정 설명 밑에 몇 단어의 독립된 문장으로 쓴다. 강사의 자격은 그의 경험을 소개하는 것으로 설명하고, 강사가 그 과정을 가르치면서 갖는 흥미와 동기를 약력에 포함시키면 참가자가 강사를 호감이 가는 동료로서 받아들일 수 있다. 자격증이나 학위 등의 소개는 될 수 있으면 고려하지 않아야 한다.

③ 신문

① 홍보 내용: 강좌명, 교육기간, 수강료, 모집기간, 전형방법, 문의처, 교육기간 등

○○일보 사회부 기자 ○○○님 귀하

언제나 저희 기관의 발전을 위해 도움 주셔서 대단히 감사합니다. 이번에 개설될 아래의 교육 프로그램에 대한 홍보를 부탁드리오니 귀사에서 협력해 주시기 바랍니다. 감사합니다.

　　1. 교육 프로그램명:
　　2. 교육내용:
　　3. 교육대상:
　　4. 교육장소:
　　5. 교육기간:
　　6. 교 육 비:
　　7. 교육문의: 담당자명 / 전화번호

　　　　　　　　　기　　　관　　　명

[그림 6-5] 신문 무료 홍보 틀

② 장점: 전문적인 교육내용일수록 효과가 크고, 불특정 다수를 대상으로 광범위한 홍보가 가능하며, 모집기간에 맞춘 빠른 정보전달이 가능하다.

③ 단점: 홍보비가 많이 들고, 무료 홍보일 경우 게재될 가능성이 적다.

④ 무료 홍보 틀: 신문도 기삿거리를 찾는다. 토막기사로 구성되기 위해서는 [그림 6-5]와 같이 홍보 틀로 기사를 제공함으로써 기자의 요구에 맞출 수 있다.

④ 안내책자

① 홍보 내용: 교육 목적 및 목표, 교육기간, 강사명, 수강료, 생활정보, 장학 혜택, 특전, 모집기간, 문의처, 기타 공지사항 등

② 장점: 최소의 경비로 실속 있게 제작하고, 학습안내를 받고자 하는 학습자에게 배부하거나 상담용으로 활용하며, 자세한 학습정보를 수록한 안내책자를 개별 우송함으로써 학습관리 및 학습동기를 유발하고, 장기간 활용할 수 있다.

③ 단점: 한 번 제작하면 수정하기 어렵다.

⑤ 전단(flyers)

① 활용 방법: 등록할 가능성이 높은 사람들에게 우송하거나 신문에 끼워서 배포한다.

② 장점: 타자기나 인쇄활자 등을 이용하여 값싸게 만들 수 있고, 세련된 도안과 문구를 통하여 주의를 환기시킬 수 있다.

⑥ 포스터

① 홍보 내용: 강좌명, 교육기간, 수강료, 문의처 등

② 활용 방법: 포스터에는 독자의 눈을 끄는 큰 글씨로 표제를 장식하고 그에 이어 그 과정에 대한 간단한 설명만을 게재한다.

③ 비치 장소: 관공서, 학교, 각종 평생교육기관 등의 게시판

④ 전략: 가끔은 손수 제작한다.

7 **대량 홍보우편**(mass mailings)

① 홍보 내용: 교육에 관련된 전반적인 내용

② 장점: 광역적인 홍보

③ 단점: 큰 비용에 비해 효과가 적다.

④ 활용 방법: 참가 가능성이 높은 사람만을 선택하여 효과적이고 저렴한 비용으로 홍보한다.

8 **라디오**

① 홍보 내용: 기관안내, 강좌명, 교육기간, 수강료, 문의처 등

② 장점: 광역적 홍보

③ 단점: 일회성

④ 활용 방법: 라디오는 청취자로부터 공공서비스 정보에 관한 많은 요청을 받고 있기 때문에 개설 강좌의 성격이 공공성을 띠고 있다면 라디오 프로그램에서 홍보하기에 적격하다.

9 **TV**

① 활용 방법: 뉴스, 인터뷰, 공공서비스 프로그램 등

② 장점: TV는 시각적 효과를 가지고 있기 때문에 야외활동 강좌와 같이 훌륭한 시각적 장면이 요구되는 강좌라면 TV 방송국에서 흥미를 가질지도 모른다. 방송된다는 것을 보장할 수는 없지만, 지역방송을 활용한다면 그다지 많은 시간을 들이지 않고 효과를 얻을 수도 있다.

10 **지역신문**

① 홍보 내용: 강좌명, 교육기간, 수강료, 문의처, 위치 및 교통편 등

② 활용 방법: 벼룩시장 등과 같은 지역신문과 구청 및 시청 소식지 활용, 평생교육 칼럼 기고, 지역 내 기관 간 연합을 통한 평생교육 소식지(news letter), 안

내지 제작

③ 장점: 무료

11 현수막

① 홍보 내용: 가급적 단순하게 구성, 교육기관의 존재와 모집기간 등을 집중 홍보

② 전략: 기존의 틀을 깨라! 질문 하나, 시 한 구절 등 궁금증을 자아내게 하고 문의처만 남기라(예, "이거 배우러 오실래요!" "나 너무 행복해!").

③ 장점: 재활용 가능(내용 중에서 기간 부분을 공란으로 하면 매 교육 시 재사용 가능)

(3) 새로운 홍보매체

1 단편영화 제작

① 홍보 내용: 기관의 전반적인 사업 내용

② 시간: 20분 내외

③ 활용 방법: 개강식날 상영

④ 장점: 잠재적 학습자 확보, 드라마 형식으로 구성하여 기억에 오래 남음

2 이벤트 사업

① 내용 및 방법: 평생교육의 날 또는 평생교육 주간 설정, 진열과 전시, 회합과 회의, 기념일, 특별상, 기관 공개, 경연대회, 퍼레이드나 선발대회, 지역사회 후원행사, 기관후원, 평생학습일기 발표회 등 평생교육 문화행사 개최

3 인터넷 홈페이지

① 홍보 내용: 기관의 전반적인 사업 내용

② 장점: 접근 편리

③ 단점: 젊은 층이 주로 활용, 관리자 필요

④ 홍보용 비디오 제작

① 홍보 내용: 기관에서 잘 교육받은 학습자의 학습담 등 소개

② 시간: 10분 내외

③ 장점: 간결하게 기관 전체 홍보

⑤ CF 제작

① 홍보 내용: 교육목적, 기관명, 문의처 등 최소한의 내용

② 시간: 5분 미만

③ 활용 방법: 지역방송, 지역극장, 교육을 주제로 다룬 비디오테이프 등

⑥ 홍보용 CD 타이틀 제작

① 홍보 내용: 기관의 사업 전반

② 장점: 대부분의 가정에 컴퓨터가 있으므로 접근 용이

③ 단점: 연령대가 제한될 가능성

⑦ 우표

① 홍보 내용: 기관명, 기관 이미지 등

② 활용 방법: 기관 기념일, 대형사업 등

③ 장점: 지속적인 기관 홍보 가능

④ 단점: 많은 내용을 담기 곤란

⑧ 기타

① 고속도로 패스

② 전화카드

3. 평생교육기관의 광고

광고는 기관의 의사소통 프로그램에 기여할 수 있고 적절히 사용한다면 기관의 품격을 높일 수 있다. 광고는 분명한 후원자의 후원하에 유료 매체를 통하여 행해지는 비대인적인 형식의 커뮤니케이션이다. 광고에는 잡지나 신문의 지면광고, 라디오나 TV 같은 시간광고, 옥외광고, 교통광고, 직접우송광고, 안내서 등 여러 형태가 있다. 광고는 기관, 특정 프로그램에 관한 장기적인 이미지와 명성을 확립할 수 있고, 특정 프로그램이나 행사에 관한 정보를 제공하는 등의 목적에 활용된다. 한마디로 정의하면, 광고는 유료 홍보와 이념·상품·프로그램·서비스의 판촉이다. 이는 주로 잡지, 신문, TV, 라디오, 광고게시판, 버스카드 등 대중매체를 통해 이루어진다.

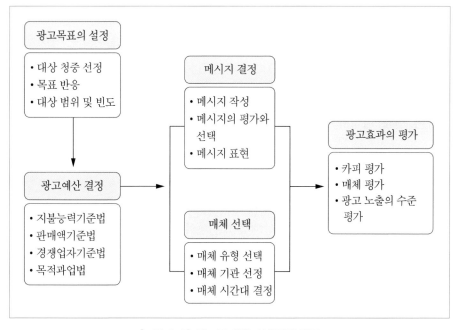

[그림 6-6] 광고를 위한 의사결정 항목

비영리조직의 마케팅 담당자는 효과적인 광고를 개발하기 위한 다섯 가지의 주요 의사결정을 하여야 하는데 그 결정 항목은 [그림 6-6]과 같다.

1) 광고목표의 설정

효과적인 의사소통 프로그램은 분명한 의사소통 목적을 가지고 출발해야 한다. 이러한 목적은 기관의 전략에 관한 이전의 결정으로부터 도출되어야 한다. 일부 목적은 홍보 및 기타 의사소통 방법과 관련하여 제기될 수 있고, 일부는 광고에 의해 최선으로 제기될 수 있다.

광고의 목적을 개발하는 일은 대상 청중, 대상 반응, 대상 범위와 빈도를 결정하는 일을 필요로 한다.

(1) 대상 청중의 선정

평생교육기관에서 마케팅 커뮤니케이션은 대상 청중을 명확히 하는 것으로부터 시작된다. 그것은 평생교육기관 프로그램에 참여할 잠재적 학습자, 최근 참여자 또는 영향력을 발휘할 사람들이 청중이기 때문이다. 이 청중은 개인, 집단, 특정 대중 또는 일반 대중으로 구성되어 있다. 따라서 대상 청중에게 무엇을 말하고, 어떻게 말하며, 언제, 어디서 말할 것인가가 큰 영향을 끼친다.

(2) 목표 반응 및 청중의 상태 규정

대상 청중이 선정되면 희구하는 목표 반응을 명확히 하여야 한다. 물론 평생교육기관이 바라는 궁극적인 반응은 잠재적 학습자의 학습참여다. 그러나 학습참여는 잠재적 학습자의 오랜 과정에 따른 최종적인 결과로 수행되는 것이다. 따라서 이때에는 현재 대상 청중이 어떤 상태에 있으며, 그들이 어떤 상태로 되어야만 할 것인가에 대해 이해해야 한다. 그 이유는 어떤 청중이건 그들은 평생교육기관과 관련하여 갖게 되는 인지(awareness), 이해(knowledge), 호감(liking), 선호(preference),

확신(conviction), 행동(action)의 여섯 가지 단계의 준비 상태 중 어느 한 상태에 놓여 있기 때문이다.

① 인지 단계: 청중은 평생교육기관 및 그 서비스를 전혀 알지 못하는 미인지 상태에 있다가 다만 그 이름을 알게 되거나 또는 조직에 관한 사실을 한두 가지 알게 되는데 이것이 인지 상태다.

② 이해 단계: 이것은 평생교육기관에 대한 청중의 주요 정보의 인식 정도를 의미한다. 청중이 평생교육기관 및 그 서비스에 관해 인지하고 있지만 인지 정도가 부족하여 평생교육기관이 중요한 정보를 대상 청중에게 제공해야만 특정 신념의 이미지를 형성한다는 것을 의미한다.

③ 호감 단계: 이것은 평생교육기관에 대한 싫고 좋은 느낌을 나타내는 것이다. 대상 청중이 평생교육기관과 그 서비스를 잘 이해하고 있다면 그다음 문제는 그것을 어떻게 느끼고 있는가다. 그것은 평소 싫어함, 그냥 싫음, 그냥 좋음, 매우 좋음이라는 느낌의 상태로 구분할 수 있다. 만약 청중이 평생교육기관에 대해 비우호적인 느낌을 가졌을 때에는 그 원인을 밝히고 좋은 감정을 느낄 수 있는 커뮤니케이션 프로그램을 전개하여야 한다.

④ 선호 단계: 이것은 청중이 다른 평생교육기관이나 그 기관의 서비스보다 더 좋아하는 상태를 말한다. 이때 마케팅 담당자는 자기 기관의 서비스의 품질, 가치, 성능 및 그 외의 속성을 알림으로써 선호도를 높임과 동시에 선호의 강도가 어떤가를 파악해야 한다.

⑤ 확신 단계: 이것은 청중이 특정 평생교육기관을 선호하더라도 그 기관의 선택에 대한 확신을 가지지 못하는 경우가 있는데 이때 그 기관을 선택하는 것이 올바른 것임을 확신하도록 하는 것이다. 몇몇 성인학습자가 다른 평생교육기관보다 A평생교육기관을 선호하지만 A를 선택할 것인가에 대해 아직 결정을 못 내린 상태에 있다. 이때 평생교육기관의 마케팅 담당자는 A평생교육기관을 선택하는 것이 현명할 것이라는 확신을 청중에게 심어 주는 프로그램을 개

발하고 전개하여야 한다.

⑥ 행동 단계: 확신에 도달했지만 실천에 옮기지 않는 청중이 있다. 이런 청중은 추가 정보를 필요로 하거나 실천을 주저할 여러 가지 이유가 있을 수 있으므로 행동을 실행할 수 있는 촉발요인을 제공해야 한다.

(3) 대상 범위와 빈도의 결정

비영리조직의 마케팅 담당자는 광고목적을 달성하기 위해 필요한 목적(reach), 빈도(frequency) 및 영향을 결정하는 일을 한다. 청중 모두에게 광고가 전달되고 빈번히 행해져 기대하는 영향을 발휘할 수 있도록 충분한 광고비가 편성된 경우는 흔하지 않다. 따라서 비영리조직의 마케팅 담당자는 몇 %의 청중에게 광고가 도달되게 하고 특정 기간 동안 노출 빈도를 어떻게 할 것인가를 결정해야 한다.

2) 광고예산의 결정

광고예산은 광고의 목적과 이를 위한 광고 프로그램에 달려 있다. 평생교육기관은 총 광고예산 규모의 추정에 더해서 상이한 시장 부문, 지역, 시간대에 따라 그 예산을 어떻게 배분할 것인가도 계획해야 한다.

예컨대, D평생교육기관이 광고예산 설정 방법에서 목적과업법에 따라 1,000명의 성인학습자에게 각각 두 종류의 편지를 발송하려 한다고 가정해 보자. 이것은 총 노출량이 2,000임을 의미한다. 이 경우 디자인 비용과 한 통당 평균 우송비가 100원이라 한다면 200만 원의 광고예산이 소요된다.

이와 같이 필요한 총 광고예산 규모의 추정에 더해서 대학은 그 예산을 어떻게 상이한 시장 세분, 지리적 영역과 시기에 분배할 것인가를 결정해야 한다. 실제로 광고예산은 수요 분할 부문의 사람 수, 판매수준, 그리고 시장 잠재력을 나타내는 지표에 근거해서 각 분할 부문에 분배된다. 그래서 만약 B분할 부문의 시장 잠재력을 나타내는 지표가 A분할 부문의 2배라면 B에 2배의 광고예산을 할당하는 것이 적절하다고 생각할 수 있다. 하지만 현실적으로는 기대되는 광고에 대한 한계반응(expected marginal response to advertising)에 근거해서 상이한 분할 부문에 분배된다. 환언하면, 한 분할 부문에서 다른 분할 부문으로 예산을 이동시켜도 총 시장반응에는 아무런 변동이 없을 때 광고예산이 잘 분배되었다고 할 수 있다.

3) 메시지 결정

광고의 대상과 예산이 결정되면 광고담당자는 창의적인 메시지를 개발해야 한다. 광고담당자는 메시지의 작성, 메시지의 평가 및 선택, 그리고 메시지 표현이라는 세 단계를 통해 메시지를 결정한다.

(1) 메시지 작성
메시지 작성은 다양한 방법을 통해 작성된다.

첫째, 청중이 평생교육기관의 서비스를 어떤 방법으로 취하고, 그것에 관해 어떻게 말하며, 그것에 대한 표현을 어떻게 희망하는가를 알기 위하여 대상 청중과 만나 이야기하는 것이다.

둘째, 광고 아이디어를 구하기 위해 평생교육기관의 주요 구성원과 브레인스토밍을 하는 것이다.

셋째, 연역적 방법을 사용하는 것이다. 이 방법은 합리적 메시지, 정서적 메시지, 그리고 도덕적 메시지 중 어느 하나에 집중하여 메시지를 작성한다.

① 합리적 메시지: 평생교육기관이 청중에게 이익을 제공하고 있음을 나타내는 것을 목적으로 작성된다. 예를 들면, 서비스의 질, 경제성, 가치 또는 성과를 나타내는 메시지가 제시되는 경우다.
② 정서적 메시지: 긍정적 또는 부정적 감정을 이끌어 내는 것을 목적으로 작성된다. 불안감, 죄악감, 그리고 특히 사람들이 해야 하는 것(예, 양치질이나 정기

적인 건강검진 등)과 해서는 안 될 일(예, 끽연, 과음, 과식, 약물남용 등)을 제시하는 경우다.

③ 도덕적 메시지: 무엇이 옳고 그른지 등과 같은 청중의 정의감에 호소할 목적으로 작성된다. 예컨대, 남녀평등, 인종관계 개선, 빈부의 격차 해소 등과 같은 사회운동에 대한 협력을 요구할 때 자주 사용된다.

(2) 메시지의 평가 및 선택

여러 가지의 메시지 대안 중에서 최상의 것을 선택하려면 평가기준이 필요하다. Twedt는 메시지를 유망성, 배타성 그리고 신뢰성의 세 가지 척도로 평가하는 것이 합리적이라 하였다(정익준, 1999). 즉, 메시지는 다른 광고에서는 없는 배타적이거나 또는 차별적인 무언가를 언급해야 함과 동시에 신뢰성도 있어야 하고 그것을 입증할 수 있어야 한다. 세 가지 메시지 평가척도 중 어느 것이 낮게 평가되면 메시지의 커뮤니케이션 능력은 크게 저하되므로 모든 요소가 중요하다.

(3) 메시지의 표현

메시지의 효과는 무엇을 말하는가에 의해서뿐만 아니라 그것을 표현하는 방법에 의해서도 영향을 받는다. 기본적으로 동일한 특성을 가진 기관의 제공물에 있어서는 메시지의 표현방법이 결정적인 역할을 한다. 대상 청중으로부터 주목과 흥미를 끌려면 메시지를 능숙하게 전달하여야 하며, 효과적으로 메시지를 표현하기 위해서는 적절한 표현 스타일, 어조, 용어, 순서, 그리고 형식이 갖추어져야 한다.

첫째, 광고 메시지는 여러 가지 스타일(style)로 전달될 수 있다. 여기에서 생각할 수 있는 광고표현 스타일은 생활 장면, 라이프스타일, 환상, 과학적인 입증, 증언에 의한 입증 등이다.

둘째, 어조(tone)는 대상 청중의 바람직한 반응을 획득할 수 있는 적절한 것이어야 한다. 흡연 반대 광고에서는 엄숙하게, 비만 방지 광고에서는 잡담과 같은 어조로, 그리고 동물원 광고에서는 유머스러운 어조가 효과적일 수 있다.

셋째, 메시지에서 기억에 남고 주목하게 만드는 용어(words)를 발견하는 것도 중요하다. 용어를 발탁하는 방법은 여섯 가지로, 요구형, 질문형, 이야기형, 무엇을, 어떻게, 왜형이 있다.

넷째, 제시의 순서다. 광고에서 청중에게 결론을 제시할 것인가 아니면 결론을 위임할 것인가의 문제다. 일방적인 논의인가 혹은 양면적인 논의인가의 문제다. 그리고 광고주가 가장 희망하는 주장을 처음 제시할 것인가 최후에 제시할 것인가의 문제다.

다섯째, 메시지의 구성요소도 광고효과에 영향을 미치므로 광고주는 카피, 일러스트, 색 등을 결정해야 한다. 그래서 광고주는 기발함, 대비, 남의 이목을 끄는 그림이나 표제어, 특징적인 형식, 메시지의 크기와 위치, 색 형태, 움직임을 이용하여 흥미를 유발한다.

4) 매체의 선택

매체의 선택 과정에는 세 가지의 기본적인 단계가 있는데, 그것은 주요 매체 유형의 선택, 매체기관의 선정, 그리고 매체 시간대의 결정이다.

(1) 주요 매체 유형의 선택

매체 선택의 첫 단계는 매체 유형을 선택하는 것으로부터 시작된다. 이때 매체계획자는 각 주요 매체 유형이 바라는 도달 범위와 빈도 및 효과에 대해 검토해야 한다. 왜냐하면 각 매체는 저마다 이점과 한계점을 가지고 있기 때문이다. 매체계획자는 각 매체가 갖는 이점과 한계점을 이해한 뒤 여러 요인을 고려하여 광고매체를 선택한다.

(2) 매체기관의 선정

이 단계에서는 여러 매체 중에서 가장 적은 비용을 가지고 원하는 반응을 효율적으로 달성해 줄 수 있는 매체가 무엇인가를 검토하고 선정한다. 먼저 인쇄광고의 경우에는 발행 부수, 광고의 크기, 게재될 위치와 게재 횟수, 광고구매의 준비시간, 색도, 비용 등을 검토하면서 동시에 매체기관의 신뢰성과 명성, 지방판 유무, 게재 대기기간(lead time), 편집 지향성 및 심리적 영향 등과 같은 각 매체기관의 질적 특성도 고려하여야 한다. 그런 뒤에 어떠한 매체기관이 동일한 광고비로 가장 많은 도달과 빈도 및 효과를 가져다줄 것인지 최종적으로 결정하여야 한다.

(3) 매체 시간대의 결정

이 단계에서는 선정된 매체기관이 어떠한 일정계획에 따라 광고 게재를 할 것인가를 결정하게 된다. 여기에는 장기적인 일정계획과 단기적인 일정계획이 있다.

장기적인 일정계획은 1년 동안 어떤 일정에 따라 광고비를 어떻게 지출할 것인가를 결정하는 주기적인 타이밍 문제와 관련된다. 이는 서비스에 대한 청중의 규모와 관심이 월별과 계절별로 다르기 때문이다.

단기적인 일정계획은 주별과 같은 짧은 기간에 광고를 어떻게 할 것인가를 결정하는 문제와 관련되는데, 이에는 세 가지 광고 유형이 있다. 첫째, 폭발적 광고(집중형)다. 이것은 짧은 기간에 모든 광고비를 사용해서 노출을 집중하려는 것으로써 최대의 주목과 관심을 불러일으키는 데에 효과적이다. 둘째, 연속적 광고(계속형)다. 이것은 해당 기간 내에 균등하게 광고비를 사용하는 방법이다. 셋째, 단속적 광고다. 이것은 해당 기간 중에 산발적으로 광고하는 것이다.

이러한 세 유형 중에서 매체계획자가 하나를 선택해야 할 때에는 다음과 같은 세 가지 요인을 검토해야 한다.

① 청중의 회전율(audience turnover): 새로운 대상 청중이 나타나는 비율을 말한다. 이것이 높으면 그들에게 도달시키기 위해 광고를 계속하여야 한다.
② 행동 빈도(behavior frequency): 일정 기간에 대상 청중이 실제로 행동(예, 금연 등)에 옮기는 횟수를 말한다. 이것이 높으면 광고를 계속해야 한다.

③ 망각률(forgetting rate): 대상 청중이 메시지를 망각하는 속도를 말한다. 이것
이 높으면 대상 청중의 마음속에 메시지를 기억시키기 위해 광고가 계속되어
야 한다.

5) 광고효과의 평가

광고 캠페인의 계획이 마련되면 그것을 실시하기 이전과 실시기간 중 그리고 실
시한 다음에 평가를 해야 한다. 이는 광고효과를 측정하는 문제다. 측정방법은 크
게 카피 평가(copy testing), 매체평가(media testing), 그리고 광고 노출수준 평가
(advertsing exposure level testing)로 구분된다. 카피 평가는 광고가 실제로 매체에
게재되기 전(카피의 사전 평가) 및 그것이 인쇄되거나 방송된 후(카피의 사후 평가)의
두 가지 방법으로 행해진다.

(1) 카피의 사전 평가

카피의 사전 평가(ad pretesting)는 광고를 유포하기 전에 그 효과를 극대화하기
위해 실시하는데, 다음과 같이 세 가지 방법이 있다.

① 우편질문법: 대상 고객의 패널 또는 광고전문가의 서열적 평가에 의한 검토
방법이다. 이 방법은 좋은 광고를 확인하기보다는 신통치 않은 광고를 선별해
내는 데 도움이 된다. [그림 6-7]에서 보는 바와 같이 5개의 광고평가 강도를
'가장 빈약' 0점에서 '매우 훌륭함' 25점까지 부여하여 전체 점수를 합산해
빈약한 광고와 훌륭한 광고를 선별할 수 있다.
② 포트폴리오 검사: 응답자에게 광고지 견본을 주고 원하는 시간만큼 보게 한
후 그것을 내려놓고 그 광고에 대한 기억 정도를 묻는 방법이다. 그 결과가 광
고물의 전달능력과 의도된 메시지의 이해력을 나타낸다고 보고 평가한다.
③ 심리적 조사법: 심장박동, 혈압, 동공 확대 등의 생리적·육체적 반응을 심전

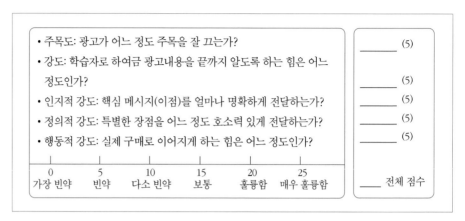

[그림 6-7] 광고의 평가도

계, 순간 노출기, 안동기록 카메라 등의 장치로 측정하여 평가하는 방법이다. 이것은 신념, 태도 및 의도에 미치는 영향보다 주의집중력 조사에 적합하다.

(2) 카피의 사후 평가

카피의 사후 평가(ad posttesting)는 기대한 결과가 달성되었는지 확인하는 방법이다. 이 조사방법에는 두 가지가 있다.

① 회상 검사: 해당 매체의 정기적 이용자를 찾아 광고주와 상품 등 그들이 광고와 관련하여 기억할 수 있는 모든 것을 말하도록 하는 방법이다.
② 재인식 검사: 광고수단에 제시된 쟁점을 읽은 사람을 찾아 그들이 본 기억이 있는 것을 지적하도록 하는 방법이다.

(3) 광고 노출수준 평가

광고 노출수준 평가(advertising-exposure level testing)는 광고 후의 조사로, 실시목적은 실제로 광고물이 나간 뒤에 광고가 고객에게 미친 영향력을 알아보기 위함이다. 이 조사방법에는 두 가지가 있다(정익준, 1999).

① 상기 검사: 매체기관을 정기적으로 접촉하는 사람을 발견하고 그들로 하여금 광고주와 제품을 상기 또는 회상하도록 하는 것이다. 검사 실시자는 그들이 상기하는 데 조력해도 좋고 하지 않아도 좋다. 상기평점(想起評點, recall score)은 그들의 반응에 따라 측정되는 것으로, 광고의 주의력과 기억력을 나타낸다.

② 재인조사법(再認調査法): 이 조사에서는 가령 어떤 잡지 특정호의 독자를 표본으로 해서 그들이 보았거나 읽었다고 인식한 것이 무엇인가를 지적하도록 요청한다. 이러한 광고에 대한 각각의 인지자료를 통해 세 가지의 다른 스타치 (starch) 독자평점이 주어진다.

※ 주의: 특정 잡지의 해당 광고를 이전에 본 경험이 있는 것

※ 주목과 연상: 광고주의 제품이나 서비스의 이름을 명확히 지적한 광고의 일부를 보았거나 읽은 것

※ 정독(精讀): 그 광고를 보았을 뿐만 아니라 그 광고의 반 이상을 읽은 적이 있는 것

제 7장

평생교육 프로그램 및 기관의 평가

1. 평생교육 평가의 의미

평가는 수년에 걸쳐서 다양한 범위로 정의되어 왔다. 어떤 학자는 "진술된 목표가 성취되는 정도를 결정하는 과정"(Tyler, 1949) 또는 "설정된 기준과 성과가 차이가 있는지 여부"(Popham, 1969; Provus, 1971), 즉 판단적 측면(judgemental aspect)에 초점을 둔다. 다른 학자는 "의사결정을 위한 정보를 수집하는 것"으로 평가를 정의하면서 발달적 측면(developmental aspect)에 초점을 둔다(Stufflebeam, 1983). 미국 교육평가표준위원회(Joint Committee on Standards for Educational Evaluation)는 1981년 평가를 "어떤 대상(object)의 가치에 관한 체계적인 조사"로 정의했다. 평가의 대상은 학습결과, 수업의 질, 마케팅 기능, 선발과 유지 노력 등과 같은 전체 프로그램 또는 프로그램의 개인적 측면일 수 있다(Galbraith, Sisco, & Guglielmino, 1997: 114). 실제로 평가의 용어는 사람에 따라 다르듯이 서로 다른 것을 의미한다.

그러므로 평가를 효과적으로 기획하고, 평가과정을 토론하기 전에 일반적인 평가의 인식과 세부적인 평가에 대하여 부분적으로 명료화해야 할 필요가 있음이 지적되고 있다.

한편, 평생교육 평가의 유형에는 평가의 시기, 방법 그리고 평가결과의 사용 목적 등에 따라 진단평가(diagnostic evaluation), 형성평가(formative evaluation), 총괄평가(summative evaluation)의 세 가지로 구분할 수 있다. 진단평가는 프로그램 계획과 실시 이전 또는 도중에 이루어지는 진단과 교정 목적의 평가다. 형성평가는 글자 그대로 어떤 활동이 개선되거나 강점이 유지되고 약점이 보강될 수 있도록 하기 위해 증거를 수집하고 그것을 평가하는 과정이다. 창조적인 탐구과정을 통하여 끊임없이 대안을 찾아냄으로써 학습의 성취나 수업과정의 개선사항 내지 결함을 찾아내서 그것을 보강하기 위한 것이다. 아울러 형성평가는 학습목표가 달성될 수 있도록 다양한 학습과업을 통해 학습자의 향상도(progress)에 관한 자료를 수집하는 의식적인 노력인 것이다. 형성평가가 유용하게 되려면 학습활동이 이루어지고 있는 동안 정보가 수집되어 그것이 활용될 수 있어야 한다. 형성평가는 학습활동의 개선을 주된 목적으로 하기 때문에 성인교육 프로그램에서 가장 유용성이 높다고 볼 수 있다. 마지막으로 총괄평가는 프로그램의 최종 단계에서 내리는 결정이다. 교육 프로그램에 적용될 때 총괄평가의 목적은 프로그램의 미래, 즉 프로그램을 계속할 것인가 혹은 종료할 것인가에 대한 의사결정을 도와주는 것이다. 진단평가는 학습경험 이전의 조건 및 상황에 대한 관심이고, 형성평가는 학습경험의 지속성을 위한 조건을 다루는 반면, 총괄평가는 결론을 내리는 것이다.

이 세 유형의 평가에서는 평가자의 역할이 다르다. 진단평가와 형성평가에서 평가자는 교수자(instructor)나 조직자(organizer)가 된다. 개선이 목적이기 때문에 발전적인 활동에 관심이 있는 사람은 형성평가에 적극적으로 참여한다. 총괄평가는 공명정대(impartiality)와 객관성(objectivity)에 더 많은 관심이 있기 때문에 평가에 있어서 제3자를 통해 객관성을 유지하는 것이 바람직하다. 그러므로 이들 세 가지 가운데 어느 한 가지만을 바람직한 것으로 택하여 사용하기보다는 목적에 따라 병행하여 사용하는 것이 더 효과적이다.

2. 평생교육 기획 단계 평가

평가를 기획하고, 실행하고, 해석하고, 활용하는 능력은 전략적 기획과 효과적 리더십에서 중요한 기술이다. 잘 기획된 평가는 환경조사 과정 중에도 중요한 데이터를 제공한다. 평가는 평생교육경영에 관련하여 더 바람직한 의사결정을 내리는 데 필요한 일종의 자료를 모을 수 있도록 계획될 수 있다. 평가는 평생교육기관이 자기갱신 과정으로 이용하는 방법을 제공하고 있으며, 평생교육 서비스를 제공받는 수혜자의 급속적인 요구 변화를 충족시키는 데 매우 중요하다. 잘 기획된 평가는 고객집단의 감정과 반응, 지식의 수준과 정도, 행동과 과업수행, 경우에 따라서는 글로벌 사회·공동체의 변화를 검증할 수 있다. 이는 종종 평가의 직접적인 편익으로 언급된다. 지도자는 항상 많은 평가 형태의 가치와 비용효과성에 관한 계속적인 자료에 관심을 두고 검토해야 한다. 평가는 일차적으로 책무성에 대한 요구로 이용되며, 잘 개발되고 성숙된 프로그램을 사용했을 때 가장 적절하다.

평생교육기획의 평가는 기관의 내부 요소와 외부 환경의 평가로 구분할 수 있다. 기관 내부의 평가는 기관의 구조, 시스템, 전략 등이 평가될 수 있다. 평생교육기관은 눈송이와 같아서 두 개의 요소는 전혀 같지 않다. 아무리 거대한 조직의 구성요소라 할지라도 그들의 행정 및 조직적 관계는 아주 다르다. 대부분 구조의 평가는 평생교육기관의 부서 또는 모기관의 조직표를 검토하면서 시작된다. 조직의 또 다른 평가는 시스템의 평가다. 이러한 평가방법은 시스템 및 하위 시스템이 투입, 과정, 산출과 관련하여 어떻게 기능하는가를 평가한다. 기관의 투입요소는 사람, 장비, 재료, 금전일 수 있으며, 산출은 재화와 용역, 비용 등일 수 있다. 평생교육기관의 내부 자원요소로는 프로그램, 사람, 고객, 시설, 재정 등이 평가될 수 있다.

평생교육경영자는 평가에서 가장 먼저 기관의 사명을 분석하고 확인해야 한다.

변인	조직환경			
	외적	기관적	구조적	문화적
프로그램				
인력				
고객				
시설				
재정				

*1. 축소 2. 안정 3. 성장: 셀 안에서 사용하기 위한 전략

[그림 7-1] 기관의 내부 요소와 외부 환경 평가모형

출처: Simerly, R. G., & Associates(1987).

평생교육경영자는 문화적 평가(cultural audit)로부터 획득된 새로운 자료와 기관의 기존 지식을 합쳐서 미래의 비전을 설정해야 하며, 이를 실현하기 위한 전략을 전개해야 한다. 전략은 기관의 세부 조직의 다양한 측면에 대하여 [그림 7-1]과 같이 '축소' '안정' '성장' 등에 관한 결정을 해야 한다. 이때 기관경영전략을 평가하는 데 있어서 네 가지의 환경요소를 평가해야 한다. 네 가지 환경평가요소는 ① 외부의 사회경제적 상황, ② 기관의 상황, ③ 구조적 상황, ④ 내부의 문화적 상황 등이다.

[그림 7-1]에서 보는 바와 같이 기관은 평가계획에서 조직의 환경적 요인을 검토해야 한다(Simerly & Associates, 1987: 175-176).

첫째, 평생교육기관은 조직의 외부 환경요인을 검토해야 한다. 그것은 지방 및 국가의 경제적 상황, 인구통계, 경쟁기관, 정치적 압력과 현실, 다양한 기관 및 단체와의 파트너십 등이다. 아마 외부 환경은 네 가지 환경 중 평가하기에 가장 역동적이고 예측하기 힘든 요인이다.

둘째, 기관적 환경은 평생교육기관이 처해 있는 공식적·형식적 현실이다. 모기관의 상황을 효과적으로 평가하고 전체적인 사명을 달성하기 위하여 평생교육에 의해 수행해야 할 역할과 사명을 평가할 필요가 있다. 평생교육경영자는 모기관의

지원수준을 평가할 필요가 있으며, 평생교육기관에 대해 모조직이 중점을 두는 우선순위를 분명하게 이해해야 한다.

셋째, 구조적 환경은 규칙과 절차, 구체적인 의사소통 라인, 공식적으로 지시된 과업과 의무 등으로 부과된 공식적인 환경이다. 구조적 환경의 평가는 효율성과 생산성에 대한 기관의 공헌도를 결정하기 위하여 공식적인 지침이나 규정에 의한 평가를 내포한다.

넷째, 기관의 환경은 문화적 환경을 평가할 수 있다. 이러한 평가는 평생교육경영자가 기관의 내적인 문화가 강한지 약한지를 결정하는 데 도움이 될 수 있다. 더욱이 이러한 환경이 앞의 세 가지 환경과 부합되는지에 관하여 결정을 내려야 할 필요가 있다.

평생교육 프로그램 및 기관 경영에 있어서 선행평가(proactive evaluation)는 프로그램 및 기관의 문제를 미리 예측하고 예방할 수 있다. 이는 평생교육의 기획 단계에서 이루어지는 전략평가다. 이러한 평가는 평생교육경영자가 기관의 내부 변인, 즉 프로그램, 인력, 고객, 시설, 재정 등의 요소에 대하여 조직의 환경요소인 외부 조건, 기관적 조건, 구조적 조건, 문화적 조건을 평가하는 기획평가 또는 전략적 기획의 평가다. 평생교육 기획 단계에서의 평가는 평생교육기관의 의사결정과 전략적 기획에 대하여 논리적이고 신뢰할 만한 토대를 제공한다.

3. 평생교육 프로그램의 평가

1) 평생교육 프로그램 평가의 목적

평생교육담당자의 책무성에 대한 요구가 고조됨에 따라 프로그램 평가에 대한 관심이 더욱 증가하고 있다. 프로그램 평가는 다음과 같은 이유 때문에 가치가 있다. ① 프로그램의 목표에 충실히 하는 데 도움을 준다. ② 프로그램의 모든 면에 대한 의사결정을 하는 데 필요한 정보를 제공해 준다. ③ 학습의 설계와 실행에 있어서 개선사항이 무엇인지 파악할 수 있다. ④ 참여자의 학습에 대한 응용력을 증대시킨다. ⑤ 프로그램의 책무성을 갖게 한다. ⑥ 프로그램의 주요 성취에 대한 자료를 제공해 준다. ⑦ 앞으로 프로그램을 어떻게 개선해야 할 것인지를 파악할 수 있다. 훌륭한 프로그램 평가는 프로그램 기획자, 참여자, 교육자, 지역사회 집단, 기타 이해당사자에게 유용한 피드백을 제공해 준다.

평가를 하는 주된 목적은 개인으로 하여금 무엇인가에 대해 보다 나은 결정을 할 수 있도록 한다는 가정에 바탕을 둔다. 어떤 것을 평가하든지 평가는 무엇인가를 향상시키고 어떤 최종적인 판단(final judgement)을 내리기 위한 지표가 된다. 평가는 분명히 세워진 기준과 비교하여 그 결과에 대한 보고와 평가가 주요 목적인데도 다음과 같은 또 다른 가치 있는 목적이 있다.

- 과정과 절차의 진행에서 필요한 변화 확인
- 충족되지 못한 요구 확인
- 다양한 접근의 서로 다른 효과성에 관한 자료 확인
- 서비스의 지원, 인사관리, 조직풍토 등에서 필요한 변화 결정
- 프로그램 목적과 목표의 타당성 검증
- 프로그램 향상을 위한 자료 수집

Cranton(1989)은 수업평가를 수업 개선과 프로그램 및 인사행정과 같은 행정적 결정과 참여자의 학습활동 선택에 도움을 주기 위하여 실행한다고 설명한다. 또한 성과를 평가하고 보고하거나 직원발달을 위한 적절한 주제를 확인하는 것도 평가의 다른 목적일 수 있다.

한편, 학습자와 학습결과의 영역에서의 평가는 ① 등급의 지정과 능력의 확인, ② 학습경험에 대한 학습자의 만족도 결정, ③ 학습경험이 학습자의 행동에 미치는 영향 결정, ④ 직장이나 지역사회 등과 같은 보다 큰 조직에서 학습자의 경험이 미

치는 영향 결정 등으로 계획될 수 있다.

　대부분의 프로그램 평가는 평가 시기와 관련이 있다. 과거 활동에 초점을 둔 평가는 프로그램의 정당성이나 책임성을 목적으로 실행된다. 현재 상황을 반영하는 평가는 프로그램 개선을 위한 정보를 얻으려는 데 목적이 있다. 평가는 미래지향적이며 미래의 교육 프로그램을 기획하는 데 도움을 주기 위하여 기획될 수 있다. 이러한 평가 형태는 잠재적인 프로그램 목적, 목적에 도달하기 위한 대안적인 수단, 각각 대안적 접근에서 가능한 결과의 가치를 결정하려고 한다. 프로그램 평가의 의도와 목적을 고려할 때 그것과 관련된 강조의 범위와 영역에 영향을 미치는 결정을 내릴 수 있다. 예를 들어, 주정부의 기금으로 공식적인 기관에 의해 매년 수행되는 미국 성인기초교육(Adult Basic Education)에 대한 종합평가는 봉사인원 수, 프로그램 완수 비율, 숙달 수준의 향상 등과 같은 책무성과 관련이 있다(Galbraith et al., 1997: 117-118).

2) 프로그램 평가의 기획

⑴ 평가과정 설계

　프로그램 평가를 실시하는 데 있어서 누구든지 납득할 만한 한 가지 유일한 체계적인 과정이 있는 것이 아니기 때문에 그 과정에 대한 많은 기술이 개발되어 왔다. 프로그램 평가를 위해서는 평가과정에 대한 면밀한 계획이 필요할 뿐만 아니라 그 결과를 어떻게 활용할 것인지에 대한 설계가 선행되어야 한다. Caffarella(1994: 121-123)는 체계적인 평가과정을 설계하는 방법에 대한 종합적인 설명을 제공한다.

　① 평가결과에 영향을 미치는 사람 및 단체(자금지원기관, 최고경영자, 프로그램개발자, 지역사회 단체)로부터 평가에 대한 후원을 확보한다. 평가결과의 영향을 가장 많이 받게 될 사람들로부터 지필(written) 또는 언어적(verbal) 지지를 받는 일이 중요하다. 이러한 지지는 공식적 동의, 공적인 발표 등의 형식을 취할

수도 있다. 분명히 해 두어야 할 것은 평가의 범위와 일반적 시간계획이다.

② 평가를 계획하고 감독하는 데 누가 참여해야 하는지를 결정한다. 프로그램 평가과정을 계획하고 감독할 사람이나 팀을 지명해야 한다. 일부 대규모 조직에서는 이러한 기능을 담당할 사람을 임명하고 있으며, 외부 자문위원을 위촉하는 조직도 있다.

③ 평가의 목적과 그 결과를 활용하는 방법을 정확히 기술한다. 평가목적이 정확하게 진술되고 참여한 모든 사람이 그것에 대해서 이해해야 한다. 특히 프로그램에 있어서 주요 이해당사자(참여자, 교수자, 자금지원기관 등)의 기대를 충족시키는 일이 무엇보다도 중요하다.

④ 평가할 내용과 문항을 구체화한다. 평가되어야 할 주요 영역은 참여자의 학습, 교육 프로그램 자체(프로그램의 틀, 내용, 교수자 등), 프로그램의 결과(개인이나 조직의 변화 등), 프로그램 기획 과정, 프로그램이 하부 단위나 조직 전체에 미치는 영향, 프로그램이 지역사회나 사회에 미치는 영향 등이다.

⑤ 평가를 위해 필요한 증거를 누가 제공할 것인지를 결정한다. 프로그램에 참여한 학습자, 교수자, 프로그램 개발자, 행정·경영인사, 지역사회 주민, 외부 자문가와 같이 다양한 사람으로부터 증거가 수집될 수 있다.

⑥ 활용될 평가방법을 구체화한다. 평가목적, 프로그램 성격과 평가 문항에 부합되는 평가방법이 선정되어야 한다.

⑦ 자료수집 기법과 시기를 결정한다. 자료수집 기법과 시기는 주로 평가의 목적과 선정된 평가방법에 의해 결정되어야 한다. 아울러 응답자의 특성, 평가자의 지식, 시간과 비용이 고려되어야 한다.

⑧ 분석 절차를 구체화한다. 분석 절차는 평가 문제와 방법, 자료수집 기법과 직접적으로 관련이 있어야 한다. 양적 자료는 단순한 수 계산이나 백분율 계산에서부터 매우 복잡한 통계분석에 이르기까지 다양하다. 질적 자료는 보통 산문식으로 보고된다. 양적 자료에는 빈도 계산이나 카이자승(chisquare) 등의 통계절차가 활용된다. 면접 등을 통해 수집된 질적 자료는 유형(pattern)이나

일반적 주제(general themes)에 의해 분석된다.

⑨ 프로그램을 평가하기 위해 사용될 기준이 무엇이고 그러한 기준을 결정하기 위해 어떤 절차가 활용되어야 하는지를 구체화한다. 선정된 기준에는 학습수준이나 가능할 것으로 생각되는 변화수준이 포함되어야 한다. 중요한 평가문제마다 기준이 설정되어야 한다. 기준이 미리 결정될 수 없는 프로그램에 대해서는 기준이 어떻게 해서 도출될 것인지에 대한 과정이 개관되어야 한다.

⑩ 평가를 실시하는 데 필요한 구체적인 시간계획과 예산을 결정한다. 시간계획은 고정적, 구체적(특정 프로그램 전후와 같이), 지속적(모든 프로그램에 참여한 사람들의 학습에 있어서 변화를 기록하는 것과 같이)일 수 있다. 프로그램 평가는 비용이 들기 때문에 그 과정을 시작하기 전에 먼저 현실성 있는 예산에 대한 논의가 선행되어야 한다.

⑪ 평가를 마친 후 권고안을 작성하고 평가보고서를 준비하여 제시한다. 평가보고서는 정확하게 작성되어야 하고 평가목적에 부합되는지에 초점이 맞춰져야 한다. 개선되어야 할 사항과 앞으로의 활동에 대한 권고는 현실적이어야 하고, 그러한 권고를 실천하기 위한 행동전략이 포함되어야 한다. 이 보고서는 주요 이해당사자에게 지필 형식이나 구두로 제시되어야 한다.

⑫ 프로그램 전체 또는 특정한 학습활동에 있어서 개선되어야 할 권고사항에 반응한다. 권고사항은 승인되어야 하고 적절한 곳에서 적시에 이행되어야 한다. 주요 이해당사자와 그 권고안에 의해 영향을 받는 사람에게 알려야 하고, 필요할 경우 그들을 변화과정에 참여시켜야 한다.

(2) 평가자료 수집

① 자료수집 기법

평가자료를 수집하기 위해 여러 가지 기법이 사용될 수 있다. 각 기법은 프로그램의 목표, 평가방법, 필요한 정보 유형에 따라 한 가지 또는 그 이상의 기법이 활용될 수 있다. 이 밖에도 평가를 실행하고 응답하는 사람들의 유형과 그러한 기법을 활용하는 데 드는 비용을 고려해야 한다.

첫째, 프로그램 평가의 대표적인 방법으로 질문지법이 있다. 질문지는 정보를 수집하는 신속하고 신뢰성 있는 방법을 제공해 준다. 그러나 이 기법은 한계성이 있으므로 지나치게 의존해서는 안 된다. 질문지는 프로그램에 대한 평점이나 개방적 질문을 포함한다. 학습자가 대규모일 경우 질문지는 수업태도에 관한 정보를 수집하는 신속하고 실제적이며 신뢰성 있는 방법이다. 그것은 면접처럼 응답자가 자유롭게 논평할 수 없기 때문에 예기치 않은 반응을 평가하기 어려울 것이다. 아울러 잘못 제작된 질문지는 편견적인 반응을 유도해 낼 가능성이 있다.

둘째, 그다음으로 면접법이 활용된다. 면접은 대면적인 개인적 질문과 대답이다. 그것은 미리 계획되고 매우 조직적일 수도 있고, 완전히 개방적이고 융통성이 있을 수도 있다. 그것은 쉽게 양화될 수 없거나 예기치 못한 생각과 반응을 찾아내는 데 가장 적합하고, 일반적으로 소수의 주제에 관한 세부적이고 심층적인 정보를 제공한다. 면접은 또한 시간이 덜 소비되는 경향이 있는 소규모 집단에서 사용될 수 있지만, 면접받는 이의 관점을 완전히 대표하느냐 하는 문제가 있을 수 있다. 어떤 종류의 면접자료는 시간 소비적이고 분석하기 어렵지만 좋은 결과를 가져올 수도 있다.

셋째, 관찰법은 수업진행 과정을 살펴보는 데 유용하다. 특정 행동이 관찰·기록될 수 있고, 행동의 발현에 강조점을 둔다. 관찰자는 훈련이 잘되어 있어야 하고 관찰을 기록하기 위해서 어떤 체계적인 절차가 활용되어야 한다. 관찰법은 교수자의 특정 행동이나 기술에 관한 자세한 정보를 얻는 데 가장 유용하다. 그것은 시행하는 데 시간이 비교적 많이 소요되지만, 주의 깊고 체계적으로 행해진다면 직접적이고 유용한 자료를 얻을 수 있다. 관찰자는 어떤 행동을 탐색해야 하고 그것을 기록하는 객관적이고 일관적인 방법이 무엇인지를 알아야 한다.

넷째, 논평(comment)은 형식적 내지 비형식적 기록이다. 개인이나 집단은 프로그램의 여러 측면에 대한 자신의 감정·반응·태도를 기록하도록 요청받을 수 있다. 논평은 사람들의 예기치 않은 반응을 알아보는 데 특히 유용하다. 그러나 논평은 분석하기 어렵고 대표성 없는 자료를 창출하는 경향이 있다. 논평자료를 수집하는 일은 비교적 쉽지만, 결과를 해석하기는 어렵다. 논평의 기록을 위한 구조적 형식이 활용된다면 결과는 각 범주에 반응한 빈도에 의해서 요약될 수 있다. 그러나 예기치 않은 부수효과(side-effect)에 대한 정보를 수집하기 위하여 매우 비구조화된 형식이 사용되어야 한다. 논평자료가 수집된 다음에는 응답에 대한 범주화가 요구된다. 모든 응답은 면밀하게 판독되어야 하고, 결과의 성격을 기술하는 것 같은 일련의 범주가 개발되어야 한다.

다섯째, 비디오테이프와 오디오테이프 레코딩은 수업관찰에 대한 영구적인 기록을 가능하게 한다. 이 기법의 가장 큰 장점은 교수자가 자기 자신의 교수활동을 보고 특정 행동의 효과성을 분석할 수 있다는 것이다. 이러한 자료를 면밀히 분석함으로써 교수자는 자신의 교수활동이 잘된 것과 그렇지 않은 것을 스스로 알게 되고 이를 기초로 자신의 교수행위를 수정 · 보완할 수 있다.

② 자료수집 시기 및 장소

자료수집 기법의 다수는 프로그램 평가와 교육 프로그램을 위한 아이디어를 수집하기 위해 사용된다. 평가자료는 프로그램이 시작되기 전, 진행되는 과정, 그리고 프로그램이 종료된 후의 세 가지 중요한 시점에서 수집될 수 있다.

첫째, 프로그램이 시작되기 전에 자료가 수집된다. 출발점에서 참여자의 수준을 알아보기 위해서 그들의 지식이나 기술 · 가치/태도에 관한 기초자료를 수집하는 것이다. 관찰이나 면접, 집단 · 조직 · 지역사회의 기록, 보고서 등을 검토하기도 하고, 질문지나 테스트가 활용되기도 한다. 프로그램이 시작되기 전에 이러한 평가를 수행하여 참여자의 출발 당시의 수준을 파악하기 위한 자료로 활용한다.

둘째, 프로그램 실시 중에 그 현장에서 평가자료가 수집된다. 참여자의 학습에 관한 자료, 프로그램 진행 중 그 프로그램에 대한 참여자와 스태프의 반응을 알아보는 것이다. 질문지 · 면접 · 테스트가 활용되는데, 이러한 방법을 통한 자료수집은 프로그램을 개선할 목적으로 활용된다.

셋째, 프로그램이 끝날 경우에 그 현장에서 참여자의 학습에 관한 자료, 프로그램에 대한 참여자와 스태프의 반응을 질문지 · 면접 · 테스트 등을 통해서 수집한다. 이러한 유형의 평가자료는 출발점에서 수집한 참여자의 수준과 프로그램의 배경에 대한 자료와 비교함으로써 프로그램을 통해 참여자의 수준 향상 여부와 개선사항을 밝혀낼 수 있다.

끝으로, 프로그램이 종료된 후 추수평가를 통해 참여자의 지식수준, 수행능력, 가치 및 태도에 관한 자료, 기관의 정보, 예컨대 지침 · 절차 · 비용 등의 정보, 지역사회/사회에 관한 정보 등을 알아본다. 관찰이나 면접, 기관의 기록 검토, 비용-효과 분석, 지필 형식의 문헌, 질문지, 작품/수행 점검 등을 통해 자료가 수집된다.

프로그램의 세 가지 시점에서 수집된 평가자료는 수업과정과 직접 관련되는 정보를 포함한다. 이러한 자료 형태의 한 예는 학습내용과 관련된 참여자의 현재의 지식과 기술자가 무엇을 학습했는지를 알아보기 위해 수업 중 또는 후에 수집된 자료다. 프로그램에서 수집된 이러한 자료는 프로그램의 가치를 평가하는 데 중요한 기준이 된다.

③ 자료수집을 위한 지침

면밀하게 계획된 어떤 평가를 위해서는 자료 수집과 해석이 정확해야 한다. 평가결과는 질문지의 지시문, 자료수집 시간, 응답의 익명성, 정보가 수집되는 환경과 같은 변인의 영향을 어느 정도 받을 수 있다. 올바른 자료수집을 위한 몇 가지 지침은 다음과 같다.

- 질문지나 논평 등은 완전히 익명으로 해야 한다. 반응을 추적하거나 몇 가지 측정 사이의 관계를 알고자 하는 상황에서는 코드명이나 코드 번호를 사용하는 것이 좋다.
- 분명하고 정확한 지시문이 제시되어야 한다. 지시문에는 평가의 목적과 응답의 비밀보장에 대한 진술이 반드시 포함되어 있어야만 한다.

- 면접 · 토론 · 관찰은 평가결과의 영향을 직접적으로 받지 않는 사람들에 의해 수행되어야 한다.
- 자료수집 형식이나 그 방법을 결정하기 위한 적절한 시간이 주어져야 한다. 프로그램이 종료될 무렵에 즉흥적으로 평가를 실시해서는 안 된다.
- 어떤 특별한 사건(시험 · 휴일 등) 직전이나 직후에 평가정보가 수집되어서는 안 된다.
- 참여자가 교수자와 수업내용에 익숙해질 수 있는 충분한 시간을 가진 후 정보가 수집되어야 한다.
- 이완되고 자연스러운 상황에서 정보가 수집되어야 한다. 예컨대, 참여자를 면접하기 위해서 한꺼번에 그들을 평가자의 사무실로 오도록 해서는 안 된다. 그렇게 된다면 남을 의식한 나머지 자신의 생각을 자유롭게 표현하지 못하게 된다.
- 부정확하거나 편파적인 지각에 기초를 두어서는 안 되기 때문에 가능하다면 자신의 정보와 다른 정보를 대조하여 검토해야 한다. 평가자료는 특정한 사람이나 집단의 편향적인 시각이 아니라 대다수 사람의 일반적인 시각이 포함된 것을 수집해야 객관성을 보장할 수 있다.

(3) 자료의 분석 및 해석

평가자료가 수집되면 자료를 분석하는 절차에 착수해야 한다. 평가과정에서 가장 흔히 나타나는 결함의 하나는 자료분석 절차에 대한 잘못된 계획에서 나타나기 때문에 이 단계는 매우 중요하다. 아무리 훌륭한 평가자료가 수집되었다고 하더라도 그것에 대한 분석이 충분하지 못하면 효과를 거둘 수 없다.

프로그램 평가로부터 두 가지 형태의 중요한 자료, 즉 양적 및 질적 자료가 탄생된다(Borg, Gall, & Gall, 1993; 차갑부, 1999 재인용). 양적 자료는 정확한 수량적 측면인 반면, 질적 자료는 풍부한 기술적 자료를 제공한다. 이러한 두 가지 자료는 매우 다르므로 분석 단계에서 프로그래머는 이 점에 신경을 써야 한다. 또한 평가정보에 대한 분석은 앞에서 언급한 각 자료수집 기법에 따라서 다양하다.

〈표 7-1〉 **참여자 평가 질문지(약식, 종합)**

예1 참여자 질문지: 약식

프로그램명: _____　일시: _____

다음 문항에 대해 가장 적합하다고 생각하는 번호에 ∨표 하시오.

	아니다	보통	그렇다
1. 수업목표는 분명했는가?	①	②	③
2. 수업 기법과 자료는 당신의 학습에 도움이 되었는가?	①	②	③
3. 수업을 전체적으로 평가한다면?	①	②	③

4. 프로그램을 전체적으로 평가한다면?

_____

_____

_____

5. 프로그램으로부터 당신이 활용할 수 있는 정보나 기술을 몇 가지 제시하시오.

_____

_____

_____

6. 본 프로그램에서 개선되어야 할 점 몇 가지를 제시하시오.

_____

_____

_____

예2 참여자 질문지: 종합형

프로그램명: _____　일시: _____

다음 각 물음에 대해 가장 적합하다고 생각하는 번호에 ∨표 하시고, 의견이 있으면 기재하시오.

제1부: 수업 내용과 절차

	아니다	보통	그렇다
1. 수업목표가 명확하고 현실적이었습니까?	①	②	③
2. 당신이 학습하고자 했던 내용을 학습했습니까?	①	②	③
3. 제시된 자료는 당신에게 관련되고 가치가 있었습니까?	①	②	③
4. 자료는 적절히 제시되었습니까?	①	②	③
5. 주제당 할당된 시간은 적절했습니까?	①	②	③
6. 수업 및 프레젠테이션 기법은 적절하였습니까?	①	②	③

1. 수업목표가 명확하고 현실적이었습니까?　　　　　　　① ② ③
　　의견: _____

2. 당신이 학습하고자 했던 내용을 학습했습니까?　　　① ② ③
　　의견: _____

3. 제시된 자료는 당신에게 관련되고 가치가 있었습니까?　① ② ③
　　의견: _____

4. 자료는 적절히 제시되었습니까?　　　　　　　　　　① ② ③
　　의견: _____

5. 주제당 할당된 시간은 적절했습니까?　　　　　　　① ② ③
　　의견: _____

6. 수업 및 프레젠테이션 기법은 적절하였습니까?　　　① ② ③
　　의견: _____

7. 다양한 수업에 적극적으로 참여할 기회가 주어졌다면 그것이
　　당신에게 도움이 되었습니까?　　　　　　　　　　① ② ③
　　의견: _____

8. 수업자료는 당신의 특별한 생활 상황과 관련지을 수 있습니까?　① ② ③
　　의견: _____

9. 사용된 수업자료 및 보조자료는 학습과정을 촉진시켰습니까?　① ② ③
　　의견: _____

10. 프로그램은 잘 조직되었으며 효과적으로 실시되었습니까?　① ② ③
　　의견: _____

제2부: 교수자 기술

　　　　　　　　　　　　　　　　　　　　　　아니다　보통　그렇다

1. 교수자는 열정적이었습니까?　　　　　　　　　　　① ② ③
　　의견: _____

2. 교수자는 준비를 철저히 했습니까?　　　　　　　　① ② ③
　　의견: _____

3. 교수자는 내용에 대한 전문지식을 가지고 있었습니까?　① ② ③
　　의견: _____

	아니다	보통	그렇다
4. 교수자는 참여자들이 편안함을 느낄 수 있도록 노력하였습니까?	①	②	③
의견: _____			
5. 교수자는 자료를 학습함에 있어서 적절한 도움을 주었습니까?	①	②	③
의견: _____			
6. 교수자는 참여자들과 의사소통을 잘하였습니까?	①	②	③
의견: _____			
7. 교수자는 당신의 흥미를 유발시켰습니까?	①	②	③
의견: _____			
8. 교수자는 제한된 시간에 내용을 적절히 제시하였습니까?	①	②	③
의견: _____			

제3부: 배열

	아니다	보통	그렇다
1. 등록과정은 참여자에게 우호적이었습니까?	①	②	③
의견: _____			
2. 프로그램 스케줄은 잘 계획되었습니까?			
(수업시간과 점심시간 사이의 충분한 시간 배정 등)	①	②	③
의견: _____			
3. 이번과 같은 제반 시설이 다시 활용되어야 한다고 생각하십니까?	①	②	③
의견: _____			
4. 지금과 같은 동일한 식단을 원하십니까?	①	②	③
의견: _____			

제4부: 프로그램 종합

	아니다	보통	그렇다
1. 학습한 내용을 일상생활에 응용할 수 있습니까?	①	②	③
의견: _____			
2. 수업 내용과 방법은 도움이 되었습니까?	①	②	③
의견: _____			
3. 프로그램 전체를 어떻게 평가하십니까?	①	②	③
의견: _____			
4. 프로그램의 주요 장점과 수정되어야 할 내용에 대해 적으시오.	①	②	③
의견: _____			

출처: Caffarella(2002), pp. 243-246.

첫째, 면접결과에 대한 분석은 범주별로 응답을 기술하는 것으로 구성된다. 면접이 구조적이거나 반구조적일 경우 범주가 미리 결정되고 필요시 수정될 수 있다. 면접이 구조적일 경우 응답을 검토한 후 범주가 만들어진다. 범주별 응답의 빈도에 따라 결과가 요약될 수 있다.

둘째, 평가될 행위나 특성에 대한 체크리스트(checklist)나 평정척도(rating scale)를 사용하여 관찰이 행해진다. 결과에 대한 분석은 각 항목에 대한 체크나 평점의 빈도를 알아봄으로써 이루어진다.

셋째, 논평은 면접과 유사한 방법으로 분석된다. 즉, 범주별 진술의 빈도를 평가함으로써 응답이 범주화되고 요약된다.

넷째, 질문지의 결과는 매우 정교한 통계적 기법을 사용하여 분석될 수 있다. 수업 향상에 관심을 갖고 있는 교수자는 응답의 빈도나 평균치에 의한 기법이 적절하다. 경우에 따라서는 문항 간 혹은 특정 문항과 다른 문항 사이의 상관관계가 유용하다. 질문결과가 지니고 있는 위험성은 수치에 지나치게 의미를 부여한다는 것이다. 정확한 수치라고 생각하기 쉬우나 통계적으로 조작이 가능하고 다양한 변인의 영향을 받는다는 점을 염두에 두어야 한다.

다섯째, 비디오테이프나 테이프 레코딩은 관찰과 똑같은 방식으로 분석된다. 관찰은 시간표집(time-sample)으로 할 수 있다. 예컨대, 5, 10, 15초마다 그 시간에 일어나는 행동을 기록할 수 있다. 이러한 기법은 일반적으로 수업과정에 대한 보다 많은 대표 표집을 산출해 낸다.

프로그램 기획자는 분석 단계에서 집계된 자료를 해석함으로써 프로그램의 가치에 대해 평가한다. 평가결과에 대한 해석은 자료수집이 시작되기 전에 미리 개발된 기준에 기초하여 행해진다(〈표 7-2〉 참조). 자료분석 결과와 각 평가문항이나 목표에 대해 설정된 기준을 비교함으로써 이루어진다. 일단 정보가 분석되면 그 자료는 어떤 영역이 수정될 필요가 있는지를 분석하기 위해 사용된다. 때때로 이 단계에서는 미리 결정된 기준이 현실성이 없게 된다. 이 경우 평가결과는 폐기되어야 하고 그 기준은 재검토되어야 할 것이다. 단순히 결과에 기초하여 기준을 수정하기보다

〈표 7-2〉 교육 · 훈련 프로그램의 평가와 해석

평가 영역	기준	분석결과	해석 및 결론
참여자의 학습 관리능력 향상을 위한 프로그램에 참여한 사람들은 이 내용 영역에서 충분한 지식을 습득했는가?	참여자들은 관리능력에 대한 지식 테스트에서 85점 이상 득점해야 한다.	40명의 참여자 중 38명이 관리능력에 관한 지식 테스트에서 85점 이상 득점하였다.	참여자 대다수가 자료를 숙달하였으므로 이 프로그램은 매우 성공적이다.
프로그램 운영 프로그램 스태프는 사내교육 프로그램에서 유능한 교수자 내지 촉진자였는가?	스태프는 교수자와 촉진자로서의 능력에 관한 5점 척도 중 4점을 득점해야 한다. 자료는 6개월간 실시된 프로그램 중 무선 표집된 25개 프로그램에서 도출된다.	무선 표집된 교육 프로그램 중 25개 프로그램 평가로부터 도출된 자료에서 스태프 모두가 4점을 득점하였다.	대체적으로 스태프는 사내교육 프로그램을 위한 매우 유용한 교수자 내지 촉진자다.
조직의 문제 신입사원들의 파업률 감소는 오리엔테이션 프로그램에서 기인되었다고 할 수 있는가?	6개월 이상 신입사원의 파업률이 20% 감소되어야 한다.	6개월간 파업률이 10% 감소되었다.	오리엔테이션 프로그램은 별 효과가 없다. 따라서 높은 파업문제에서 다른 대안(예, 감독 행위, 작업조건의 변화)을 검토해야 한다.
사회적 문제 일련의 신문 사설, 정보 교환을 위한 이웃과의 모임, 모든 지역사회 가정에 발송한 전단의 결과로서 지역사회의 실천 프로그램에 자원봉사자가 되고자 하는 사람이 증가되었는가?	안전한 지역사회를 위한 이웃 간 실천 프로그램에서 자원봉사자 수가 5% 증가할 수 있다.	자원봉사자 비율이 평균 8% 증가하였다.	신규 자원봉사자의 비율이 프로그램 목표 이상 증가했으므로 신문 사설, 이웃모임, 전단을 통한 교육적 노력은 매우 성공적인 것으로 판단된다.

출처: Caffarella(2002), pp. 259-260.

는 오히려 원래의 계획을 객관적으로 재검토하려는 시도가 있어야 할 것이다.

(4) 프로그램 성패요인의 검토

교육 프로그램에 대한 평가자료를 해석함에 있어서 상황의 실제를 바탕으로 하여 성공요인과 실패요인을 검토해야 한다. Sork는 프로그램에 대하여 흔히 성공만이 강조될 뿐 실패를 이해하려는 과정은 소홀히 한다고 하였다(1991: 90-92). 그는 네 가지 프로그램 실패 유형을 다음과 같이 분류하였다.

① 실행 전 마무리 문제

프로그램 기획은 부분적으로 완성되었으나 실행 전에 끝을 맺는 데서 문제가 야기된다. 실패 원인은 다음과 같은 것을 포함한다.

- 불분명한 조직목표
- 잘못 규정된 고객체제
- 자원 제약에 대한 불완전한 지식
- 과도한 비용 내지 난잡하고 엉성한 설계
- 계획 완수의 실패

② 프로그램 취소 문제

프로그램을 위한 계획은 완성되었으나 충분한 등록을 유도하지 못하여 프로그램이 취소되기 때문에 실패하게 된다. 이러한 문제는 흔히 다음의 원인 중 하나에서 기인된다.

- 부적절한 수강료, 스케줄, 장소의 설정
- 잠재적 참여자, 조직, 지역사회의 관심 부족
- 부적절한 마케팅

- 매력적인 경쟁체계 실패
- 판로 포화(market saturation)
- 부적절한 후원

③ 기대 미충족 문제

프로그램 기획이 끝나고 프로그램이 실행되지만 참여자가 기대한 내용을 제공하지 못하기 때문에 발생한다. 그리하여 참여자는 프로그램을 이수하지 못하거나 그것에 매우 소극적으로 반응한다. 실패 원인은 다음과 같다.

- 미숙한 교수자
- 미숙한 진행자
- 불분명한 목표
- 내용과 참여자 욕구 사이의 잘못된 연결
- 저급한 비수업자원(non-instruction resources)의 질

④ 목표 미달성 문제

프로그램이 실행되고 참여자가 만족감을 표시하지만 애당초 설계된 목표를 달성하지 못하기 때문에 발생한다. 실패 원인은 다음과 같다.

- 비효율적인 수업
- 불분명한 목표
- 목표에 대한 인식 부족
- 비현실적 기대
- 목표 및 프로그램 틀과 수업기법의 연결 미흡
- 부적절한 학습 준비

3) 프로그램의 고객 평가

평가는 고객의 요구와 기대를 충족시킬 수 있도록 기획하는 것이 유용하며, 고객이 누구인지가 매우 중요하다. 그러므로 평가는 고객과 관련된 다음과 같은 중요한 진술이 있다. 첫째, 평가는 1인 이상의 고객이 있을 수 있다. 둘째, 서로 다른 평가의 고객과 서로 다른 평가의 욕구가 있을 수 있다. 셋째, 평가를 위한 구체적인 고객과 그들의 구체적인 평가의 요구가 평가기획의 초기 단계에서 분명하게 확인되어야 한다. 평가를 위하여 고객을 고려하는 것은 수집되는 자료의 형태에 영향을 미치며, 자료가 분석되고 그 결과가 보고되는 방식에 영향을 미치기 때문이다. 프

〈표 7-3〉 **프로그램 평가에 관련된 고객**

고객 구분	세부 고객
후원인 및 단체	• 납세자 • 기금재단 • 법인재단
정책결정자	• 중앙정부 • 광역자치단체 • 기초자치단체 • 국가 기관 및 단체(평생교육진흥원 등) • 교육청 • 대학 및 대학교 기관
업무담당자	• 프로그램 기획자 • 전 · 현직 업무담당자
고객	• 학습자 • 지역주민 • 지역사회의 기관 및 단체 • 프로그램 서비스에 관련된 기관 및 기업체 • 기타 단체 및 기관
전문 기관 및 단체	• 전문 기관 및 단체 • 학회 및 연합회 • 기타 평생교육 관련 기관 및 단체

출처: Galbraith et al.(1997), p. 26.

로그램 평가의 전형적인 고객은 재정지원기관, 모기관, 일반 대중, 행정가, 학습촉진자, 업무종사자, 프로그램 참여자 등과 같은 개인이다. 〈표 7-3〉은 프로그램 평가에 관련된 훨씬 더 종합적인 범위를 제시한다.

동일 집단에서 학습자와 학습결과 평가는 일반 고객이 할 수 있는 반면, 학습촉진자나 비수업담당자 평가에 대한 일차적인 고객은 행정가나 그에 관련된 개인이 될 수 있다. 집단의 성과 또는 성취에 대한 일반적인 보고서는 유용한 마케팅 도구 또는 프로그램 평가보고서의 참고가 될 수 있으나, 개인의 업적평가 결과는 개인의 프라이버시를 위해 보호되어야 한다.

4) 평가의 대상

평가는 무엇이 평가되어야 하는가를 정확히 해야 한다. 즉, 그것이 전체 수업 프로그램인지, 수업 프로그램의 구성요소인지, 학습자를 지원하는 서비스인지, 프로그램 운영인지 등을 분명히 해야 한다. 교육 프로그램 평가의 공통적인 대상은 학습자 또는 학습결과, 교·강사 또는 학습촉진자가 될 수 있으나 프로그램의 거의 모든 것이 평가될 수 있다. 예를 들어, 봉사자 수 또는 제공되는 수업 수와 같은 자료에 덧붙여서 협동적 기획의 정도와 기관 내부의 협조, 지역사회 자원의 이용, 프로그램 개발에서의 지역사회 참여 정도 등과 같은 평가가 필요하다. 평가대상에 대하여 교육과정과 경영에 관련된 평가가 이루어질 수 있다.

〈교육과정 관련 평가〉
- 개인의 학습활동: 강좌, 세미나, 워크숍, 특강, 콘퍼런스, 심포지엄, 지역사회 포럼
- 공통된 목적 또는 특정 주제에 관련된 집단의 학습활동: 정기적으로 이루어지는 강좌, 학점은행제, 자격증 프로그램 등
- 요구나 흥미의 평가과정

• 자체 수업자료
• 인사, 자원 및 학습센터의 이용
• 수업 접근방법의 효과성 비교

〈경영 관련 평가〉
• 관리체제
• 내부 의사소통
• 기록관리
• 예산관리
• 직원발달 프로그램
• 학습자의 확보와 유지
• 직원의 선발과 유지
• 마케팅과 홍보

일단 평가의 대상과 목표가 분명해지면, 다음 단계는 검증될 수 있는 영역과 차원을 결정하는 것이다. Stufflebeam(1983)은 ① 배경(context): 기관의 유형, 기금조달의 방법, 프로그램 인사 배치, 기관의 풍토, ② 투입(input): 목적을 달성하기 위하여 프로그램에서 활용되어야 할 자원(인사, 기금조달, 자원봉사자 등), ③ 과정(process): 프로그램이 얼마나 잘 진행되었는가 정도, ④ 산출(product): 질적·양적 프로그램의 결과의 네 가지 평가 영역으로 구성된 프로그램 평가의 모형을 제시하고 있다.

5) 평가결과의 활용

어떤 프로그램을 운영했을 때 그 평가가 성공적일 수도 있고 실패할 수도 있다. 이 두 경우는 각각 유용한 정보를 제공할 수 있다. 평가결과를 분석하고 해석하는 과정에서 평가팀은 프로그램의 강점과 약점에 관한 가치 있는 통찰뿐만 아니라 실행과 추가적인 조사 영역을 위한 시사점을 얻게 된다. 이러한 통찰을 확실히 할 때 손실을 입지 않는다. 추천 목록을 문서로 준비해서 요청하고 팀의 경험으로부터 최대의 효과를 얻기 위하여 추천된 목록에 대하여 충분한 토의를 해야 한다.

다음 단계는 평가팀이 추천한 내용을 실행계획으로 개발하는 것이다. 내부 평가팀과 외부 평가팀의 대표를 개발 과정에 참여시키는 것이 바람직하다. 그것은 약점과 수정 방법이 이해될 수 있는 반면, 실행계획은 다른 영역에서 계속되고 효과성을 개선할 수 있는 방법을 주장한다. 실행계획 추진의 시기는 진행 과정에서의 헌신과 실행의 성공에 중요한 영향을 미친다.

4. 평생교육의 평가모형

평가는 어떤 것에 대한 가치나 의미를 결정하기 위한 체계적인 과정이다. 평생교육에 있어서 평가는 프로그램의 운명과 기관의 효율적인 경영을 위한 정보를 제공해 준다. 따라서 무엇을, 어떤 내용으로, 어떻게, 누가, 언제, 왜 평가하는지에 대한 평가전략을 수립하는 것이 매우 중요하다. 평생교육 프로그램 및 기관을 평가하기 위해 사용될 수 있는 여러 가지 접근모형을 살펴볼 수 있다.

1) Kirkpatrick의 평가모형

평가 영역을 분류하기 위해 가장 널리 알려진 기본 모형은 Kirkpatrick(1983)의 평가모형이다. 그는 어떤 자료가 수집되어야 하는지를 결정하는 데 도움을 주기 위한 네 가지 평가 유형을 개발하였다. 그것은 학습자 반응평가, 학습평가, 행동평가 등의 개인적 차원의 평가와 결과평가 등의 조직적 차원의 평가다.

① 반응평가(reaction evaluation): 자료·강사·시설·내용 등을 포함하여 프로그램에 대해 참여자가 어떻게 생각하고 있는지를 알아보는 평가다. 이루어진 학습에 대해 체계적으로 측정하는 것은 아니지만, '참여자는 그 프로그램에 대해 만족하는가?' 등 참여자의 반응은 프로그램의 지속성 여부를 결정하는 데 있어서 매우 중요한 요소다.

② 학습평가(learning evaluation): 프로그램에서 제시된 원리·사실·기법 및 기술에 대한 학습을 측정하는 평가다. '참여자는 프로그램에서 무엇을 배웠는가?'의 평가가 반응평가보다 측정하기가 어렵다. 측정은 참여자가 자료를 얼마나 이해하고 소화했는지를 알아보는 객관적이고 양화할 수 있는 지표가 되어야 하기 때문이다. 지필 테스트, 기술 실습, 직무 시뮬레이션을 포함하여 학습을 측정하는 방법은 매우 다양하다.

③ 행동평가(behavior evaluation): '행동'이라는 말은 직무수행의 측정과 관련하여 사용된다. '참여자는 학습한 내용에 기초하여 행동이 변화되었는가?'와 같은 반응에 대한 평가는 전후 비교, 관찰, 통계적 비교, 장기적 추적 등을 포함한다.

④ 결과평가(result evaluation): 프로그램의 결과를 조직의 발전과 관련시키는 평가다. '행동에 있어서 변화는 조직에 긍정적인 영향을 미쳤는가?'와 같은 질문에 대한 답은 비용 절약, 학습결과 개선(work output improvement), 질 변화 등을 검토함으로써 얻어진다. 이것은 프로그램이 실시되기 전후에 자료를 수집하고 개선할 사항을 분석하는 것이다.

2) CIRO 평가모형

Warr 등(1970)의 CIRO 평가모형은 유럽에서 사용되었다. 미국에서 전통적으로 '평가'라는 말을 사용하는 것보다 그 범위가 훨씬 더 넓다. 평가에 대한 일반적 범주로서는 배경평가, 투입평가, 반응평가, 결과평가 등이 있다.

① 배경평가(context evaluation): 이것은 교육 욕구 및 목표를 결정하기 위해 현재의 실행 상황에 대한 정보를 습득·활용하는 것이다. 이 평가는 교육이 필요한지 여부를 결정한다. 이 과정에서 최종목표(ultimate objective: 프로그램을 통해서 없애고자 하거나 극복하고자 하는 조직에 있어서 특별히 부족한 사항)와 중간목표(intermediate objective: 최종목표를 달성하도록 하는 데 필요한 학습자의 중간목표를 달성하기 위해 요구되는 것으로서, 그들의 행동을 변화시키기 위해 습득해야 하는 새로운 지식·기술·태도)의 두 가지 형태의 목표가 평가될 수 있다.

② 투입평가(input evaluation): 이는 증거를 수집하고 그것을 이용하여 교육방법을 결정하기 위한 것이다. 이러한 형태의 평가는 가용자원을 분석하고 바람직한 목표를 달성하기 위한 최대한의 기회가 주어지도록 하기 위해 어떻게 가용자원이 배치되어야 하는지를 결정하는 것을 포함한다. 투입평가는 결국 증거를 수집하고 활용해서 교육방법을 결정하는 과정이라고 할 수 있다. 이러한 평가에 관련되는 질문은 다음과 같다. 다양한 교육방법의 상대적인 장점은 무엇인가? 외부 조직이 프로그램을 실시하는 데 보다 효과적이 될 수 있는가? 내부 자원으로 그것이 개발되어야 하는가? 교육을 위해 얼마나 많은 시간이 활용될 수 있는가? 과거에 유사한 프로그램이 실시되었을 때 어떤 결과가 달성되었는가?

③ 반응평가(reaction evaluation): 이것은 교육과정을 향상시키기 위해 참여자의 반응에 대한 정보를 습득하고 활용하는 것이다. 반응평가의 특징은 참여자에 대한 주관적 보고에 바탕을 두고 있고, 그들의 견해가 체계적으로 수집된다면 매우 유용하게 활용될 수 있다는 것이다.

④ 결과평가(outcome evaluation): 이것은 미래의 프로그램을 개선하기 위해 교육의 결과에 대한 정보를 습득하고 활용하는 것으로서 평가의 가장 중요한 부분이다. 결과평가가 성공적이기 위해서는 교육 프로그램이 시작되기 전에 철저한 준비가 요구된다.

3) CIPP 평가모형

CIPP 평가모형은 배경평가, 투입평가, 과정평가, 산출평가로 구성되어 있다. Stufflebeam과 Shinkfield(1985)는 교육평가란 좋은 교육 프로그램을 실시하기 위해 필요한 결정을 하는 데 유용한 정보를 구체화하고 획득하며 제공하는 일련의 과정이라고 간주하고, 교육자가 교육적인 결정을 할 때 필요한 배경·투입·과정·산출의 네 가지 평가 영역으로 구성된 교육 프로그램 평가의 모형을 제시하고 있다.

① 배경(Context)평가: 관련 환경, 요구 및 기회를 파악하고 특정한 문제를 진단한다. 요구분석은 배경평가의 일반적인 예다. 프로그램의 목표는 무엇이고, 어떻게 그것이 공식화되는지에 관련된다. 공식화할 필요가 있는 목표는 무엇인가? 이러한 문제를 결정하는 데 누가 참여하는가? 어떻게 하면 고객이 보다 효과적으로 참여할 수 있는가? 이러한 문제에 대한 대답은 배경평가를 통해서 얻을 수 있다. 배경평가는 목표를 결정하고, 요구를 파악하며, 참여전략을 구체화하기 위한 이론적 근거와 유관 환경적 상황을 파악하는 데 기여한다.

② 투입(Input)평가: 프로그램 목표를 가장 잘 달성하도록 하기 위해 어떻게 자원을 활용해야 하는지에 대한 정보를 제공한다. 여기에는 프로그램의 목표가 무엇이고, 그것이 어떻게 결정되는가에 대한 문제가 포함된다. 외부 자원이 필요한지를 결정하고, 프로그램을 기획·설계하기 위한 일반적 전략을 수립하는 데 도움을 주기 위해 활용된다.

③ 과정(Process)평가: 실행에 책임을 지고 있는 사람들에게 피드백을 제공하기 위한 평가다. 실패할 소지가 있는 자원을 조사하고, 실행 중 사전에 계획된 결정에 대한 정보를 제공하며, 실제로 어떤 일이 일어나는지를 기술한다. 어떤 과정과 범주가 필요하며, 실천계획을 어떻게 실행할 것인가를 구체화한다.

④ 산출(Product)평가: 목표 달성에 대해 측정하고 해석한다. 프로그램을 계속할

것인가, 수정할 것인가 혹은 종결할 것인가 하는 문제에 대해 의사결정을 한다. 참여자의 요구를 충족시켰는가? 문제는 의도대로 해결되었는가? 시간·돈·노력을 투자할 가치가 있는 결과를 얻었는가? 참여자의 만족이나 불만족 정도와 그 이유는 무엇인가? 이전의 프로그램보다 더 좋았는가? 어떤 점에서 그렇게 생각하는가? 이러한 질문에 대한 답은 결과평가가 제공한다. 결과평가는 미래의 프로그램 개발 노력을 위한 기준을 제공하기 위해서 실행 중 각 단계에서뿐만 아니라 프로그램이 끝날 때 결과를 측정하고 해석하기 위해 실시된다.

요컨대, 배경평가는 목표를 설정하는 데 도움을 주고, 투입평가는 프로그램 설계에 도움을 주며, 과정평가는 실행을 안내하고, 결과평가는 재순환(recycling) 결정에 도움을 준다.

4) Caffarella의 다양한 평가모형

Caffarella(2002)는 평가방법과 자료수집 방법의 예를 중심으로 한 다양한 평가모형을 제시하고 있다(〈표 7-4〉 참조). 평가방법은 지금까지 가장 일반적으로 사용되는 평가 형태다. 참여자는 흔히 내용, 수업, 수업기법, 시설 및 식사와 같은 항목으로 구성된 질문지에 자신의 의견을 제시하도록 요청받는다. 그들은 또한 자신이 배우려고 마음먹었던 것, 프로그램의 강점과 약점, 앞으로의 활용에 대한 권고를 보다 일반적으로 제시하도록 요청받는다. 흔히 프로그램을 마친 후에 참여자의 반응을 알아보게 된다. 개인적 수업에 대한 평가자료가 수집될 때, 이러한 자료는 교수와 개인과 제시자에게 피드백을 제공하는 데 활용된다.

〈표 7-4〉　**다양한 평가모형**

방법	기술	문제(예)	자료수집 기법(예)
평가수준 검토	참여자 반응, 학습, 행동 변화, 결과의 네 가지 수준 내지 영역을 측정한다. 주로 참여자 반응 및 변화와 조직의 변화에 초점을 둔다. 이 접근은 목표 기반의 모형(objective-based model)에 가장 적합하다.	• 참여자들은 프로그램을 좋아했는가? • 어떤 지식이나 기술을 배웠는가? • 가치나 태도가 어떻게 변화되었는가? • 프로그램은 조직에 어떤 영향을 미쳤는가? • 프로그램과 관련해서 참여자의 행동에 있어서 어떤 변화가 일어났는가? • 프로그램은 조직에 어떤 영향을 미쳤는가?	• 질문지 • 테스트 • 성과 검토 • 산출물 검토 • 비용-효과 분석
책무성 기획 접근	네 가지 평가자료에 대한 설명, ① 기술/지식/태도와 위원회 목표 성취 ② 교육과정 요소(학습, 과업, 교재) ③ 예측된 변화(학습, 전이, 영향 등) ④ 변화의 증거(배경, 과정, 질적·양적 변화 등) 평가는 각 형태의 자료에서 요구되는 증거자료와 더불어 프로그램 기획 사이클에 걸쳐서 내부적으로 짜인 과정으로 본다. 이러한 접근은 평가수준의 점검과 유사하다.	• 학습자가 프로그램 결과로서 무엇을 알고, 행하고 믿도록 기대하는가? • 각 내용 영역과 성취목표를 위하여 프로그램 강사와 촉진자 및 참여자 자신에 의해 사용된 교육과정은 무엇이었는가? • 학습, 적용, 프로그램 영향에 관련하여 예측된 변화는 무엇인가? • 프로그램의 내용과 과정 측면과 관련된 변화에 관하여 질적이든 양적이든 어떤 증거를 가지고 있는가?	• 관찰 • 테스트 • 프로그램 검토와 전이계획 • 산출물 검토 • 컴퓨터 시뮬레이션 • 포커스 집단

고정된 평가 틀	학습자와 학습할 것을 프로그램, 참여의 실제, 평가 상황의 접합점에 위치시킨다. 고정된 평가 틀의 구성요소는 프로그램 개발, 가치의 결정, 지식의 구성, 평가결과의 활용 등이다.	• 내적 · 외적 요인들이 프로그램에 어떻게 영향을 미치고, 어떻게 학습되고, 적용되는가? • 프로그램 성공을 위한 기준들이 무엇이고, 그러한 기준들은 누가 결정하고, 어떻게 개발되는가? • 성공의 실제적인 증거로서 어떻게 간주되고, 이해당사자에 의해 얼마나 다양하게 간주되는가? • 어떤 종류의 평가가 수용될 수 있고, 이러한 결정을 누가 하며, 평가자료를 사용하기 위한 시간 틀은 어떠한가?	• 프로그램 구조, 방법, 가르친 내용과 기술, 교육과 실제 상황의 특징 등 검토 • 준거의 심사 숙고 • 산출물과 성과의 검토 • 평가자료 검토
문화 인류학적 접근	사람들의 행동, 사건, 변화 등을 더욱 큰 상황과 관련시키기 위하여 평가자들로 하여금 일상생활에서 사람들과 밀접한 관계를 맺도록 참여시킨다. 즉, 내레이션, 여행담, 이야기, 기억결과 등과 같은 형태에서의 질적인 기술이다.	• 일련의 교육 · 훈련 프로그램과 관련하여 자신들이 어떻게 변화했는가에 관한 참여자들의 이야기들로부터 어떤 주제들이 나타났는가? • 이야기가 설정된 상황에 관하여 무엇이 관찰되어 왔고, 그러한 상황이 이야기의 인물과 구성 및 결과에 어떻게 영향을 미치고 있는가?	• 면접 • 관찰 • 스토리텔링 • 현장 노트 • 상황 몰입 • 여행담

제 8 장

평생교육조직론과 의사소통

1. 평생교육조직론

1) 조직에서의 인간

조직의 규모가 확대되고 조직이 복잡해지면 조직을 효율적이고 체계적으로 운영하기 위해 조직화가 이루어져야 한다. 조직화에 의하여 조직의 업무분장 체제를 유지함으로써 구성원의 책임과 권한의 한계를 명확히 해 주고, 구성원 스스로가 조직을 위하여 자발적인 협동을 하도록 동기를 부여할 때, 조직관리의 성과는 향상될 수 있다. 그러나 이러한 조직화 현상으로 인한 결과로 인간이 조직의 부속처럼 생각되고 결국 조직이 인간보다 우선시되는 비인간화를 초래하기도 한다. 예를 들면, 시합 중 운동선수가 컨디션이 좋지 않아서 뛰기 힘들다는 개인적인 사정은 고려되거나 용납되지 않을 수 있다. 이와 같이 조직은 경우에 따라 비인격적인 성격을 갖기도 한다. 하지만 인간이 조직의 영향하에 조직의 막대한 도움 및 혜택 또한 받고 있음을 부인할 수 없다. 즉, 국가라는 조직에 세금을 납부함으로써 국가로부터 각종 공공서비스, 국방, 치안, 안보, 행정 등의 편의를 제공받는다. 따라서 인간의 모든 생활은 조직을 통해 보다 효율적으로 이루어진다고 볼 수 있다.

20세기 초는 기업조직의 경우 합리성과 생산성을 강조함에 따라 인간을 기계의 부속품이나 생산도구로 간주하던 시기였다. 그러나 점차 인간의 상위 욕구가 증가하고 인간다운 삶을 요구하는 정도가 강해져 이제는 구성원 개개인의 풍요로운 삶을 고려하게 되었다. 즉, 조직은 개인의 욕구 충족과 자기계발의 터전을 마련해 주는 역할을 담당하고 개인 공헌의 결과로 기업이 발전한다는 관점이 강조되고 있는 것이다.

조직론에서 보는 인간의 관점은 합리적 인간과 감성적 인간으로 분류될 수 있다. 합리적 인간은 경제인이며, 경제적 이득의 극대화를 추구하고, 최선을 택하고, 생산의 효율과 능률을 중시하며, 비인격적·몰개성적이다. 반면, 감성적 인간은 사회인으로서 칭찬, 만족 등의 비경제적 보수를 추구하며, 비공식적 집단의 규범을 중시하고, 의사결정에서 만족화 모형을 추구하고, 상호적인 욕구를 충족하고, 자율인·독립인으로서의 개성인이다.

2) 조직의 개념

조직은 세상 여기저기 존재하면서 인간이 태어날 때부터 죽을 때까지 영향을 행사한다. 즉, 인간은 사회생활을 하기 위해서는 조직을 떠나서 생활한다는 것 자체가 불가능하다. 대부분의 인간은 태어나서 죽을 때까지 어떠한 형태로든 조직과 관계를 맺고 살아야만 하는 것이다.

경영은 조직을 전제로 하지 않고는 성립될 수 없다. 모든 경영활동은 조직을 통하여 이루어지기 때문이다. 두말할 나위 없이 평생교육경영도 조직을 통하여 구성원의 노력을 통합하고 또 소기의 목적을 달성하는 것이다. 조직은 공동목적을 달성하기 위한 협동체로서 경영의 가장 중요한 영역의 하나라고 할 수 있다. 따라서 '조직이란 공동목적을 달성하기 위하여 구성된 인간의 집합체'라고 정의할 수 있다.

한편, 조직은 그 정의상 공동의 목표, 부분요소로의 구성, 의사소통, 개방체제의 속성을 지닌다고 볼 수 있다. 이와 같은 조직의 특징을 설명하면 다음과 같다.

- 조직은 특정 목적이나 목표를 가지고 있다. 이러한 공동목표가 구성원의 노력을 통합시키는 작용을 한다고 볼 수 있다.
- 조직은 다수의 부분요소로 구성되어 있다. 조직을 구성하는 부분요소에는 사람뿐만 아니라 조직의 구조도 포함될 수 있으며, 기능적인 분업이나 계층적인 분화가 필요하다.
- 조직의 목적 달성을 위해서는 상호작용이나 의사소통이 필요하다. 조직의 부분 구성요소가 하나의 전체적인 목표의 달성에 기여하기 위해서는 상호 의존적이어야 하며, 이를 위해서는 종적·횡적 의사소통이 필요하다.
- 조직은 개방 체제적 속성을 지니고 있다. 따라서 환경과 서로 영향을 주고받으며 지속적인 발전과 적응을 추구한다.

3) 조직의 원리

조직의 원리는 조직의 업무를 효과적으로 수행하기 위한 조직활동의 기본 지침이다. 평생교육 경영자 및 담당자는 조직의 원리를 파악하고 이해함으로써 평생교육기관을 효율적이고 효과적으로 운영할 수 있어야 한다. 다음에서는 일반적으로 통용되고 있는 조직의 원리로 ① 계층제의 원리, ② 분업의 원리, ③ 조정의 원리, ④ 명령통일의 원리, ⑤ 통솔한계의 원리 다섯 가지를 살펴보고자 한다(신철순, 1995).

(1) 계층제의 원리

계층제의 원리(principle of hierarchy)는 공식 조직구조를 구성하는 구성원 간의 상하관계, 즉 권한이나 책임 및 의무의 정도에 따라 등급을 설정하여 지휘체계나 명령계통을 확립하는 것을 말한다. 대부분의 관료조직의 경우 그 계층이 최고관리층, 중간관리층, 하급관리직으로 체계화되어 있는데, 이와 같은 수직적인 서열 관계가 계층제와 관계가 있다. Mooney와 Reiley(1939)에 의하면, 계층제는 ① 리더십(leadership), ② 권한과 책임의 위양(delegation of authority and responsibility), ③ 직무와 기능의 규정(functional definition)의 세 가지 요소로 구성되어 있다.

지도성은 조직의 전반적 활동을 설계하는 기능이다. 권한과 책임의 위양은 계층의 상하관계에서 권한과 책임이 상급자에 의해 동시에 이루어지는 것이다. 상급자로부터 권한을 부여받은 자는 그 직무를 행할 책임이 있으며, 상급자는 하급자가 그 직무를 완성하도록 하는 책임이 있다는 것이다. 직무나 기능의 규정은 모든 기능이 형성된 등급이나 계층에 배정되는 것을 말한다.

(2) 분업의 원리

분업의 원리(principle of division of work)는 업무수행의 효율을 높이기 위해서 한 사람에게 가능한 한 가지 주된 업무를 분담시키는 것을 말한다. 결과적으로 업무수행자는 반복되는 업무수행으로 전문가가 되어 나름대로의 업무수행상의 노하우를 가지게 된다. 분업의 원리를 전문화의 원리라고 부르는 이유가 바로 여기에 있다. 조직의 규모가 커지고 수행해야 될 업무가 복잡해짐에 따라 분업이나 전문화의 원리는 현대조직의 필수적인 원리가 되고 있다(Mooney & Reiley, 1939: 14-15).

분업의 형태는 크게 횡적 분업과 종적 분업으로 나눌 수 있다. 횡적 분업은 직능의 성질에 따라 동일 계층 내에서 직무를 배분하는 것이며, 종적 분업은 계층제의 원리와 같이 계층과 계층 사이에 업무가 분담되도록 권한을 위임하는 것을 말한다. 이러한 점에서 분업의 원리는 계층제의 원리와 상보적인 관계에 있다고 볼 수 있다.

(3) 조정의 원리

조정의 원리(principle of coordination)는 조직의 목표 달성을 위해서 구성원의 노력을 결집시키고 업무를 조정하는 것을 말한다. 업무 간 또는 집단 간 상호관계를 조화 있게 유도하는 것은 조직의 공동목표 달성에 필수불가결하다. Mooney와 Reiley(1939)는 조정의 원리를 조직의 제 원리 중에서 제1의 원리라고 말하고, 다른 원리는 결국 조정을 위한 수단적 원리라고 주장하고 있다.

　그러나 조정의 원리가 중요한 만큼 조정을 어렵게 하는 현실적인 제약요인 또한 많은 것이 사실이다. 지나친 분업화나 계층화는 조정을 더욱 어렵게 하며, 결국 조정의 중요성에 비추어 볼 때 조정을 잘하느냐 못 하느냐에 따라 조직의 성패가 달려 있다고 해도 과언이 아닐 것이다. 유능한 지도자는 조정을 잘하는 사람이다.

(4) 명령통일의 원리

　"한 집에 시어머니가 둘이면 며느리가 괴롭다."라는 우리의 옛말은 명령통일의 원리(principle of unity of command)와 관계가 깊다. 이 원리는 부하는 그에게 권한과 책임을 부여한 오직 한 사람의 상관으로부터 지시나 명령을 받고 또 그에게 보고해야 한다는 것이다. 조직운영의 최종 권한은 이 한 사람의 상관에게 있어야 한다.

　Gulick(1937)은 여러 상관으로부터 명령을 받은 부하는 ① 혼돈을 일으키고, ② 비능률적이고, ③ 무책임한 데 반하여, 한 사람의 상관으로부터 명령을 받은 부하는 ① 조직적이며, ② 능률적이고, ③ 책임 있게 일한다고 말하면서 명령통일의 원리의 중요성을 강조하고 있다.

(5) 통솔한계의 원리

　통솔한계의 원리(principle of span of control)는 통솔범위의 원리라고도 하는데, 이는 한 사람의 상관이 유효적절하게 통솔할 수 있는 부하직원의 수에는 한계가 있다는 것이다. 통솔의 범위는 과업의 성질이나 통솔자의 능력에 따라 그것이 달라질 것이기 때문에 한마디로 말하기는 어렵겠지만, Davis(1961)는 관리자의 통솔의 범위는 3~9명이어야 하나 일선 감독자의 경우는 10~30명이어야 한다고 했다.

4) 평생교육기관의 조직 형태

평생교육기관에서 종사하는 평생교육사는 여러 형태의 조직에서 업무를 수행할 수 있다. 조직의 참모로서 또는 핵심 구성원으로서 일하기도 하고, 공식조직 또는 비공식조직에서 일하기도 한다. 여기에서는 평생교육기관의 조직 형태로서 계선조직과 참모조직, 공식조직과 비공식조직, 관료제를 살펴본다.

(1) 평생교육기관의 계선조직과 참모조직

계선조직(line organization)은 분명한 지휘명령 계통을 가진 수직적인 조직의 형태로서 권한의 차이에 따른 명령권과 집행권을 행사하며 조직의 업무를 신속히 처리하는 조직을 의미한다. 기관의 장을 정점으로 하여 국장–과장–계장–계원으로 이어지는 행정관료조직 또는 센터장–사무국장–팀장–팀원의 조직이 이에 속하며, 계층제의 원리, 명령통일의 원리, 통솔범위의 원리에 의하여 운영되는 조직을 말한다(Davis, 1961: 50).

계선조직의 장점은 ① 권한과 책임의 한계가 분명하며 업무수행이 능률적이고, ② 단일 기관으로 구성되어 정책 결정이 신속하게 이루어지며, ③ 업무가 단순하고 비용이 적게 들고, ④ 강력한 통솔력을 행사할 수 있다는 점이다. 반면에 ① 대규모 조직에는 계선만으로는 부족하고 업무량도 과다해지며, ② 조직의 장이 주관적이고 독단적인 조치를 취할 가능성이 있으며, ③ 특수 분야에서 전문가의 지식과 경험을 이용할 수 없으며, ④ 조직이 지나치게 경직될 가능성이 있고, ⑤ 한두 사람의 유능한 인재를 잃으면 전체 조직이 마비될 수 있는 단점을 지니고 있다.

참모조직(staff organization)은 막료조직이라고도 하며, 계선조직이 원활하게 그 기능을 수행할 수 있도록 자문이나 권고, 협의, 정보수집, 인사, 연구 등의 기능을 수행하는 조직이다. 참모조직은 조직의 목표 달성에 간접적인 기여를 할 뿐 직접적인 명령 · 집행 · 결정권을 행사할 수 없다(Pfiffner, 1960: 171).

교육부의 기획관리실이나 대학정책실, 지방자치단체나 평생교육진흥원의 평생교육기획위원회 등은 대표적인 참모조직이라 할 수 있다.

참모조직의 장점은 ① 기관장의 통솔범위를 확대시키며, ② 전문적인 지식과 경험을 활용함으로써 합리적인 지시와 결정을 내릴 수 있으며, ③ 수평적인 업무의 조정과 협조를 가능하게 하며, ④ 조직의 신축성을 가져올 수 있다는 점이다. 단점은 ① 조직의 복잡성으로 조직 내의 알력과 불화가 생길 수 있으며, ② 경비가 증대되며, ③ 참모는 책임을 지지 않으므로 계선과 참모 양자가 책임을 전가할 우려가 있으며, ④ 의사소통의 경로를 혼란에 빠뜨릴 가능성이 있다는 점이다.

대규모의 조직에는 서비스의 성격을 띠는 일종의 참모기관인 보조조직(auxiliary organization)이 있어 계선조직의 기능을 부분적으로 보조하기도 한다. 이러한 보조조직은 계선조직의 내부나 외곽에 별도로 존재한다. 중요한 평생교육정책을 실행하는 국가평생교육진흥원은 보조조직의 예에 속한다고 할 수 있다.

(2) 평생교육기관의 공식조직과 비공식조직

어느 조직에서든지 형식(formal)학습, 무형식(informal)학습 그리고 비형식(non-formal)학습이 이루어지기 때문에 공식조직과 비공식조직의 특징을 알아야 할 필요가 있다. 공식조직은 조직의 설립 근거이기도 한 조직의 공식목표를 달성하기 위하여 인위적으로 구성된 조직으로 대개 조직도(organizational chart)상에 명문화되어 있는 조직을 의미한다. 공식조직은 명령계통과 의사소통의 경로를 나타낸다. 반면에 비공식조직은 공식조직에서의 대인 접촉이나 상호작용의 결과, 감정이나 태도, 가치관 등이 유사한 사람들끼리 모여 자연발생적으로 형성한 일종의 자생조직을 의미한다. 공식조직에서 충족할 수 없는 심리적 · 사회적 욕구의 충족과 관련하여 비공식조직의 중요성이 강조되고 있다. 공식조직과 비공식조직의 차이점을 제시하면 다음과 같다(남정걸, 1992: 48-49).

• 공식조직은 인위적으로 만든 것인 데 비하여, 비공식조직은 자연발생적으로 형성된 것이다.

- 공식조직은 그 조직의 설립과 폐지에 따라 그 수명이 계속되지만, 비공식조직은 공식조직에 선행하여 존재할 수도 있고 그 공식조직을 떠나서도 계속되는 경우가 많다.
- 공식조직은 성문화되고 외면적 · 외재적인 데 비하여, 비공식조직은 성문화되지 않고 보다 내면적 · 내재적이어서 겉으로 잘 드러나지 않는다.
- 공식조직은 계층에 따른 과업의 분담이 분명한 데 비하여, 비공식조직은 계층이나 구성원의 역할분담이 불분명하다.
- 공식조직은 그 조직 구성원 전체로 구성되지만, 비공식조직의 구성원은 그 조직 구성원의 일부로서 구성되기 때문에 소집단인 것이다.
- 공식조직은 합리성 또는 능률의 논리에 따라 구성 · 운영되는 데 비하여, 비공식조직은 비합리적 감정의 논리에 따라 형성 · 운영된다.

(3) 관료제 조직으로서의 평생교육기관

현대조직에 가장 많은 영향을 미치고 있는 조직이론은 관료제다. 평생교육기관을 효과적으로 운영하기 위해서는 관료제 특성을 이해하는 것이 필요하다. 관료제(bureaucracy)는 이상적인 모형, 즉 현실적으로 존재하기 어려우나 조직이 추구해야 할 모형으로서 Weber(1947)에 의해 제시되었다. Weber가 제시한 관료제 조직의 특성을 보면, ① 직책의 배열은 계층원리에 입각한다. ② 조직의 목적을 위하여 요구되는 정규활동은 공식 업무로서 고정 분배된다. ③ 조직의 운영은 일반적인 규정에 의하여 이루어지며, 이 일반적인 규정은 하나하나의 특수한 경우에 적용된다. ④ 직원은 그들의 업무를 애정이나 증오가 개재하지 않는 무사(無私)의 정신으로 수행하며 싫어하고 좋아하는 것과 같은 사적인 고려는 공식 업무에서 배제되어야 한다. ⑤ 직원의 채용은 개인이 가진 기술과 능력에 입각하며, 이런 자질은 시험이나 자격증 또는 교육연한 등에 의해서 평가된다. 이러한 관료제의 특성은 〈표 8-1〉과 같이 요약될 수 있다.

그런데 〈표 8-1〉에서와 같이 관료제가 잘 기능하면 능률적이고 예측할 수 있으

〈표 8-1〉 관료제의 기능과 역기능

역기능	관료제 특성	기능
지루함	분업	전문적 지식과 기술
사기 저하	무사	합리성
의사소통의 장애	권위의 계층	순응과 조정
경직성과 목표전도	규칙 및 규정	계속성과 통일성
업적과 연공제의 갈등	경력 지향성	유인

며 공사를 분명히 하면서 신속한 업무처리를 할 수 있는 장점이 있다. 하지만 관료제 특성이 역기능적으로 작용할 때는 조직 성원 간에 심각한 갈등과 긴장을 불러일으킬 위험이 있다(Hoy & Miskel, 1987: 115).

평생교육조직의 관료화는 ① 전문적 판단의 제한, ② 불충분한 의사소통, ③ 적응과 변화에 대한 장애, ④ 규정의 연결, ⑤ 비공식구조에서 형성된 압력관계 등의 역기능적 측면을 초래하여 평생교육의 기능수행에 커다란 장애요인으로 작용할 수 있음을 간과해서는 안 된다(신철순, 1978: 63-73). 평생교육조직도 다른 행정조직과 마찬가지로 규모가 커지거나 역사를 거듭하면서 관료화가 불가피해질 수 있다. 평생교육 경영자 및 담당자는 평생교육조직의 관료제 특성을 잘 파악해서 평생교육기관이 관료화가 되지 않도록 행정 역량과 지도력을 발휘해야 한다.

(4) 평생교육조직의 유형

평생교육자 간의 논의 중 하나는 공익조직을 위해 봉사하는 것인가 또는 사업조직을 위해 일을 하는 것인가다. 평생교육기관은 봉사조직 및 공익조직, 사업조직 중 어디에 속하느냐에 따라 특성이 달라지고 때로는 양쪽의 목적을 모두 가진다고 할 수 있다. Blau와 Scott(1962)은 기관이 존재하는 중추적인 이슈를 언급하면서 기관으로부터 누가 수혜를 입는가라는 질문으로 조직의 분류체계를 설명한다. 그들은 기관이 존재함으로써 누가 일차적으로 수혜를 받는가를 기준으로 하여 조직을 다음과 같이 네 가지로 분류하였다.

① 호혜적 조직(mutual benefit associations): 조직 구성원이 주요 수혜자가 되는 조직으로, 정당이나 노동조합, 전문직 단체 등이 해당된다. 이 조직의 문제점은 조직 내의 민주주의를 어떻게 유지하며 구성원을 통제하느냐 하는 것으로, 소수의 구성원에 의한 운영으로 대다수 구성원이 무관심하게 운영될 가능성이 있다는 점이다.

② 사업조직(business concerns organizations): 이는 영리조직이라고도 하며, 기관의 소유자나 관리자가 주요 수혜자다. 이러한 유형의 성인교육기관은 직업훈련원, 기술훈련원, 학력인정시설, 학원 등과 같이 공공기관이 아닌 개인 소유의 사설기관이라고 할 수 있다.

③ 봉사조직(service organizations): 이는 기관이 외부 고객을 위하여 서비스를 제공하는 조직이다. 기관의 주요 수혜자는 기관과 직접적으로 관련이 있는 고객집단이다. 평생교육자는 종종 자신들을 봉사제공자로 인식함으로써 이 범주에 관련된다고 할 수 있다. 예를 들어, 성인문해교육 프로그램을 운영하거나 전문직업교육 프로그램을 제공하는 것은 구체적인 성인학습자 집단에 서비스를 제공하는 것으로 보일 수 있다.

④ 공익조직(commonwealth organizations): 공익조직의 주요 수혜자는 일반 대중이며 정부기관이나 군대, 경찰, 소방서 등이 이에 속한다. 일반 대중이 주요 수혜자인 동시에 소유자이므로 소유자가 수혜자인 사업조직에 포함시킬 수도 있으나, 불특정 다수인 일반 대중이 수혜자란 점에서 사업조직과 구별된다. 공익조직의 문제점은 일반 대중이 어떻게 이 조직의 목적을 통제할 수 있느냐 하는 점이다.

5) 평생교육조직의 구조

평생교육기관을 효과적이고 효율적으로 운영하기 위해서는 평생교육 경영자 및 담당자는 자신이 속한 기관이 왜 존재하고 있고, 어떻게 해야 존재할 수 있는가를 이해해야 한다. 이를 위해서는 평생교육기관이 어떤 조직구조를 가지고 있는가를 파악해야 한다. 여기에서는 조직구조에 대한 Scott의 관점을 살펴본다.

Scott(1981: 57-58)은 조직을 합리적(rational) 체제, 개방적(open) 체제, 자연적 (natural) 체제의 세 가지 관점으로 보고 있다. 이들 관점은 평생교육기관의 조직 특성으로 파악될 수 있으며, 평생교육기관의 경영진단을 위한 내부 자원 평가요소가 될 수 있다.

(1) 합리적 체제로서 조직구조

조직은 수십 년에 걸쳐서 진화되고 발전되어 왔기 때문에 조직이 어떻게 구조화되고 조직화되고 관리되어야 하는지에 관한 이론과 철학은 매우 많다고 할 수 있다. 여기에서는 평생교육기관의 조직 특성으로 합리적 체제 관점에 관하여 언급하고자 한다.

합리적 체제는 직무상의 행동을 통제하는 규칙이 분명하고 정확하게 형성되거나, 역할과 역할관계가 조직에서의 지위까지도 개별적으로 개인적인 특성이 독립적으로 규정되도록 조직구조가 형식화되어 있다(Scott, 1981: 58-59). 형식화된 조직의 두 번째 특징은 직무기술서(job descriptions)와 조직도(organization charts)가 있다. 모든 조직은 합리적인 제도의 관점에서 운영된다. 많은 평생교육종사자는 조직이 조직도나 직무기술서에 의존하지 않고 인간적인 분위기이면서 인간에 의해 운영되어야 한다고 주장하며 조직운영의 합리성 강조에 대해 이의를 제기할 수 있다. 특히 이러한 관점은 개성과 대인관계가 조직사명을 성취하는 데 중요한 요인인 소규모 기관에게는 매우 중요한 요인이다. 그러나 소규모 조직이나 덜 형식적인 조직의 경우에도 의사결정의 과정, 즉 조직에서 책임질 수 있는 지위의 조직구조에 있다는 것은 매우 중요하다.

조직구조에는 적어도 계선(line)관계, 스태프(staff) 관계, 기능적(functional) 관계, 자문(affiliative)관계의 네 가지 종류가 있다. 계선관계는 기관의 서로 다른 영역에서 누구에게 보고하고 누가 결정하는가 하는 권한(authority)의 관계를 가리킨다. 스태프 관계는 기관의 다양한 과업을 성취하기 위하여 공동으로 일하는 사람을 나타낸다. 조직구조에서 같은 수준에 있는 사람은 직급, 지위, 의사결정 권한을 비슷하게 가진다. 기능적 관계는 단기 프로젝트나 기관의 특별한 기능을 성취하는 데 필요한 특별한 관계를 나타낸다. 자문관계는 자문위원회와 같이 지위는 조직도에는 있으나 의사결정을 강요하는 권한이나 천거는 할 수 없는 비공식 또는 자문관계를 나타낸다. 조직구조는 형식적인 조직구조를 검토하고 현재의 구조가 기관의 임무를 성취하는 데 얼마나 잘 돕고 있는가를 질문함으로써 평가될 수 있다.

(2) 개방적 체제로서 조직구조

Kaufman(1978: 8)은 체제를 필요에 의하여 요구되는 결과 또는 산출을 달성하기 위하여 함께 작용하면서 동시에 독립적으로 작용하는 부분의 총체로 보았다. 이처럼 체제는 어떤 목적을 달성하기 위하여 상호작용하는 부분요소 간의 통합체라고 정의할 수 있다. 체제는 투입(input), 과정(throughput, process), 산출(output)의 연속이나 피드백(feedback)을 통한 순환과정을 이루고, 경계(boundary)에 의하여 다른 체제와 구별되고, 그 주변에는 환경이 있어 체제에 영향을 미치고 있다. 이처럼 체제를 구성하는 하위요소의 관계를 도식화하면 [그림 8-1]과 같다.

모든 체제는 경계 영역이 있어 체제의 안과 밖이 구분되며, 그 경계 영역을 넘어 체제 밖의 환경과 상호작용하며 에너지나 정보 등을 서로 교환하기도 한다. 이처럼 경계 영역을 넘어 환경과 상호작용하는 체제를 개방체제(open system)라 하며, 상

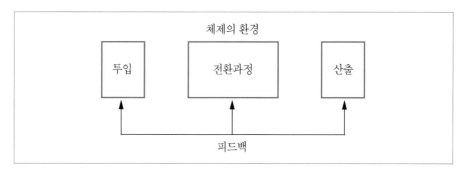

[그림 8-1] 체제의 기본 모형

호작용 관계가 없는 체제를 폐쇄체제(closed system)라 한다. 개방체제는 투입과 산출을 가지고 있으며 주위 환경과 역동적인 관계를 유지하면서 환경으로부터 에너지(투입)를 받아들여서 산출로 변화시켜 다시 환경으로 내보낸다. 폐쇄체제는 체제의 구성요소만 있을 뿐 자폐적이어서 환경과의 상호작용이 없다.

평생교육기관은 정치, 경제, 사회, 문화 등 제 환경과 유기적인 관계를 유지하면서 본래의 기능을 수행하기 때문에 전형적인 개방체제라 할 수 있다. 즉, 평생교육기관은 환경에서 학습자(투입)를 받아들여 교육시킨 다음(전환과정), 이를 다시 사회에 배출시켜(산출) 사회발전에 이바지하고 있다. Owens(1987: 64)는 평생교육기관을 하나의 사회체제로 보고, 개인과 조직 간의 상호작용 수준 및 평생교육을 투입-과정-산출 체제로 보고 그 모형을 [그림 8-2]와 같이 제시하고 있다.

이 그림에서 보는 바와 같이 보다 큰 사회적 환경으로부터의 투입에는 사회의 지식, 주장되는 가치, 의도되는 목적 및 금전이 포함되며, 평생교육기관이라는 사회체제 내에서 일어나는 평생학습과정에는 조직의 구조, 인원, 기술 및 과업이 포함된다. 사회로의 산출은 평생학습과정의 결과로 나타난 변화된 개인을 사회로 배출하는 것을 말한다. 그러므로 이러한 관점에서 개방체제로서의 평생교육기관은 성인을 위한

사회로부터의 투입	평생학습과정	사회로의 산출
지식 가치 목적 금전	• 구조(강좌, 코스, 지자치기구, 조직의 계층) • 사람(학습자, 교 · 강사, 직원, 평생교육사, 평생교육 경영자 및 행정가) • 기술(프로그램 계획 및 내용, 교재 · 교구, 실습실, 강당, 버스) • 과업(학습, 실습, 견학, 시험, 회계, 인사관리, 과외활동)	• 지적 및 신체적 기능 • 추리력과 분석력 • 가치, 태도, 동기 • 창의력 • 의사소통기술 • 문화의 감상력 • 세계에 대한 이해 • 사회적 책임감 등의 증진으로 인해 자신과 사회에 보다 더 공헌할 수 있는 개인

[그림 8-2] 투입-과정-산출 체제로서의 평생교육조직

평생학습과정을 운영할 때 지역사회와의 상호작용을 항상 중요하게 생각해야 한다.

(3) 자연적 체제로서 조직구조

Scott(1981)의 자연적 체제로서의 조직에 대한 관점은 구성원이 믿고 느끼고 행하는 것은 무엇인가에 초점을 두고, 조직을 기관 구성원의 행동으로 보려는 시각이다. 자연적 체제의 관점은 사람들이 찬성하는 실제적·현실적 목적에 초점을 두기 때문에 진술된, 의도된 기관의 목적을 강조하는 합리적 체제의 관점과 다르다. 그래서 자연적 체제의 관점에 따른 모든 기관의 목적은 조직도 혹은 조직사명에서 기관의 진술된 목적보다 훨씬 더 복잡하다. 이러한 목적은 조직 구성원의 요구를 반영하고 있다. 예를 들면, Maslow(1970)의 욕구위계의 관점으로부터 인간의 행동을 이해하는 것은 조직도상의 지위에 기초하여 단순히 인간의 행동을 보는 것과는 완전히 다르다. Scott(1981: 83)은 "우리는 형식구조를 이해하듯이 개개인의 행동 특성과 상관없이 존재하는 규범과 행동 유형을 생각하는 것이 유용하며, 비형식구조는 개인적인 특성 또는 상황에 따른 특수한 참여자원에 기초한 것이다."라고 기술하면서 자연적 관점을 합리적 관점과 차별화하면서 그 중요성을 강조한다.

평생교육조직 특성으로서 자연적 체제의 관점을 이해하기 위한 주요 방법 중 하나로 조직풍토와 문화를 살피는 것은 중요하다. Simerly(1991: 9)는 문화를 "일상적인 조직생활의 이면에 배어 있는 구조"로 정의하고 있다. 그에 의하면, "문화는 우리의 모든 행동에 영향을 미치고, 어떤 위험을 감수할 것인가를 결정하며, 어떤 프로젝트를 기꺼이 시작하고, 동료를 어떻게 볼 것인가 등을 결정한다."

Schein(1985)은 문화를 매개수단(artifacts), 신봉 가치(espoused values), 배경적 가정(basic underlying assumptions)의 세 가지 구성요소로 설명하고 있다. 매개수단은 신봉 가치와 배경적 가정의 양 측면을 반영하는 상징이다. 그것은 의복, 대인적 행동, 직위의 상징, 물리적 시설 등이다. 신봉 가치는 사람들이 말하는 것, 사용하는 언어, 조직 구성원이 자신들의 행동을 설명하고 정당화하는 데 사용하는 생각과 개념의 형태 등을 포함한다. 이와 같이 매개수단은 기관의 구성원이 생각하고 느끼는 것이 무엇인가를 보여 줌으로써 가치와 가정을 예측한다. 기관이 신봉하는 가치가 직원에 의해 사용되는 수사적 언어를 들음으로써 이해될 수 있다면, 배경적 가정은 직원의 사고방식에 무의식적으로 배어 있다.

소규모 조직 또는 기관의 문화는 친화적이다. 자유스러운 의복, 캐주얼하고 친화적인 대인적 행동, 상급자에 대한 직함이나 호칭 등과 같은 형식적인 직책이 없는 것, 타인에 대한 우의, 상호 지원과 배려하는 분위기는 문화의 몇 가지 매개수단이라 할 수 있다. 매개수단을 이해하는 것은 타인에 대한 배려, 도우려는 욕망, 우리 모두는 함께라는 느낌, 그래서 우리는 함께 공동으로 일을 해야 한다는 것 등과 같은 신봉 가치에 대한 의미를 바르게 느끼게 한다. 조직문화의 배경적 가정은 ① 업무가 매우 중요해서 기관이 실패를 용인하지 않을 것이라는 것, ② 소규모 기관이지만 모두 함께 한다면 유일하게 생존할 수 있다는 것, ③ 계속적으로 유지하기 위하여 틀림없이 서로 지지하고 지원할 것이라는 것이다. 이와 같은 예는 매개수단, 신봉 가치, 배경적 가정이 상호 어떻게 연결되는 것인가를 예시하는 것이다.

이와 같은 조직문화의 평가는 매우 어려운 일일 수 있다. 왜냐하면 기관의 구성원은 종종 너무 가까워서 그들 문화의 여러 측면을 쉽게 확인하기 어려울 뿐만 아니라 기관이 성취하려는 사명이 방식에 어떻게 영향을 미치는지 또한 확인하기가 어렵다. 하지만 이러한 어려움 속에서도 평생교육을 기획하는 데 있어서 조직의 문화와 풍토를 고려하는 것은 평생교육기관 경영의 효과를 극대화할 수 있을 것이다.

2. 의사소통

1) 의사소통의 본질

(1) 의사소통의 개념

의사소통의 개념은 광의로는 사람과 사람, 사람과 기계, 기계와 기계 사이에 이루어지는 정보의 이전과정을 말하나, 협의로는 사람과 사람 사이의 정보, 의사 또는 감정이 교환되는 것을 의미한다(Simon, 1937). 인간이 사회적 집단을 형성하고 있을 때에는 그 집단이 어떠한 것이든 내부에는 의사소통이 이루어지며, 그것에 의해서 집단이 유지되는 것이다. 따라서 의사소통이라 함은 조직의 구성원이 서로 의사를 교환하고 조직 내에 일어나는 각종 정보를 그 구성원에게 주지시키는 경우를 말한다. 다시 말하면, 의사소통은 발신자(communicator)가 수신자(communicatee)에게 어떤 상(image)을 전달하려고 노력하는 과정으로 정의될 수 있다.

물론 발신자의 의사, 아이디어, 정보, 태도, 감정, 그리고 단순한 내용뿐만 아니라 그 의미가 함께 수신자에게 전달되어야 한다. 그러나 의사소통은 의미의 전달만으로는 충분하지 못하며, 거기에는 의미의 전달과 전달된 의미의 이해가 함께 포함되어야 한다. 이와 관련하여 Knezevich(1975: 66)는 의사소통을 ① 인간의 능력이나 기술매체를 사용하여 태도, 생각, 정보를 교환하는 것, ② 이념(ideas)을 교환하는 것, ③ 사상과 의견을 교환하는 것, ④ 사실·생각·느낌을 주고받는 것의 과정으로 보고, 발신자가 수신자에게 어떤 상을 전달하려고 노력하는 과정이라고 정의하면서 의사소통을 통하여 전달하려는 내용과 함께 그 의미도 이해해야 함을 강조하였다.

이러한 의사소통의 개념에 대한 이해를 돕기 위해 의사소통의 일반적 속성을 살펴보면 다음과 같다.

- 의사소통은 원칙적으로 개인 간의 과정이라 정보전달과정이 개인과 개인, 또한 조직과 집단 간이라 할지라도 의사전달의 당사자는 결국 개인인 것이다.
- 의사소통은 원칙적으로 목적과 관련된다(Daft, 1988: 423). 따라서 의사전달이 본래 의도한 대로 실현되고 있는지를 평가해 보는 것이 중요하다.
- 의사소통의 기본적 단위를 형성하는 핵심요소는 발신자와 수신자, 정보전달의 매체 또는 수단, 정보전달의 경로다.
- 조직 내의 모든 상호작용이 의사소통을 내포하고 있기 때문에 조직에 대한 의

사전달의 역할은 지극히 복잡하다.
- 의사소통이 없으면 조직은 성립할 수 없기 때문에 의사소통은 바로 조직의 생명원이다.

이러한 의사소통의 개념과 일반적 속성에 견주어 볼 때, 의사소통이란 성취하고자 하는 목적을 가진 조직의 구성원이 다른 사람이나 조직 혹은 집단에게 그 목적을 성취하기 위하여 무엇인가를 하도록 시도하는 역동적 과정이라고 볼 수 있다.

(2) 의사소통의 기능

조직 내에서 의사소통이 수행하는 중요한 기능은 대체로 네 가지로 나누어 볼 수 있는데, 그것은 통제, 동기부여, 감정표현 및 정보 전달이다.

- 통제: 의사소통을 통해서 집단 내 구성원의 활동을 통합하고 조정함을 의미한다. 이는 직무와 관련하여 구성원의 책임과 권한을 명확하게 규정하는 것과 관련이 있다.
- 동기유발: 의사소통을 통해서 구성원이 해야 할 것이 무엇이고, 그것을 어떻게 잘 행할 수 있으며, 또 성과를 높이기 위해서 무엇을 행해야 하는가를 분명하게 밝히는 것을 의미한다. 구성원을 자극하고 격려하며 집단목표 달성에 몰입하도록 유도한다.
- 감정표현: 의사소통을 통하여 구성원이 그들의 욕구불만과 만족감을 표출하는 것을 의미한다. 작업집단은 사회적 상호작용이 일어나는 일차적인 장이며, 집단 내에서 이루어지는 의사소통은 감정 분출과 사회적 욕구 충족을 위한 수단이 된다.
- 정보전달: 의사소통을 통하여 구성원이 의사결정과정에 참여하고 필요한 정보와 자료를 교환하는 것을 의미한다.

(3) 의사소통의 원칙

의사소통의 수단은 언어이며 발신자와 수신자는 인격을 가진 인간이라는 점을 인식할 필요가 있다. 따라서 전달 내용은 알기 쉽고 일관성을 가지면서 적절하게 상대방에게 저항을 일으키는 일 없이 전달되어야 한다.

따라서 의사소통을 원활하게 하고 그 효과성을 높이기 위해서는 다음과 같은 원칙이 실현될 수 있도록 노력하여야 한다(Redfield, 1958).

① 명료성(clarity)의 원칙: 의사소통에 있어서 전달하는 내용이 보다 분명하고 정확하게 이해될 수 있도록 표시되어야 한다는 것이다. 그러기 위해서는 그 내용이 체계적이어야 하고 과거와 현재 그리고 미래가 명료하게 비교될 수 있어야 한다.

② 일관성(consistency)의 원칙: 의사소통에 있어서 전달 내용은 전후가 일치되어야 한다는 것이다. 즉, 명령이나 지시에 있어서 1차와 2차의 모순이 있을 수 없으며 고위관리층의 명령이나 지시에 위배되는 중간관리층의 명령이나 지시는 있을 수 없다.

③ 적시성(timeliness)의 원칙: 의사소통은 적시에 이루어져야 한다는 것이다. 즉, 필요한 정보는 필요한 시기에 적절히 입수되어야 한다는 것이다.

④ 적정성(adequacy)의 원칙: 전달하고자 하는 정보의 양과 규모는 적당해야 한다는 것이다. 즉, 정보의 양이 너무 많거나 빈약해서도 안 된다는 것이다. 정보의 양이 너무 많을 경우에는 복잡하여 이해하기가 곤란하며, 반면에 너무 빈약할 경우에는 자료로서의 가치를 상실하게 된다.

⑤ 배포성(distribution)의 원칙: 의사전달의 내용은 비밀을 요하는 특별한 경우를 제외하고는 모든 사람이 알 수 있도록 공개해야 한다는 것이다. 특히 공식적인 의사소통에서는 배포성의 원칙이 중요시된다.

⑥ 적응성(adaptability)의 원칙: 의사소통의 내용이 환경에 적절히 적응해야 한다는 것이다. 그 내용이 지나치게 세밀하게 규정되어 있을 경우에는 환경에의

적응이 불리하다. 그러므로 의사소통의 내용은 구체적인 상황에 따라 융통성과 신축성이 있어야 한다.

⑦ 수용성(acceptability)의 원칙: 의사소통은 피전달자가 수용할 수 있어야 한다는 것이다. 즉, 수용성은 의사소통의 최종 목표가 된다. 그러므로 피전달자의 적극적인 반응을 보일 수 있도록 수용성이 있어야 한다.

이러한 원칙이 잘 준수되는지에 따라서 의사소통의 효과성이 결정되겠지만, 발신자의 기대와 목적에 의해서도 그 효과성이 평가되어야 한다. 의사소통의 효과를 극대화할 수 있는 세 가지 원칙은 다음과 같다(Downs, Linkugel, & Berg, 1977: 44-45).

첫째, 메시지의 질과 그 표현이 중요하다. 메시지에는 내용의 명료성, 적시성, 수신자 지향성, 관심, 주의를 끌 수 있는 능력, 완벽성과 일관성 등이 포함되어야 한다. 그러나 이러한 것은 단지 지침일 뿐이지 그 자체가 목적일 수는 없다.

둘째, 의사소통의 효과성은 발신자의 목적에 의해 정의될 수 있다. 모든 의사소통은 목적을 달성하기 위한 것이다. 따라서 바람직한 결과를 달성하였는지의 여부에 의사소통의 효과성이 달려 있다.

셋째, 의사소통의 효과는 시간적 관점에서 고려되어야 한다. 즉, 장단기적 측면에서 효과가 고려되어야 한다.

이상의 의사소통의 원칙은 모두 의사소통의 효과성을 올리는 중요한 요소다.

2) 의사소통의 유형

의사소통이 이루어지는 유형은 분류 방식에 따라 여러 가지로 나눌 수 있다. 예를 들면, 공식성 또는 비공식성을 기준으로 한 분류, 조직 내에서 의사소통이 이루어지는 방향을 기준으로 한 분류, 의사소통의 매체 또는 수단을 기준으로 한 분류, 의사소통의 형태를 기준으로 한 분류 등이 있다.

(1) 공식적 의사소통과 비공식적 의사소통

① 공식적 의사소통

공식적 의사소통(formal communication)은 공식적 조직 내에서 공식적 의사소통의 경로와 수단을 통해서 정보가 유통되는 것을 말한다. 공식적 의사소통의 목적은 조직의 모든 구성원에게 조직의 목표·방침 및 지시사항 등을 알리고 직원의 의견과 보고내용을 관리자와 모든 직원에게 알리는 데 있다.

공식적 의사소통은 보통 계층제의 명령계통을 따라서 공문서 또는 서면이나 구두의 명령·보고 등의 방법으로 이루어진다. 의사소통이 공식화되면 권한관계가 명확해지고 의사소통이 확실하고 편리하며, 발신자와 수신자가 명확하여 책임소재가 분명해지는 장점이 있다. 그러나 공식적 의사소통은 융통성이 없고 소통이 느리며 또한 그것만으로 조직 내의 합리적 의사소통을 이룩하기는 어렵다. 따라서 공식적 절차에 의한 의사소통은 한 조직 안에서 소통되는 정보의 일부를 포함할 뿐이다.

② 비공식적 의사소통

공식적 의사소통의 한계성은 비공식적 의사소통(informal communication)에 의해 보완된다. 비공식적 의사소통은 비공식적 조직, 즉 자생적 집단 내에서 비공식적 방법으로 이루어지는 의사소통을 말한다. 그것은 공식적 직책을 떠나 친분, 상호 신뢰 등의 인간관계를 기초로 하여 의사소통을 하는 것으로, 공식적 의사소통이 극히 제약된 조직이나 사회에서는 많은 양의 비공식적 의사소통이 발생하게 된다.

비공식적 의사소통은 풍문·전화·접촉 등의 형태로 나타나므로 통제하기도 어려우며 책임을 추궁하기도 어렵고, 경우에 따라서는 왜곡되고 정확하지 못하며 상관의 권위를 손상시키기도 한다. 그러나 비공식적 의사소통은 여론·감정을 정확하게 나타내므로 특히 관리자나 상관에게 유익한 정보를 전달하는 수단이 된다. 뿐만 아니라 공식적 의사소통으로는 전달될 수 없는 표현을 가능하게 함으로써 직원의 만족감을 높여 주기도 한다.

(2) 일방적 의사소통과 쌍방적 의사소통

피드백의 유무에 따라 의사소통은 일방적 의사소통(one way communication)과 쌍방적 의사소통(two way communication)으로 구분된다. 다시 말하면, 의사소통은 일방적인 흐름인가 또는 피전달자로부터 어떤 정보가 전달자에게 되돌아가는가에 따라서 구분된다.

① 일방적 의사소통

일방적 의사소통이라는 것은 개인이 많은 사람을 상대로 일방적인 이야기를 진행해 나가는 것을 특색으로 하는 의사소통을 말한다. 대부분은 연단 위에서 대다수의 청중을 상대로 행하는 강연, 연설, 강의, 설교, 보고, 발표, 공적인 인사, 테이블 스피치 등이 일방적인 의사소통의 구체적인 경우라 하겠다.

② 쌍방적 의사소통

쌍방적 의사소통이라는 것은 개인과 개인이 서로 이야기하고 듣는 것을 특징으로 하는 의사전달이다. 대화는 대부분 어떠한 목적 때문에 행하여진다. 그 목적의 차이에 따라서 일상적인 인사, 소개, 대응, 상담, 요담, 면담 등 여러 가지로 불리고 있다.

일방적 의사소통이 상대방의 이해에 대해서 말하는 이가 일방적으로 이해해 가면서 상대방이 이해할 것으로 짐작하고 이야기를 진행해야 한다는 특징이 있다면, 쌍방적 의사소통은 그때그때 상대방에게 생각할 기회를 주면서 이야기를 진행하기 때문에 상대방의 이해를 하나하나 확인해 가면서 이야기한다는 특징이 있다.

(3) 언어적 의사소통과 비언어적 의사소통

① 언어적 의사소통

언어적 의사소통(verbal communication)은 언어를 매체로 하여 메시지가 전달되는 것이다. 이는 다시 구두 의사소통(oral communication)과 문서 의사소통(written communication)으로 구분된다. 구두 의사소통은 말을 수단으로 하여 직접 정보를 교환하거나 메시지를 전달하는 것이다. 대면적 의사소통이 모두 이에 속한다고 할 수 있다. 문서 의사소통은 문서를 수단으로 하는 것으로서 메모, 편지, 보고서, 지침, 공문, 안내서, 회람 등이 이에 포함된다. 구두 의사소통은 즉시성과 대면성을 특징으로 하는 데 비해서, 문서 의사소통은 정확성과 보존성을 특징으로 한다.

② 비언어적 의사소통

비언어적 의사소통(nonverbal communication)은 언어를 사용하지 않으면서도 메시지를 전달하는 의사소통이다. 여기에는 세 가지 형태가 있을 수 있다. 첫 번째는 교통신호, 도로표지판, 안내판 등 물리적 언어(physical language)를 통한 의사소통이다. 두 번째는 사무실의 크기, 사무실 내의 좌석 배치, 의자의 크기, 사무실의 집기, 자동차의 크기와 색깔 등과 같은 지위의 상징을 나타내는 상징적 언어(symbolic language)를 통한 의사소통이다. 이와 같은 상징적 언어는 그 사람이 어떤 지위에 있는가에 대한 무언의 메시지를 전달해 준다. 세 번째는 자세, 얼굴 표정, 몸짓, 목소리, 눈동자, 하품 등과 같은 신체적 언어(body language)를 통한 의사소통이다. 신체적 언어에 의한 의사소통은 언어를 통한 의사소통보다 메시지의 전달이 더 정확하고 밀도가 높을 수 있다.

(4) 상향적, 하향적, 수평적 및 대각적 의사소통

① 상향적 의사소통

상향적 의사소통(upward communication)은 하위자로부터 상위자에게 전달되는 것으로서 의견 혹은 불평, 불만 등 인간적 욕구를 충족시키며, 특히 그들의 참여의식을 고취시키기 위한 것이다. 이러한 정보전달을 위한 수단으로 문호를 항시 개방해야 하는데, ① 명령계통에 대응하는 보고계층, 즉 관리적 보고(managerial reporting), ② 불만처리 절차, ③ 제안제도, ④ 레크리에이션, ⑤ 근로의욕 내지 사기 조사, ⑥ 노동조합 등이 필요하다.

② 하향적 의사소통

하향적 의사소통(downward communication)은 상위자로부터 하위자에게 명령을 내리는 것으로서 관리적 의사소통 또는 하의상달적 의사소통이라고도 한다. 이는 명확성, 적합성, 일관성 및 적시성이 요구되며, 그 경로 내지 수단으로는 ① 명령계통, ② 포스터나 게시판, ③ 사내보, ④ 종업원과의 서신, ⑤ 종업원 편람 내지 팸플릿, ⑥ 사내방송, ⑦ 노동조합 등이 있다.

③ 수평적 의사소통

수평적 의사소통(horizontal communication)은 횡단적 의사소통이라고도 하는데, 동일한 지위의 단체 간이나 개인 간에 일어나는 의사소통이다. 이러한 점에서 다분히 비공식적인 성격을 지니고 있으며 공식적으로 밝힐 수 없는 정보를 제공하기도 한다. 이는 또한 조직의 복잡성과 다원적인 목적, 그리고 환경의 변화에 따른 조직단위 간의 업무를 조정하고 협조하는 체제를 확립하는 데 중요한 역할을 한다. 그 수단으로는 주로 부서 간의 ① 심의, ② 토의, ③ 회의, ④ 레크리에이션, ⑤ 회람 등의 형식이 있다.

④ 대각적 의사소통

대각적 의사소통은 상향적, 하향적, 수평적 의사소통의 경로가 비효과적일 때 발생되며, 조직 내의 여러 기능과 수준을 가로질러 이루어지는 의사소통이다.

3) 의사소통망의 형태

의사소통망(communication network)에 관한 연구는 대부분 실험실 상황에서 실험집단을 대상으로 실시되었는데 이러한 의사소통망은 연쇄형, 수레바퀴형, 원형,

상호연결형 및 Y형으로 나누어 볼 수 있다.

(1) 연쇄형

연쇄형은 수직형과 수평형의 두 가지 형태로 구분할 수 있다. 수직형은 정보가 단계적으로 최종 중심인물에 집결되는 경우에 구성원 간의 뚜렷하고 엄격한 신분 서열 관계가 존재하며, 수평형은 정보전달 방법에 따라서 중간에 위치한 구성원이 중심적 역할을 한다. 그러나 이들 모두는 단순한 문제건 복잡한 문제건 간에 효율성이 낮으며, 중심인물을 제외한 구성원의 직무 만족도도 비교적 낮다. 그리고 문제해결의 속도 면에서는 수직형이 수평형보다 신속하다. 특히 수직형의 경우는 정보가 단계적으로 전달되면서 비롯되는 왜곡 행동이 나타날 수 있다. 일반적으로 연쇄형은 수직형이나 수평형을 막론하고 상호 간의 피드백이 복잡하고 어려우며 의사소통의 효율성도 낮은 경향이 있다.

(2) 수레바퀴형

수레바퀴형(wheel)은 구성원 간에 중심인물이 있어, 모든 정보가 그에게 집중되는 의사소통망이다. 이와 같은 형태의 의사소통망을 가지고 있는 경우에는 중심인물이 신속하게 정보를 획득할 수 있고, 문제해결을 위한 상황도 정확하게 판단할 수 있으며, 문제에 대해서도 신속하게 대응할 수 있다. 단순 업무의 경우에는 의사소통의 속도와 정확성을 기대할 수 있으나, 업무가 복잡한 경우에는 그 효과를 기대하기가 어렵다. 또한 집단의 만족도는 낮다.

(3) 원형

원형은 개방적인 의사소통의 유형으로, 중심인물이 없는 상태에서 의사소통의 목적과 방향도 없으며 구성원 간에 정보가 전달되는 유형이다. 모든 사람이 동일한 수의 직접적인 의사경로를 가지고 있다. 이러한 유형은 신분관계가 불확실하고 집단 구성원 간에 사회적 서열이 분명하지 않은 경우에 형성된다. 특히 구성원의 지역적인 분리 상태나 자유방임적인 상태의 환경에서 일할 때 나타나는 유형이다. 일반적으로 문제가 복잡성을 띠고 의사소통의 목적이 명백할수록 효율성과 만족도가 높게 나타나는 장점이 있다. 그러나 정보 전달과 수집, 그리고 상황의 종합적 파악 및 문제의 해결이 느리다는 단점도 있다.

(4) 상호연결형

상호연결형은 비공식적 의사소통에서 형성되는 의사소통망이다. 여기에는 특정한 중심인물이 없고 구성원 개개인이 서로 의사소통을 주도한다. 구성원 상호 간에 정보교환이 왕성하게 이루어짐으로써 사태 파악과 문제해결에 시간이 많이 소요되는 단점이 있다. 그러나 구성원의 참여를 통하여 창의적으로 문제를 해결하고자 할 때는 효과적일 수 있다. 구성원의 만족도는 높다.

(5) Y형

Y형은 두 사람 이상의 직접적인 의사소통의 경로가 있는 사람과 그렇지 않은 사람이 섞여 있는 원형과 같이 뚜렷한 중심인물은 존재하지 않는다. 그러나 대대수 구성원의 대표적인 지도자가 존재할 경우에 나타나는 의사소통 유형이다. 이러한 유형에서 지도자에 대한 집중도는 중간 정도이며 계선과 참모의 혼합집단에서 흔히 일어난다. 효율 측면에서 볼 때 문제해결의 속도가 신속하고 단순한 문제일 경우 그 효율성이 높다. 그러나 문제가 복잡할수록 효율성은 낮으며 비교적 지도자를 제외한 나머지 구성원의 직무 만족도는 낮은 편이다. Y형은 주로 세력집단 또는 하위집단에 연합되어 전체적인 의사소통으로 형성된다. 그러므로 각 변두리에 위치한 사람은 하나씩의 직접적인 의사소통 경로를 가지고 있으며 내부의 구성원은 둘 또는 셋의 직접적인 의사소통 경로를 가지고 있는 것이 특색이다.

이와 같은 의사소통망의 형태에 따른 개방의 정도를 보면, 상호연결형이 가장 개방적인 의사소통 유형이고 수레바퀴형이 가장 폐쇄적인 의사소통 유형이라고 할

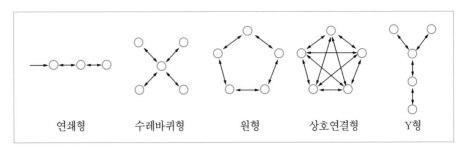

[그림 8-3] 의사소통망의 형태

수 있다. 그리고 구성원의 집중도를 보면, 가장 집중도가 높은 형태는 수레바퀴형으로 의사소통에 참여하는 구성원 모두가 한 사람에게로 집중되어 있다. Y형과 연쇄형은 중간 수준의 집중도를 나타내고 있다. 한편 구성원의 만족도를 보면 상호연결형과 원형에서 직무 만족도가 가장 높고 수레바퀴형에서 가장 낮음을 알 수 있다. 그리고 집권적이고 기계적이며 독재적인 조직에서는 수레바퀴형과 Y형의 수직적 연쇄형이 주종을 이루고, 분권적이고 유기적이고 민주적인 조직체에서는 원형과 상호연결형이 이상적이라 할 수 있다. 이들 소집단 의사소통 유형은 전체 조직체 연구에 적용되고 있다. 지금까지 제시한 의사소통 유형은 [그림 8-3]과 같이 나타낼 수 있다.

4) 의사소통이론

전술한 바와 같이, 의사소통은 원칙적으로 개인과 개인이 무엇인가를 주고받는 과정이라고 할 수 있다. 개인 혼자서 주고받는 활동을 놓고 의사소통이라고 말하지는 않는다. 따라서 의사소통은 개인과 개인의 관계 속에서 이해되어야 한다. 이러한 관계는 사회체제로서의 조직의 어떠한 현상이라고 표현될 수 있으므로, 의사소통도 사회체제라는 조직 안에서 일어나는 개인 간의 활동 혹은 현상으로 파악되어야 한다. 왜냐하면 그것은 곧 조직운영의 특징을 이해하는 데 적절하고 유용한 방법이 되기 때문이다(Knezevich, 1975: 68). 이러한 관점에서 볼 때, 의사소통의 문제를 연구하고자 하는 사람은 누구나 의사소통을 사회체제라는 조직 내의 활동으로 생각하여 그 조직의 전체적인 맥락 속에서 분석해야 한다.

　조직구조의 기능 중의 하나는 조직 내의 의사소통을 촉진하는 것이기 때문에, 조직구조와 의사소통은 상호 밀접한 관계를 맺고 있다. 따라서 조직의 구조는 조직 속의 개인 간에 짝을 지어 주거나 개인과 다른 집단 간의 의사소통 활동이라고 개념화할 수 있다.

　의사소통을 위한 조직의 구조와 관련된 문제를 살펴보면, 의사소통은 전통적인 조직과 같이 그 구조가 단원적 · 관료적(monocratic-bureaucratic)인 때와 현대조직과 같이 그 구조가 다원적 · 합의적(pluralistic-collegial)인 때와는 상당한 차이가 있다. 일원적인 의사소통에서의 의사소통은 단순하다. 조직의 계층에 따라 수직적인 의사소통(vertical communication)이 있을 뿐이다(이형행, 1990).

　그러나 조직의 구조가 다원적일 경우에는 의사소통을 하기 위한 경로가 많다. 이

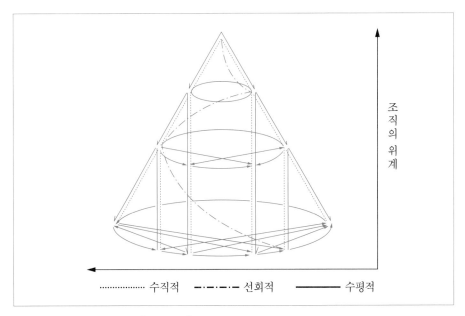

[그림 8-4] 다원적 조직에서의 의사소통

출처: Schein(1980), p. 18.

러한 조직에서는 쌍방경로(two way channel)를 가진 수직적 의사전달은 물론 수평적 및 선회적 의사소통 경로를 통하여 수평으로, 때로는 선회적으로도 의사전달이 가능하다는 것이다. 다원적 조직에서의 수직적·수평적·선회적 의사소통의 경로를 나타내면 [그림 8-4]와 같다(Schein, 1980: 18).

이 그림에서 수직적 의사소통은 위에서 아래로, 또 아래에서 위로 의사가 전달되고 있음을 보여 주고 있다. 수평적 의사소통은 조직 내의 동일 계층에서 동등한 지위에 있는 사람들 간에 의사전달을 하는 것을 의미한다. 수평적 의사소통은 조직의 전체 목표를 달성하기 위한 공동 노력을 조정하는 데 필요하다. 이러한 필요는 조직의 규모가 커질수록, 복잡해질수록, 또 극적인 변화의 대상이 될수록 더욱 절실해지리라 전망된다.

다원적 조직은 위원회제(committee system)를 채택하여 계선구조상의 최하위에 있는 사람과 중간계층에 있는 사람은 물론 조직의 최고관리자도 함께 참석하게 함으로써 대면적 관계를 통하여 의사소통을 하게 된다. 다원적 조직구조에서는 모든 구성원이 훨씬 더 자유스러운 분위기 속에서 의사소통을 할 수 있기 때문에 유익하게 상호작용을 할 수 있는 기회가 많다.

이와 같이 의사소통은 조직 안에서 일어나는 개인 간의 활동 혹은 현상이므로 조직의 전체적인 맥락 속에서 그 분석이 이루어져야 한다. 의사소통이론은 다음과 같이 크게 여섯 가지로 일반화할 수 있다(Hoy & Miskel, 1987: 340-373).

첫째, 의사소통은 유목적적이다. 의사소통의 목적성은 의사소통의 기능과 관련이 있는데, 어떤 사람에게 정보를 제공하고 지휘하고 평가하고 영향을 주는 목적성을 지닌다.

둘째, 메시지의 의미는 사람에게 있는 것이지 반드시 의도된 내용에만 있는 것이 아니다. 우리는 말이나 표현이 의미하는 바에 대한 직관적인 이해를 가지며 행정에서 말하는 의미론적(semantic) 문제로 사람에 따라 같은 말이라도 다른 의미를 갖기 때문에, 엄격하게 말해서 행정가는 말만 전달할 수 있지 의미를 전달할 수는 없다. 예컨대, 평생학습관장이 교육목적을 더 효과적으로 달성하기 위하여 계획하고 자원을 배분하는 경영행동이 종사자에게는 독재적·독단적 의사결정을 한 것으로 해석될 수도 있다.

셋째, 피드백은 높은 수준의 이해를 위하여 필수적이다. 피드백은 기본적인 수정과정으로 넓은 의미에서 메시지를 받는 사람으로부터의 반응을 말한다. 이러한 반응을 전제로 하여 의사소통을 반복하고 더욱 정교하게 메시지를 전달할 수도 있다.

넷째, 공식적·비공식적 의사소통 경로는 조직 내의 권위계층에 의하여 진행됨으로써 명백하고 완전한 의사소통 경로와의 직접적인 전달로 조직 내의 각 부분을 조정한다. 그러나 조직 내의 공통된 사무 영역이나 유사한 욕구와 일, 그리고 개인적인 우정 등 사회·심리적 관계로서의 비공식적 의사소통 경로를 무시할 수는 없다. 이러한 조직 수준에서의 비공식적 의사소통 경로는 사실, 의견, 태도, 잡담 등의 형태로 공식조직과 공존하게 된다.

다섯째, 공식적 의사소통 경로와 비공식적 의사소통 경로는 상호 보완적 관계를 유지한다. 사실 공식적 의사소통에는 수단과 표현이라는 의사소통 차원이 포함되어 있지만, 비공식적 의사소통에는 표현적 내용만이 포함되기 때문에 공식적 의사소통을 향상시키는 촉진제의 역할을 한다. 예컨대, 비공식적 의사소통 경로는 감정의 지표로 유용하며 그 지표를 이용하여 조직계층에서 새로운 생각의 수용 정도와 이해 정도를 검사할 수 있다. 그리고 사회적 상호작용을 하려는 개인의 요구에 대한 만족과 개인적 표현을 충족시켜 주는 긍정적인 경로가 공식적인 의사소통의 동일 계층에서 일어난다. 그러므로 조직 내의 공식적 의사소통의 원활과 단점을 보완할 수 있어 조직목표 달성에 기여할 수도 있다. 그러나 공식적 의사소통에 장애를 주고 훼손하는 역기능적인 면도 있으므로 이들 활동을 조정함으로써 그 효과성을 거둘 수 있다.

여섯째, 언어나 비언어 매개체에 의해 전달된 메시지는 효과적인 이해와 일치되어야 한다. 의사소통에 있어서 메시지는 언어나 비언어를 매개로 하여 전달된다. 언어적 의사소통에 못지않게 중요시되는 비언어적 의사소통은 언어 이외의 의사소통의 가치에 대한 행동으로서 얼굴 표정이나 몸짓, 침묵 그리고 악수 등의 비언어적 매체를 통하여 의미전달이 이루어진다. 그러므로 음성언어나 문자언어를 통한 의사소통은 물론 비언어적 의사소통도 상대방이 이해할 수 있는 범위 내에서 이루어지도록 함으로써 의사소통의 의미를 뚜렷하고 원활하게 할 수 있다.

5) 의사소통 과정

의사소통은 조직 구성원의 의사결정이나 행동에 영향을 미치게 하는 하나의 수단이기는 하나, 단순히 정보전달만 하는 것이 아니라 그 정보가 상대방에게 수용·이해되어야 한다. 그 정보가 상대방에게 수용되어도 전달자가 의도한 것과 똑같이 상대방에게 정확한 의미로 해석되지 않으면 소위 미스커뮤니케이션(miscommunication)이 발생하게 된다. 따라서 의사전달은 정보원(source) → 기호화(encoding) → 메시지(message) → 매체(medium) → 수신자(receiver) → 해독(decoding) → 행동이라는 일련의 과정을 거치며, 이것은 다시 피드백(feedback)되는 과정을 거친다 (추헌, 1992: 132). 이 과정은 [그림 8-5]와 같이 나타낼 수 있다.

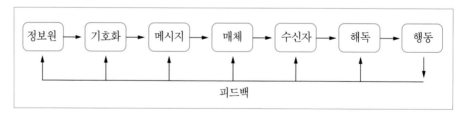

[그림 8-5] 조직 의사소통 과정

지금까지 여러 학자가 제시한 의사소통 과정의 모형을 구성하고 있는 과정 요소를 살펴보면 다음과 같다(신철순, 1995: 248-250).

① 정보원: 정보원(source)은 의사소통의 발원으로 전달하고자 하는 생각이나 욕구, 이념 등을 가지고 정보화하여 다른 사람에게 보내는 역할을 한다.

② 기호화: 기호화(encode)는 정보를 전달하기 위하여 정보를 기호나 상징으로 변화시키는 것으로, 그 목적은 욕구나 아이디어 또는 정보를 메시지의 형태로 표현하는 것이다. 정보원을 기호화시키는 대상은 동일 인물이나 경우에 따라서 다를 수도 있다.

③ 메시지: 메시지(message)는 기호화 과정의 결과로서 전달하고자 하는 내용을 말한다. 메시지는 송신자가 수신자에게 교환하기를 원하는 아이디어다. 메시지의 형태는 그것을 실어 나르는 통로와 매체가 무엇이냐에 크게 좌우된다.

④ 경로: 경로(channel)는 정보원과 수신자를 연결시켜 주는 것으로 메시지를 전달하기 위한 매개체라 할 수 있다. 예컨대, 빛과 소리 등은 조직에서 흔히 사용되는 경로다.

⑤ 해독과 수신자: 해독(decode)은 의사소통 과정에서 수신자(receiver)가 수신한 메시지에 관하여 의미를 추출하는 하나의 행위로, 정보원이 의도한 의미를 정확히 해독함으로써 그 효과성을 높일 수 있다. 그리고 수신자가 정보원의 의도한 바를 알아내는 문제는 전달자와 수신자의 기호 이해 여부와 동일 기호에 대하여 인식하고 있는 의미의 유사성 여부, 그리고 정보원과 수신자 간의 동질성 정도에 달려 있다.

⑥ 소음: 소음(noise)은 일종의 방해로 전달자와 수신자 사이에서 일어나며, 의사소통의 정확도와 감도를 감소시키는 역할을 한다. 이러한 소음은 의사소통 과정의 여러 곳에서 일어난다. 예컨대, 언어에서 오는 어의상의 문제, 메시지에 대한 의도적인 왜곡 등이 이에 해당된다.

⑦ 매체: 매체(medium)는 메시지의 운반수단이다. 메시지는 구두매체와 문서매체(메모, 편지, 신문 등)를 포함하는 언어매체나 전화, TV, 라디오 등 전파매체를 통해서 전달된다. 이 외에도 신체언어나 제스처 그리고 상징언어와 같은 비언어적 매체를 통해서도 메시지가 전달된다.

⑧ 피드백: 피드백(feedback)은 송신자로 하여금 메시지가 정확하게 전달되고 이해되었는가를 알게 해 주는 수신자의 반응이다. 피드백은 의사소통 과정이 얼

마나 성공적으로 이루어졌는가를 확인하는 단서를 제공해 준다. 뿐만 아니라
이 결과에 대한 인지는 앞으로 이루어질 의사소통의 과정과 내용을 개선하는
데 있어 중요한 기초가 된다.

6) 의사소통의 장애요인과 개선

(1) 의사소통의 장애요인

의사소통에서 정확한 정보의 전달은 무엇보다도 중요한 일이지만, 여러 가지 요
인에 의하여 전달자의 의도대로 전달되지 않는 경우가 많다. 이처럼 정보의 전달이
나 수용 과정에서 정확한 정보의 흐름을 방해하는 장애요인이 존재하게 되는데, 이
에 대한 내용은 다음과 같다.

① 언어상의 장애

송신자와 수신자가 사용하는 언어의 의미(semantics)를 같은 뜻으로 받아들이지
못할 때 의사소통에 장애가 일어난다. 송신자가 애매모호한 말이나 글을 사용한다
든지 수신자가 이해하기 어려운 전문적 학술용어나 기술용어를 사용하면 효과적인
의사소통이 이루어지기 어렵다. 교장이 학부모회의에서 전문적인 교육학 용어를
많이 사용하는 것은 의사소통의 효과를 떨어뜨리는 요인이 된다.

② 준거체계의 상이성

송신자와 수신자 사이에 서로 다른 준거체계(frame of reference)가 존재함으로써
이것이 의사소통상의 장애를 일으킨다. 상이한 경험과 가치관이 기호화와 해독의
과정에서 왜곡을 불러일으킨다. 학교 현장에서 교장과 교사 사이에 생기는 많은 갈
등과 의사소통의 장애도 그들이 가지는 교사관, 학교관에 커다란 격차가 있기 때문
이다.

③ 선택적 지각

선택적으로 지각하는(selective perception) 인간의 지각 특성이 의사소통의 장애 요인으로 작용한다. 수신자는 송신자가 보내는 모든 정보를 다 수용하지는 않는다. 왜냐하면 수신자는 자신의 욕구, 동기, 과거 경험, 여타의 개인적 특성에 따라 선택적으로 보고 듣기 때문이다. 나이를 먹을수록 사고가 굳어지고 세계를 좁게 보는 경향도 선택적 지각에 기인하는 것으로 볼 수 있다.

④ 여과

메시지가 몇 사람을 거쳐 전달되는 과정에서 일어나는 장애가 여과(filtering)다. 송신자가 고의로 의사소통의 내용을 일부 여과하거나 생략하는 경우가 있으며, 송신자가 전체 내용을 파악하지 못함으로써 수신자에게 정보가 충분하게 전달되지 못하기도 한다. 긴급한 상황의 경우 또는 의도적인 경우도 있기는 하지만 의사소통 경로 가운데 한 단계가 생략되기도 한다. 조직 내에 계층이 많은 고층구조(tall organization)에서는 의사소통 단계가 길어져서 정보가 누락되거나 왜곡되기도 한다. 또 하급자는 상사가 듣기 싫어하는 정보를 여과시키고, 자신의 과오에 대해서는 보고하기를 꺼린다. 상급자는 자신의 지위를 유지하기 위해서 하급자에게 제한된 정보만을 제공한다.

⑤ 수용 거부

수신자가 송신자의 메시지를 수용하려 하지 않을 때 의사소통이 원활하게 이루어지기 어렵다. 수용 거부는 수신자가 송신자의 말이나 행동에 대하여 신뢰성을 갖지 못할 때 일어난다. 수신자가 송신자에 대해서 갖는 신뢰의 정도는 송신자의 말과 행동에 대하여 어떠한 반응을 보이는가에 직접적인 영향을 미치게 된다. 또 수용 거부는 수신자의 선입견이나 편견 때문에 발생하기도 한다. 수신자의 고착된 관점에 따라 메시지가 해독되기 때문에 그것이 내포하고 있는 원래의 의도가 희석된다.

⑥ **기타 장애요인**

의사소통을 방해하는 장애요인으로는 상기한 것 외에도 얼마든지 많이 존재한
다. 특히 의사소통의 목표라든가 내용과 방법 및 결과에 관한 의사소통의 기술이
부족한 경우, 전달자와 수신자가 동일 장소에 있지 않고 거리적으로 격리되어 있는
경우, 그리고 정보량의 과중으로 인하여 효과적인 반응을 하지 못하고 다른 업무의
압박에 못 이겨 의사소통이 원활하지 못한 경우도 있으며, 전달자의 신뢰성이 없고
수신자가 전달자의 메시지를 평가하는 경우도 있다. 또한 발신자가 의도적으로 정
보를 조작하여 수신자에게 그것을 호의적으로 보이도록 하는 여과 등은 의사소통
의 장애요인이다.

(2) 의사소통의 개선

의사소통의 장애요인을 극복하고 그 효과성을 높이기 위해서는 평생교육기관장
자신이 의사소통의 개선을 위한 노력을 경주하는 동시에 제도적 측면에서의 방안
도 함께 강구하여야 한다.

의사소통의 개선을 위한 방안은 개인적 측면과 평생교육기관 수준의 측면으로
구분할 수 있는데(Hoy & Miskel, 1987), 개인적인 측면에서의 평생교육기관장이 취
해야 할 의사소통 방안은 다음과 같다.

- 정보를 의사소통 흐름 속으로 전달하기 위하여 목표를 설정해야 한다(deter-
  mine the objective).
- 청중을 확인해야 한다(identify the audience).
- 메시지를 기호화해야 한다(encode message).
- 매체를 결정해야 한다(determine the medium and the transmission channels).
- 전달 시에는 적시성이 있어야 한다(release the message at the most opportunity
  time).
- 적정량의 내용이어야 한다(consider the volume).

- 결과를 측정해야 한다(measure the results with feedback).

　즉, 의사소통의 개선을 위하여 행정가는 정당한 목표를 수립하여 그의 아이디어를 전달하고, 수신자 집단을 위하여 기호화함으로써 의사소통의 왜곡을 방지하여야 한다. 특수한 말의 경우는 그것이 의미하는 것과 시사하는 것이 무엇인가를 확실히 하기 위해 직접적이고도 단순한 언어를 사용하여 전달하여야 한다. 그리고 메시지는 대안이 다양하므로 의사소통의 원활을 기하기 위해 매체 선정기획이 필수적이며, 그것은 수신자의 욕구와 동기에 적합하고 적시에 적당한 양으로 수신자의 심리적인 영향을 극대화해야 한다. 그러나 무엇보다도 중요한 것은 의사소통의 개선을 위해서 자신의 행동 성과를 점검하고 필요에 따라서는 수정할 수 있는 피드백이 필수적이라고 할 수 있다.

　한편, 평생교육기관의 측면에서 평생교육기관을 발전시키려는 노력의 일환으로 평생교육기관의 의사소통 체제를 촉진시키고 통제하며 개선하기도 한다. 예를 들면, 직원의 위치(location of personnel), 건축상의 배치(architectural configuration), 개인과 집단 사이를 연결하는 기계장치, 인사이동의 규정 등을 들 수 있다. 그 이외에 보고서와 저장(storage) 및 검색체제(retrieval systems)와 같은 정보업무는 의사소통 체제를 촉진하기 위한 효율성과 발전을 가능케 한다.

　또한 의사소통의 개선을 위한 전달자와 수신자 그리고 전달 수단적 관점에서 보면, 전달자와 수신자는 의사소통의 기술 향상, 의사소통에의 감정이입 시행, 의사소통에서의 신뢰적 분위기 조성, 수신자의 사실적 경험, 협의회 등을 통한 상호 접촉의 장려 등이 고려되어야 한다. 그리고 전달 수단은 언어의 명료성, 피드백 장치의 확립, 정보관리 체제의 확립 등이 고려되어야 한다. 그럼으로써 의사소통의 장애요인과 왜곡현상을 줄일 수 있다.

7) 평생교육기관에서의 의사소통

평생교육기관의 의사소통은 평생교육경영에 있어서 기본적이며 통합적인 과정이며, 평생교육기관의 목적을 달성하기 위한 가장 중요한 수단이다. 이러한 의사소통은 기획, 조직, 의사결정, 자원배분, 조정, 평가 등 전반적인 평생교육경영의 기능적 역할을 한다. 따라서 평생교육기관이 성공적으로 그 기능을 발휘하려면 먼저 평생교육기관 수준에서의 의사소통이 원활하게 이루어져야 한다. 이러한 점을 평생교육경영자가 깊이 인식하여 사전에 면밀한 의사소통의 계획을 세우고, 의사소통이론에 대한 지식을 활용하여 평생교육기관의 의사소통을 촉진시킴으로써 평생교육기관에 대한 의사소통의 능률과 효과를 개선할 수 있다.

평생교육경영에서도 의사소통이라는 개념은 사람과 사람 사이에 공식적 또는 비공식적으로, 언어적 또는 비언어적으로 정보와 이해를 교환하는 모든 행동이 포함된다. 앞에서 제시된 효과적인 의사소통을 위한 여러 제안은 평생교육기관의 의사소통을 개선시키는 데 시사하는 바가 크다. 그러나 의사소통이란 결국 개인이 갖고 있는 정보를 전달하는 과정이므로 평생교육경영자가 가지고 있는 의도나 목표, 그리고 직원이 보고하는 내용도 일종의 '정보'라는 개념으로 보아야 할 것이다.

따라서 평생교육경영에 있어서 의사소통의 효과를 증진시키기 위해서는 정보전달의 과정에서 소음을 최소화시키는 것 못지않게 질 좋은 정보를 제공하는 것이 중요하다. 왜냐하면 정보의 질이 낮을 경우에 정보를 수신하는 사람에게 많은 소음이 발생하는 것은 물론이고, 정보를 송신하는 사람의 경우에도 실제적으로 필요 없는 내용을 전달하게 되면서 시간적인 손해를 볼 수 있기 때문이다.

앞에서 제시한 효과적인 의사소통을 위한 제안을 평생교육기관과 평생교육경영에 관련지어 논의해 보겠다.

첫째, 평생교육기관에서의 의사소통은 목적이 있다. 예를 들면, 어떤 강사가 학습자에게 메시지를 보낼 때 학습자는 강사가 보내는 그 메시지가 자기에게 유리하다고 판단될 때만 강사에게 주목하고 경청하게 된다는 것이다.

둘째, 메시지의 의미는 반드시 사람에게만 있는 것이지 의도된 내용에 있는 것이 아니다. 예를 들어, 평생교육경영자가 교육목적을 더 효과적으로 달성하기 위하여 기획하고 자원배분을 하는 것은 기관경영 방침에 대한 그의 고유한 특권(prerogatives)이다. 그러나 평생교육경영자의 이러한 특권이 직원에게는 평생교육경영자의 독단적 의사결정으로 받아들여질 수도 있다.

셋째, 의사소통을 높은 수준에서 이해하는 데에는 기본적으로 평가의 피드백이 필요하다. 평가의 피드백을 활용하면 발신자가 의도했던 생각과 수신자가 받아들인 정보나 생각 간의 차이를 줄일 수 있으며 불필요한 의사소통의 과정이 줄게 된다.

넷째, 평생교육경영자는 평생교육기관에서 의사소통이 성공적으로 이루어지느냐 하는 것은 전적으로 수신자 측에 달려 있다는 것을 알아야 한다. 발신자가 정보 등을 수신자에게 전달하려고 할 수는 있으나, 보내진 정보를 수신자가 부분적으로 혹은 전적으로 받아들였을 것이라는 보장은 없다. 그렇기 때문에 평생교육경영자는 평생교육기관에서의 의사소통을 두 가지 형태, 즉 지각되지 않는 의사소통과 지각된 의사소통으로 구별해 보아야 할 필요가 있다. 수신자가 발신자에게 갖고 있는 신뢰의 정도에 따라서 발신자가 보낸 본래의 메시지와 그에 대한 수신자의 해석에 큰 차이를 보일 수 있다는 것이다. 따라서 평생교육경영자는 수신자에 관련된 의사소통의 장애요인을 제거하고 자신의 언행에 대한 신뢰도를 높임으로써 수신자의 반응이 적극적으로 나타나도록 의사소통의 목표, 내용, 방법, 결과 등에 관한 지식과 기술을 지속적으로 연마해야만 한다.

제 9 장
평생교육지도성

1. 평생교육지도성의 개념

　조직활동에서 주어진 물적 자원을 관리함에 있어 아무리 우수한 현대적 설비를 갖추고 유능한 인재로 조직을 구성한다 하더라도, 인간이기에 지도자의 지도성이나 영향력이 부족하면 구성원을 동기화하지 못하며 그들의 노력을 통합할 수 없게 되어 결국 조직목표와 구성원의 만족을 효율적으로 달성하지 못하게 된다. 즉, 구성원의 욕구 충족과 효과적인 조직목표 달성을 위해서는 지도성이 필수적으로 요청된다. 따라서 지도자는 구성원의 활동을 통하여 조직목표가 달성된다는 점을 인식하고 구성원이 조직목표 달성에 공헌할 수 있도록 그들의 노력을 통합하고 조정할 수 있어야 한다. 훌륭한 지도자 밑에서는 사기와 헌신이 높아지고 협동적 노력이 나타나지만, 그렇지 못한 지도자 밑에서는 갈등과 대립과 불만이 커져 조직의 비능률이 나타나게 된다. 이와 같은 지도성은 그 관점이나 접근방법이 다양하기 때문에 명확하게 정의하기가 어려우며, 많은 학자에 의하여 연구되어 오고 있다. 1930년대 이전에는 몇 개 되지 않았던 지도성에 관한 정의가 오늘날에는 학술적으로 200여 개 이상이나 있다. 여기에서는 지도성에 관한 대표적인 정의를 살펴보고 평생교육지도성에 관한 정의를 내리고자 한다.

Etzioni(1961)는 지도성을 본질적으로 규범적인 것이며 주로 개인의 특성에 기초한 권력으로 보았으며, Lipham(1964: 122)은 조직의 목적과 목표를 달성하거나 변화시키기 위하여 새로운 구조나 절차를 창출하는 것으로 보았다. Stogdill(1950: 4)은 "목표 설정과 목표 달성을 위해 조직화된 집단의 활동에 영향을 주는 과정"으로 지도성을 규정한다. Hersey와 Blanchard(1971)는 지도성을 일정한 상황하에서 목적 달성을 위해 개인이나 집단의 활동에 영향을 미치는 과정으로 정의하였다. 따라서 그들은 지도성(L: leadership)을 지도자(l: leader)와 추종자(f: follower) 및 상황변인(Sn: situation 1, 2, 3, … n) 간의 함수관계(function)로 보고 L=f(l, f, Sn)으로 나타내었다. Rauch와 Behling(1984)은 지도성을 "조직과 집단의 활동목표와 성취를 위해 영향력을 미치는 과정"으로, 또 Gardner(1990)는 "한 개인 또는 지도자가 가지고 있거나 또는 추종자가 공유한 목표를 특정 집단이 추구할 수 있도록 하는 설득과 수범의 과정"으로 정의한다.

이상을 종합하면, 지도성은 '어떤 상황에서 집단이나 조직의 과업 달성을 위해서 구성원의 호의적 노력을 주도할 수 있는 개인의 능력과 행동'이라고 정의할 수 있다. 따라서 평생교육지도성은 '특정한 상황에서 평생교육집단이나 평생교육조직의 과업 달성을 위해서 구성원의 호의적인 노력을 주도할 수 있는 개인의 능력과 행동'이라고 정의된다.

2. 일반적 지도성 이론

지도성 연구의 접근방법이나 이론은 학자에 따라 다르다. 여기서는 비교적 광범하게 적용되고 있는 전통적 지도성 접근이론으로 특성이론, 행동이론, 상황이론, 카리스마적 및 변화지향적 지도성 등을 살펴본다.

1) 특성이론

특성이론(trait theory)은 자질이론이라고도 하며, 이에 대한 연구는 지도자의 독특한 선천적 특성 또는 자질에 초점을 맞춘다. 특성 이론가에 따르면, 훌륭한 사람이나 위대한 사람은 근본적으로 추종자가 소유하고 있지 않은 독특한 특성을 가지고 태어나기 때문에 집단이나 상황의 변화에 관계없이 항상 성공적인 지도자가 될 수 있다. 따라서 그들은 지도자만이 가지고 있는 고유한 특성을 가려내어 그것을 규명해 보고자 하였다. 즉, 위인(a great man)의 전기나 실록을 분석하여 성공적인 지도자가 공통으로 지니고 있는 지적 · 정서적 · 신체적 · 개인적 특성 자체를 규명하고자 하였다.

〈표 9-1〉 **성공적인 지도자의 특성과 기술**

특성	기술
상황 적응력이 있는	지적으로 현명한
사회적 환경에 조심성이 있는	전체 파악이 능한
야망적이고 성취 지향적인	창의적인
단정적인(assertive)	말에 유창한
협동심이 있는	외교적이고 재치가 넘치는
단호한(decisive)	집단과업에 관해 박식한
신뢰할 수 있는	조직적(행정적 능력)
지배적인(타인에 대한 영향력)	설득력이 있는
정력적인(높은 활동수준)	사회적으로 숙련된
집요한(persistent)	
자신감 있는	
스트레스에 대해 관대한	
스스로 책임을 감당하는	

출처: Yukl(1998), p. 90.

Gibb(1981: 205)는 지도성을 하나의 통일된 자질(unitary trait)로 보고 모든 상황, 모든 문화에 있어서 이와 같은 특성 또는 자질을 지닌 사람이 지도자가 되며, 또한 지도자만이 그러한 특성 또는 자질을 지닌다고 하였다. 또한 Stogdill은 독창력, 인기, 사회성, 판단력, 진취성, 탁월해지려는 욕구, 유머, 협동성, 생동감, 운동능력 등의 순으로 지도성과 관련이 높으며, 비교적 상관이 낮은 변인으로는 연령, 신장, 체중, 체격, 체력, 외모, 지배력, 기분통제 등을 지적하였다(Bass, 1981: 65-66).

특성이론은 구성원의 성격과 욕구를 무시하고 오로지 지도자만을 관심의 대상으로 삼았다는 비판에도 불구하고 아직도 계속적으로 연구되어 오고 있다. Yukl(1998)은 성공적인 지도자에게서 가장 많이 발견되는 특성과 기술을 〈표 9-1〉과 같이 제시하고 있다(Hersey et al., 2001: 90).

2) 행동이론

행동이론(behavioral theory)은 심리학적 요인과 사회학적 요인, 그리고 개인적 특성과 상황적 요인 모두가 지도성을 결정하는 데 영향을 준다는 관점에서 지도자의 행위를 관찰·기술함으로써 지도성 행위의 어떤 패턴을 밝혀내는 데 초점을 둔다.

(1) Lewin의 연구

지도성에 대한 행동적 접근의 효시를 이루는 연구는 Lippit과 White(1939: 271-299)에 의해 수행된 '지도성과 집단생활에 관한 실험적 연구(An Experimemtal Study of Leadership and Group Life)'로서 지도성 유형을 전제형(autocratic), 민주형(democratic) 및 자유방임형(laissez faire)으로 분류하고 있다.

(2) 오하이오 주립대학교의 연구

지도자의 행동에 초점을 맞춘 연구로서 오하이오 주립대학교의 Hemphill과 Coons(1950)는 지도자행동기술 질문지(Leader Behavior Description Questionnaire:

LBDQ)를 개발하여 지도자의 행동을 과업중심 차원(initiating structure dimension)
과 인화중심 차원(consideration dimension)의 두 차원으로 구분하여 제시하였다.
그들은 LBDQ를 사용하여 과업중심 차원과 인화중심 차원을 양 축으로 한 다음,
평균점을 중심으로 [그림 9-1]과 같이 지도성을 4상한으로 도형화하였다(Halpin,
1958: 2).

　그 후 연구자들은 지도성 유형을 평가적인 의미에서 분류하여, 양 차원의 점수가
모두 평균 이상인 I상한(인화 +, 과업 +)을 효과적인 지도성(effective leadership)으
로, 인화 차원의 점수는 평균 이하이나 과업 차원의 점수는 평균 이상인 II상한(인
화 -, 과업 +)은 과업중심 지도성(task-centered leadership)으로, 양 차원의 점수가
모두 평균 이하인 III상한(인화 -, 과업 -)은 비효과적 지도성(ineffective leadership)
으로, 그리고 인화 차원의 점수는 평균 이상이나 과업 차원의 점수는 평균 이하인
IV상한(인화 +, 과업 -)은 인화중심 지도성(human relationship-centered leadership)
으로 불렀다.

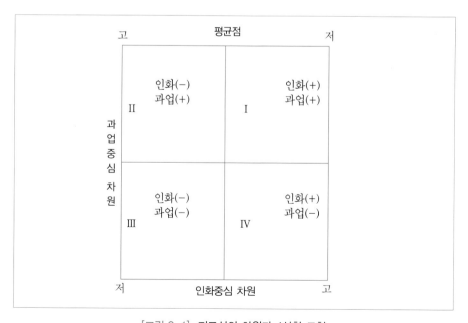

[그림 9-1] 지도성의 차원과 4상한 모형

(3) 미시간 대학교의 연구

Likert 등(1947)은 지도성 유형을 직무중심(job-centered) 지도자와 종업원중심 (employee-centered) 지도자로 제시한다(1981: 7). 직무중심 지도자는 종업원에게 업무를 분담해 주고 철저한 감독을 하며, 생산을 독려하기 위한 유인체제를 강구하고, 종업원을 조직목표 달성의 도구로 보면서 합법적이고 강압적인 권력을 사용하는 과업 지향적 입장을 취한다. 이에 반하여 종업원중심 감독자는 의사결정을 종업원에게 위임하며, 종업원의 복지 및 당면 문제에 관심을 가지며, 작업환경을 조성해 주며, 종업원의 욕구와 개인적 성장을 중시하는 인간 지향적 입장을 취한다.

Likert에 따르면, 고생산 부서의 감독자는 종업원중심적이었으며, 저생산 부서의 감독자는 직무중심적인 것으로 나타났다. [그림 9-2]에서 보는 바와 같이, 종업원중심 감독자는 직무중심 감독자보다 높은 생산성을 올리고 있음을 알 수 있다.

즉, 모든 상황에 일률적으로 적용할 수 있는 특별한 규칙이란 없으므로, 구성원의 기대와 가치에 부응하는 분위기와 여건을 조성하면서 언제나 구성원을 중심으로 지도성을 발휘해야만 직무성과가 높아진다는 것이다.

미시간 대학교에서 수행된 일련의 연구는 언제나 가장 효과적인 특별한 유형의 지도성을 분명하게 제시하지는 못했으며, 더욱이 직무중심 행동과 종업원중심 행동이라는 지도성의 두 측면만을 검토했다는 점에서 비판을 받고 있다. 또한 지도성

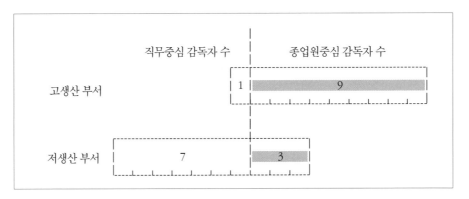

[그림 9-2] 직무중심 감독자 수와 종업원중심 감독자 수

의 유형이 상황에 따라 변화한다는 점을 무시하였으며 집단의 응집력, 구성원의 특성, 과업의 특성 등과 같은 상황적 요소를 고려하지 않았다는 점에서도 비판을 받고 있다.

(4) Tannenbaum과 Schmidt의 연구

Tannenbaum과 Schmidt(1958: 95-101)는 경영자의 권위 정도와 의사결정 과정에서의 구성원의 참가 정도에 따라 경영자중심(boss-centered)의 전제적 지도자와 구성원중심(subordinate-centered)의 민주적 지도자의 양극으로 나누어, [그림 9-3]과 같이 연속 선상에서 다양한 지도성 행위 유형을 제시한다.

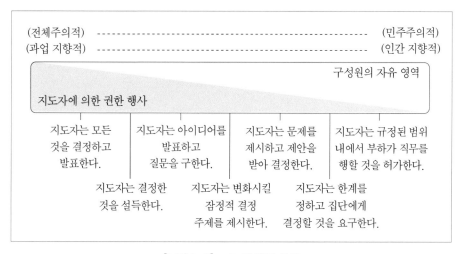

[그림 9-3] 지도성 행위 유형

(5) Blake와 Mouton의 연구

Blake와 Mouton(1984: 10)은 생산에 대한 관심(concern for production)과 인간에 대한 관심(concern for people)을 각각 횡축과 종축으로 하는 지도성 유형의 관리망(managerial grid)을 개발하였다. 각 축을 1에서 9까지 격자망으로 구분하여 1은 관심의 최저 상태, 9는 관심의 최고 상태로 정하고, 각 격자망을 직선으로 이어서

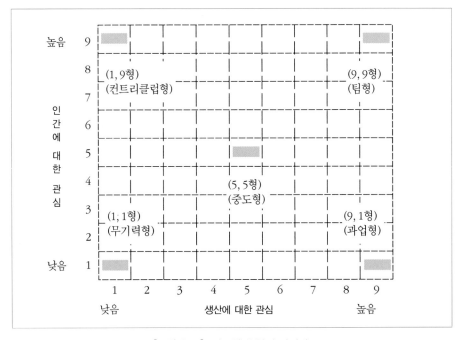

[그림 9-4] 지도성 유형의 관리망

총 9×9=81개의 격자도를 만들었다. 이론적으로는 [그림 9-4]와 같이 81개의 지도성 유형이 가능하게 된다.

이 그림에서와 같이, Blake와 Mouton은 지도성 기본 유형으로 관리망의 네 구석과 한 중간에만 한정하여 무기력형(1, 1형), 과업형(9, 1형), 중도형(5, 5형), 컨트리클럽형(1, 9형), 팀형(9, 9형)으로 나누고 팀형을 가장 이상적인 추구형으로 보았다.

① 무기력형(impoverished style: 1, 1형): 생산과 인간에 대한 관심이 둘 다 적은 유형이다. 이 유형은 조직 구성원의 자격을 유지할 정도로 행동하기를 바라며 또 그렇게 되도록 내버려 둔다. 어느 누구와도 접촉을 삼가고 비개입적 태도를 취한다.

② 과업형(task style: 9, 1형): 생산에 대한 관심은 높지만 인간에 대한 관심은 적은 유형이다. 이 유형은 생산성을 높이기 위하여 엄격한 규칙과 과업예정표에

의하여 명령과 통제를 가중시킨다. 상급자가 결정하면 하급자는 단지 추종할 뿐이다.

③ 중도형(middle of the road style: 5, 5형): 생산에 대한 관심과 인간에 대한 관심을 다 적당한 정도로 균형을 유지하려는 유형이다. 이 유형은 공정하지만 확고한 표준을 고수하면서 절도 있는 유화 강경책(carrot and stick)을 펼치며 과업을 수행하는 종업원의 능력을 신뢰한다.

④ 컨트리클럽형(country club style: 1, 9형): 이 유형은 종업원의 사회·심리적 욕구 충족을 중시하면서 원만한 인간관계를 중심으로 조직을 유지해 나가려고 한다. 상하급자 간에 '함께 어울림(togetherness)'을 강조하며 상호 간의 의견 불일치나 비판을 삼가도록 노력한다.

⑤ 팀형(team Style: 9, 9형): 생산과 인간 양 차원에 모두 지대한 관심을 보이는 통합형적 지도 유형이다. 이 유형은 종업원의 자아실현의 욕구를 만족시켜 주고 이것이 높은 생산성을 가져올 수 있다고 생각한다. 인간의 창의성을 존중하고 고무시킨다. 조직의 지속적인 개선과 종업원의 발전이 지도자의 목표이며 가능한 결과라고 예측한다.

3) 상황이론

상황이론(contingency approach)은 어떤 상황에서나 항상 효과적인 유일한 지도성이란 존재하지 않기 때문에 특정 상황에 적합한 지도성 유형이 있다고 보고, 이러한 상황에 부응하게 되면 그때 효과적인 지도성이 발휘된다고 본다. 따라서 지도성의 효과는 복잡한 상황 변수가 지도자의 행동과 어떻게 조합되느냐에 따라 결정된다. 지도성 상황이론은 Fiedler(1987)의 상황이론(contingency theory), Reddin(1970)의 3차원 관리유형이론(3-D management style theory), Hersey, Blanchard와 Johnson(2001)의 생활주기이론(life cycle theory), House와 Singh(1987)의 경로-목표이론(path-goal theory) 등이 있다. 여기에서는 지도성 상황이론으로서

Hersey 등(2001)의 생활주기이론(life cycle theory)을 살펴본다.

Hersey 등은 지도성 효과는 지도자(leader)와 추종자(follower) 및 조직의 특수한 상황이나 환경 여하(situation)에 의하여 결정된다고 하면서 E=f(l·f·s)라는 공식으로 나타내고, 이것을 효과적인 지도자 행위나 상황이론의 가장 유용한 모델로 제시하고 있다. 그들은 지도성 유형의 효과성을 결정짓는 상황 변수로서 제일 처음에 구성원의 성숙도(maturity)라는 개념을 사용하였는데, 최근에 와서는 성숙도 대신에 준비도(readiness)라는 개념을 사용하고 있다. 준비도는 직무 준비도(job readiness)와 심리적 준비도(psychological readiness)로 구분할 수 있다. 직무 준비도는 과업 수행에 필요한 능력과 기술적 지식으로 구성되며, 심리적 준비도는 자신감, 책임감, 성취동기, 자존심 등의 긍정적 개념으로 구성된다.

그들은 지도성 유형이 상황에 따라 변화를 가져온다는 생활주기이론을 발전시켰다. 즉, 지도성은 지도자의 과업행동, 관계성 행동, 그리고 구성원의 준비도 간의 상호작용에 따라 나타나는 곡선적 관계에 기초를 둔다고 하였다. 구성원의 준비도에 따라 지도자의 과업행위와 관계행위를 효과성과 관련시켜 종 모양의 곡선(bell-shaped curve)으로 나타낸 하나의 주기를 제시하였다. 이것은 구성원의 준비도가 방향에 따라 이동되어야만 효과적이라는 점을 나타내고 있다.

특정 상황에서 어떤 지도성 유형이 가장 효과적인가를 결정하기 위해 구성원의 준비도를 측정하여 준비도를 나타내는 연속 선상의 한 점에서 위쪽으로 90° 각도의 직선을 그으면 효과성 곡선의 어느 한 점과 교차하게 된다. 그런데 바로 이 점이 있는 상한에 해당되는 지도성 유형이 그 상황에서 가장 적절한 것임을 나타낸다. 이를 그림으로 나타내면 [그림 9-5]와 같다.

Hersey 등은 구성원의 준비도에 따라 지도성 유형을 네 가지로 분류하였다. 구성원의 준비도가 낮으면 과업행동을 높이고 관계성 행동을 줄이는 지도성을 발휘하고, 준비도가 높아감에 따라 지시적, 설득적, 참여적, 위임적 유형으로 지도성 유형을 바꾸어 나가야 한다.

즉, 준비도가 낮은 R1일 때는 높은 과업과 낮은 관계성 행동의 지시적 지도성

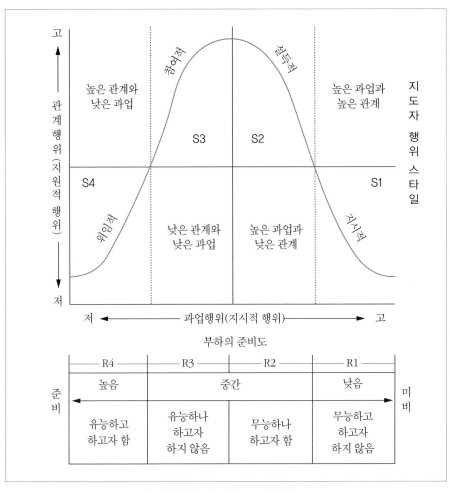

[그림 9-5] 지도성 생활주기 모형

(telling leadership, S1)이 효과적이며, 준비도가 낮은 데서 중간 정도로 성장할 때인 R2의 경우에는 높은 과업과 높은 관계성 행동의 설득적 지도성(selling leadership, S2)이 효과적이다. 그리고 준비도가 중간에서 높은 수준으로 성장할 때인 R3의 경우에는 높은 관계성과 낮은 과업행동의 참여적 지도성(participating leadership, S3)이 효과적이고, 준비도가 높은 R4일 때는 낮은 관계성과 낮은 과업행동의 위임적 지도성(delegating leadership, S4)이 효과적이다. 그들은 3차원 지도자 효과성 모형

과 지도성 생활주기 모형을 통합하여 [그림 9-6]과 같이 상황적 지도성 이론을 개념화하고 있다.

[그림 9-5]와 [그림 9-6]에서 보는 바와 같이 효과적인 지도성은 상황 및 조건에 따라 다르게 발휘되어야 하는데, 평생교육 현장에서 발휘되어야 할 지도성을 설명하면 다음과 같다. 첫째, 지시적 지도성이 필요한 상황에서 평생교육경영자는 평생교육담당자에게 구체적인 지도를 제공하고, 면밀하게 성과를 감독해야 한다. 둘째, 설득적 지도성이 필요한 상황에서 평생교육경영자는 결정된 사항을 평생교육담당자 또는 학습자에게 명확히 설명하고 이해할 수 있는 기회를 제공해야 한다. 셋째, 참여적 지도성이 필요한 상황에서 평생교육경영자와 평생교육담당자는 서로 아이디어를 공유하고 함께 의사결정을 내려야 한다. 넷째, 위임적 지도성이 필요한 상황에서 평생교육경영자는 평생교육담당자에게 가능한 한 의사결정과 과업수행의 권한을 위임해야 한다.

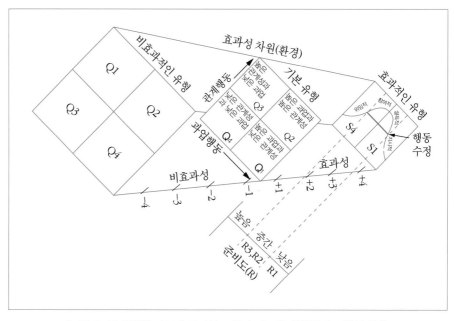

[그림 9-6] 3차원 지도자 효과성 모형과 지도성 생활주기 모형의 통합

4) 카리스마적 지도성

카리스마적 지도성에서 카리스마(charisma)란 핵심 개념으로 부하에 의해 인식되거나 관찰되는 귀속적 특성(attribution), 즉 지도자에 대한 관찰된 행동이다. Weber에 의하면, 카리스마는 사람들이 초월적·초자연적·초인적 존재이며 적어도 예사롭지 않은 힘과 능력을 가지고 있는 것으로 여기는 개인의 자질이다(신철순, 1995). House(1977)는 카리스마의 개념을 형식조직에 적용하였으며, 카리스마적 지도성이 인성 특징, 행동, 그리고 상황적 요인으로부터 발생할 수 있음을 제시하였다. 첫째, 인성 특징은 높은 수준의 자신감, 다른 사람을 지배하려는 경향과 영향력을 발휘하려는 욕구, 자신의 신념이 완전무결하다는 강한 확신 등이다. 둘째, 행동 측면은 ① 지도자가 모델링을 통해서 부하에게 자신의 가치와 신념을 표현하는 역할 모델링, ② 외관상의 과업 달성에 중점을 두는 행동과 이를 활용하는 지도자의 능력인 이미지 조성, ③ 이러한 이미지 조성을 통해서 실용적이기보다 이데올로기적인 목표 제시, ④ 성취에 대한 자신감과 높은 기대를 보여 주는 지도자의 능력, ⑤ 부하에게 영향을 미치는 지도자의 행동, ⑥ 비전 성취와 관련된 지도자 행동의 동기화 등이다. 셋째, 상황적 측면은 긴장된 상황이나 위기 상황에서 카리스마적 지도성이 발생할 가능성이 많다는 점이다.

Conger와 Kanungo(1998: 47-50)는 지도자의 카리스마를 "부하의 지각에 의해서 이루어지는 귀속적 현상"으로 설명하고, 조직 및 개인의 결과를 성취하기 위한 단계적·카리스마적 지도성 행동을 강조하면서 카리스마적 지도성 모형을 제시하고 있다.

[그림 9-7]에서 보는 바와 같이, 지도자의 카리스마적 지도성 행동과정은 세 단계로 개념화될 수 있다. 첫 단계는 지도자가 기존의 상황을 평가하고 하위자의 욕구와 만족 수준을 진단하고, 기존 자원이 조직목적에 어떻게 영향을 미칠 것인가를 결정하는 단계다. 둘째 단계는 지도자가 조직의 목표를 공식화하고 제시하는 단계다. 셋째 단계는 지도자가 종종 자기 희생적으로 행동하고 개인적 위험을 감수하는

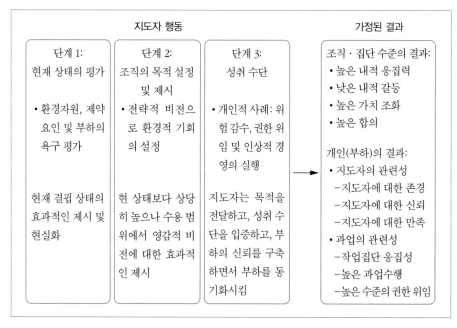

[그림 9-7] 카리스마적 지도성의 행동모형

단계다. 이는 부하의 신뢰를 구축하고 목표가 어떻게 성취될 수 있는가를 입증하는 것이다. 카리스마적 지도자는 1단계에서 환경적 제약요인에 대한 민감성과 현재의 결핍 상태를 확인하는 능력, 2단계에서 이상적인 미래의 비전 설정과 폭넓은 비전 제시 및 인상적인 경영기술, 3단계에서 비전을 성취하고 구별된 특성을 지닌 부하에게 영향을 미치기 위한 개인적인 힘을 사용할 수 있는 수단을 지닌 자로, 비카리스마적 지도자와는 구별되는 특성을 지니고 있다. 요컨대, 카리스마적 지도자는 현실과 환경을 정확히 파악하고, 부하의 요구를 충족시킬 수 있는 대책을 강구하며, 미래에 대한 비전을 제시하고, 난국을 해결하기 위하여 변화를 주도함으로써 그의 탁월한 능력을 보여 줄 수 있는 자라고 할 수 있다.

5) 변화지향적 지도성

변화지향적 지도성(transformational leadership)의 개념은 Burns(1978)에 의하여 맨 처음 시도되었고, Bass(1985)에 의하여 그 개념이 조작적으로 정의되어 경영조 직, 군대조직, 그리고 교육조직에도 확대 적용되고 있다. 그들은 변화지향적 지도 성과 교환적 지도성은 상보적인 관계로서 어떠한 조직에서든지 발휘될 수 있음을 주장한다. 이러한 입장에서 지도자는 기관의 효과적인 경영을 위해서 부하에 대한 교환적 지도성뿐만 아니라 변화지향적 지도성을 발휘해야 한다. 변화지향적 지도 성을 탐색하기 위하여는 먼저 교환적 지도성을 살펴볼 필요가 있다.

교환적 지도성은 하위자가 보상을 기대하고 상급자에게 순응하는 교환적 관계로 보는 시각이다. 지도자가 하위자에게 어떤 것을 다른 것과 교환해 줄 때 부하가 지 도자를 따를 수 있다는 관점이다. 그러므로 교환적 지도성에서 지도자와 부하는 서 로의 만족을 교환하며 자신들의 이익의 극대화를 추구하려는 거래자(bargainer)로 서의 관계이며, 이러한 관계는 단기적이며 피상적이고 사소한 것으로서 교환적 만 족 자체다. 이러한 교환적 지도성은 규칙에 순응하는 지도성이다(Burns, 1978: 4). 교환적 지도성은 현재 부하의 심리적 · 질적 욕구를 만족시킴으로써 기존 상태를 유지하려고 집착하며, Maslow(1954)의 욕구위계에서 보상, 봉급, 인정 등의 하위 욕구 수준을 만족시키는 것이다. 따라서 교환적 지도성은 다음과 같이 정의될 수 있다(Bass, 1985: 26-40).

① 교환적 지도자는 부하가 직무로부터 얻으려는 것이 무엇인가를 인식하며 과 업성과에 대해 부하가 원하는 것을 알려 준다.
② 교환적 지도자는 부하의 역할과 과업요건들을 명료화한다.
③ 교환적 지도자는 부하의 욕구를 지각하고 그러한 욕구가 어떻게 충족될 수 있 는가를 명료화한다.

Bass에 따르면 교환적 지도성은 조건적 보상과 예외에 의한 경영(management by exception) 등의 요인으로 실행될 수 있으며, 교환적 지도성도 기관을 경영하는 데 있어서 매우 중요한 것으로 강조되고 있다.

변화지향적 지도성은 탁월한 지도자(extraordinary leaders)의 지도성으로, 부하에게 기대 이상으로 과업수행을 하도록 영감을 불어넣는다. 변화지향적 지도자는 교환적 지도성을 이용하며, 부하의 잠재적 동기와 고차적 욕구 충족을 추구하며, 성숙한 부하가 되도록 이끈다. 변화지향적 지도자는 부하가 기대한 것 이상으로 과업성과를 나타낼 수 있도록 동기화시킨다(Burns, 1978: 4). Bass(1985: 26-40)는 변화지향적 지도성을 다음과 같이 정의하고 있다.

① 변화지향적 지도자는 도달해야 할 결과의 중요성과 가치, 그 결과를 성취하기 위한 방법에 관한 부하의 의식수준을 고양시킨다.
② 변화지향적 지도자는 부하가 집단, 부서, 조직의 이익을 위하여 자신의 이해관계를 초월하도록 이끈다.
③ 변화지향적 지도자는 Maslow의 욕구단계에서 부하가 안정·소속의 욕구를 지향하기보다는 자아실현과 같은 상위수준의 욕구를 지향하도록 변화시킨다.

변화지향적 지도성 요인에 대하여 Bass(1985)는 카리스마, 감화적 행위, 개별적 관심, 지적인 자극 등을 제시하였고, Podsakoff 등(1990)은 적절한 모델 제시, 집단목표의 수용 촉진, 높은 과업수행 기대, 개별적인 자극, 지적인 자극 등을 제시하였다. 권인탁(1994)은 우리나라 교육조직에서 변화지향적 지도성 요인으로 결속 촉진, 카리스마, 지적인 자극, 개별적 관심 등을 검증하였다.

이와 같이 변화지향적 지도성은 교환적 지도성에 더 많은 지도성 가치를 더하는 것이며, 교환적 지도성을 대체하는 것이 아니라 조직, 집단, 리더, 하위자의 목표에 도달시키기 위하여 교환적 지도성을 증대시키는 것이다. 또한 초기의 변화지향적 지도성은 세계적인 유명인사를 대상으로 연구되었으나, 최근에는 변화지향적 지도성이 평범한 곳에서도 발견될 수 있다고 제시되고 있다. 따라서 평생교육기관의 평생교육 경영자 및 담당자도 변화지향적 지도자가 될 수 있으며, 더욱이 변화지향적 지도성이 훈련에 의해 성취될 수 있다는 데 그 의의가 있다.

3. 평생교육지도자의 자질과 역할

1) 평생교육지도자의 자질

　평생교육 시설·기관·단체에는 교육을 담당하는 지도자가 있다. 평생교육 분야에서 종사하는 사람들의 역할과 기능이 다양하기 때문에 그들을 한마디로 부를 수 있는 명칭을 찾기는 어렵다. 「평생교육법」에서는 역할수행의 특성이나 기관의 성격에 따라 교·강사, 프로그래머, 프로그램 간사 등을 담당하는 평생교육지도자로서 전문성을 갖추게 될 때 평생교육사라 명명하고 있다(평생교육법 제24조 제2항). 평생교육은 많은 기관의 주도하에 이루어지고 있는데, 평생교육사는 이들 기관에 의해 채용된다. 그러므로 평생교육사는 자신이 속한 기관의 요구와 목표를 달성할 수 있도록 리더십을 발휘해야 한다. 평생교육지도자는 평생교육사 자격을 가진 자일 수도 있고, 자격 없이 평생교육에 관련된 업무를 수행할 수도 있다. 평생교육사 자격 유무에 관계없이 평생교육지도자는 자기가 속한 기관의 평생교육 이념을 실현하고 그 기관의 존립을 위해 노력해야 한다. 따라서 평생교육기관에 근무하는 평생교육지도자는 필히 능력과 자질을 겸비한 지도자로서 그 역량을 발휘해야 한다.

- 평생교육지도자는 평생교육기관의 기능을 잘 알고 있어야 하며 그것에 헌신해야 한다. 프로그램이 평생교육기관의 영향을 받기 때문에, 평생교육지도자는 기관의 임무, 철학, 목표에 특별한 주의를 기울여야 할 것이다.
- 평생교육지도자는 평생교육기관의 구조를 이해하고 그 구조 속에 참여하여야

한다. 특별히 자신의 역할, 조직의 다른 부문과의 관련성에 대해서도 세심한 주의를 기울여야 한다.

- 평생교육지도자는 감독, 요원개발, 평가 등 평생교육기관에서 일어나는 일련의 과정에 대해 잘 알고 있어야 하며, 이와 관련된 역할을 잘 수행할 수 있도록 숙달되어 있어야 한다.
- 평생교육지도자는 프로그램을 개발하기 위해 검증된 개념적 모델을 이해해야 하고, 이러한 모델을 적용할 수 있도록 숙달되어 있어야 한다.
- 평생교육지도자는 지속적으로 변화하고 있는 잠재적 학습자의 요구를 평생교육기관이 민감하게 수용하여 나갈 수 있도록 객관적이고 체계적인 분석을 수행할 수 있어야 한다.
- 평생교육지도자는 평생교육기관과 관련된 사회·문화적 환경을 철저히 이해하고 있어야 한다.
- 평생교육지도자는 평생교육기관의 고객을 파악하기 위해 개념적 도구를 이해하고 이를 선택하고 적용하는 데 능숙해야 한다.
- 평생교육지도자는 고객에 대한 철저한 진단을 실시하고 평생교육기관의 임무를 점검하여 앞으로 평생교육기관으로부터 교육기회를 제공받게 될 잠재적 대상자를 확인하는 데 능숙해야 한다.
- 평생교육지도자는 잠재적 교육대상자의 공식적이고 비공식적인 리더를 파악할 수 있는 적절한 과정과 전략을 가지고 있어야 한다.
- 평생교육지도자는 잠재적 교육대상자의 리더와 구성원과 공동의 노력으로 교육 요구 및 필요를 확인, 사정, 분석할 수 있는 과정에 능숙해야 한다.

이상과 같이 평생교육지도자 역시 교육자의 일원이나 그 역할은 어떤 조직의 지도자보다 다양하다고 해도 과언이 아니다. 평생교육지도자는 자기가 속한 기관의 교육이념을 실현하고 다방면에서 능력을 발휘할 수 있는 자질을 갖추어야 한다.

2) 평생교육지도성의 유형

일반적으로 평생교육지도자라고 하면 기관의 목표를 달성하기 위해 프로그램 개발, 마케팅, 인사, 재무 등과 관련된 활동을 계획·조직화·지휘·통제하여 기관을 경영하는 경영주체를 의미한다. 이를 위하여 평생교육지도자는 직급, 신분 그리고 대상에 따라 지도력을 다르게 발휘할 수 있다. 여기에서는 지도자의 배경에 따른 평생교육지도성을 살펴본다.

(1) 직급별 평생교육지도성

평생교육지도자는 직급에 따라서 갖추어야 할 경영기술이 있다. [그림 9-8]에서 보는 바와 같이 Katz(1978)는 효과적인 지도성을 위하여 필요한 능력을 실무 능력(technical skill), 인간관계 능력(human skill), 통합 능력(conceptual skill)의 세 가지로 제시하고 있다. 첫째, 실무 능력은 구체적인 과업을 수행하기 위하여 지식, 방법, 기술을 활용하는 능력을 말한다. 실무를 담당하는 평생교육지도자는 평생교육의 기초이론, 컴퓨터 활용, 공문서 작성 등 평생교육의 실무에 관련된 기술을 숙달한 자여야 한다. 둘째, 인간관계 능력은 사람들과 함께 사람을 통하여 일을 하는 데 필요한 지도자의 능력과 판단을 말한다. 중간관리자로서 평생교육지도자는 평생교육조직에서 하급자와 상급자, 학습자, 교·강사와의 인간관계기술, 실무 능력, 통합 능력을 골고루 갖춘 자이어야 한다. 셋째, 통합 능력은 과업을 전체적으로 조망하고 파악하는 능력으로 전체 파악 능력이라고도 한다. 평생교육의 최고관리자로서 통합능력은 평생교육에 관한 실무 능력보다는 평생교육조직의 전체를 운영하고 관리하는 전체 파악 능력을 갖춘 자이어야 한다. 이와 같은 기술은 한 조직 내의 직책에 따라서 달리 요청되고 있다.

[그림 9-8]에서 보는 바와 같이, 평생교육기관에서 평생교육지도자는 실무자, 중간관리자, 최고경영자 등의 직급별로 부과된 역할을 수행한다.

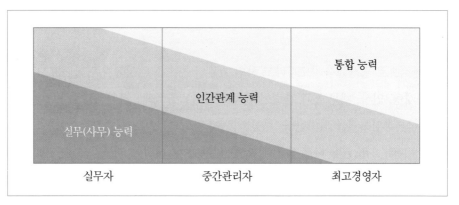

[그림 9-8] 평생교육기관에서의 직급별 지도성 능력

1 평생교육실무자

실무자는 기업에서는 일선관리자(first-line manager), 현장관리자(supervisory manager)라고도 불린다. 기업에서 일선경영자는 작업자의 활동을 감독하고 조정하는 경영자로서 기업 내에서 가장 낮은 단계의 경영자를 말한다. 따라서 평생교육기관에서 일선관리자는 평생교육기관 운영의 일선에서 성인학습자의 학습지원 및 상담 등의 업무를 담당하는 자들이다. 실무를 담당하는 평생교육지도자는 평생교육의 기초이론, 컴퓨터 활용, 공문서 작성 등 평생교육의 실무에 관련된 기술을 숙달하여야 한다. 평생교육실무자는 기관종사자, 프로그램 운영 및 개발자, 교·강사 등 평생교육기관에서 어떤 작업을 담당하고 있는 자들이다.

2 평생교육 중간관리자

중간관리자(middle manager)는 일선관리자를 지휘하는 데 주요 책임이 있으며, 때에 따라서는 작업자를 직접 지휘하는 역할도 한다. 중간관리자는 최고경영자가 설정한 기관의 방침과 계획을 실행하며 최고경영자와 같은 상위자의 요구와 자신의 하위자인 일선경영자나 종사자의 능력을 조화시키는 역할도 한다. 따라서 중간관리자로서 평생교육지도자는 평생교육조직에서 하급자와 상급자, 학습자, 교·강사와의 인간관계 능력, 실무 능력, 통합 능력을 골고루 갖춘 자이어야 한다. 중간

관리자의 예로는 과장, 부장, 행정실장, 부원장, 사무국장 등이 있다.

③ 평생교육 최고경영자(CEO)

최고경영자(top manager)는 기관의 전반적인 경영을 책임지는 경영자로서 계층상 최상위에 속하는 경영자를 말한다. 이는 기관 내에서 비교적 적은 수의 사람으로 구성된다. 일반적으로 최고경영자는 기관의 활동방침을 설정하거나 기관 외부의 환경과 상호작용을 하는 업무를 주로 맡는다. 평생교육의 최고경영자로서 통합능력은 평생교육에 관한 실무 능력보다는 평생교육조직의 전체를 운영하고 관리하는 전체 파악 능력이다. 평생교육기관의 최고경영자는 기관별로 각각 다른 명칭을 갖고 있다. 우리나라에서는 원장, 관장, 센터장, 법인 이사장 등이 해당된다. 미국에서는 전문경영자의 성격을 갖고 있는 최고경영책임자(chief executive officer: CEO)가 이 범주에 속한다.

(2) 신분별 평생교육지도성

Houle은 평생교육지도자를 그 직업을 본업으로 삼는지의 여부에 따라 [그림 9-9]와 같이 피라미드로 구분한다(Houle, 1970: 양병찬 외, 2001 재인용).

① 전문직: 평생교육을 직업으로 하는 이들로서 평생교육에 대한 이해와 전문직으로서의 정체성을 강하게 가지고 있다. 전문직은 비록 그 수는 적지만 현장의 전문지도자로서 대학 과정 또는 정규연수 과정을 통하여 평생교육과 관련된 전문교육을 받고 이 영역에 종사한다. 「평생교육법」에서는 국가 자격화하여 '평생교육사'라고 명명하고 있다.

② 시간제 지도자: 자신의 본업이 있고 시간제로 평생교육 업무에 참여하는 시간제 지도자(part-time leaders)가 있다. 평생교육 이외에서 전문적인 식견을 가지고 있고, 자기의 다양한 전문영역과 학습내용의 면에서 '전문가'로서의 역할을 부여받고 있다. 예를 들면, 의사가 노인복지관에서 건강 강좌를 한다거

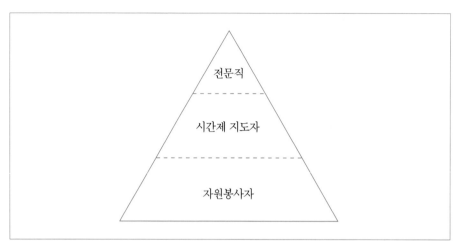

[그림 9-9] 평생교육지도자의 피라미드

나 대학교수가 지역 여성회관에서 일반 성인을 가르치는 경우 등이 해당된다.
이 단계의 지도자의 책임은 평생교육 프로그램의 전개·실시과정에서 학습자
에게 직접 학습내용의 교수활동을 행하는 것이다. 따라서 평생교육활동의 전
개에서 전문지도자에 비하여 그 책임이 한정되어 있다.

③ 자원봉사자: 피라미드의 가장 아래에는 일반 지도자(lay-leaders)로서 다양한
영역과 내용을 가지고 성인에게 자발적으로 지도·봉사 활동을 하는 자원봉
사자가 있다. 자원봉사자는 평생교육의 기반을 이루는 지도자다. 그들은 지역
평생교육협의회 위원, 도서관의 스토리텔러, 박물관의 가이드 등과 같은 평생
교육 자원봉사자다.

이 세 유형의 지도자는 각 역할이 상호 의존적이지만 분명히 구별된다. 앞의 구
분에서 핵심 역할을 담당하는 전문직 지도자는 평생교육이 자기 직업의 경력 발전
의 핵심이라는 소신을 가지며, 평생교육전문가로서의 자아정체성을 가지고, 평생
교육 프로그램의 실천과정에서 전체적인 리더십을 발휘하는 위치에 있다. 따라서
전문지도자로서의 다른 범주에 있는 지도자에게 전문적인 지도·조언을 줄 수 있

는 입장인 것이다.

(3) 대상별 평생교육지도성

평생교육지도자는 기관운영, 직원, 성인학습자, 교 · 강사 등과 같은 대상에 따라 여러 가지 측면에서 지도성을 발휘해야 한다.

① 평생교육기관 운영의 지도성

평생교육지도자는 평생교육기관의 운영에 있어서 다음과 같은 지도성을 갖추어야 한다.

- 평생교육지도자는 평생교육기관을 운영하기 위한 비전과 사명감이 있어야 한다.
- 평생교육지도자는 평생교육을 위한 기획 및 계획 능력을 갖추어야 한다.
- 평생교육지도자는 평생교육기관을 운영함에 있어서 법규 및 원칙에 충실하도록 노력해야 한다.
- 평생교육지도자는 기관의 평생교육사업을 실행함에 있어 사전에 충분한 설득 및 계도로 구성원의 공감대를 조성하고 진행해야 한다.
- 평생교육지도자는 기관의 평생교육 프로그램 및 역량에 대한 효과적인 홍보 및 광고 전략을 강구해야 한다.
- 평생교육지도자는 전시회 및 발표회를 통해 성인학습자가 학습성과를 증진시킬 수 있도록 해야 한다.
- 평생교육지도자는 평생학습자, 평생교육종사자, 평생교육기관 등의 연계협력을 통하여 평생교육의 조화와 통합을 위해 노력해야 한다.

② 직원에 대한 지도성

평생교육지도자는 기관운영에 있어서 직원에게 다음과 같은 지도성을 발휘해야 한다.

- 평생교육지도자는 카리스마적 지도력을 발휘해야 한다. 이는 평생교육기관의 직원들이 자신의 이해관계와 상관없이 충성심, 존경심, 지도자의 요구에 부응하려는 욕망 등을 갖도록 하기 위해 그들을 자극하고 감화하는 지도성이다.
- 평생교육지도자는 구성원에 대한 개별적인 배려를 할 수 있어야 한다. 평생교육기관 종사자는 일선에서 많은 업무를 담당하면서 때로는 어려움과 좌절감을 갖기도 한다. 평생교육지도자는 평생교육종사자가 겪는 어려움과 고통에 대한 개별적인 배려를 해야 한다.
- 평생교육지도자는 평생교육기관 종사자의 능력 발달을 위하여 지적인 자극을 해야 한다. 이는 평생교육기관 종사자가 문제의식과 해결 능력, 사고와 상상력, 신념과 가치 등을 갖도록 자극하는 지도성이다.
- 평생교육지도자는 평생교육기관 종사자의 결속을 촉진함으로써 기관의 목표 달성에 기여해야 한다. 이러한 요소는 협동적인 문화 조성, 각종 협의회의 적극적인 활용, 의사결정 및 지도성의 공유 등이다.
- 평생교육지도자는 평생교육기관 종사자의 능력개발을 촉진해야 한다. 평생교육기관의 효과적인 목표 달성을 위해서는 평생교육담당자의 역량이 매우 중요하다. 평생교육지도자는 평생교육담당자가 교육과 훈련에 지속적으로 참여하고 전문성 향상을 위해 노력할 수 있도록 각종 지원을 해야 한다.

③ 성인학습자에 대한 지도성

평생교육지도자는 다양한 측면에서 성인학습자에 대한 지도력을 발휘해야 한다.

- 평생교육지도자는 성인학습자 입장에서 평생교육기관을 경영해야 한다. 이는 학습자의 학습내용 확인, 학습자에 대한 지원 및 상담, 학습자의 불편사항 검토 등의 일을 하는 것이다.
- 평생교육지도자는 학습자에 대한 개인정보를 관리하고 그 보안을 유지해야 한다.

- 평생교육지도자는 학습자 간의 갈등, 소외 등의 요소를 조기에 발견하고 예방해야 한다.
- 평생교육지도자는 교・강사에 대한 지속적인 관리와 교수역량의 발전을 위한 지원을 해야 한다.
- 평생교육지도자는 학습자 간의 결속을 촉진해야 한다. 체육대회, 소풍, 축제 등과 같은 학습자를 위한 각종 행사를 개최함으로써 학습자 간의 결속력을 촉진할 수 있다.
- 평생교육지도자는 학습자에 대한 추수지도(follow-up) 시스템을 구축해야 한다. 이는 수료 후 후속적인 학습을 위하여 학습자가 학습동아리를 구성하여 활동할 수 있도록 독려하는 것을 의미한다.

④ 교・강사에 대한 지도성

학습자와 학습현장에서 면대면으로 만나는 평생학습에서 교・강사는 가장 중요한 인사다. 그러므로 평생교육지도자는 학습자의 학습효과와 평생교육기관의 효과성을 위하여 교・강사에 대한 지도성을 발휘하는 것이 매우 중요하다.

- 평생교육지도자는 교・강사가 학습자에 대한 사명감과 애착심을 고취하도록 조장해야 한다.
- 평생교육지도자는 교・강사가 평생교육기관에서 신분에 있어 안정성을 가질 수 있도록 보장해야 한다.
- 평생교육지도자는 교・강사의 자기계발 및 연구 노력을 촉진해야 한다.
- 평생교육지도자는 교・강사의 학습자 및 수업관리 모니터링을 해야 한다.
- 평생교육지도자는 교・강사의 프로그램 평가 및 피드백을 할 수 있어야 한다.
- 평생교육지도자는 교・강사의 홍보 및 마케팅에 대한 지원을 해야 한다.

3) 평생교육지도자로서 평생교육사의 역할과 직무

오늘날과 같이 격변하는 시대에는 평생교육담당자가 과거의 경험이나 전임자의 경험만으로 그 직무를 담당하기가 곤란하다. 그러므로 평생교육지도자로서 평생교육사가 갖추어야 할 자질과 능력이 강조되고 있다(양병찬 외, 2001).

첫째, 평생교육지도자는 폭넓은 지식을 소유하고 있어야 한다. ① 교수-학습의 원리·원칙에 관한 사항, 평생교육에서 다룰 수 있는 교수-학습의 내용과 전개과정, 지역교육경영과 그 방법으로서 교수-학습의 진행방법에 관한 지식이 필요하다. ② 교육사업에 관한 것은 물론이고 지역행정 이념·방침, 행정 현황 및 과제와 교육 관련 사업의 내용 등에 정통해야 한다. ③ 평생교육을 둘러싼 환경 변화에 관한 지식도 갱신되어야 하는데, 평생학습 이념과 지역사회 교육이념, 성인교육학 등 직접 관련된 것은 물론이고 문화적·사회적·경제적·정치적 환경의 변화에 관해서도 폭넓은 지식을 가지고 있어야 한다. 이러한 세 가지 측면은 평생교육이 어떠한 과제를 다루어야만 하는가의 기초를 제공하며 학습자와의 대응에 있어서 전문적 지도·조언하는 경우에 반드시 요구되는 지식이다.

둘째, 평생교육지도자는 평생교육을 실천하는 것, 앞의 지식을 실천으로 옮기는 방법론에 해당되는 기술과 기능이 요구된다. 즉, 평생교육경영 관리(management)의 역량으로서, ① 평생교육 프로그램 기획·개발기법, ② 의사결정을 적절히 행하

S(surveyor, 관찰평가자): 학습활동의 관찰·평가의 능력
U(uniter, 조정통합자): 타 기관, 단체 등과의 조정·통합의 능력
P(planner, 계획자): 학습 프로그램 및 학습지원 계획의 능력
P(player, 학습유희자): 학습과 놀이의 경계를 허무는 자율적 놀이의 능력
O(organizer, 조직자): 학습집단, 학습지원조직 등의 조직화 능력
R(researcher, 조사자): 학습 요구 등의 파악·조사 능력
T(transmitter, 정보제공자): 학습정보의 수집, 가공, 제공 및 학습상담 등의 능력

[그림 9-10] 평생교육지도자에게 요구되는 능력

A 전체 기획	A-1 사회와 조직의 교육 요구	A-2 교육 조직 및 기관 의 비전 수립하기	A-3 (교육)사업전략 수립하기	A-4 중·장기계획 수립하기	A-5 연간(교육) 계획 수립하기
	A-6 마케팅하기	A-7 성과 분석하기			
B 프로그램 개발	B-1 프로그램 타당성 검토하기	B-2 프로그램 개발 공동 작업하기	B-3 교육요구 파악 및 분석하기	B-4 프로그램 목표 설정하기	B-5 프로그램 내용 선정하기
	B-6 프로그램 설계하기	B-7 프로그램 실행 매뉴얼 만들기			
C 프로그램 운영	C-1 시설 및 매체 확보하기	C-2 강사 및 교수자 섭외하기	C-3 프로그램 홍보 및 마케팅하기	C-4 프로그램 실행하기	C-5 교육매체 조작하기
	C-6 성과 분석하기				
D 기관관리	D-1 행정업무 보기	D-2 재정 관리하기	D-3 조직 관리 및 개발하기	D-4 법규·정책 해석 및 활용하기	D-5 교육 시설 및 환경 관리하기
	D-6 학습자 관리하기	D-7 강사 관리하기	D-8 기관 홍보하기		
E 네트워킹 및 지원	E-1 지역사회 학습 자원 조사하기	E-2 인적·물적 자원 교류하기	E-3 정보 공유하기	E-4 사업 제휴하기	E-5 공동 연수하기
	E-6 네트워킹 조직 구축하기				
F 교수-학습	F-1 교수대상자 분석하기	F-2 교수 계획하기	F-3 교수자료 수집하기	F-4 교수자료 개발하기	F-5 강의 실행하기
	F-6 강의 평가하기				
G 개인학습 및 교육상담	G-1 학습자 진단하기	G-2 교육정보 제공하기	G-3 교수-학습 방법 조언하기		
H 학습환경 및 조직 컨설팅	H-1 교육문제 진단하기	H-2 해결안 제안하기	H-3 실시 및 피드백하기		

[그림 9-11] 평생교육사의 직무 흐름도

는 기법, ③ 사회에 존재하는 교육자원을 유효하게 활용하는 방법, ④ 학습자를 조직하는 방법, ⑤ 학습상담기법, ⑥ 교육미디어의 활용법, ⑦ 교육·학습 평가기법, ⑧ 고품질 교육의 유지와 원가절감 방법 등이 요구된다. 이와 함께 평생교육지도자의 전문성이 학습자를 지원(support)하는 것이라는 의미에서 [그림 9-10]과 같은 능력이 요구된다(양병찬 외, 2001).

또한 몇몇 학자는 평생교육지도자로서 평생교육사의 직무를 "교육 프로그램을 기획·설계·조직·운영·평가하고, 성인에 대한 학습상담과 생애개발을 지원하며, 학습환경 및 학습조직에 대한 자문을 수행하는 것"으로 정의하고, 그 흐름도를 [그림 9-11]과 같이 제시하고 있다(이병준 외, 1999).

이 그림에서 제시한 평생교육사의 직무분석 내용을 검토해 보면, 전체 기획(A), 프로그램 개발(B), 프로그램 운영(C), 기관관리(D), 교수-학습(F)은 기존의 일반적 직무라고 할 수 있다. 그리고 앞으로 시대의 변화에 따라 사회에서 새롭게 요구되는 직무로 추가된 것은 네트워킹 및 지원(E)과 개인학습 및 교육상담(G), 학습환경 및 조직 컨설팅(H)의 직무다. 이렇게 새롭게 추가된 직무는 미래사회의 평생교육사 역할에 시사하는 바가 크다.

이상에서 기술한 평생교육사의 직무와 관련하여 평생교육지도자가 수행해야 할 역할을 구체적으로 열거하면 다음과 같다(권두승, 1999).

① 기획자(planner): 평생교육활동은 즉흥적으로 이루어지는 것이 아니라 성인의 학습 요구를 진단하여 그것을 토대로 하는 것이기 때문에 교육활동 전에 이미 프로그램에 대한 기획이 선행되어야 한다. 즉, 평생교육 요구조사에서부터 평가에 이르기까지 모든 절차와 각 절차의 단계마다 필요한 진행과정을 파악하고 그것을 담당할 적절한 인사를 배정해야 한다. 또한 프로그램의 홍보와 행정당국의 협조 같은 것까지도 면밀하게 기획해야 한다. 이렇게 세밀하게 기획해야만 효과적인 평생교육이 이루어질 수 있음을 명심해야 한다.

② 조직자(organizer): 조직자로서의 평생교육지도자는 프로그램 개발만을 하는 것이 아니라 평생교육행정에 대한 역할도 수행해야 한다. 평생교육의 행정 중에 가장 중요한 것은 조직활동이다. 첫째로는 평생교육을 위한 각종 위원회의 조직이 필요하며, 둘째로는 평생교육의 대상이 되는 학습자의 조직이 중요하다. 전자와 관련해서는 지역사회문제 조사위원회, 프로그램 기획위원회, 평가위원회 등의 구성이 있을 수 있으며, 후자와 관련해서는 새로운 학습자를 위한 조직과 수료한 학습자를 위한 다양한 조직의 구성이 필요하다. 평생교육에는 졸업의 개념이 없기 때문에 한 강좌를 수료한 사람을 그대로 방치하는 것보다는 '학습동아리'를 조직하여 그들 스스로 계속 학습할 수 있도록 도와주는 것이 바람직하다.

③ 전문가(specialist): 전문가로서의 평생교육지도자는 특정 분야에 관한 한 전문적 지식과 기능을 가지고 직접 지도하고 교육할 수 있는 능력과 자격을 소유하고 있어야 한다. 지도자의 연수를 담당하는 요원은 물론, 일선의 활동지도를 직접 담당하고 있는 청소년 단체나 시설의 요원도 게임, 스포츠, 오락, 야영 등 활동 분야에 대한 숙련된 전문기술을 통해 지도성을 발휘하여야 한다.

④ 교수자(teacher): 교수자로서의 평생교육지도자는 대부분 성인을 가르치는 역할을 담당하고 있다. 그러므로 평생교육지도자는 성인에게 알맞은 내용과 방법을 고안해야 하며, 새로운 정보를 재빠르게 제공하여 항상 신선한 자극을 주도록 해야 한다. 성인학습은 강제로 이루어지는 것이 아니라 당사자의 자발적 의사에 의해 참여하는 것이기 때문에 교수 내용이나 방법이 부적절하다고 판단하면 곧바로 학습참여가 이루어지지 않는다. 따라서 가르치는 사람의 능력과 열성이 교육의 성패를 좌우하게 된다. 특히 교수자는 성인 발달과 심리에 기초하여 그들이 필요로 하는 내용을 그들에게 적절한 방법으로 성의 있게 가르쳐야 할 것이다.

⑤ 촉진자(facilitator): 촉진자로서의 평생교육지도자는 학습자의 의견을 존중하고 비록 미숙한 행동을 하더라도 직설적으로 핀잔을 주거나 꾸짖지 않고, 안

심하고 다시 해 보도록 격려해 주고, 좋은 행동에는 감사와 칭찬을 아끼지 말아야 한다. 그리하여 불안과 좌절에 굴하지 않고 언제나 적극적·능동적으로 참여하고 협동하도록 학습자의 동기를 유발하는 지도자가 되어야 한다. 촉진자는 격려자(encourager), 조언자(advisor)로서의 역할, 또는 학습내용을 보충하거나 심화시키기 위해 개별지도를 해야 하는 가정교사(tutor)로서의 역할도 겸해야 한다.

⑥ 상담자(counselor): 평생교육지도자는 많은 성인이 갖고 있는 문제를 경청해 주고 해결해 주는 좋은 상담자로서의 역할을 수행해야 한다. 특히 성인학습의 경우에는 문제중심 접근이 많기 때문에 그들이 갖고 있는 문제와 사회의 다양한 문제에 대한 깊은 인식을 가져야 하고, 넓은 안목과 지혜를 가지고 그들의 문제를 들어주는 상담자가 되어야 한다. 나아가 그들을 바르게 이끌어 주는 지도자로서의 역할도 해 주어야 한다. 그러나 이때 가장 중요한 것은 인간을 진정으로 사랑하는 사람이어야 한다는 것이다.

⑦ 정보제공자(information giver): 정보제공자로서의 평생교육지도자는 학습자가 요구하는 지식과 기능 등 필요로 하는 정보를 적절히 제시할 수 있는 정보원(精報源)으로서의 지식만이 아니라 실제 지도자가 체험한 결과로 얻어진 생생한 행동으로 시범을 할 수 있어야 하고, 각종 사례에 대한 에피소드도 많이 알고 있어야 한다. 유능한 정보제공자가 되기 위해서는 항상 탐구심을 가지고 풍부한 정보를 제공하여야 한다.

⑧ 조정자(harmonizer): 여러 사람이 모이면 언제나 의견의 상충과 개인 상호 간, 개인과 집단 간 또는 집단 상호 간의 갈등과 긴장이 있게 마련이다. 이런 경우 평생교육지도자는 여러 입장과 관점을 고려하고 의도하는 목표에 타당한 방향으로 의견의 차이를 조정하고 합의점을 찾아야 한다. 그리하여 모든 성원 간의 융화와 단결에 힘쓰고 사기를 앙양시키는 역할을 하여야 한다. 무엇보다도 인간관계와 의사소통에 관한 기술이 요청된다.

⑨ 진단자(diagnostician): 진단자로서의 평생교육지도자는 개인의 욕구에 대하

여 민감해야 한다. 개인의 욕구와 필요를 정확히 진단하는 일은 평생교육 프로그램을 수행하는 데 기본이 되는 조건이다. 특히 평생교육은 개인의 자유의사에 의한 학습활동이므로 개인의 욕구를 무시할 수 없다. 그러므로 평생교육지도자는 이러한 개인적·사회적 욕구를 정확히 진단하여 그에 적절한 교육프로그램을 마련해 주어야 한다.

제 10 장
평생교육기관 인사관리

1. 인사관리의 의미

1) 인사관리의 개념

어떠한 조직을 막론하고 그 조직의 성패는 그 조직의 목적 달성에 필요한 업무를 수행하는 구성원의 질에 달려 있다. 따라서 평생교육기관에서도 기관의 목표 달성 여부를 비롯한 활동의 수준이 기관 구성원들의 질적 수준을 넘어설 수 없다. 그것은 다른 여러 요소를 잘 갖추고 있다고 해도 평생교육기관 구성원의 자질과 의욕, 그리고 태도 여하에 따라 평생교육활동의 구체적인 전개 과정과 그 결과가 달라질 수 있기 때문이다.

인사관리(personnel management)의 개념은 학자에 따라 다양하게 규정되고 있다. Spates(1944)는 인사관리를 종업원의 잠재능력을 최대한으로 발휘시키고 스스로가 최대한의 성과를 발휘하도록 그들을 처우하고 조직하는 방법에 관한 규범체계라고 하였다. French, Dittrich와 Zawacki(1978: 1)은 인사관리를 조직에서 인력자원의 확보, 개발 및 활용을 효과적으로 계획하고 조직하며 통제하는 일이라고 하여 조직의 관리 측면에 중점을 두고 있다. Flippo(1980: 5) 역시 인사관리란 개인이나 조직 및 사회의 목적을 위하여 인력자원의 확보, 개발, 보상, 통합, 유지 및 퇴직을 계획·조직하며 지시·통제하는 것이라고 하였다. 이러한 정의를 종합해 보면, 인사관리란 조직의 능동적 구성 요소인 인적자원으로서의 직원의 잠재능력을 최대한 발휘하게 하여 그들 스스로가 최대한 성과를 달성하도록 하며 그들이 인간으로서의 만족을 얻게 하려는 일련의 체계적인 관리활동이다.

인사관리는 크게 '노동력 최고 이용설'과 '협력관계 형성설'로 나누어 볼 수 있는데, 제2차 세계대전 전의 '노동력 최고 이용설'에서 전후의 '협력관계 형성설'로 전환되었다. 이와 같은 전환 이유는 제2차 세계대전 전에는 주로 생산방법을 배경으로 직원의 개인적 능률을 중시한 데 비하여, 그 후에는 인간관계 연구의 영향과 생산방법의 집단화, 자동화 등에 따른 팀워크의 필요와 노사관계의 안정 확보에 의한 경영활동의 원활을 위한 협력관계 형성이 특별히 요청되었기 때문이다. 오늘날의 인사관리는 단순한 인력관리에 그치는 것이 아니며, 인간을 전인적(whole man) 존재로 이해하고 인간으로서의 욕구를 충족시켜 줌으로써 사기 또는 근무 의욕을 높여 스스로 창의력을 발휘하는 자발적 협동체계가 형성·유지되도록 하는 관리활동이다. 인사관리와 비슷한 용어로 노무관리가 있는데, 우리나라에서는 두 용어가 반드시 통일적으로 사용되는 것은 아니다. 대체로 인사관리는 직원을 최고로 활용하는 것을 목표로 하기 때문에 직원의 채용·배치·이동·승진·퇴직 등의 고용관리 직원의 능력개발 관리와 노동의욕 관리 등을 내용으로 하는 반면, 노무관리는 직원의 생활안정과 노사관계의 안정을 목표로 하기 때문에 노동조건의 적정화와 고용의 보장, 정년퇴직 후의 생활보장, 노사관계의 개선을 내용으로 한다. 실제로는 용어를 명백히 구분해서 관리하기란 어려우나, 평생교육기관의 행정 및 경영에서는 인사행정 또는 인사관리 용어를 사용하는 것이 바람직하다.

평생교육기관에서의 인사관리는 ① 평생교육기관 설립목적의 달성, ② 평생교육기관 내 이해관계의 조성, ③ 인간적 측면의 충실의 세 가지를 지주로 하여 이들을 효과적으로 관리하는 기술의 체계라고 볼 수 있다. 그래서 평생교육기관 인사관리의 내용으로는 직무분석, 선발과 배치, 교육과 훈련 등의 인력관리, 경영참가 등의 노무관리, 제안제도, 인사상담제도, 동기부여, 참가적 리더십 등의 인간관계 관리 등을 들 수 있다.

2) 인사관리의 원리

평생교육 인사관리의 원리란 평생교육종사자가 창의적인 평생학습활동을 지원하고 조장하고 궁극적으로 평생교육의 목표를 효과적으로 달성하도록 하기 위하여 일반적으로 준수해야 할 지침이며 준거라고 할 수 있다. 평생교육 인사관리의 원리로는 전문성의 중시, 실적주의와 연공서열주의의 조화, 공정성 확보, 적재적소 배치, 적정 수급원칙의 다섯 가지를 들 수 있다. 이를 좀 더 구체적으로 살펴보면 다음과 같다.

첫째, 평생교육 분야의 직무는 전문성을 필요로 하므로 평생교육사는 평생교육 전문가다. 따라서 평생교육사로 하여금 직전교육(pre-service training)이나 직무연수(in-service training)를 통하여 부단히 그들의 자질을 높여 전문성을 확보하게 하는 것은 평생교육사의 양성체계에 있어서나 연수 및 교육체계에 있어서 중요한 요건이 아닐 수 없다. 평생학습의 최일선에서 업무를 수행하고 있는 평생교육사의 전문성 결여는 결과적으로 평생교육의 질적 저하를 초래하게 된다. 성인학습자의 양질의 평생학습을 위해서 평생교육 인사관리는 평생교육사의 전문성을 중시하는 데 그 초점을 두어야 한다.

둘째, 실적주의와 연공서열주의를 조화롭게 반영해야 한다. 실적주의는 구성원의 직무수행 능력과 수행 태세 등의 가치기준을 강조하고 성적에 입각하여 어떠한 정실도 허용하지 않는다. 연공서열주의는 근무연수, 연령, 경력, 학력 등의 기준을 강조한다. 실적주의는 구성원의 발전을 꾀하고 유능한 사람을 임용할 수 있다는 장점이 있으나, 구성원이 성실한 근무보다는 점수에만 관심을 갖게 되는 부작용이 있다. 연공서열주의는 임용 기준이 명백하여 객관성과 공정성을 기할 수 있으나, 서열에 크게 의존하기 때문에 유능한 인재가 사장되기 쉽고 구성원의 성취동기가 저하되어 평생교육기관의 침체를 초래할 우려가 있다. 따라서 평생교육기관의 경영자는 직종과 직급에 따라 실적주의와 연공서열주의를 조화롭게 반영하여야 한다.

셋째, 평생교육 인사관리의 공정성을 확보해야 한다. 평생교육경영자가 평생교육기관을 성공적으로 이끌기 위해서는 인사관리를 합리적으로 운용하는 것이 필수적이다. 평생교육경영자는 합리적인 인사관리를 위하여 먼저 공정하고 체계적인 임용 및 승진 기준을 만들어 객관성을 유지하고 누구에게나 능력에 따라 공정하게 기회가 주어질 수 있도록 해야 한다.

넷째, 적재적소에 배치해야 한다. 정실(patronage)과 엽관제(spoils system)에 의한 인사를 배제하고 구성원의 자격, 능력, 적성, 흥미 등을 고려하여 적절하게 배치하고 활용해야 한다. 그렇게 할 때 조직의 효과성을 높일 수 있을 뿐만 아니라 개인의 동기를 유발하여 자아실현도 도울 수 있다.

다섯째, 평생교육기관의 수요와 공급을 적정하고도 원활하게 조절하는 것은 매우 중요하다. 즉, 평생교육사의 수급에 관한 중장기계획을 수립하고 수요를 정확하게 예측하여 신규채용, 승진, 평생교육사와 비평생교육사의 비율 등을 계획적으로 시행함으로써 공급과잉이 발생하지 않도록 해야 한다.

3) 인사관리의 유형

대부분 기관의 인사관리는 능력주의, 학력주의, 기술능력 조사기록 등에 의하여 이루어지고 있다. 기관의 인력관리 유형에 관하여 좀 더 구체적으로 살펴보면 다음과 같다.

(1) 능력주의

능력주의(meritocracy)는 인사관리의 기준을 직원의 직무수행 능력에 두는 제도로서, 직원의 능력에 관계없이 학력이나 연공을 기준으로 행하는 연공서열주의 인사관리와 대응되는 개념이다. 능력주의 인사관리는 직원 개개인의 능력에 따라 채용, 배치, 승진, 교육·훈련, 보수 등에 차별을 둠으로써 직원 상호 간에 경쟁이 생기고 능력이 최대한 발휘되어 업무 능률이 상승하는 장점이 있다. 그러나 직원이 능력 이하의 직무를 담당하게 되면 능력이 사장되고 과대급여가 발생하기 쉽다.

(2) 학력주의

학력주의(credentialism)는 개인을 평가·처우하는 기준으로 개인의 실력·능력·노력보다는 학력을 중시하는 것으로서 능력주의나 업적주의(achievement)와는 대응되는 개념이다. 학력주의 인사관리에는 졸업한 학교의 단계, 즉 고졸보다는 대졸 학력을 높이 평가하는 것과 같은 학교교육에 의한 수직적 학력주의, 동일 단계의 학교를 졸업하였더라도 종류, 학교 이름, 과정 등의 사회적 위신, 즉 격에 따라 다른 가치를 부여하는 것과 같은 수평적 학력주의 등으로 평가하는 방법이 있다. 전자의 인사관리 방식이 많은 문제가 있지만, 후자의 방식도 특정 대학과 엘리트학교 출신자를 무조건 높이 평가하는 경향이 있어 사회적 병폐와 위화감을 초래할 가능성이 높다.

(3) 기술능력 조사기록

직원의 지식·능력 등을 조사하고 그 내용을 정확히 파악하여 인적자원을 가장 적절하게 배치 활용하는 인사관리로 기관을 존속·발전시켜 나가기 위해서는 직원의 적정 배치와 능력개발이 불가결하다. 기관의 조직 확대와 직원의 증가에 따라 직원을 개별적으로 관리하는 일이 어려워지는 한편 요구되는 지식·기능은 더욱 전문화된다. 기술능력 조사기록(skills inventory)은 개개인의 특기·업적 등 인적 정보를 정리 보관하고 필요에 따라 이를 검색함으로써 인재의 적절한 활용·육성을 꾀하는 제도다. 전자계산기 및 컴퓨터 등 첨단기기의 개발·보급으로 점차 이 방법을 활용하는 폭이 넓어져 가고 있다.

2. 평생교육사의 개념과 전문성

1) 평생교육사의 개념과 책무

평생교육 시설·기관·단체에는 교육을 담당하는 지도자가 있다. 평생교육 분야에서 종사하는 사람들의 역할과 기능이 다양하기 때문에 그들을 한마디로 부를 수 있는 명칭을 찾기는 어렵다. 「평생교육법」에서는 역할수행의 특성이나 기관의 성격에 따라 교·강사, 프로그래머, 프로그램 간사 등을 담당하는 평생교육지도자가 전문성을 갖추게 될 때 평생교육사라 명명하고 있다. 평생교육사는 그동안 '성인교육자' '사회교육자' '프로그래머' '트레이너' '사회교육지도자' '사회교육종사자' '사회교육실천가' 등의 다양한 용어로 불려 왔다. 점차 평생교육에 대한 관심이 높아지고 전문성에 대한 국가적인 인증이 필요해짐에 따라 1983년 「사회교육법」이 제정되어 대학에서 소정의 학점을 이수한 사람은 '사회교육전문요원'의 자격을 수여받았다. 이때부터 법에 따라 공식적으로 평생교육 업무에 종사하는 사람들은 사회교육전문요원이라는 명칭으로 불렸다. 이후 2000년에 개정·시행된 「평생교육법」에 의해 '사회교육전문요원' 명칭이 '평생교육사'로 변경되었다. 평생교육사의 자격은 또다시 2008년 「평생교육법」의 재·개정에서 자격취득을 위한 교육과 훈련 과정을 더욱 강화함으로써 법과 제도에 의해 공인되고 전문화된 자격증이 되었다.

평생교육사는 대학, 원격대학 및 사내대학에서 법이 정한 평생교육 관련 과목을 일정 학점 이상 이수한 자, 또는 법이 정한 평생교육사 양성기관 및 학점은행제 훈련기관에서 소정의 과정을 이수한 후 자격증을 부여받은 자를 말한다. 평생교육사는 평생교육의 기획 · 진행 · 분석 · 평가 및 교수 업무를 수행하는 사람이다(평생교육법 제24조 제2항). 따라서 「평생교육법」에 명시된 평생교육사의 직무는 ① 평생교육 프로그램에 대한 요구분석 · 개발 · 운영 · 평가 · 컨설팅, ② 학습자에 대한 학습정보 제공, 생애능력개발 상담 및 교수, ③ 그 밖에 평생교육진흥 관련 사업계획 등 관련 업무 등이다(평생교육법시행령 제17조).

2) 평생교육사의 전문화와 자격

모든 성인의 평생학습활동이 실질적으로 평생교육 담당자나 교 · 강사에 의해 좌우되기 때문에 평생교육직무도 의사나 변호사와 같이 전문화되어야 한다고 보는 견해가 지배적이다. 그러므로 평생교육에 종사하는 자들에게 보다 높은 자질과 교양 및 훈련을 요구하고 있는 것은 평생교육직무가 전문화되어야 한다는 것을 의미한다. 전문직이란 개인이나 단체가 희망한다고 해서 되는 것이 아니므로 다음과 같은 엄격한 기준을 설정해서 자타가 공인할 수 있는 직업이 되어야 한다. 첫째, 전문직은 전문지식에 기반을 두어야 한다. 둘째, 전문직은 회원의 복지와 전문적 성장을 위해 봉사해야 한다. 셋째, 전문직은 자격증을 필요로 한다. 넷째, 전문직은 윤리강령이 있어야 한다. 다섯째, 전문직은 해당 분야의 공공정책에 영향력을 행사할 수 있다. 여섯째, 전문직은 집단 단결력이 있다.

이러한 전문직의 기준을 중심으로 생각해 볼 때, 평생교육사의 직업이 전문직이 되기 위한 조건 중의 하나는 자격증제도라고 볼 수 있다. 즉, 평생교육의 직무를 보다 효율적으로 수행하기 위해서는 상당한 수준의 자질이 요구되며, 이와 같은 자질을 공적으로 인정하는 일종의 면허증제도가 곧 자격증제도다.

우리나라의 자격검정 방식에는 무시험검정과 시험검정이 있다. 평생교육사의 자격은 교원자격과 마찬가지로 무시험검정제도를 택하고 있다. 대부분의 국가자격이 시험검정을 통해 수여되는 데 반하여, 평생교육사 자격을 무시험검정으로 수여하는 이유는 자격취득의 결과보다는 교육 · 훈련을 통해 쌓는 지식과 기술의 과정을 중요하게 생각하기 때문이다.

3) 임기제 공무원으로서 평생교육사

국민의 평생교육진흥을 담당해야 할 국가 및 지방자치단체의 책임이 「헌법」에 명시되어 있듯이, 평생교육은 공공성을 갖는다고 할 수 있다. 그러므로 평생교육의 공공성과 전문성을 위하여 국가 및 지방자치단체가 평생교육을 담당해야 할 평생교육사를 공무원의 직렬에 포함시켜 공무원으로 채용될 수 있도록 해야 한다. 최근 여러 자치단체에서 평생교육의 공공성과 평생교육사의 전문성을 고려하여 평생교육사를 계약직 공무원으로 채용하고 있어 계약직 공무원제도에 대하여 살펴보고자 한다.

공무원은 경력직 공무원과 특수경력직 공무원으로 구분된다. 경력직 공무원은 일반직, 특정직으로 구분되며, 특수경력직 공무원은 정무직, 별정직으로 구분된다. 다만, 임원권자가 전문지식기술이 요구되거나 임용관리에 특수성이 요구되는 직무를 담당하게 하기 위하여 일정 기간을 정하여 근무하는 '임기제 공무원'을 임용할 수 있다(국가공무원법 제26조의 5). 최근 전문성 및 신분의 안정성 확보에는 다소 미흡하지만 지방자치단체가 평생교육사를 임기제 공무원으로 채용하고 있으므로, 공무원으로서 평생교육사의 신분과 보수 정도를 파악하기 위하여 임기제 공무원의 신분과 보수를 알아보고자 한다.

임기제 공무원의 보수는 매년 대통령령으로 고시되며 그 체계는 〈표 10-1〉과 같으며, 시간선택제 임기제 공무원의 보수는 임기제의 95%까지 지급될 수 있다. 초기 평생교육 업무를 담당하는 평생교육사는 대개 일반직 공무원 9급 또는 8급 상당의 보수로 채용되고 있다. 보수는 일반직 공무원 9급 또는 8급보다도 높은 액수인데, 이는 전문직의 우대에 따른 보수책정이라고 볼 수 있다.

〈표 10-1〉 **임기제 공무원의 연봉체계**   (단위: 천 원)

구분	상한액	하한액
5급(상당)	–	54,343
6급(상당)	67,561	45,017
7급(상당)	55,216	39,217
8급(상당)	48,442	34,554
9급(상당)	42,653	–

출처: 지방공무원 보수규정 제34조.

3. 평생교육사의 인력관리 실제

1) 평생교육사의 양성

평생교육사 자격은 대학에서 학점이수, 양성기관의 이수과정, 기타 과정 등의 방법을 통하여 취득할 수 있다. 「평생교육법」에 근거한 평생교육사 양성방법을 구체적으로 설명하면, 평생교육사는 여러 가지 방법으로 양성된다. 평생교육사는 ①「고등교육법」 제2조에 따른 학교, 즉 대학이나 원격대학 형태의 평생교육시설에서 학위과정으로 평생교육 관련 과목을 일정 학점 이수한 자, ② 대통령령으로 정해진 평생교육기관으로서 교육부장관이 지정한 평생교육사 양성기관에서 필요한 과정을 이수한 자, ③ 그 밖에 대통령령으로 정하는 자격요건을 갖춘 자—사내대학 형태의 평생교육시설에서 평생교육 관련 과목을 일정 학점(평생교육법시행령 제16조 관련 [별표 1]의 학점) 이수한 자, 국가평생교육진흥원에서 평생교육사 양성에 필요한 과정을 이수한 자, 「학점인정 등에 관한 법률」 제3조 제1항에 따라 평가인정을 받은 학습과정에서 평생교육 관련 과목을 일정 학점(평생교육법시행령 제16조 관련 별표1의 학점) 이수한 자—가 자격을 부여받는다(평생교육법 제24조 제1항, 동법 시행령 제15조).

〈표 10-2〉 평생교육사 자격취득 이수과목

과정	구분	과목명
양성과정	필수과목 (5과목)	평생교육론, 평생교육방법론, 평생교육경영론, 평생교육 프로그램 개발
		평생교육실습(4주간)
	선택과목	아동교육론, 청소년교육론, 여성교육론, 노인교육론, 시민교육론, 문자해 득교육론, 특수교육론, 성인학습 및 상담(1과목 이상 선택)
		교육사회학, 교육공학, 교육복지론, 지역사회교육론, 문화예술교육론, 인적자원개발론, 직업·진로설계, 원격(이러닝, 사이버)교육론, 기업교 육론, 환경교육론, 교수설계, 교육조사방법론, 상담심리학(1과목 이상 선택)

주: 1) 양성과정의 과목 명칭이 동일하지 아니하더라도 교과의 내용이 동일하다는 평생교육진흥원장의 승인
을 받은 경우 동일 과목으로 본다.
　2) 필수과목은 평생교육실습을 포함하여 15학점 이상을 이수하여야 한다.
　3) 과목당 학점은 3학점으로 하고, 성적은 각 과목을 100점 만점으로 하여 평균 80점 이상이어야 한다. 평
생교육실습 과목은 「평생교육법시행령」 제69조 제2항에 따라 문자해득교육 프로그램으로 지정받은
기관, 「평생교육법」 제19조부터 제21조까지의 규정에 해당하는 평생교육기관에서의 4주간 현장실습
을 포함한 수업과정으로 구성한다.

　평생교육사 양성과목은 평생교육법령 및 시행규칙에 명시되어 있다. 평생교육사
자격을 취득하기 위해서는 실습을 포함한 다섯 개의 필수과목과 등급에 따라 일정
수 이상의 선택과목을 이수해야 한다(평생교육법시행규칙 제5조 제1항 관련). 평생교
육사 자격취득을 위해 이수해야 하는 구체적인 양성과목은 〈표 10-2〉와 같다.

　평생교육사의 이수과정은 양성과정과 승급과정으로 구분할 수 있다. 양성과정은
평생교육사 자격증이 없는 사람에게 새롭게 자격을 부여하는 과정이다. 반면, 승급
과정은 이미 평생교육사 자격증을 가진 평생교육사에게 승급할 수 있는 기회를 주
는 과정으로, 대학, 국가평생교육진흥원 및 교육부장관이 지정한 양성기관에서 이
루어진다. 평생교육사의 양성을 위한 등급은 1급, 2급, 3급으로 구분된다. 평생교
육사의 등급별 자격요건은 〈표 10-3〉과 같다.

〈표 10-3〉 평생교육사의 등급별 자격요건

등급	대상 및 자격조건	이수학점	교육기관
1급	평생교육사 2급 자격증 취득 후 관련 업무 5년 이상 종사한 경력이 있는 자	승급과정	진흥원
2급	대학원 재학생	15학점 이상	대학원
	대학과정 재학생	30학점	대학
	대학과정 졸업자	30학점	대학, 양성기관, 학점은행제
	평생교육사 3급 + 평생교육업무 3년	승급과정	진흥원, 양성기관
3급	대학과정 재학생	21학점	대학
	대학과정 졸업자	21학점	대학, 양성기관, 학점은행제
	관련 업무 2년 이상 경력자	소정의 과정(21학점)	진흥원, 양성기관
	공무원 + 관련 업무 1년, 교원 및 학력 인정시설 교원	소정의 과정(21학점)	전문대, 양성기관

주: 대학은 사내대학, 원격대학을 포함.

2) 평생교육사의 배치 및 채용

「평생교육법」은 다음과 같은 기관에 대하여 평생교육사의 배치 및 채용을 의무화하거나 권장하고 있다(평생교육법 제26조). 평생교육기관, 시ㆍ도 평생교육진흥원, 시ㆍ군ㆍ구 평생학습관에는 평생교육사 배치를 의무화하고 있으며, 유치원, 초ㆍ중ㆍ고등학교 및 대학은 평생교육 프로그램을 운영할 경우 평생교육사를 채용할 것을 권장하고 있다. 구체적인 평생교육사의 배치 대상기관 및 배치기준은 〈표 10-4〉와 같다(평생교육법시행령 제22조 [별표 2]).

〈표 10-4〉에서와 같은 평생교육진흥원 및 평생학습관 이외에도, 평생교육사를 배치해야 하는 시설은 학교 부설 평생교육시설, 학교 형태의 평생교육시설, 사내대학 형태의 평생교육시설, 원격대학 형태의 평생교육시설, 사업장 부설 평생교육시설, 시민사회단체 부설 평생교육시설, 언론기관 부설 평생교육시설, 지식ㆍ인력개발 관련 평생교육시설, 그리고 평생교육을 실시하는 다양한 목적의 시설ㆍ법인단체다.

자격을 갖춘 훌륭한 평생교육사를 선발하여 적재적소에 배치하여 임용하는 일은

〈표 10-4〉 **평생교육사 배치대상기관 및 배치기준**

배치대상	배치기준
1. 국가평생교육진흥원, 시 · 도 진흥원	• 1급 평생교육사 1명 이상을 포함한 5명 이상
2. 시 · 군 · 구 평생학습관	• 정규직원 20명 이상: 1급 또는 2급 평생교육사 1명을 포함한 2명 이상 • 정규직원 20명 미만: 1급 또는 2급 평생교육사 1명 이상
3. 「평생교육법」 제30조에서 제38조까지의 규정에 따른 평생교육시설(학력인정 평생교육시설 제외), 「학점인정 등에 관한 법률」 제3조 제1항에 따라 평가인정을 받은 학습과정을 운영하는 교육 · 훈련기관, 「평생교육법」 제2조 제2호에 따른 다목적 시설 · 법인 또는 단체	• 평생교육사 1명 이상

평생교육 인사관리에 있어서 가장 중요한 과제의 하나다. 평생교육사 선발계획의 기본 목적은 여러 유자격 후보자 중에서 최적임자를 선정하고 모든 지원자와 그들의 자격을 전문적인 방법으로 평가하는 데 있다. 일반적으로 유자격 평생교육사를 선발하여 임용하는 단계까지의 모든 과정은 보다 체계적으로 계획되어야 한다. 평생교육기관 직원의 선발에서 임명까지는 1단계 평가할 행동 특성 규정, 2단계 해당 자료 수집 및 기록, 3단계 자료와 지원자 평가, 4단계 유자격자 명단 작성, 5단계 지명추천, 6단계 임용 등의 절차를 거쳐야 한다(Castetter, 1970: 191).

3) 평생교육사의 능력개발

(1) 연수의 필요성

어떠한 직업이라 할지라도 임용 당시에 가지고 있었던 지식이나 기술만을 가지고 그 직을 계속 수행할 수 없다. 특히 현대사회가 지구촌 사회로서 변화의 속도가 매우 빠르고 새로운 지식과 기술이 폭발적으로 증가하고 있으므로, 평생교육사는 그 직책을 수행하는 데 필요한 지식과 기능, 평생교육사로서의 자질과 전문성을 신장시키도록 끊임없는 노력을 경주하여 성인학습자의 학습을 도울 수 있어야 한다. 평생교육사에 대한 연수의 필요성을 살펴보면 다음과 같다. 첫째, 평생교육사가 평생교육 현장으로 고용되기 전에 받은 직전교육은 평생교육사로서 직장에 임용된 후에도 직무연수를 통해서 계속적으로 그 미비점이나 결함이 보완되어야 한다. 둘째, 첨단과학기술과 새로운 지식이 날로 증가하는 정보화 사회에 적응하고 새로운 전문적 지식과 기능 및 태도를 습득하기 위해서 필요하다. 셋째, 평생교육사는 새로운 평생교육방법이나 프로그램 운영 및 개발에 관한 기술 등을 습득하여 성인학습자의 학습을 도울 수 있도록 계속적인 연수가 필요하다. 그러므로 평생교육사에게는 연수기관에서 재교육을 받거나 연수할 기회가 균등하게 부여되어야 하며, 평생교육사는 그 직책을 수행하기 위하여 부단히 연구와 수양에 노력해야 한다.

평생교육법령에서는 국가평생교육진흥원장, 시 · 도 평생교육진흥원장이 평생교육사에 대한 연수를 실시할 수 있도록 규정하고 있다. 또한 국가 및 시 · 도 진흥원장은 필요하다고 인정하는 경우에 평생교육사에 대한 연수를 평생교육 관련 전문기관에 위탁할 수 있다. 더욱이 평생교육사의 연수에 필요한 경비의 일부를 국가 및 지방자치단체가 보조할 수 있게 법령에 규정하고 있다(평생교육법 제24조 제4항, 평생교육법시행령 제19조).

(2) 직무연수의 원리

평생교육사를 위한 연수에서는 다음과 같은 원리가 고려되어야 한다. 이 원리는 직무연수에 대한 평가 준거나 지침으로 사용될 수 있다.

① 직무연수의 목적은 평생교육사의 평생교육기획, 프로그램 개발 및 운영, 평생교육행정 역량을 향상시켜 성인학습자의 평생학습활동에 기여하는 데 있다.
② 직무연수는 평생교육사의 평생교육 직무수행과 그들의 전문성을 신장시키는 데 도움을 줄 수 있는 내용으로 편성되어야 한다.
③ 직무연수는 평생교육사의 양성 또는 직전교육과 연계성이 있어야 하며, 평생

교육사가 자발적으로 참여해야 한다.

④ 직무연수는 각 평생교육사의 개인차를 고려하여 다양화되어야 한다.

⑤ 직무연수는 적극적으로 현직연수에 참여할 기회가 보장되어야 한다.

⑥ 직무연수는 평생교육사에 대한 계속교육의 차원에서 마련되어야 한다.

⑦ 직무연수는 잘 갖추어진 교육시설과 지원적인 환경에서 이루어져야 한다.

⑧ 직무연수는 현직연수 참여로 평생교육업무의 결손이 발생되지 않도록 운영의
묘를 살려야 한다.

(3) 연수의 종류

평생교육담당자의 연수는 일반 및 특별 연수, 자격연수, 승급연수, 직무연수 등
으로 구분할 수 있다. 일반 및 특별 연수의 경우, 평생교육사가 아니더라도 평생교
육담당자, 평생교육기관장, 평생교육 관련 공무원 등을 대상으로 평생교육의 이론
및 방법 등 일반적인 평생교육에 관한 교양 및 지식의 수준을 높이기 위하여 일반
연수가 계획될 수 있으며, 고도의 전문적인 평생교육 연수나 외국의 평생학습 체험
여행을 위하여 특별연수가 계획될 수 있다.

자격연수는 무자격자가 새롭게 자격을 취득하거나 상급 자격을 취득하기 위하여
실시하는 교육과 훈련이다. 평생교육사의 자격은 1급, 2급, 3급으로 구분되며, 평
생교육사의 자격연수는 양성과정과 승급과정으로 실시될 수 있다. 신규 자격연수
는 평생교육사 자격을 취득하려는 평생교육 관련 업무 종사자, 교사 및 공무원을
대상으로 이루어진다. 국가평생교육진흥원, 시·도 평생교육진흥원 및 교육부장관
이 지정한 양성기관은 그들을 대상으로 평생교육법령 및 시행규칙에서 규정한 등
급별 이수학점에 따라 자격연수를 실시할 수 있다. 마찬가지로 평생교육사의 승급
과정은 교육부장관이 지정한 양성기관과 국가 및 시·도 평생교육진흥원에서 운영
할 수 있으며, 승급을 원하는 평생교육사는 평생교육진흥원과 양성기관에서 소정
의 이수과정을 거쳐 1급, 2급의 자격을 취득할 수 있다. 직무연수는 직무수행이나
직장적응에 필요한 능력과 자질 배양을 위하여 실시하는 연수다. 평생교육사는 현

장에 있는 성인학습자의 학습을 돕기 위하여 자극과 수단으로 새로운 지식과 정보를 접해야 한다. 이를 위한 수단으로 평생교육사에 대한 현직 또는 직무 연수가 항상 계획되고 그에 참여할 수 있도록 해야 한다.

(4) 연수의 계획 및 실시

평생교육사는 그들의 직무와 관련해서 연수에 참가하기도 하지만, 때로는 다른 기관 및 단체로부터 연수를 위탁받거나 성인학습자를 위한 연수를 계획하고 실시하기도 한다. 평생교육사는 구체적인 연수를 계획하기 위하여 ① 왜 연수가 필요한가, ② 연수의 필요성은 무엇인가, ③ 무슨 내용을 교육할 것인가, ④ 누구를 어떻게 선정하여 교육시킬 것인가, ⑤ 교육을 실행하는 데 협조관계자는 누구이며 어떻게 협조받을 것인가, ⑥ 누가 교육시킬 것인가, ⑦ 어디서 교육시킬 것인가, ⑧ 어떤 교재와 교구를 가지고 교육시킬 것인가, ⑨ 연수교육의 결과 평가는 어떻게, 어떤 내용으로 할 것인가 등을 고려해야 한다.

연수는 직무 오리엔테이션, 전문강사 초빙, 활동 상황 평가회, 시청각교육, 원격(cyber) 직무교육, 특정 분야의 위탁교육, 세미나 등과 같은 여러 가지 방법을 통하여 실시할 수 있다. 직무 오리엔테이션은 평생교육기관의 상급책임자, 또는 오랜 경륜이 있고 기관의 업무를 총괄적으로 파악할 수 있는 직원에 의해 실시될 수 있다. 전문강사 초빙 방법은 연수 참가자로 하여금 관련 전문가로서의 태도, 직무수행 등에 관련된 문제를 극복해 나갈 수 있는 역량을 갖추고 개인의 적성을 개발하기 위하여 계획된다. 활동 상황 평가회 연수방법으로는 사례보고를 들 수 있다. 사례 보고 및 개발은 능동적으로 업무를 수행하게 할 뿐 아니라 효과적인 직무수행에 있어서 지식 및 기능을 다양하고 풍부하게 해 준다. 사례보고는 30분 이내로 하고 나머지 시간은 토의와 평가 등으로 진행할 수 있다. 연수참여자가 실제 발생할 수 있는 상황에서 문제시되는 장면이나 언제, 어디서, 어떤 일이 일어날지의 상황을 고려하여, 제시된 상황에 따라 각기 역할을 배정받아 시행하는 것을 역할극이라 한다. 그 외에 자기개발 프로그램, 원격연수, 위탁교육, 세미나, 평생교육 기회 제공 등의 방법도 그 특징에 따라 다르게 시행될 수 있다.

4) 평생교육사의 근무조건

자질이 있고 능력 있는 평생교육사를 양성하는 일도 중요하지만 확보된 평생교육사의 역량과 전문성을 향상시키는 일도 중요하다. 직무수행 중에 있는 평생교육사의 근무조건을 잘 정비하고 개선하는 데 있어서는 승진, 전직·전보, 근무여건 등을 언급할 수 있다. 그러나 평생교육사 조직 및 신분은 언급할 만한 조직 규모나 지위의 보장이 미미한 상태이므로 평생교육사의 근무조건은 개념적 수준에서 언급하고자 한다.

일반적으로 승진(promotion)은 동일 직렬 내에서의 수직적인 상향 이동을 말한다. 예컨대, 공무원 조직에서 일반 직원이 팀장으로, 팀장에서 과장으로, 과장에서 국장으로 임용되는 것이 이에 해당한다. 승급(salary system)은 승진과 구별되는 개념이다. 승급은 일정한 기간만 지나면 직책의 변동 없이 동일 직급에서 호봉이 올라가는 것을 말한다. 승급기준은 보통 근무성적과 근무기간이 그 근간이 되는데, 평생교육사는 아직도 불안정한 신분 때문에 이러한 기준을 적용하지 못하고 있는 실정이다. 이와 같은 승진과 승급은 구성원에 대한 보상수단 내지 욕구 충족, 조직의 목적 달성을 위한 효율적 수단, 그리고 조직 구성원의 능력개발 수단 등의 관점에서 그 의의를 찾아볼 수 있다. 따라서 평생교육사도 그들의 사기 진작을 위해서 공무원 직렬화가 이루어질 필요가 있다.

근무조건에는 전직과 전보의 개념이 있다. 전직(transfer)은 직종을 서로 달리하는 직급의 직위로 횡적 이동하는 경우를 말한다. 예를 들면, 평생교육사는 일반조직 또는 평생교육기관에서 일반 직무수행 직렬과 연구 직렬로 구분되어 있을 수 있는데 이때 평생교육사가 직렬 또는 자격종별을 달리하여 임용되는 것을 말한다. 전보(reassignment)는 동일 직위나 동일 자격 내에서 근무기관이나 부서를 바꾸어 임용하는 것을 말한다. 예를 들면, 평생교육사가 주민자치센터에서 근무하다가 시·

도 구청으로 옮겨 근무하는 경우를 말한다.

근무여건은 우수한 자질을 가진 평생교육사가 안정적으로 기관에서 근무할 수 있게 하는 기능뿐만 아니라 훌륭한 예비 평생교육사를 평생교육기관에 유인하는 기능도 수행한다. 따라서 우수한 평생교육사를 확보하여 그들이 높은 사기와 안정 감을 가지고 평생교육 업무에 전념할 수 있도록 하기 위해서는 근무여건을 개선하는 일이 매우 중요하다. 근무여건에는 신분보장, 복무규율, 근무부담, 보수 및 후생 복지 등이 포함된다.

첫째, 평생교육사는 양성과 배치에 관해서는 법률로 보장하고 있으나, 교원이나 공무원과 같이 신분을 보장받지 못하고 있다. 따라서 평생교육사의 권한을 존중하고 옹호하는 측면에서의 신분보장 조치가 이루어져야 한다.

둘째, 평생교육사는 법률에서 복무에 관한 사항은 별도로 규정하고 있지 않으나 「국가공무원법」 및 「공무원 복무규정」에 준해서 근무해야 할 것이다. 평생교육사는 소명의식, 성실, 복종, 친절·공정, 청렴, 품위유지 등의 의무를 가져야 한다. 또한 평생교육사는 직장 이탈, 영리업무 및 겸직, 정치운동, 집단행위 등을 금하고 성실하게 직장에서 복무하는 자세를 유지해야 한다.

셋째, 평생교육사의 개인적인 자질과 전문성이 부족한 것은 평생교육업무 수행에 있어서 직간접적인 근무 부담의 원인이 된다. 그러므로 평생교육사는 평생교육 업무 가운데 가장 핵심이 되는 평생교육기획, 평생교육 프로그램 개발 및 운영, 평생교육상담, 평생교육방법 및 평생교육 마케팅에 있어서 개인적 소질과 전문성의 역량을 발휘할 수 있어야 한다. 평생교육기관 경영자는 평생교육사가 근무 부담을 갖지 않도록 직무분석을 통하여 그들의 능력과 자질에 맞게 평생교육 업무를 조정하고 분담해 주어야 한다.

넷째, 평생교육사의 보수 및 후생복지는 우수한 평생교육사를 확보하기 위한 확실한 유인체제다. 보수는 평생교육사에 대한 보상 또는 반대급부로서 가장 대표적인 수단적 성격을 지니고 있다. 따라서 평생교육기관은 평생교육사가 타 직종보다 현저하게 우대받을 수 있도록 보수를 책정해야 한다.

제11장

평생교육기관 사무관리

1. 사무관리

1) 사무관리의 개념

사무관리(office management)란 조직의 목적 달성에 필요한 정보처리 과정이 효율적이고 합리적으로 이루어질 수 있는 제반 활동이라고 할 수 있다. 달리 표현하면, 사무관리란 조직의 목적을 효과적으로 달성하기 위하여 사무작업을 능률화하고 사무비용을 경제화하기 위한 각종 관리활동이라 할 수 있다. 따라서 효율적이고 합리적인 사무관리를 위해서는 사무 작업의 능률화가 필요하며, 그것은 작업능률, 정신능률, 균형능률이라는 세 가지 측면이 고려되어야 한다(박세훈 외, 2008).

(1) 작업능률

작업능률이란 노동을 할 때 인간이 소비한 에너지량과 노동의 결과로 생긴 생산물량 또는 작업량의 비(比)로써 나타나는 노동효율을 말한다. 작업의 능률화는 될 수 있으면 힘을 덜 들이고 작업할 수 있도록 하는 것을 말하며, 이를 위하여 작업의 용이성, 작업과정의 간소화·표준화, 사무의 자동화, 사무적인 이동거리(흐름)의 최소화 등이 고려되어야 한다.

(2) 정신능률

정신능률은 사무 작업에 있어서 정신적인 요소의 최적화를 말하는 것이다. 정신능률을 올리기 위해서는 정신적인 긴장 상태를 최소화하여 스트레스를 가볍게 하여야 한다.

(3) 균형능률

균형능률은 일정한 목적을 달성하는 데 필요한 수단이 적절하게 조화된 상태를 말한다. 균형능률을 극대화하기 위해서는 인력의 적재적소 배치, 능력에 적합한 사무 분담, 피로요인의 제거 등이 고려되어야 한다.

2) 사무관리의 용어

평생교육기관의 행정 및 경영을 위하여 사용되고 있는 사무관리 용어를 살펴보면 다음과 같다.

- 공문서: 기관 내부 또는 상호 간이나 대외적으로 공무상 작성 또는 시행되는 문서(도면, 사진, 디스크, 테이프, 필름, 슬라이드, 전자문서 등의 특수매체 기록 포함) 및 기관이 접수한 모든 문서를 말한다(사무관리규정 제3조 제1호).
- 문서과: 기관 내의 공문서 분류, 배부, 수발업무 지원 및 보존 등 문서에 관한

사무를 주관하는 과, 담당관 또는 계를 말한다.

- 처리과: 문서의 수발 및 사무처리를 주관하는 과, 담당관 또는 계를 말한다.
- 전자문서: 컴퓨터 등 정보처리능력을 가진 장치에 의하여 전자적인 형태로 작성, 송·수신 또는 저장된 문서를 말한다.
- 서명: 기안자, 검토자, 협조자, 결재권자 또는 발신명의인이 공문서상에 자필로 자기의 성명을 다른 사람이 알아볼 수 있도록 한글로 표시하는 것을 말한다.
- 전자 이미지 서명: 기안자, 검토자, 협조자, 결재권자 또는 발신명의인이 전자문서상에 전자적인 이미지 형태로 된 자기의 성명을 표시하는 것을 말한다.

3) 사무관리의 원칙

조직체가 수행하는 사무는 용이성·정확성·신속성·경제성이 확보될 수 있도록 관리되어야 하며, 이러한 원칙은 행정기관의 사무관리에도 적용된다(사무관리규정 제4조).

(1) 용이성

사무처리에 따르는 육체적·정신적인 피로를 줄이고 시간당 업무처리량을 증가시키기 위하여 사무처리가 보다 쉽게 이루어지도록 개선·관리할 필요가 있다. 이를 위하여 사무 절차 및 환경 개선, 사무자동화 시스템 도입 등이 요구된다.

(2) 정확성

사무는 의도하는 대로 정확하고 바르게 처리되는 것이 중요하다. 문자나 숫자의 사소한 오류라도 일을 그르칠 수 있기 때문이다. 사무처리의 정확성을 기할 수 있도록 문자·계산의 정확화, 기입방법의 정확화, 입증 자료의 확보, 사무의 자동화, 사무 분담 등이 필요하다.

(3) 신속성

사무를 처리하는 데 있어 필요한 시기에 맞추기 위해서는 신속성이 요구된다. 사무를 정확하게 처리하였다고 하더라도 시기를 맞추지 못하면 헛일이 될 수도 있다. 신속성을 위하여 보고·결재 단계의 축소, 전자결재 활성화, 회의시간 단축, 불필요한 보고서 생산 지양 등이 요구된다.

(4) 경제성

사무처리에 필요한 비용은 고정적이며 간접적인 경비로서 대개 증가하는 경향이 있다. 동일한 사무처리에 소요되는 경비를 줄이거나 같은 비용으로 처리되는 사무량을 증가시킬 수 있도록 노력해야 한다. 사무처리 절차 및 시스템 개선, 사무환경 개선, 소모품 절약 등이 필요하다.

4) 사무의 분장 및 인계·인수

평생교육경영자는 사무의 능률적 처리와 책임소재의 명확성을 기하기 위하여 소관 사무를 단위 업무별로 분장하되, 소속 직원 간의 업무량을 균형 있게 배분해야 한다. 이를 위하여 평생교육기관은 자체의 사무분장 규정이나 지침을 마련하여 과 및 팀별, 개인별로 사무를 균형되게 분장하여 직원이 근무할 수 있도록 해야 한다.

또한 평생교육기관 경영에 있어서 전보, 승진 및 채용 등으로 말미암아 인사이동이 이루어지는데, 이때 평생교육담당자는 평생교육사무에 대해 다음과 같은 인계·인수 절차를 수행해야 한다. 첫째, 담당사무에 대하여 진행 상황, 관계 문서, 자료, 기타 업무와 관련되는 사항을 문서로 작성하여 사무의 인계·인수를 해야 한다. 둘째, 작성한 업무인계·인수서 1부는 문서처리과에 제출하여 보존해야 한다. 예를 들면, 기관장 및 과장 업무인계·인수서를 모기관의 문서처리과 또는 자체 기관의 문서처리과에 1부 제출한다. 셋째, 후임자가 없는 경우에는 직무대리자나 직근 하급자가 사무를 인계받는다.

2. 문서관리

1) 문서관리의 의미

(1) 문서의 필요성과 개념

'모든 행정업무는 문서로 시작해서 문서로 끝난다'고 할 정도로 행정활동은 대부분 문서로 이루어진다. 이처럼 문서는 인체의 혈액처럼 행정업무를 수행하는 과정에서 필수적인 요소다. 일반적으로는 다음과 같은 경우에 문서가 필요하게 된다.

- 내용이 복잡하여 문서가 없이는 사무처리가 곤란할 때
- 사무처리에 대한 의사소통이 대화로는 불충분하여 문서가 필요할 때
- 행정기관의 의사표시 내용을 증거로 남겨야 할 때
- 사무처리의 형식상 또는 절차상 문서가 필요한 때
- 사무처리 결과를 보존할 필요가 있을 때

평생교육기관의 효율적인 사무관리를 위하여 이용되는 기본적인 사무활동 매체는 문서다. 평생교육담당자는 다양한 평생교육과업을 수행할 능력이 있어야 하지만 우선적으로 사무관리의 기본 기능인 문서를 다루는 능력이 있어야 한다. 또한 현대의 행정은 컴퓨터를 이용한 사무전산화를 꾀하고 있기 때문에 이에 따른 문서 작성과 처리 방법을 새롭게 인식해야 할 필요성이 있다. 그래서 사무관리는 주로 사무실에서 이루어지는 문서의 생산, 유통, 보존을 위주로 하는 서류에 관한 작업으로 정의되고 있지만, 최근에는 행정목적을 달성하기 위하여 전자문서 시스템과 행정정보 시스템 간의 연계를 통해 전자문서와 행정정보를 공유·활용하는 정보화 기능이 강조되고 있다.

하지만 모든 사무활동이 반드시 문서를 필요로 하는 것은 아니다. 내용이 간단한

것은 구두, 전화, 방송 등을 통하여 처리하여 불필요한 공문서의 작성을 억제하고 과다한 문서의 유통을 방지함으로써 업무의 능률과 사무의 효율성을 도모해야 한다.

평생교육기관 경영상에 있어 문서란 공문서로서 업무상 필요한 서류를 의미한다. 공문서는 사문서와는 다른 개념으로서 기관 내부 또는 상호 간이나 대외적으로 공무상 작성 또는 시행되는 문서 및 기관이 접수한 모든 문서를 말한다. 간단히 말하면, 공문서는 기관이나 직원이 직무상 작성한 문서다. 이러한 공문서의 성립은 정당한 권한이 있는 직원이 직무 범위 내에서 공무상 작성하고 결재권자의 결재 시에 이루어진다. 그 효력은 일반문서의 경우 수신자에게 도달 시에, 그리고 공고문서의 경우는 공고 후 5일 경과 후에 발생한다.

(2) 문서의 기능

① 의사의 기록·구체화

문서는 사람의 의사를 구체적으로 표현하는 기능을 갖는다. 사람이 가지고 있는 주관적인 의사는 문자·숫자·기호 등을 활용하여 종이나 다른 매체에 표시하여 문서화함으로써 그 내용이 구체화된다. 이 기능은 문서의 기안에서부터 결재까지 문서가 성립하는 과정에서 나타나는 것이다.

② 의사의 전달

문서는 자기의 의사를 타인에게 전달하는 기능을 갖는다. 문서에 의한 의사전달은 전화나 구두에 의한 전달보다 좀 더 정확하고 변함없는 내용을 전달할 수 있다. 이것은 의사를 공간적으로 확산하는 기능으로서 문서의 발송·도달 등 유통과정에서 나타난다.

③ 의사의 보존

문서는 의사를 오랫동안 보존하는 기능을 갖는다. 문서로 전달된 의사는 지속적으로 보존할 수 있고 역사자료로서 가치를 갖기도 한다. 이는 의사표시를 시간적으로 확산시키는 역할을 한다.

④ 자료 제공
보관·보존된 문서는 필요한 경우 언제든 참고자료 내지 증거자료로 제공되어 행정활동을 지원·촉진시킨다.

⑤ 사무의 연결·조정
문서의 기안·결재 및 협조과정 등을 통해 조직 내외의 사무처리 및 정보순환이 이루어져 업무의 연결·조절기능을 수행하게 된다.

(3) 문서의 작성 및 처리의 원리

① 문서 작성의 원리
문서 작성과 관리에서는 정확성, 신속성, 용이성, 경제성 등을 염두에 두어야 한다. 문서 작성의 몇 가지 원리를 제시하면 〈표 11-1〉과 같다.

〈표 11-1〉　**문서 작성의 원리**

원리	세부 내용
정확성 (바른 글)	• 육하원칙에 의하여 작성한다. • 애매한 표현이나 과장된 표현을 피한다.
신속성 (이해가 빠른 글)	• 문장은 짧게 끊어서 개조식으로 쓴다. • 가급적 먼저 결론을 쓰고 그다음에 이유 또는 설명을 쓴다.
용이성 (쉬운 글)	• 읽기 쉽고 알기 쉬운 말을 쓴다. • 한자나 어려운 전문용어는 피한다. 한자 또는 전문용어를 쓸 필요가 있을 때에는 괄호 안에 한자를 쓰거나 용어의 해설을 붙인다. • 받는 사람의 이해력과 독해력을 고려하여 쓴다. • 다루기 쉽게 1건 1매주의(一件 一枚主義)로 한다.

경제성	• 일상 반복적 업무는 표준기안문 제도를 활용한다. • 용지의 규격 · 지질을 표준화한다. • 서식을 통일한다. • 문자를 부호화하여 활용한다.

② 문서처리의 원리

문서처리의 몇 가지 원리를 제시하면 다음과 같다.

① 신속처리의 원리

문서는 내용 또는 성질에 따라 그 처리기간이나 방법이 다를 수 있으나 효율적인 업무수행을 위하여 사안이 발생한 경우 가능한 한 빠른 시일 내에 조속히 처리하여야 한다.

② 책임처리의 원리

문서는 정해진 사무분장에 따라 각자가 직무 범위 내에서 책임을 가지고 관계규정에 따라 신속 · 정확하게 처리하여야 한다.

③ 적법처리의 원리

문서는 법령의 규정에 따라 일정한 형식 및 요건을 갖추어야 함은 물론 권한 있는 자에 의하여 작성 · 처리되어야 한다.

④ 전자처리의 원리

문서는 전자처리가 원칙이다. 즉, 문서의 기안, 검토, 협조, 결재, 등록, 시행 · 분류 편철, 보관, 보존, 이관, 접수, 배부, 공람, 검색, 활용 등 문서의 모든 처리 절차가 전자문서 시스템 또는 업무관리 시스템에서 전자적으로 처리되도록 하여야 한다.

2) 문서의 종류

문서의 주요 기능은 의사전달과 의사보존이라 할 수 있다. 이러한 문서의 종류는 작성 주체에 따라 사문서와 공문서로 구분하고, 유통대상에 따라 대내문서와 대외문서로 구분한다. 그리고 성질에 따라 ① 법규문서, ② 지시문서, ③ 공고문서, ④ 비치문서, ⑤ 민원문서 ⑥ 일반문서 등으로 구분한다. 여기서는 성질에 따른 문서의 종류에 대하여 살펴보고자 한다(사무관리규정 제7조, 규칙 제3조).

(1) 법규문서

주로 법규사항을 규정하는 문서로서 헌법 · 법률 · 대통령령 · 총리령 · 부령 · 조례 및 규칙 등을 말한다.

(2) 지시문서

행정기관이 그 하급기관 또는 소속 공무원에 대하여 일정한 사항을 지시하는 문서로서 훈령 · 지시 · 예규 및 일일명령 등을 말한다. 행정법에서는 지시문서를 행정규칙 또는 행정명령이라는 용어로 사용하고 있다.

훈 령	상급기관이 하급기관에 대하여 장기간에 걸쳐 그 권한의 행사를 일반적으로 지시하기 위하여 발하는 명령
지 시	상급기관이 직권 또는 하급기관의 문의에 의하여 하급기관에 개별적 · 구체적으로 발하는 명령
예 규	행정사무의 통일을 기하기 위하여 반복적인 행정사무의 처리기준을 제시하는 문서로서 법규문서를 제외한 문서
일일명령	당직, 출장, 시간 외 근무, 휴가 등 일일업무에 관한 명령

(3) 공고문서

행정기관이 일정한 사항을 일반에게 알리기 위한 문서로서 고시 · 공고 등을 말한다.

고 시	법령이 정하는 바에 따라 일정한 사항을 일반에게 알리는 문서로, 일단 고시된 사항은 개정이나 폐지가 없는 한 효력 지속
공 고	일정한 사항을 일반에게 알리는 문서로, 단기적이거나 일시적으로 효력 유지

(4) 비치문서

행정기관이 일정한 사항을 기록하여 행정기관 내부에 비치하면서 업무에 활용하는 문서로서 비치대장 · 비치카드 등을 말한다.

(5) 민원문서

민원인이 행정기관에 허가 · 인가 · 기타 처분 등 특정한 행위를 요구하는 문서 및 그에 대한 처리문서를 말한다.

(6) 일반문서

앞의 각 문서에 속하지 아니하는 모든 문서를 말한다. 다만, 일반문서 중 특수한

회보	행정기관의 장이 소속 공무원 또는 하급기관에 업무 연락 · 통보 등 일정한 사항을 알리기 위한 경우에 사용하는 문서
보고서	특정한 사안에 관한 현황 또는 연구 · 검토결과 등을 보고하거나 건의하고자 할 때 작성하는 문서

것으로 회보 및 보고서가 있다.

(7) 문서 작성 형식의 예

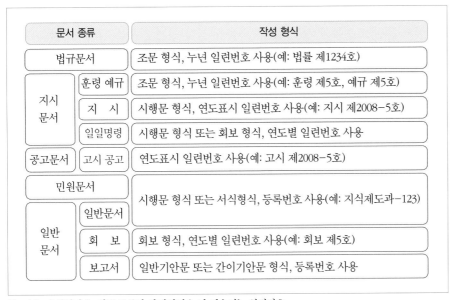

문서 종류		작성 형식
법규문서		조문 형식, 누년 일련번호 사용(예: 법률 제1234호)
지시문서	훈령 예규	조문 형식, 누년 일련번호 사용(예: 훈령 제5호, 예규 제5호)
	지시	시행문 형식, 연도표시 일련번호 사용(예: 지시 제2008−5호)
	일일명령	시행문 형식 또는 회보 형식, 연도별 일련번호 사용
공고문서	고시 공고	연도표시 일련번호 사용(예: 고시 제2008−5호)
민원문서		시행문 형식 또는 서식형식, 등록번호 사용(예: 지식제도과−123)
일반문서	일반문서	
	회보	회보 형식, 연도별 일련번호 사용(예: 회보 제5호)
	보고서	일반기안문 또는 간이기안문 형식, 등록번호 사용

주: 1) 누년 일련번호: 연도 구분과 관계없이 누년 연속되는 일련번호
  2) 연도별 일련번호: 연도별로 구분하여 매년 새로 시작되는 일련번호로서 연도표시가 없는 번호
  3) 연도표시 일련번호: 연도표시와 연도별 일련번호를 붙임표(−)로 이은 번호

3) 문서의 성립과 효력 발생

(1) 문서의 성립

문서의 성립요건은 ① 기관의 적법한 권한 범위 내에서 작성되고, ② 기관의 의사표시가 명확하게 표현되며, ③ 위법·부당하거나 시행 불가능한 내용이 아니고, ④ 법령에 규정된 절차 및 형식이 갖추어지는 것이다. 문서는 당해 문서에 대한 결재권자의 서명(전자문자 서명, 전자 이미지 서명 및 행정전자 서명 포함)에 의한 결재가 있음으로써 성립한다(규정 제8조 제1항). 결재권자라 함은 기관의 장, 기관의 장으로부터 결재권을 위임받은 자 및 대결하는 자를 말한다(규칙 제2조 제5호).

(2) 문서의 효력 발생

「사무관리규정」은 문서가 수신자에게 도달됨으로써 그 효력이 발생하고, 전자문서의 경우에는 수신자의 컴퓨터 파일에 기록됨으로써 그 효력이 발생하므로 일반적인 문서의 효력 발생 원칙은 도달주의를 따르고 있다(규정 제8조 제2항). 한편, 고시, 공고 등 공고문서의 경우에는 특별한 규정이 있는 경우를 제외하고는 고시 및 공고 후 5일이 경과한 날부터 효력이 발생한다(규정 제8조 제2항). 다음은 문서의 효력 발생에 대한 여러 원칙이다.

① 표백주의

문서가 성립한 때, 즉 결재로 문서의 작성이 끝난 때에 효력이 발생한다는 견해다. 이는 내부 결재문서와 같이 상대방이 없는 문서의 경우에는 합당하나, 상대방이 있는 경우에는 해당 문서의 작성에 관해 전혀 알지도 못하는데 효력이 생기게 되어 문서발송 지연 등 발신자의 귀책 사유로 인한 불이익도 감수해야 하는 부당함이 발생한다.

② 발신주의

성립한 문서가 상대방에게 발신된 때 효력이 발생한다는 견해다. 이는 신속한 거래에 적합하며, 특히 다수의 자에게 동일한 통지를 해야 할 경우에 획일적으로 효력을 발생하게 할 수 있다는 장점이 있다. 하지만 문서의 효력 발생 시기가 발신자의 의사에 좌우되고, 상대방이 아직 알지 못하는 상황에서 효력이 발생한다는 단점이 있다.

③ 도달주의

문서가 상대방에게 도달해야 효력이 생긴다는 견해로 수신주의(受信主義)라고도 한다. 여기서 도달이라 함은 문서가 상대방의 지배 범위 내에 들어가 사회통념상 그 문서의 내용을 알 수 있는 상태가 되었다고 인정되는 것을 의미한다. 이는 쌍방의 이익을 가장 잘 조화시키는 견해라고 볼 수 있다. 「민법」상의 의사표시와 「사무관리규정」상의 문서의 효력 발생 시기는 도달주의를 원칙으로 하고 있다.

④ 요지주의

상대방이 문서의 내용을 안 때에 효력이 발생한다는 견해다. 이는 상대방의 부주의나 고의 등으로 인한 부지(不知)의 경우 발신자가 불이익을 감수해야 하는 폐단이 발생하고, 지나치게 상대방의 입장에 치우친 것으로 타당한 견해라고 보기 어렵다.

4) 문서 작성의 일반사항

(1) 문서의 구성

일반적으로 사용되는 기안문 · 시행문의 문서 구성은 [그림 11-1]과 같이 두문 · 본문 · 결문으로 이루어진다. 두문에는 기관명, 수신자, 경유 등이 포함되며, 본문에

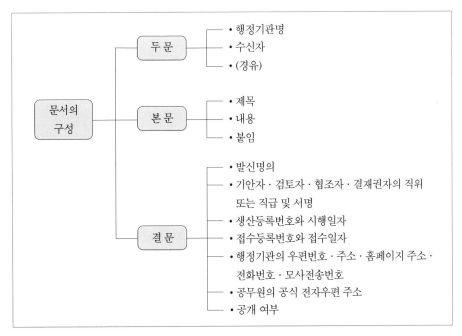

[그림 11-1] 기안문 · 시행문의 문서 구성

는 제목, 내용, 붙임 등이 포함된다. 결문에는 발신명의, 기안자 · 검토자 · 협조자 · 결재권자의 직위 또는 직급 및 서명, 생산등록번호와 시행일자, 접수등록번호와 접수일자, 행정기관의 우편번호 · 주소 · 홈페이지 주소 · 전화번호 · 모사전송번호, 직원의 공식 전자우편 주소, 공개 여부 등이 포함된다(사무관리규칙 제9조 제1항).

(2) 문서 작성

문서에서는 표준어를 사용하고 한글로 띄어쓰기에 맞추어 가로로 쓰되, 숫자는 아라비아 숫자를 쓰며, 연 · 월 · 일의 글자는 생략하고 점을 찍어 구분한다. 문서의

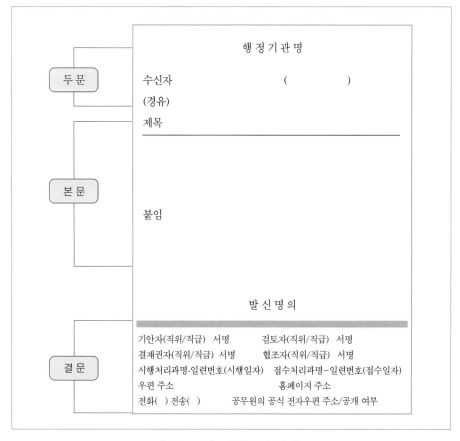

[그림 11-2] 기안문 구성의 예

일부분을 수정 또는 삭제할 때는 수정 또는 삭제한 사람이 반드시 그 부분에 날인을 하여야 한다. 문서의 내용은 하나의 항목으로 작성하는 것이지만, 경우에 따라서는 둘 이상의 항목으로 구분하여 작성할 수도 있다.

① 문서용지의 여백

　문서 작성에 쓰이는 용지의 규격은 특별한 사유가 없는 한 A4(210×297mm) 용지를 사용해야 하며, 문서용지의 여백은 [그림 11-3]과 같이 위로부터 3cm, 왼쪽으로부터 2cm, 오른쪽으로부터 1.5cm, 아래로부터 1.5cm을 원칙으로 하되 문서의 편철 위치나 용도에 따라 각 여백을 달리할 수 있다.

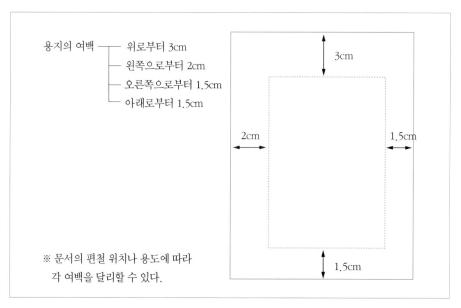

용지의 여백 ── 위로부터 3cm
　　　　　　 ── 왼쪽으로부터 2cm
　　　　　　 ── 오른쪽으로부터 1.5cm
　　　　　　 ── 아래로부터 1.5cm

3cm
2cm
1.5cm
1.5cm

※ 문서의 편철 위치나 용도에 따라
　 각 여백을 달리할 수 있다.

[그림 11-3] 문서용지의 여백

② 문서내용의 항목 기재요령

　문서의 내용을 하나의 항목으로 작성하는 것은 [그림 11-4]와 같이 1, 2, 3… 등으로 구분하여 표시할 수 있다. 문서의 내용을 둘 이상의 항목으로 구분할 필요가

수신자×○○○평생학습관장(평생학습과장)

(경유)

제목×문서관리교육 실시

×××문서관리교육을 다음과 같이 실시하오니 참석하여 주시기 바랍니다.

×××1.*일시: ○○○○○

×××2.*장소: ○○○○○

×××3.*참석대상: ○○○○○.×끝.

[그림 11-4] 문서의 내용을 한 항목만으로 작성한 예

수신자×○○○평생학습관장(평생학습과장)

(경유)

제목×문서관리교육 실시

1.*첫째 항목: ○○○○○○○○○○

×가.*둘째 항목: ○○○○○○○○○

××(1)*셋째 항목: ○○○○○○○○

×××(가)*넷째 항목: ○○○○○○○

××××1)*다섯째 항목: ○○○○○○

×××××가)*여섯째 항목: ○○○○○○○○

××××××①*일곱째 항목: ○○○○○○○○

×××××××㉮*여덟째 항목: ○○○○○○○○○

붙임 문서작성 지침. 끝.

[그림 11-5] 문서의 내용을 둘 이상의 항목으로 구분하여 작성한 예

있을 때에는 [그림 11-5]와 같이 첫째 항목은 1, 2, 3… 등으로, 둘째 항목은 가, 나, 다… 등으로, 셋째 항목은 (1), (2), (3)… 등으로, 넷째 항목은 (가), (나), (다)… 등으로, 다섯째 항목은 1), 2), 3)… 등으로, 여섯째 항목은 가), 나), 다)… 등으로 구분하여 표시한다.

문서의 본문이 끝나면 한 자 간격을 띄어서 '끝' 자를 사용하여 본문이 끝났음을 표시한다. 본문이 끝난 바로 다음 밑줄에는 '붙임'이라고 쓰고 붙임의 명칭을 기재하여야 한다.

5) 문서의 기안 및 시행

여기에서는 평생교육 경영자 및 담당자가 중요하게 알아야 할 문서의 기안과 시행에 관하여 살펴본다.

(1) 문서의 기안

① 기안의 의미와 종류
기안이라 함은 기관의 의사를 결정하기 위하여 문안을 작성하는 것을 말한다. 다시 말하면, 기안은 어떤 하나의 안건을 처리하기 위하여 정해진 기안서식에 문안을 작성하는 것을 말한다. 기안은 주로 상급자의 지시사항이나 접수한 문서를 처리하기 위하여 행해지기도 하고, 법령·훈령·예규 등을 근거로 하거나 순수한 자기 발안으로 이루어지기도 한다. 따라서 문서의 기안은 기안자가 분장받은 업무에 대하여 직급 등에 관계없이 할 수 있다. 문서의 기안은 「사무관리규정」에서 전자문서로 함을 원칙으로 규정하고 있으며, 업무의 성격상 기타 특별한 사정이 있는 경우에만 종이문서로 할 수 있음을 명시하고 있다(규정 제14조 제1항).

기안의 종류로는 일반기안, 일괄기안, 공동기안, 수정기안이 있다. 첫째, 일반기안은 가장 일반적인 형태로, 어떤 하나의 안건을 처리하기 위하여 정해진 기안서식에 문안을 작성하는 것을 말한다. 둘째, 일괄기안은 서로 관련성이 있는 2개 이상의 안건을 동시에 일괄하여 기안하는 것을 말한다. 일괄기안은 전자문서에 한한다. 셋째, 공동기안은 둘 이상의 기관장의 결재를 받아 공동명의로 시행하기 위하여 문안을 작성하는 것을 말한다. 넷째, 수정기안은 접수된 문서에 직접 간단하게 수정하거나 필요한 사항을 추가하는 방법으로 기안을 갈음하는 것으로 일반기안의 번거로움을 줄일 수 있다.

기안문 서식에는 일반기안문, 전자기안문, 간이기안문의 세 가지가 있다. 첫째, 일반기안문은 내부 결재문서, 대내문서, 대외문서 등 모든 문서에 사용한다. 그리고 종이문서와 전자문서에 모두 사용한다. 둘째, 전자기안문은 내부 결재문서, 대내문서, 대외문서 등 모든 문서에 사용한다. 그리고 전자문서에만 사용한다. 셋째, 간이기안문은 내부 결재문서에만 사용하고 시행문으로 변환하여 시행할 수 없다. 그리고 종이문서와 전자문서에 모두 사용한다.

2 기안문 작성 시 유의사항

올바른 문서 작성은 정확한 의사소통을 위하여 필요할 뿐만 아니라 문서 자체의 품격을 높이고, 그 기관의 대외적인 권위와 신뢰도를 높여 준다. 문서의 올바른 작성을 위하여 〈표 11-2〉와 같은 사항에 유의할 필요가 있다.

〈표 11-2〉 문서 작성 시 유의사항

원리	세부내용
정확성 (바른 글)	• 일반적으로 육하원칙에 의해 작성하고 오·탈자나 계수 착오가 없도록 한다. • 필요한 내용을 빠뜨리지 않고, 잘못된 표현이 없도록 문서를 작성한다. • 혼동을 일으키지 않도록 정확한 용어를 사용하고 문법에 맞게 문장을 구성한다. • 모호하거나 과장된 표현에 의하여 사실이 왜곡되지 않도록 한다.

용이성 (쉬운 글)	• 상대방의 입장에서 이해하기 쉽게 작성한다. • 문장은 가급적 짧게 끊어서 항목별로 표현한다. • 복잡한 내용일 때는 먼저 결론을 내린 후 이유를 설명하는 것이 좋다. • 추상적이고 일반적인 용어보다는 구체적이고 개별적인 용어를 쓴다. • 읽기 쉽고 알기 쉬운 용어를 사용하고 한자나 어려운 전문용어는 피한다. 한자 또는 전문용어를 쓸 필요가 있을 때에는 괄호 안에 한자를 쓰거나 용어의 해설을 붙인다.
성실성 (호감 가는 글)	• 문서는 성의 있고 진실하게 작성한다. • 상대방에게 불쾌감을 주거나 상대를 무시하는 듯한 표현은 피하고 적절한 경어를 사용한다. • 감정적이고 위압적인 표현을 쓰지 않는다. 상급기관이 하급기관에 보내는 문서에 '~할 것' '~하기 바람' 등과 같은 위압감을 주는 문구를 쓰게 되면 조직 상하 간의 관계를 경직시켜 원활한 의사소통에 지장을 초래하기 쉬우니 피하도록 한다. 조직구조상 지휘·감독관계에 있다 하더라도 상호 간에 존중한다는 의미에서 '~하시기 바랍니다'와 같은 표현을 사용하는 것이 좋다.
경제성 (효율적으로 작성하는 글)	• 일상 반복적인 업무는 표준기안문을 활용한다. • 용지의 규격·지질을 표준화한다. 규격이나 지질이 다르면 표준화된 경우에 비하여 많은 시간과 노력이 요구된다. • 서식을 통일한다. 규정된 서식을 사용하는 것이 경제적이다. • 지속적으로 많이 사용되는 문자는 부호화하여 활용한다. '혼글의 경우 상용구 등록·활용(+ 글쇠)도 한 방법이 된다. • 한눈에 내용을 파악할 수 있고 다루기 쉽게 '1건 1매주의'로 하는 것이 효율적이다.

③ **기안의 방법**

　기안문 서식은 앞서 살펴본 바와 같이 일반기안문, 전자기안문, 간이기안문의 세 가지가 있다. 여기에서는 평생교육담당자가 일반적으로 활용할 수 있는 일반기안문에 살펴본다. 평생학습에 관한 일반기안문은 〈표 11-3〉과 같으며, 그 작성요령은 〈표 11-4〉에서 설명하고 있다.

〈표 11-3〉 **평생학습에 관한 일반기안문**

끊임없는 학습, 행복한 삶! ○○평생학습관이 함께합니다

○○시 평생학습센터

수신자 수신자 참조 (평생학습과장)

(경유)

제목 2009년도 평생학습축제 실시계획 알림

2009도 평생학습축제를 붙임과 같이 수립하여 시행하고자 합니다.

붙임 2009도 평생학습축제 계획 1부. 끝.

○○평생학습관장 관인(서명) 생략

수신자 '가' 평생학습관장, '나' 주민자치센터장, '다' 복지관장

| 담당자 | 권○○ | 팀장 | 박○○ | 평생학습과장 | 전결 08/01 |
| | | | | | 이○○ |

협조자   행정실장

시행   평생학습과-283   접수

우 137-791   ○○시 _____ /http://www. _____

전화 (02) ○○○-○○○○   전송 (02) ○○○-○○○○ / ○○○@ill.or.kr/공개

〈표 11-4〉 일반기안문의 작성요령

1. 행정기관명: 그 문서를 기안한 부서가 속한 기관명을 기재한다.

2. 수신자(　): 수신자명 또는 수신자 기호를 먼저 쓰고, 이어서 괄호 안에는 처리할 자(보조기관 또는 보좌기관)의 직위를 쓰되, 처리할 자의 직위가 분명하지 아니한 경우에는 ○○업무 담당 과장 등으로 쓴다. 수신자가 많아 본문의 내용을 기재할 란이 줄어들어 본문 내용을 첫 장에서 파악하기 곤란한 경우는 두문의 수신자란에 '수신자 참조'라고 쓰고, 결문의 발신명의 밑의 왼쪽 기본선에 맞추어 수신자란을 설치하여 수신자명 또는 수신자 기호를 표시한다.

3. (경유): 경유문서인 경우 (경유)란에 "이 문서는 경유기관의 장은 ○○○(또는 제1차 경유기관의 장은 ○○○, 제2차 경유기관의 장은 ○○○)이고, 최종 수신기관의 장은 ○○○입니다."라고 표시하고, 경유기관의 장은 제목란에 '경유문서의 이송'이라고 표시하여 순차적으로 이송하여야 한다.

4. 제목: 그 문서의 내용을 쉽게 알 수 있도록 간단하고 명확하게 기재한다.

5. 발신명의: 기관장의 명의를 기재하고, 보조기관 또는 보좌기관 상호 간에 발신하는 문서는 그 보조기관 또는 보조기관의 명의를 기재한다.

6. 기안자·검토자·협조자·결재권자의 직위/직급: 직위가 있는 경우에는 직위를 온전하게 쓰고, 직위가 없는 경우에는 직급을 온전하게 쓴다. 단, 기관장과 부기관장의 직위는 간략하게 쓴다.

7. 시행처리과명-일련번호 (시행일자) 접수처리과명-일련번호 (접수일자): 처리과명(처리과가 없는 기관은 10자 이내의 기관명의 약칭)을 기재하고, 일련번호는 연도별 일련번호를 기재한다. 시행일자와 접수일자란에는 연월일을 각각 온점(.)을 찍어 숫자로 기재한다. 단, 민원문서에서 필요한 경우에는 시행일자와 접수일자란에 시·분까지 기재한다.

8. 우편주소: 우편번호를 기재한 다음 기관이 위치한 주소를 기재한다.

9. 홈페이지 주소: 행정기관의 홈페이지 주소를 기재한다. 예) www.mopas.go.kr

10. 전화(　) 전송(　): 전화번호와 모사전송번호를 각각 기재하되, (　) 안에는 지역번호를 기재한다. 기관 내부 문서의 경우는 구내 전화번호를 기재한다.

11. 공식 전자우편 주소: 기관에서 직원에게 부여한 전자우편 주소를 기재한다.

12. 공개 구분: 공개, 부분공개, 비공개로 구분하여 표시한다. 공공기관인 경우 부분공개 또는 비공개인 경우에는 「공공기록물 관리에 관한 법률 시행규칙」 제18조에 따라 '부분공개(　)' 또는 '비공개(　)'로 표시하고, 「공공기관의 정보공개에 관한 법률」 제9조 제1항 각 호의 번호 중 해당 번호를 괄호 안에 표시한다.

13. 관인생략 등 표시: 발신명의의 오른쪽에 관인생략 또는 서명생략을 표시한다.

(2) 문서의 시행

문서의 시행이라 함은 내부적으로 성립한 행정기관의 의사를 외부로 표시하는 것으로서 문서의 효력을 발생하게 하는 절차를 말한다. 문서를 시행하기 위해서는 일반적으로 시행문의 작성, 관인 날인 또는 서명, 문서 발송 등의 절차를 거친다. 문서를 시행하는 방법으로는 발송(발신), 홈페이지 게시, 관보 게재, 고시·공고, 교부 등이 있다.

결재받은 문서 중 발신할 문서는 시행문을 작성하여야 하는데 정부가 2004년부터 기안문과 시행문을 하나로 통합 사용하도록 하여 별도의 시행문 서식이 없다. 따라서 결재가 끝난 일반기안문 또는 전자기안문에 관인을 찍으면 시행문이 된다. 종이문서의 시행은 기안문을 복사하여 관인을 찍으면 시행문이 된다. 또한 전자문서의 시행은 전자문서 시스템 또는 업무관리 시스템에서 전자 이미지 관인을 찍으면 시행문이 된다.

제 12 장
평생교육기관의 재무관리

1. 재무관리의 개념

　평생교육경영자는 평생교육 프로그램의 개발과 운영을 포함한 평생교육 업무를 추진하는 데 있어서 어떤 형태로든 직간접적으로 예산 및 회계 관리에 관련될 수밖에 없다. 평생교육기관의 재무관리는 이미 확보된 자원에 대한 단순한 예산관리 차원을 넘어서 경우에 따라서는 내외부로부터 다양한 형태의 재원이 확보되고 관리될 수 있기 때문에 통합적인 예산 및 회계 관리체제가 될 수 있어야 한다. 따라서 평생교육경영자는 효율적인 평생교육경영을 위하여 평생교육 예산 및 회계 등의 제반 재무관리 절차에 관한 전문적인 지식과 기술을 알아야 할 필요가 있다.

　평생교육기관 재무관리의 의미를 이해하기 위해서는 재정의 개념을 살펴보지 않을 수 없다. 그 이유는 평생교육을 통한 국민의 삶의 질 향상이 국가와 지방자치단체에 의한 사명이어서 이를 실행하기 위해서는 국가와 지방자치단체가 행·재정적으로 지원해야 하기 때문이다. 재정(public finance)이란 일반적으로 국가 및 공공단체가 공공 욕구를 충족하기 위하여 필요한 수단을 조달하고 관리 · 사용하는 경제활동 또는 간단히 정부의 경제라고 정의할 수 있다(차병권, 1987: 3). 재정은 공공부문의 경제활동을 가리키며, 화폐를 매개체로 하는 유통경제 면에서 볼 때 가계중심의 사금융(private finance)이나 사기업체 중심의 회사금융(corporation finance)과 구분되는 공금융(public finance)이라 할 수 있다. 공금융으로서 재정은 영리를 위하여 양입제출(量入制出: 기업은 한 해 수입금액에 따라 예산을 결정)의 원칙에 따라 수입과 지출 관계를 규제하는 사경제와는 다르게 양출제입(量出制入: 국가는 지출금액을 정하고 예산을 정함)의 원칙을 따르며 재정에 있어서 강제경제 및 비영리적 성격을 띠게 된다. 전자는 수입금액 한도 내에서 예산을 세우는 것으로서 기업의 예산운용방식이며, 후자는 사전에 사용금액을 정하여 세입을 하는 정부의 예산편성 방식이다. 대체적으로 평생교육기관은 비영리적으로 운영되기 때문에 수입과 지출관계에 있어서 양출제입의 원칙을 따르며 회계처리에 있어서는 단식부기를 사용한다.

국가나 지방자치단체가 운영하는 평생교육기관은 재정이라는 용어를 사용할 수도 있다. 하지만 평생교육은 공공기관뿐만 아니라 개인, 단체, 사기업체 등에서도 이루어지기 때문에 평생교육 예산 및 회계처리에 관하여 '재정'이라는 용어 대신에 '재무관리'라는 용어를 사용한다.

재무관리는 발견되는 것이 아니라 기획되는 것이며, 유용한 목적에 활용하기 위하여 사람에 의해 창출되는 일련의 활동이다. 그래서 재무관리를 단순히 "재무담당자가 수행하는 일 또는 금전을 확보하고 지출하는 것"으로 정의할 수 없다(Vandament, 1989: 7). 평생교육기관의 재무관리는 ① 평생교육기획, 프로그램 개발 및 운영, 학습자에 대한 서비스 등의 평생교육기관 활동이 적절한 자원에 의해 지원받도록 가능한 범위에서 안정적인 도움을 주는 것, ② 재원의 건전한 관리, 통제 및 투자를 통하여 평생교육기관의 활동을 계속할 수 있는 역량을 갖추도록 돕는 것, ③ 건전한 기획, 예산 및 재무관리를 통하여 기존 자원을 효과적이고 효율적으로 운영할 수 있도록 돕는 것 등과 같은 목표를 달성하는 데 필요하다(Hyatt & Santiago, 1986: 2). 평생교육기관의 재무관리는 기관의 활동계획에 따라 금전적인 목표를 수립하고, 수입과 지출 계획을 수립하며, 프로그램별로 구체적인 수입과 지출 계획을 문서화하고, 예산집행 후 기록을 유지하고 평가하는 일련의 과정이다. 한마디로 말하면, 평생교육기관의 재무관리는 평생교육기관의 '예산 및 회계의 관리'로서 수입과 지출에 관한 일련의 과정이다. 따라서 평생교육기관의 재무관리를 탐색하기 위하여 예산 및 회계 절차(수입관리, 지출관리), 단위 프로그램 재무관리, 통합적 재무관리, 프로그램 손익계산 등에 관하여 살펴본다.

2. 재무관리의 절차

1) 예산관리

평생교육기관의 예산 및 회계는 거쳐야 하는 몇 개의 기본적인 단계가 있다. 그것은 예산을 준비하고 편성된 예산을 기관의 운영위원회나 이사회에 보고하는 것, 승인된 예산을 운용하거나 집행하는 것, 사용된 금전이 어떻게 어떤 목적으로 사용되었는가를 결정하기 위한 계획을 평가하는 것 등이다. 평생교육경영자는 기관의 예산을 준비, 집행, 평가하는 데 있어서 실제적으로 관련되어 있다. 그래서 평생교육경영자는 다음과 같은 예산 관련 지식과 기술을 분명하게 알고 있어야 한다.

- 예산편성 절차의 이해
- 구성원의 의견을 반영하여 기관의 예산 개발
- 평생학습 프로그램 지원을 위한 예산 준비
- 영수와 지출에 관한 정확한 재정 기록의 유지
- 상급자나 위원회에 대한 건전한 재정운용 기록의 준비와 전달

• 기관에 배분된 예산의 효과적인 관리와 평가

평생교육기관의 재무관리에 있어서 평생교육경영자는 기관의 수입 또는 분배된
예산을 얼마나 기술적으로 집행하고 예산회계를 처리하느냐가 주된 관심사일 수
있다. 즉, 예산회계처리에 있어서 평생교육경영자는 기관의 예산 준비, 예산의 집
행, 사용된 예산에 대한 평가(관리와 회계) 등 세 가지 측면에서 일차적인 책임이 있
다(Deroche, 1981: 59-63).

(1) 예산의 준비

예산 준비의 첫 단계는 평생교육기관에서 이용되고 있는 분류체계를 아는 것이
다. 평생교육경영자는 다음과 같은 질문을 스스로 해야 한다. ① 평생교육기관에서
이용되고 있는 기본적인 예산 범주를 아는가? ② 평생교육기관 예산을 준비하는 데
이러한 범주를 사용하는가? ③ 평생교육기관의 총예산이 어떻게 투입되고 있는지
를 아는가? ④ 분류체계는 예산을 준비하고 평가할 때 가치가 있는가? 예산편성을
준비하기 위하여 〈표 12-1〉과 같은 평가척도로 확인하는 절차가 필요하다.

평생교육경영자는 평생학습 프로그램 및 서비스를 위한 예산을 준비하면서 다음
과 같은 사항을 고려해야 한다.

- 프로그램 및 서비스의 목적
- 프로그램 및 서비스를 제공하는 데 필요한 세부적인 활동 및 절차
- 각 프로그램 및 서비스를 위한 사람의 요구와 비용
- 필요한 인력 지원과 비용
- 프로그램 및 서비스를 위한 장비와 설비
- 각 프로그램 및 서비스를 위한 건물 및 장소
- 프로그램, 서비스 활동, 비용, 순익, 인력에 대한 지난해 평가

⟨표 12-1⟩　**예산준비 절차의 평가내용**

※ 당신의 예산준비 절차가 어느 정도인지 '✓'표로 평가하시오.

응답자:　□ 상급기관행정가　　□ 교·강사　　□ 직원

항목	매우 빈약	빈약	양호	조금 양호	매우 양호
1. 구성원의 요구와 필요성 　(학습자, 교·강사, 직원)	1	2	3	4	5
2. 자기 직무에 관련되는 정도	1	2	3	4	5
3. 평생학습 프로그램 운영목표에의 반영도	1	2	3	4	5
4. 학습자 활동과 서비스 목표에의 반영도	1	2	3	4	5
5. 본인과 타인이 생각하는 우선순위 정도	1	2	3	4	5
6. 비용 발생 정도	1	2	3	4	5
7. 예산이 승인되지 않거나 축소될 수 있는 정도	1	2	3	4	5
8. 지난해 소비된 금전의 중요가치 정도	1	2	3	4	5
9. 교·강사의 요구의 합리성과 필요성 정도	1	2	3	4	5
10. 기관장 또는 핵심 간부와 본인 견해의 일치도	1	2	3	4	5

(2) 예산의 집행

평생교육경영자는 예산을 준비하고 집행하는 데 있어서 평생교육기관의 고객에게 공지할 수 있는 다양한 방법을 사용할 수 있다. 일단 평생교육기관의 예산이 승인되면 의도된 목적으로 사용될 수 있다. 대부분의 평생교육기관에서는 시간과 노력을 절감하기 위하여 자동화된 회계 절차의 이용이 가속화될 것이다.

평생교육기관은 예산운영에 있어서 다양한 방법과 절차를 요구하고 있다. 물품구매는 기관의 모(母)기관과 더불어 중앙집권적으로 이루어지고 있으며, 물품, 설비, 보수 등은 업체 간의 경쟁체제를 도입하도록 하고 있다. 기관은 개개의 단위 평생교육기관의 회계관리를 위하여 평생교육경영자에게 운영지침을 제시하고 있다. 예산회계 분야에서 평생교육경영자는 기관의 규모와 수준에 따라 그들의 과업이

다르다. 규모가 큰 독립 평생교육기관장, 모기관에 소속된 단위기관장, 다른 기능의 기관에서의 평생학습 프로그램을 운영하는 담당자 등이 예산회계 업무에 관여하는 정도는 기관의 규모에 따라 매우 큰 차이가 있다. 규모가 큰 독립기관의 장은 예산회계 전반에 관한 업무를 이해해야 하는 반면, 평생학습 프로그램 담당자는 프로그램의 기획 및 운영과 관련된 예산회계 절차만 이해해도 될 것이다. 그러나 평생교육경영자(CEO)나 프로그램 담당자는 평생교육 프로그램 또는 평생교육기관의 운영에 있어서 관련된 예산의 수입과 지출에 있어서 막중한 책임이 있다.

(3) 예산운영의 평가

평생교육기관은 회계감사를 받기 위하여 사용예산에 대한 내역을 제출하도록 요구받을 수 있다. 평생교육경영자는 기관의 사명과 목적을 달성하기 위하여 예산운영에 대하여 구성원의 평가를 받는 것이 중요하다. 이에 대한 평가는 상급기관의

〈표 12-2〉 **평생교육예산 운영에 대한 기관장 평가지**

※ 이 조사지는 본인이 기관장으로서 평생교육예산을 얼마나 효율적이고 효과적으로 운영하는지를 평가받기 위하여 작성되었습니다. 'ü' 표로 성의껏 답해 주십시오.

응답자:　□ 상급기관행정가　　□ 교·강사　　□ 직원

항목	매우 빈약	빈약	양호	조금 양호	매우 양호
1. 기관예산의 준비 정도	1	2	3	4	5
2. 기관의 기금관리	1	2	3	4	5
3. 기관의 물품과 설비의 관리	1	2	3	4	5
4. 예산편성의 교·강사 및 직원의 참여 정도	1	2	3	4	5
5. 예산평가의 교·강사 및 직원의 참여 정도	1	2	3	4	5
6. 예산정보를 회계연도 내내 구성원에 제공하는 정도	1	2	3	4	5
7. 예산안에서 프로그램과 기관목표를 달성하는 지도력	1	2	3	4	5
8. 필요한 요구와 자원을 확인하고 충족시키는 지도력	1	2	3	4	5

행정가, 직원, 교·강사 등으로부터 받아 볼 수 있다. 예산운영 평가는 금전이 어떻게 소비되었고, 어떤 회계 절차가 이용되었고, 어떤 물품과 장비가 구매되고 이용되었으며, 기관장은 기관의 자금을 어떻게 관리했는지가 초점이 되어야 한다. 평생교육기관장이 예산을 얼마나 효율적이고 효과적으로 관리하는지를 평가하기 위한 내용을 제시하면 〈표 12-2〉와 같다.

2) 수입관리

평생교육기관의 수입은 학습자의 수강료, 보조금, 후원금, 기부금, 기타 수입 등으로 구성된다고 할 수 있다. 정부 또는 지방자치단체의 보조금으로 운영되는 기관 및 단체와 후원 및 기부금으로 운영되는 비영리 기관 및 단체는 평생교육사업을 위한 재원 확보 압력에서 벗어나 평생학습 이념과 취지에 부응하는 프로그램 운영과 평생교육사업을 펼칠 수 있다. 그러나 대부분의 평생교육기관은 프로그램을 운영하는 데 부족한 보조금과 후원 및 기부금에 의존하여 운영되기 때문에 고품질의 프로그램, 전문기술 프로그램, 시대에 부응하는 첨단 전문 프로그램 등을 운영하지 못하는 한계가 있다. 반면, 학습자의 학습비가 기관의 수입의 주종을 이루는 기관은 기관의 생존을 위해 항상 차별화되고 시대에 부응하는 고품질 프로그램 및 전문기술 프로그램을 개발·운영하게 된다. 그럼으로써 기관의 경쟁력은 갖출 수 있으나 기관운영의 안정성 유지와 평생교육 이념을 실천하는 경영에는 한계가 있다. 그래서 비영리기관 또는 영리기관을 포함한 모든 평생교육기관은 다양한 수입원을 발굴하여 운영할 필요가 있다. 다음에서는 평생교육기관의 수입원이 될 수 있는 것을 몇 가지 소개하고자 한다.

(1) 학습비

학습비는 학습자가 평생학습 프로그램을 등록할 때 납부하는 수강료다. 대부분의 평생교육기관의 수입원은 학습자의 수강료라고 할 수 있다. 이와 같이 학습자의 학습비로 기관의 지출을 감당해야 하는 경우 프로그램 수강인원의 수가 기관운영 성패의 관건이라고 할 수 있다. 따라서 이러한 평생교육기관은 학습자 요구와 시대적 상황에 부응하는 고도의 전문 프로그램을 개발하여 마케팅과 홍보를 통해 안정적인 수강생을 확보하기 위한 전략이 필요하다.

(2) 정부재정 지원금

이는 평생교육기관이 정부 또는 지방자치단체의 공모사업에 지원하여 특별한 프로그램 또는 평생학습 프로젝트를 운영하도록 선정되었을 경우 정부나 지방자치단체로부터 지원받는 자금이다.

(3) 보조금

평생교육기관이 국가, 지방자치단체 및 모기관의 부설 형태 또는 위탁기관으로 운영될 경우 국가 및 모기관으로부터 프로그램 운영비, 인건비, 물품 및 장비 구입비, 인쇄비, 시설비 등을 보조금 형태로 지원받을 수 있다.

(4) 후원금 또는 용역비

이는 평생교육기관이 개인이나 기관으로부터 프로그램이나 사업에 대하여 지원받는 것을 말한다. 예를 들면, 지방자치단체 또는 공공관서로부터 지역주민의 평생학습과 직업교육을 위하여 훈련생을 위탁받아 교육시키거나 또는 시설을 제공함으로써 후원금이나 용역비를 받을 수 있다. 또는 평생교육기관이 기획한 프로그램은 해당 관서나 단체에서 프로그램을 운영하고 후원금 및 용역비를 받을 수 있다.

(5) 기부금

기부금은 개인이나 법인이 자선사업이나 공공사업을 원조하기 위하여 내놓은 돈이나 물건을 말한다. 평생교육기관은 평생학습 프로그램을 운영하기 위하여 개인이나 법인으로부터 기부를 받아 운영할 수 있다. 이럴 경우 평생교육기관은 대체적으로 비영리적 성격으로 운영되어야 할 것이다.

(6) 기타 수입

이는 평생교육기관이 시설과 장비를 타 기관 또는 개인에게 임대하였을 경우 발생하는 수입을 말한다.

3) 지출관리

비용은 기관의 목표를 달성하기 위하여 활동마다 발생하는 금전을 지출하는 행위다. 평생교육기관은 기관의 운영과 성과 달성에 반드시 필요하여 법과 규정에 의하여 지출되어야 하는 것으로서 합리적 비용(reasonable cost)이 있을 수도 있고, 정부 또는 타 기관으로부터 위탁받은 프로젝트나 프로그램 운영에 있어서 프로젝트에 명시된 항목의 지출로서 허용비용(allowable cost)이 있을 수도 있다(Beasley et al., 1982: 163). 평생교육기관의 운영비용은 프로그램 운영과 관련해 직접비용과 간접비용으로 나눌 수 있으며, 학습자 수의 영향에 따라 고정비와 변동비로 나눌 수 있다.

(1) 고정비

고정비(fixed costs)는 학습자의 수와 관계없이 안정적으로 지출되는 경비로 인건비, 강의료, 광고 및 홍보비, 시설 임대 및 유지비 등이 속한다.

(2) 변동비

변동비(variable costs)는 프로그램에 참가한 학습자의 수에 따라 변화하는 경비를 의미하며 학습자의 교재비 및 참고자료, 식비, 학습자를 위한 소모성 물품 구입비 등이다.

(3) 직접비

직접비(direct costs)는 프로그램을 운영하는 데 직접 소요되는 비용으로 직접 원가를 산출해서 지급할 수 있는 경비를 말한다. 직접비에는 인건비, 전화비, 홍보비 등의 고정비 성격의 직접비가 있으며, 교재비, 참고자료비, 숙박비, 식대 등의 변동비 성격의 직접비가 있다.

(4) 간접비

간접비(indirect costs)는 프로그램을 운영하는 데 직접적인 원가를 파악할 수 없는 경비며 기관에서 공통적으로 사용되고 있는 비용을 말한다. 교육 설비 및 시설 사용료, 전기 및 수도 요금, 컴퓨터 및 전화 등의 통신요금 등이 해당된다. 또한 직접비의 일정 비율을 상위기관 또는 재정지원기관에 납부하는 금액도 간접비에 해당하며, 'overhead cost'라고도 한다.

4) 손익계산

손익계산(income statement)은 수익과 비용의 과목을 대응·비교시켜 손익을 표시하여 손익 발생을 추정하는 기업경영의 성과분석 기법이다. 평생교육경영자는 비록 평생교육기관이 이윤추구를 목적으로 운영되지 않는다고 할지라도 적어도 평생교육 프로그램을 운영하는 데 있어서 수입과 지출을 대비한 손익을 계산할 수 있는 능력이 있어야 한다. 여기에서는 평생교육 프로그램 운영에 있어서 손익계산 방법을 알아본다.

프로그램 손익계산을 위해서는 손익분기점(break-even point)을 알아야 하는데, 이는 수입과 지출을 비교할 때 손해와 이익이 갈라지는 점을 가리킨다. 예를 들어, 평생교육기관에서 학습자 수를 기준으로 한 손익분기점의 학습자 수가 100명이라면, 학습자 수가 101명이 되는 점부터 이익이 되며 99명 이하가 되면 손해가 된다는 것이다.

〈표 12-3〉 **프로그램 손익계산서** (단위: 원)

수입	예산			
	변동비		고정비	총계
	1인당	총계		
1. 수강생 수 50인×100,000	100,000**(A)**	5,000,000		5,000,000
2.				
지출 합계				
직접비				
1. a. 강의료(15인×100,000)			1,500,000	1,500,000
b. 수당				
c. 근로소득세				
2. 여비				
3. 홍보 및 광고			300,000	300,000
4. 우편 및 통신비				
5. 숙박비	30,000	1,500,000		1,500,000
6. 장비임대료			1,00,000	1,00,000
7. 시설사용료			1,00,000	1,00,000
8. 식사비	20,000	1,000,000		1,000,000
간식				
만찬				
9. 소모품 및 기타	2,000	1,00,000		100,000
			1,00,000	100,000
10. 예비비(직접비용의 5%)			235,000	235,000
소계	52,000**(B)**	2,600,000	2,335,000**(C)**	4,935,000
간접비	행정비용			50,000**(D)**
총계				4,985,000

※ 필요한 프로그램 참가 인원수

1. 손익분기점 A: 2,335,000(C)+50,000(D)/100,000(A)−52,000(B)=48명
2. 손익분기점 B(간접비 제외): 2,335,000(C)/100,000(A)−52,000(B)=47명

평생교육경영자는 프로그램을 기획함에 있어 학습자 수를 감안한 손익분기점을 계산할 수 있어야 한다. 프로그램 손익분기점을 이루는 학습자 수는 〈표 12-3〉에서 보는 바와 같이 직접비 가운데 고정비(C)에 간접비(D)를 더한 비용을 학습자 1인당 학습비(A)에서 학습자 1인당 변동비(B)를 제한 값으로 나누어 산출할 수 있다. 이것은 (C+D)/(A+B)의 공식으로 산정할 수 있다. 또한 간접비를 고려하지 않은 프로그램 손익분기점 학습자 수는 C/(A−B)로 계산된다(Galbrath et al., 1997; 김신일, 김재웅, 2002 재인용). 이와 같은 방식으로 프로그램 손익계산을 하기 위하여 작성된 예산의 사례는 〈표 12-3〉과 같다.

이 예산의 계획대로 예산이 집행된다는 전제로 학습자 47~48명이 등록한다면 이 프로그램은 손해 없이 운영될 수 있다. 만약 이 프로그램에 100명이 등록할 경우에는 520만 원 이상의 순이익을 올릴 수 있을 것이다[1인당 학습비 100,000원, (100명−48명)×100,000원=5,200,000원].

3. 재무관리의 실제

1) 기관의 통합적 재무관리

평생교육기관의 통합적 재무관리는 개별 프로그램과 상관없이 기관의 전체 수입과 지출을 총괄적으로 기록·지출하는 방법이다. 이 방법은 기관의 예산을 총체적으로 파악하는 데는 유용하며, 평생교육기관의 경영에 있어서 투자의 우선순위를 결정하는 데 효율적이다. 평생교육경영자는 프로그램 기획에서부터 실시, 평가에 이르기까지 전 예산을 각각 편성하여 관리할 수 있어야 한다. 평생교육예산은 학습자의 학습비, 국가 및 지방자치단체의 보조금, 기금 및 후원금 등의 다양한 재원으로 운영되며, 재원의 특성에 따라 예산관리도 다르게 처리된다. 지출은 직접비와 간접비, 고정비와 변동비로 구분되고 인건비, 시설비, 교육활동 지원비, 업무추진

〈표 12-4〉 **평생교육기관 예·결산표**

수입			지출			예산		결산	
종류	금액		항목	금액	변동비	고정비	변동비	고정비	
학습비 소계		직접비	인건비 강사료 직원인건비 수당						
			업무추진비 여비 접대비						
기부금 소계			교육활동지원비 인쇄비 행사비 교재구입비 식대						
후원금 소계			여비 출장비 연수비						
			기관운영비 회의비 물품비 광고/홍보비						
기타 수입 소계		간접비	장비 및 시설비						
			소계						
			간접비 행정유지비 overhead cost						
			소계						
			총비용						
총수입									

※ 순이익(손실): 총수입－총비용 ＝

비, 광고 및 홍보비 등을 지출하게 된다. 평생교육기관의 통합적 재무관리를 위한 평생교육기관 예·결산 양식을 제시하면 〈표 12-4〉와 같다.

2) 단위 프로그램의 재무관리

통합적 재무관리에 의한 회계처리는 개별 프로그램을 기획하고 집행하는 데는 비효과적인 측면이 있다. 평생교육 프로그램 담당자가 개별 프로그램을 운용하는 데 필요한 경비를 요청할 경우 예산의 전체 항목에서 개별 프로그램에 해당하는 일부분의 금액을 요청해야 하므로 때로는 예산을 총괄해서 담당하는 부서나 담당자와 갈등의 소지가 있다. 그러므로 평생교육기관에 종사하는 평생교육담당자는 프로그램을 개발하고 운영할 때 개별 프로그램에 대한 예산 수립 및 운영 능력을 겸비해야 한다.

단위 프로그램의 재무관리 역시 개별 프로그램에 관하여 수입과 지출에 대한 예산 및 결산을 실시하는 것이다. 단위 프로그램 예결산 회계처리도 기관의 통합적 재무관리와 같이 통합양식에 의거해, 수입은 학습자의 수강료, 보조금, 후원금, 기부금, 기타 수입 등으로 구분하고, 지출은 직접비와 간접비, 고정비와 변동비로 구분하고 인건비, 시설비, 교육활동 지원비, 업무추진비, 광고 및 홍보비 등으로 구분하여 기재할 수 있다. 하지만 평생교육담당자는 프로그램을 기획하고 개발할 때 재원의 성격에 따라 개별 프로그램에 대한 예산계획서를 약식으로 작성할 수 있다. 평생학습센터의 지방 및 국고 보조금 프로그램 예산서와 평생교육 연수계획 예산서를 살펴보면 각각 〈표 12-5〉, 〈표 12-6〉과 같다.

〈사례 1〉
- 프로그램명: 시티투어(시 보조금)
- 기간: 3개월간 총 12회(반일 코스 10회, 전일 코스 2회)
- 인원: 총 480명(1회 40명×12회=480명)
- 내용: 역사유적 및 문화시설 탐방(유적지, 박물관 등), 전통문화 체험학습(토기

〈표 12-5〉 **시티투어 프로그램 예산서**   (단위: 원)

구분	내역	예산액	산출 기초	항목별 소계
학습비 및 관람료	• 박물관 관람료	160,000	• 400원×40명×10회	160,000
체험 활동비	• 술 빚기 체험비 6회	900,000	• 술 빚기 1회 300,000원×3회 (술 빚기 1회로 체험 2회)	
	• 제기 만들기	200,000	• 1,000원×40명×5회	
	• 전통문화체험 2회 (혼례, 풍물, 다례)	400,000	• 5,000원×40명×2회	
	• 토기 만들기	160,000	• 1,000원×40명×4회	
	• 탁본	60,000	• 500원×40명×3회	1,720,000
강의료	• 특강 2회	500,000	• 250,000원×2회 (4명) (150,000원×2인 100,000원×2인)	500,000
식비	전일 참여자 중식(2회)	800,000	• 10,000원×40명×2회	800,000
간식비	참여자 간식비	1,000,000	• 2,000원×500명	1,000,000
차량비	차량임차비	2,100,000	• 300,000원×7회	2,100,000
인쇄비	일정 및 안내 자료 복사비	540,000	• 1,080원×500명	540,000
기타	소모품 및 기타 물품비	180,000		180,000
계		7,000,000		7,000,000

및 공예품 만들기, 전통 혼·다례 탁본 등)
• 사업비: 700만 원

〈사례 2〉
• 프로그램명: 평생교육 담당자 및 관계자 연수
• 기간: 2일
• 인원: 총 50명
• 내용: 평생학습관 운영전략, 각종 성공적인 평생학습 프로그램 사례
• 사업비: 669만 원

〈표 12-6〉 **평생교육 담당자 및 관계자 연수 예산서**　　　　　　　　　　　　(단위: 원)

항목	소요 예산	산출 기초	비고
교재비 (인쇄비)	600,000	• 10,000원×60(부)=600,000원	
강의료	950,000	• 강사료 600,000원 　-주제강의 200,000원×1인=200,000원 　-사례발표 100,000원×4인=400,000원 • 원고료 　-주제강의 10,000원×15p×1인=150,000원 　-사례발표 10,000원×5p×4인=200,000원	
차량임차료 및 보험료	700,000	• 차량임차료(2일) 　-300,000원×2일=600,000원 • 여행자 상해보험(2일) 　-2,000원×50명=100,000원	
숙박료	1,540,000	• 숙박료 　-70,000원/1실×22실=1,540,000원 　-2~3인 1실	
세미나실 대여료	100,000	• 대형 세미나실(무료), 소형 세미나실(유료) 　- 워크숍 진행 세미나실 이용료 100,000원	
식비	2,000,000	• 식비 　-10,000원/1인×50명×4식=2,000,000원 　-1일차 중식·석식, 2일차 조식·중식	
홍보비	150,000	• 현수막 옥외용 1점, 옥내용 2점: 150,000원 　-50,000원×3점=150,000원	
체험 프로그램비	200,000	• 2,000원×50명×2개 프로그램=200,000원 　-평생학습체험 프로그램 참여	
다과비	250,000	• 음료 및 간식비 　-5,000원×50명=250,000원	
소모품	200,000	• 소모품 및 문구류 구입비 200,000원	
계	6,690,000		

제13 장

우리나라 평생교육정책

1. 평생교육정책의 역사와 배경

우리나라의 평생교육은 선진국에 비해 그 역사가 일천하고 국가의 제도적 정비도 최근에 이루어졌다. 평생교육정책은 1970년대 이전에는 문자해득교육에 초점을 두었으며, 1980년대부터 국민의 삶의 질 향상에 초점을 두기 시작했다. 1980년대 초에는 「헌법」이 수정되면서 제5조에 "국가는 국민의 평생교육을 진흥해야 한다."라고 명시하였다. 1982년도에는 「사회교육법」이 제정되었으나 평생교육을 위한 전담기구의 미비로 국민의 평생교육을 위한 정책이 효과적으로 실행되지 못했다.

1990년대 초에 몇몇 평생교육정책이 시행되기 시작했지만 1995년 평생학습사회의 전개와 개방을 실현하기 위한 대통령직속 교육개혁위원회에 의해 5 · 31 교육개혁안이 발표되면서부터 평생교육정책이 본격적으로 시행되기 시작했다. 1990년대 초 성인학습자가 총 4단계의 검정시험을 통해 학위를 취득할 수 있는 독학학위제가 시행되었고, 1997년에는 「고등교육법」이 개정되면서 성인학습자에게 대학을 개방하기 위한 여러 가지 정책이 제도화되었다. 그것들은 공개강좌(제26조), 비학위대학원 프로그램(제29조), 시간제 학생(제36조), 대학의 확장 프로그램(제49조)이다. 1998년에는 다양한 제도와 기관에서의 학습결과를 학점으로 인정받아 학위를 취득할 수 있는 학점은행제도(Credit Bank System)가 시행되었고, 2000년에는 기존의 「사회교육법」을 통합한 「평생교육법」이 시행되었으며, 2002년에는 「인적자원개발기본법」이 시행되었다.

「평생교육법」 시행 이후, 2001년 교육부는 국가인적자원개발기본계획 실행을 위한 제1차 평생학습진흥종합계획(2002~2006)을 발표하였다. 이 계획의 비전은 '배우는 즐거움, 나누는 기쁨, 인정받는 학습사회 실현'이다. 그 이념은 개인적 차원에서의 자아실현, 경제적 차원에서의 경쟁력 제고, 사회적 차원에서의 통합성 증진을 도모하는 것으로, 궁극적으로 국가경쟁력 제고와 개인의 삶의 질 향상을 동시에 추구하였다. 추진 방향은 평생학습의 기회 균등화, 평생학습의 지역화, 평생학습의 사회적 통합기능 강화, 일터의 학습조직화, 평생학습 기반 등이다. 이러한 방향 아래 추진된 다섯 가지 영역은 ① 평생학습의 생활화와 지역화 계획, ② 사회통합 증진을 위한 평생교육지원 강화 계획, ③ 지식기반 사회에 부응하기 위한 성인교육기회 확대 계획, ④ 직업교육 확대를 위한 일터의 학습조직화 계획, ⑤ 평생학습기반 구축 계획 등이다. 영역별 주요 과제는 〈표 13-1〉과 같다.

2005년 한국직업능력개발원에 의해 수행된 「평생학습의 참여 실태와 수요분석」 연구에서 '자아실현, 고용가능성 증진, 사회통합 증진'의 평생학습 요구 간 격차가 심화될 것이라고 예측하였다(박태준, 2005). 이와 같이 평생학습 기회가 확대될 수 있도록 적극적인 평생학습정책 추진이 요구됨에 따라 교육부는 2007년 제2차 평생학습진흥종합계획(2007~2011)을 발표하였다. 이 계획의 비전은 '배우는 즐거움, 일구어 가는 내일, 함께 살아가는 평생학습사회 구현'이며, 목적은 '국가경쟁력을 높이는 창조적 지식근로자 육성, 사회통합을 위한 평생학습 관련 기관 참여 및 연계 추진, 평생학습 인프라 구축 및 네트워크 활성화 추진'이다. 이러한 목적 아래

⟨표 13-1⟩   **제1차 평생학습진흥종합계획 구성 영역 및 주요 내용**

발전계획 영역	발전전략 비전	주요 내용
평생학습의 생활화와 지역화	평생교육 기초단위인 지역사회의 주민이 주체적으로 평생학습운동에 참여하여 학습문화를 진흥하기 위한 지원계획	• 학습하는 즐거움을 나누는 평생학습축제 개최 • 평생학습마을/도시 만들기 • 한국의 전통 학습계를 학습동아리 운동으로 승화 • 주 5일 근무제에 대비하여 지역평생학습관으로서 학교의 재구조화 • 생활 속의 평생학습 캠페인 전개
사회통합 증진을 위한 평생학습 지원 강화	평생학습이 사회적 통합성과 응집력을 제고하는 데 기여할 수 있도록 지원	• 저학력층을 위한 학력인정 평생교육시설 지원 • 대안형 고등학교로서 방송통신고등학교 활성화 • 고령사회에 대비한 노인교육 활성화 • 여성평생교육 진흥 • 국민 신기초역량(new basic skills) 함양을 위한 국민 문해교육운동 전개 • 민주시민교육의 제도적 기반 구축 및 민주시민교육의 활성화
지식기반사회에 부응하기 위한 성인 교육기회 확대	성인들의 고등교육 수요를 충족시키기 위한 지원계획	• 학점은행제 운영의 내실화 • 원격대학 설치 확대 및 운영 내실화 • 지식 · 인력개발사업 관련 평생교육시설 • 학점은행제와 연계한 교육계좌제 도입 준비
직업교육 확대를 위한 일터의 학습조직화	일터의 학습강화를 통한 인적자원개발 기능 강화방안으로서의 지원계획	• 성인 직업교육 · 훈련 기회의 획기적 확충 • 사내대학 설치의 활성화 • 인력개발산업으로서 기술계학원 육성 • 기업평생교육 활성화
평생학습 기반 구축	평생학습 기반 구축을 위한 지원계획	• 평생교육담당자 전문성 제고 및 배치 확대 • 평생교육 프로그램 풀(pool) 구축 • 평생교육종합정보 시스템 구축 · 운영 • 평생학습상담센터 설치 • 평생교육 전용공간의 확보와 시설 · 설비의 현대화 • 유무급 학습휴가제 • 평생교육 전담 지원기구

추진되는 주요 정책 영역은 생애단계별 창조 학습자 육성, 사회통합을 위한 평생학습 관련 기관 참여 및 연계, 평생학습 인프라 구축 및 네트워크 활성화 확대다. 영역별 주요 과제는 〈표 13-2〉와 같다.

이 계획은 생애단계별 맞춤형 평생학습 및 평생학습 네트워크 전략으로 시·군·구 평생교육협의회와 시·군·구 평생학습관, 시·도 평생교육협의회와 시·도 평생교육진흥원, 평생교육진흥위원회와 국가평생교육진흥원의 추진체제를 통하여 실행되었다.

〈표 13-2〉 **제2차 평생학습진흥종합계획 주요 정책 영역 및 추진과제**

정책 영역	주요 추진과제
생애단계별 창조 학습자 육성	• '평생학습 중심대학'을 통한 성인전기·중기 평생학습의 내실화 추진 • 고령사회를 대비하는 성인후기 평생학습의 구체화 • 전문대학을 활용한 일터-학습 연계 강화 • 재직자 평생·직업능력 향상을 위한 기술계학원 활용 극대화 • 지역사회 평생학습문화 확산을 위한 '지역과 함께하는 학교(초·중등)' 만들기 사업 추진 • 군 평생학습체제 구축 및 활성화
사회통합을 위한 평생학습 관련 기관 참여 및 연계 확대	• 저소득층, 장애인 등 소외계층을 위한 평생학습 기회 확대 • 다문화가정, 새터민 등 신소외계층을 위한 평생학습 안전망 구축 운영 • 문해교육 등 성인 기초능력 향상교육의 체계화 및 실질화 • 풀뿌리 민주시민교육 및 참여교육을 통한 지역공동체 실현 • 중앙-지역 단위별 평생교육 서비스 네트워크 활성화
평생학습 인프라 구축 및 네트워크 활성화	• 평생학습 추진체제 개편 및 정책조정 역량 강화 • 평생교육 전담인력의 직업적 전문성 확보 및 배치 실질화 • 평생학습도시 확산 및 내실화 추진 • 평생교육 서비스 제고를 위한 국가평생교육 정보망으로서 '국가평생학습지도' 구축 • 국가자격체제와 학습계좌제의 연계로 교육·훈련-자격-학력이 동등하게 인정받는 능력사회 구현 • 국제 파트너십 구축과 평생학습의 국제교류 및 협력사업 확대 • 즐거운 학습문화 확산을 통한 평생학습의 내재화 및 생활화

〈표 13-3〉 **제3차 평생학습진흥종합계획의 주요 정책 영역 및 추진과제**

영역	추진 과제	세부 추진 과제
1. 대학 중심 평생교육 체제 실현	성인학습자를 위한 대학체제 전환	• 성인친화형 열린 대학 체제 구축 • 평생학습중심대학 지원 확대
	지역 대학의 평생교육역할 강화	• 지역공헌형 열린 대학 활성화 • 지역산업 연계 재직자 계속교육 지원
	국가직무능력표준기반 학습 · 자격 연계강화	• 국가직무능력표준에 근거한 경험학습의 학점인정 확대 • 평생학습계좌제 등을 통한 학력-교육훈련-자격 연계
2. 온-오프라인 평생학 습 종합지원 체제 구축	온라인 평생학습지원체제 구축	• 온라인 평생학습 통합 서비스 체제 구축 • 오프라인 연계 및 네트워크 강화
	기초-광역 지자체의평생교육 추진체제 강화	• 행복학습센터 설치 · 지정 및 지원 • 기초자치단체 평생교육 추진기반 강화 • 광역자치단체 수준 평생교육 추진체제 마련
	전문성 · 투명성 강화를 통한 평생교육 질적 향상	• 평생교육기관 인증 및 정보공시 실시 • 평생교육사 전문성 강화 • 평생교육복지 연계를 위한 제도적 지원
3. 사회통합을 위한 맞춤 형 평생학습 지원	세대별 · 대상별 맞춤형 평생학습 지원	• 세대별 맞춤형 평생교육 제공 • 중소기업인 생애경력 개발 지원 • 기업맞춤형 학습참여 기반 마련
	사각없는 소외계층 평생학습 지원	• 국민 문해역량 지원 강화 • 다문화 가정과 장애인 평생교육 지원 • 저소득층 평생교육 기회 확대 지원
	학습을 통한 경력단절 극복 지원	• 경력단절 여성의 재도약 학습 지원 • 군 경험의 사회적 인정 및 교육기회 확대 • 중도탈락 청소년들의 계속학습 지원
4. 지역사회의 학습 역량 강화	학교와 지역을 연계한 평생학습 강화	• 학교평생교육과 지역공동체 연계 • 농어촌 지역의 평생교육 활성화
	지역주민의 인문역량 시민역량 강화	• 지역기반 인문학 지원 강화 • 지역주민의 사회참여 역량 지원
	지역 학습공동체 확산 지원	• 학습동아리 활동 지원 • 지역기반 학습형 일자리 개발 및 확산

2013년 교육부는 100세 시대 국가평생학습체제 구축을 위한 방안으로 제3차 평생학습진흥기본계획(2013~2017)을 발표하였다. 기존 2차 계획이 평생학습사회 구현을 위한 평생교육 추진 및 지원체제 정비와 지역 평생교육 기반 조성에 초점을 두었다면, 제3차 계획은 100세 시대 창조적인 평생학습을 통하여 국민의 행복실현을 비전으로 하고 있다. 이러한 비전은 창조학습을 주도하는 국민, 평생 일할 수 있는 사회, 함께 학습하는 지역공동체를 목표로 하고 있으며, 4대 주요영역은 ① 대학중심 평생교육체제 실현, ② 온·오프라인 평생학습종합지원체제 구축, ③ 사회통합을 위한 맞춤형 평생학습 지원, ④ 지역사회의 학습 역량 강화다. 이를 추진하기 위한 영역별 주요 추진과제는 〈표 13-3〉과 같다.

2. 평생학습도시 정책

우리나라 평생학습도시 정책의 기원은 1995년 창원시가 '평생학습도시'라는 용어를 사용하지 않았지만 「창원시 평생학습원 설치·운영조례」를 제정한 때부터라고 할 수 있다(고영상 외, 2008). 창원시는 시민의 평생학습을 위하여 지역 NGO에 각 동지역의 평생학습원 운영을 위탁하고 평생학습 프로그램을 지원하였다. 또한 광명시는 정부가 평생학습도시 정책을 시행하고 지원하기 이전인 1999년 3월 9일에 평생학습도시를 최초로 선포하고 평생학습도시 사업을 추진하였다. 이러한 점은 평생학습도시 정책이 국가주도에서 시행되었다기보다는 지방 정부와 단체 등에 의해서 실시된 평생학습도시 운동의 성격이라는 데 의의가 있다.

평생학습도시 정책은 국가인적자원개발기본계획 실행을 위한 제1차 평생학습진흥종합계획 5개년 계획(2002~2006)의 5개 프로젝트 가운데 하나로서 평생학습의 지방화와 평생학습도시 조성에 해당되었다. 이 정책은 지역 교육자원의 활용과 재조직을 통하여 지역문제 해결, 주민의 평생학습 기회 제공, 주민이 함께 배우는 학습환경 조성 등을 목표로 지역을 기반으로 발전하기 위하여 실행되었다.

평생학습도시란 언제나, 어디서나, 누구나 원하는 학습을 즐길 수 있는 학습공동체(learning community)로서의 도시를 말하며, 이를 만들어 가는 재구조화 과정을 평생학습운동이라고 할 수 있다(한국교육개발원, 2007: 5).

2007년 개정된 「평생교육법」은 평생학습도시에 관하여 규정함으로써 평생학습도시 정책의 시행에 관한 법적 근거가 마련되었다. 「평생교육법」은 "국가는 지역사회의 평생교육 활성화를 위하여 시·군 및 자치구를 대상으로 평생학습도시를 지정 및 지원할 수 있다."(제15조 제1항)라고 규정하여 평생학습도시 지정 및 지원을 명문화했고, "평생학습도시 간의 연계·협력 및 정보교류의 증진을 위하여 전국평생학습도시협의회를 둘 수 있으며"(제15조 제2항)라고 규정하여 전국평생학습도시협의회 구성을 명문화했다.

평생학습도시 정책의 목적은 지역 학습공동체를 형성하고, 평생학습 추진 인프라를 정비하며, 양질의 평생학습 서비스를 제공함으로써 지역혁신 역량강화를 추진하는 데 있다. 교육부는 2015년까지 227개 시·군·구 가운데 59.9%인 136개 도시를 평생학습도시로 지정했다. 평생학습도시는 2001년 진안군 등 3곳, 2002년 제주시 등 3곳, 2003년 순천시 등 5곳, 2004년 전주시 등 8곳, 2005년 남해군 등 14곳, 2006년 광양시 등 24곳, 2007년 강동구 등 19곳, 2011년 부산 영도구 등 6곳, 2012년 서울 은평구 등 8곳, 2013년 서울 강남구 등 28곳, 2014년 부산 기장군 등 11개, 2015년 광주 서구 등 7곳, 2016년 부산 동구 등이 교육부에 의해 지정되었다. 이러한 평생학습도시 지정현황은 〈표 13-4〉와 같다.

〈표 13-4〉 **평생학습도시 지정현황**

광역	평생 학습 도시	기초 자치 단체	지정 연도[1]											
			2001	2002	2003	2004	2005	2006	2007	2011	2012	2013	2014	2015	2016
서울	15	25	–	–	–	관악구	성북구 양천구	영등 포구	강동구 강서구 마포구	–	은평구	강남구 금천구 노원구 도봉구 서대문구 송파구	–	–	용산구
부산	11	16	–	해운 대구	–	–	–	연제구	사상구	영도구	부산진구	금정구 남구 사하구 서구	기장군	–	동구
대구	4	8	–	–	–	–	달서구 동구	–	–	수성구	–	북구	–	–	–
인천	5	10	–	–	연수구	–	부평구	남구	–	남동구	–	–	서구	–	–
광주	5	5	–	–	–	–	남구	광산구 동구	–	북구	–	–	–	서구	–
대전	4	5	유성구	–	–	–	–	–	대덕구	–	동구	서구	–	–	–
울산	4	5	–	–	–	–	–	울주군	중구	–	북구	–	–	–	동구
경기	25	31	광명시	부천시	–	이천시	구리시 수원시	시흥시 안산시 용인시 평택시	과천시 안양시	남양주	포천시	가평군 군포시 김포시 성남시 양주시 의왕시 의정부시 화성시	고양시 양평군 연천군	오산시	–
강원	10	18	–	–	–	–	–	삼척시 화천군	강릉시 횡성군	–	동해시	인제군 평창군	홍천군	철원군	영월군
충북	8	11	–	–	–	청주시	단양군 제천시	진천군	–	–	–	옥천군 음성군	증평군	충주시	
충남	12	15	–	–	–	금산군	부여군	서산시 아산시 태안군	서천군 천안시	–	당진시	홍성군	예산군	논산시	공주시
전북	8	14	진안군	–	–	전주시	익산시	김제시 남원시 정읍시	군산시	완주군	–	–	–	–	–
전남	10	22	–	–	순천시	목포시[2] (신안· 무안)	–	곡성군 광양시 여수시	강진군 영암군	–	–	–	담양군	화순군	고흥군
경북	9	23	–	–	안동시	칠곡군	–	–	경산시 구미시	–	포항시	경주시 영주시	청도군	김천시	–

경남	11	18	–	–	거창군	창원시	김해시 남해군	양산시 하동군	진주시 통영시	–	–	창녕군	합천군	–	함안군
제주	2	0[3]	–	제주시	서귀포시	–	–	–	–	–	–	–	–	–	–
계	143	226	3	3	5	8	14	24	19	6	8	28	11	7	7

1) 2008~2010년, 신규평생학습도시 지정 미추진
2) 목포시(신안·무안)는 단일 컨소시엄으로 신청·지정되어 1개로 산정
3) 2006년, 제주특별자치도 전환(기초자치제 폐지에 의해 '0'으로 간주)

평생학습도시 사업은 신규 평생학습도시 지정사업과 기존 평생학습도시 활성화 사업으로 분류될 수 있다. 지방자치단체가 평생학습도시로 선정되었을 경우 2억 원의 재정지원을 받게 되며, 지원금액은 평생학습도시 조성을 위한 기초 인프라 구축에 활용된다. 기존의 지정된 평생학습도시 활성화 지원사업은 1도시 1특성화 프로그램, 평생학습도시 컨설팅, 네트워킹 구축사업 등의 사업을 지원하고 있다. 각 사업의 목적을 살펴보면 다음과 같다.

• 1도시 1 특성화 프로그램 지원사업: 평생학습도시의 특성화된 발전을 촉진하기 위해 지역적 특성과 여건을 고려해 전략적으로 추진 중인 특성화 프로그램을 지원하는 것이다.
• 평생학습도시 컨설팅 사업: 평생학습도시의 체계적인 사업 추진을 지원하고, 지역 내 평생학습기관 파트너십 형성 및 역할 분담, 지역 실정에 적합한 프로그램 개발 등에 관한 자문과 발전 전략을 제시하고자 전문학자와 전문가의 자문을 지원하기 위한 사업이다.
• 네트워킹 구축사업: 지역의 인적·물적 자원의 효율적 연계를 통한 학습도시 성과를 확산시키고, 평생학습도시 내 기관 간 연계를 통한 학습자원의 효율적 활용, 지역 평생학습문화 확산 및 활성화 기반을 마련하도록 지원하는 사업이다.

3. 평생학습과 대학학력취득제도

우리나라는 학점은행제, 독학학위제, 원격대학, 시간제등록제 등과 같은 평생학습을 통해서 고등교육 수준의 학력을 취득할 수 있는 다양한 제도를 마련하고 있다.

1) 학점은행제

학점은행제도는 1998년에 공포된 「학점인정 등에 관한 법률」에 의거해 한국교육개발원 학점은행센터에 의해 운영되어 왔으며, 현재는 국가평생교육진흥원에 의해서 운영되고 있다. 이 제도의 목적은 공식 및 비공식 기관에서 운영되고 있는 다양한 강좌와 자격과정이 인정받을 수 있는 환경을 제공함으로써 평생학습사회를 실현하는 데 있다. 성인학습자는 강좌수강에 의해 학점을 취득하고 일정 수준의 학점을 누적하면 학위를 취득할 수 있다. 이 제도는 대학의 입학 절차 없이 더 나아가 대학을 중도 탈락한 사람들까지도 기존에 취득한 학점까지 인정받고 학업을 계속할 수 있기 때문에 기존의 고등교육제도보다 더욱 자유롭고 융통성 있는 제도라 할 수 있다.

학점취득 방법은 ① 사설기관, 전통적인 대학, 원격대학, 대학의 집중 또는 전문화 프로그램 등 공인된 평생교육기관으로부터 취득한 학점, ② 시간제등록제, ③ 독학학위제, ④ 중요 무형문화제 훈련, ⑤ 국가자격 취득 등과 같이 다양하게 이루어진다. 성인학습자는 학위취득의 요건을 충족하면 그 요건과 학습자의 요구에 따라 교육부장관 또는 대학의 총·학장으로부터 학위를 받을 수 있다.

학점은행제는 1998년에 61개 교육훈련기관, 274개 학습과정으로 시범 운영되었으며, 2015년에는 535개 교육훈련기관 2만 8,840개 학습과정으로 증가하였다. 학점은행제 유형별 운영 실태를 보면, 2015년 현재 535개 시설에서 평가인정 받아 운영 중으로 출석수업을 기반으로 하는 대학부설 평생교육 시설 230개, 직업훈련시설 및 학원 138개, 지자체 등 정부관련 시설 81개 등이며, 원격수업을 기반으로 하는 평생교육시설 86개 등이다. 학점은행제의 학습자는 첫해 671명의 등록을 시작으로 꾸준히 증가하여, 2015년 현재 111만 8,772명에 달하고 있다. 2015년을 기준으로 총 학위취득자는 51만 8,691명이다(교육부·한국교육개발원, 2015).

2) 독학학위제

이 제도는 대학에 정기적으로 출석하지 않고 시험검정에 의거 대학의 학위를 취득할 수 있는 제도로서, 학업을 계속하고자 하는 데 재정적으로 곤란하거나 시간적인 제약을 가지고 있는 사람들이 독학으로 학위를 취득하도록 제공되는 프로그램이다. 독학학위 취득을 위하여 응시자는 제1단계 교양과정인정시험, 제2단계 전공기초과정인정시험, 제3단계 전공심화과정인정시험, 제4단계 학위취득종합시험을 거쳐야 한다. 응시자는 처음 시험을 응시할 때 전공 분야를 결정해야 한다.

한편, 대학 부설 평생교육원에서 개설된 대체과목을 이수한 응시자는 1단계에서 3단계까지 평가과목의 시험을 면제받을 수 있다. 독학사학위시험 면제과목을 운영하는 대학은 덕성여자대학교, 계명대학교, 우석대학교, 총신대학교의 4개교다.

독학사학위제는 1990년 12개의 전공 분야로 시행되어 왔으나, 2006년 3개 분야의 전공이 폐지되고 현재 9개 분야의 전공이 개설되어 있다. 구체적인 전공은 국문학, 영어영문학, 경영학, 법학, 가정학, 행정학, 유아교육학, 컴퓨터과학, 간호학 등이다. 1992년 최초로 147명의 독학사가 배출되었으며, 2015년 1만 4,732명이 독학학위를 취득하였다(교육부·한국교육개발원, 2015).

3) 원격대학

사이버(cyber)대학이라고도 불리는 원격(virtual)대학은 온라인상에서 학습하고 학위를 취득할 수 있다. 원격대학은 「평생교육법」에 의하여 2001년 7개교 등 2016년 현재 총 21개교가 설립되었다. 이 가운데 4년제 학위를 수여할 수 있는 학교는 18개교, 2년제 학위를 수여할 수 있는 학교는 3개교다. 교육부에 의하여 승인된 기관의 등록학생 수는 4년제 대학 11만 3,004명, 2년제 대학 7,799명 총 12만 803명이며, 2015년 현재 졸업생 수는 2만 578명이다(교육부·국가평생교육진흥원, 2015).

원격대학은 최종학력 또는 이에 상응하는 증빙서, 수학능력 성적, 고교성적 등을 기초로 사정하고 입학이 허용된다. 원격대학은 고등학교 졸업생부터 재교육받기를 희망하는 성인까지 다양한 범위로 나타나고 있다. 원격대학은 신입생, 2학년 또는 3학년 편입생으로 등록될 수 있다.

4) 시간제등록제

시간제등록제(part-time registration system)는 고등학교를 졸업하거나 법령에 의하여 이와 같은 수준 이상의 학력이 있다고 인정된 사람이 시간제로 등록하여 대학(산업대학, 전문대학 및 원격대학 등)의 교육과정을 수강하는 제도다(고등교육법 제36조 제1항). 성인학습자는 이 제도에 의하여 대학입학시험을 치르지 않고 시간제 학생으로 등록하여 대학 교·강사로부터 수업을 받고 학점을 취득할 수 있다. 간단히 말하면, 이는 성인학습자가 공식적으로, 그러나 자유롭게 대학의 수업을 받고 학점을 취득할 수 있는 제도다. 시간제 성인학생들은 연간 24학점을 초과할 수 없으나 매 학기 12학점까지 취득할 수 있으며, 정규 대학생과 똑같이 시험을 치르고 과제물을 제출해야 한다(고등교육법 시행령 제53조 제9항). 또한 그들은 학점은행제도 또는 대학의 편입과정을 통하여 총장 또는 장관으로부터 학위를 수여받을 수 있다.

이 제도는 1997년에 시범 운영되었으며, 2000년 이후로 전국의 모든 대학에 확대 시행되었다. 시간제등록제 모집정원에 있어서 수도권 지역의 대학은 대학정원의 10% 이내에서 모집할 수 있으며, 비수도권 지역은 대학의 자체 규정에 의하여 모집정원을 결정할 수 있다. 시간제등록제에 등록한 학습자는 전국적으로 1998년

1,898명으로 시작하여 2016년 현재 각 대학교 통합하여 추정하지 않았으나 수천 명을 넘어서고 있다.

5) 청강생제도(명예학생제도)

명예학생제도는 대학에서 노인과 대학생이 함께 교과목을 학습하는 청강생제도로, 비학위 학점을 취득하고 소정의 교육기간을 마치면 학교 당국에 의해 명예학생으로 위촉하는 제도다. 이 제도는 오스트리아의 그라츠 대학교와 독일 대학의 교과목 개방, 일본의 평생학습센터에 의한 대학교과목 개방, 프랑스 제3세대 대학 등과 같은 제도라고 할 수 있다. 평생학습사회를 지향하는 시점에서 대학이 지역민에게 개방하는 차원에서 도입되어야 할 가장 적합한 제도다.

이 제도의 운영 특징은 비학위과정 운영, 대학생 과목 동시 청강, 무료 또는 저렴한 학습비, 재학생과 동일한 혜택, 소정 교육기간의 청강 등이다. 명예학생제도의 학사관리는 모집 인원 및 방법에 있어서 전 과목 개방을 원칙으로 하며, 대학생의 학점이수에 방해가 되지 않는 범위에서 청강할 수 있도록 보장한다. 학점취득 및 성적은 대부분의 대학생보다는 적은 과목을 청강할 수 있도록 하며 시험과 과제 없이 출석에 의해서만 학점을 취득하도록 하고 있다. 이 제도는 교육부에 의해 명예학생제도 시범운영기관으로 2002년에 경북대학교와 전북대학교를 지정하였으며, 2003년에는 순천대학교, 전북대학교, 천안대학 등을 지정하고 재정을 지원했다.

4. 대학평생교육

1) 대학 부설 평생교육원

대학 부설 평생교육원은 「평생교육법」에 의해 대학의 총·학장 책임 아래 각 대

〈표 13-5〉 대학 부설 평생교육원 설치현황   (단위: 개, 명)

구 분	학교 수	과정 수	교육인원
일반대학교	200	22,253	631,318
산업대학교	2	6	268
교육대학교	11	489	14,822
대학원대학교	30	582	10,868
방송통신대학교	1	4	673
원격대학	17	303	22,571
전문대학	132	4,865	138,857
기능대학	7	56	2,073
전공대학	3	127	2,561
합계	403	28,685	824,011

출처: 교육부 · 한국교육개발원(2015). 2015 평생교육통계자료집.

학의 특성에 맞추어 자율적으로 운영되는 시설이다. 대학 부설 평생교육원은 4년제 대학 268개, 전문대학 132개, 기타 학교 3개의 총 403개가 설치되어 있다. 평생교육원은 2만 8,685개 과정에 82만 4,011명의 학습자가 참여하고 있다(한국교육개발원, 2015). 구체적인 대학평생교육의 설치현황, 강좌, 수강인원은 〈표 13-5〉와 같다.

우리나라 대학 부설 평생교육원의 운영 특성을 살펴보면, 먼저 교육대상자의 특성으로는 교육내용에 따라 차이가 있으나 대체로 가정주부와 일반인이 가장 많으며 그다음은 직장인, 노인 순으로 나타났다.

과정별 지원기준은 학위과정이나 전문자격증의 획득과 관련된 강좌 등에서는 학력에 대한 제한(고졸 이상)이 있으나 그 외에는 제한이 없는 것으로 나타났다. 간혹 강좌의 특성상 노인을 대상으로 하거나 여성만을 대상으로 하는 경우에 연령이나 성별에 따른 제한이 있기도 하다. 선발방법은 과정별 수용인원에 따라 선착순으로 마감하는 경우가 대부분이다. 강좌운영 시간은 한 학기를 4개월로 해서 15주 과정을 이수하는 경우가 많다. 강좌는 주당 1~2회인 경우가 가장 많으며, 1회에 2~3시간의 강좌가 실시된다. 교육시설의 경우 대학평생교육기관은 본교의 교육시설을 이용하는 경우가 대부분이다. 독립적인 시설을 확보하고 있는 경우도 있으나 매우 적은 편이며, 대학 간의 차이가 크다.

대학 부설 평생교육원의 프로그램은 일반교양 증진을 목적으로 하는 일반교양교육과정, 각 분야에 대한 전문지식 함양을 목적으로 하는 전문교육과정, 학점은행제, 산업체 및 공공기관의 위탁교육, 재취업을 위한 직업교육과정, 독학사학위시험면제과정, 보육교사 양성과정 등으로 구분할 수 있다.

2) 대학평생교육 활성화 지원사업

대학평생교육의 활성화를 위해서는 대학교 본부에 평생학습을 총괄하는 전담기구를 신설하고, 대학평생교육원을 학위취득을 위한 정규 교육 및 비정규 교육을 병행하는 다목적 단과대학으로 격상시켜 대학평생학습추진 조직체로 확대·개편해야 한다는 몇 학자의 주장으로부터 비롯되었다고 볼 수 있다(권인탁, 2002; 정지선, 2002). 그동안 정부의 대학평생교육 활성화 사업은 대학 부설 평생교육원 활성화 (2008), 평생학습중심대학 육성(2008), 평생교육단과대학 설치(2015) 등의 형태로 전개해 왔다.

교육부는 2008년부터 대학평생교육 활성화를 위하여 '평생학습 중심대학 육성사업'과 '대학부설 평생교육원 활성화 사업'을 시작하였다. 전자는 대학 자체를 성인학습자에게 적합한 구조로 변경시키기 위한 것이고, 후자는 성인학습자에게 보다 가치 있는 프로그램을 제공하고자 평생교육원 프로그램을 개선하려는 사업이다. 2010년부터는 평생교육원 체제 개편사업을 종료하고, 평생학습중심대학 선도대학을 선정·지원하여 대학 전체의 체제개편을 유도했다. 2012년에는 평생학습중심대학 사업을 선취업 후진학형과 4050세대 재도약형, 2013년에는 평생학습 중심대학 사업[직무능력향상과정(2030세대), 재도약능력향상과정(4050세대), 사회공헌과정(6070세대)과 비학위 단기전문가 과정]으로 생애단계별 맞춤형 교육서비스를 제공하는 데 중점을 두고 추진되었다. 이 기간의 대학평생교육 활성화 사업 내용은 〈표 13-6〉과 같다.

⟨표 13-6⟩ 대학중심 평생학습 활성화 사업 연도별 추진 현황

구분	2008~2009년	2010~2011년	2012년	2013년
예산	• 2008년: 25억 원 • 2009년: 76억 원	• 2010년: 25억 원 • 2011년: 40.4억 원	• 2012년: 55.08억 원	• 2013년: 275억 원

참여대학	• 2008년
	–중심대학:
	  7교
	–평생교육원
	  학습비 45교,
	  프로그램
	  36교 • 2009년
	–중심대학:
	  41교
	–평생교육
	  원: 45교
		• 2010~2011년: 20개교	• 2012년: 25개교	• 2013년: 47개교

사업구조	• 평생학습 중심대학과 평생교육원의 이원 체제로 사업내용별 평생학습 활성화 추진 –평생학습중심대학 –평생교육원 활성화	• 평생학습중심대학과 평생교육원 사업 통합 ⇒ 유형별 성인친화형 대학체제 개편 추진 –대학 전체 체제 개편 –평생교육원 체제 개편	• 성인학습자 수요에 따른 트랙별 성인친화형 대학체제 개편 추진 –선취업후진학형 트랙 –4050세대 재도약형 트랙	• 생애단계별 맞춤형 교육 서비스 제공과 4050 베이비부머 세대의 제2의 인생 재도약을 위한 취업역량 강화 –평생학습 중심대학 –비학위 전문가 과정
주요내용	• 성인친화형 중심대학 체제개편 • 평생교육 특화 프로그램 개발 및 운영 지원 • 소외계층 학습비 지원 • 일자리 창출을 위한 취업 지원 프로그램 운영 지원	• 성인친화형 체제개편을 위한 대학별 인프라 구축+선도모델 창출·지원: 학칙 개정, 정원 조정, 학과 개편, 지역특화형 프로그램개발 등	• 트랙유형화(선취업후진학+4050세대재도약형) • 정규교육으로의 확산 및 성인학습자들을 위한 교육 컨텐츠 강화	• 트랙유형화(평생학습 중심대학+4050세대재도약형) • 성인학습자 친화적 대학 체제 개편에 따른 참여를 유도하고, 대학의 평생교육 역량을 강화
사업성과	• 소외계층의 평생교육기회 제공 및 대학 접근성 확대 • 질 높은 평생교육프로그램 제공 • 성인친화형 대학구조 개편 인식 전환	• 성인친화형 대학 체제 개편 확산 • RPL(선행학습인정제) 도입 및 확산 • 탄력적인 프로그램 운영 시간 유도(야간 및 주말 등)	• 비정규과정 중심에서 정규과정으로의 전환 및 확산 • 융복합 전공 개설 및 학부 개편 유도	• 성인학습자를 위한 학위과정의 개편 유도 • 대학 전문성을 살린 베이비부머의 비학위 취·창업 프로그램 운영

한편, 2014년부터 대학평생교육 활성화 사업은 성인학습자의 학점 및 학력 취득 지원중심으로 전환하여 추진되었다. 2014년에는 대학중심 평생교육활성화 사업을 '학위과정'과 '비학위 과정' 사업으로 구분하여 추진되었으며, 2015년에는 '학위과

〈표 13-7〉 학점 및 학력 취득 지원 중심 대학평생교육 활성화 지원 사업

구분	2014년	2015년	2016년
예산	• 2014년: 205억 원	• 2015년: 131억 원	• 2016년: 300억 원(단과대학), 131억 원(중심대학)
참여대학	• 2014년: 66개교	• 2015년: 유형I 47개교(중심대학, 유형II 10개교(전문화소), 유형III 16개교(재직자특별전형)	• 2016년: 단과대학 9개교, 유형I 31개교(중심대학), 유형III 6개교(재직자특별전형)
사업구조	• '후진학 거점대학' 지정 · 육성 사업 • 학위 및 비학위 과정의 평생학습중심대학육성 사업 • 재직자특별전형 학과운영 지원 사업 등	• 평생학습 활성화를 위한 평생학습중심대학 사업 　－학과단위 체제 개편 　－재직자 특별전형 　－지역별 평생학습	• 평생학습중심대학사업과 평생교육 단과대학 사업 병행 　－단과대학 체제 개편 　－평생교육원 체제 개편 　－권역별 Hub 육성
주요내용	• 학위과정, 전문 · 희소, 국가스마트 후진학 사업의 '후진학 거점대학' 지정 · 육성 사업으로 통합 • 학위 및 비학위 과정의 평생학습중심대학육성 사업 • 재직자특별전형 학과운영 지원 사업 • 블랜디드 러닝 구축 사업	• 대학중심 평생교육활성화에 따른 유형별 사업 　－유형I 평생학습중심대학 (학위/비학위) 　－유형II 전문 · 희소분야 대표대학 　－유형III 재직자 특별전형 운영대학	• 평생교육 단과대학 시범운영 • 다양한 평생교육과정 운영 　－학위과정 운영 　－학점과정 운영 　－비학점 비학위과정 운영
사업성과	• 학위취득을 위한 후진학 체제 구축 • 인생 제2막 준비 및 일자리 친화적 평생교육프로그램 제공 • 대학의 후진학 교육여건 조성	• 평생교육단과대학 설립 기반 조성 및 제약요인 제거 • 후진학 및 재직자를 학위과정 확대 및 체계화 • 성인학습 학점 취득 및 학위제공 기반 및 확대	• 평생학습자를 위한 대학 내의 단과대학 설립 및 체제화 • 대학평가에서 평생학습자 제외에 따른 대학의 사업 참여 동기 부여 • 평생학습자 모집으로 정원 감축 대체효과 증대

정' 평생학습활성화 사업을 학과단위체제 개편과 재직자특별전형에 역점을 두었고, 2016년에는 대학평생교육 활성화 사업을 '평생교육 단과대학 사업'과 '평생학습 중심대학 사업'으로 구분하여 추진되고 있다. 이 기간 추진된 학점 및 학력 취득 지원 중심 대학평생교육 활성화 지원 사업의 구체적인 현황은 〈표 13-7〉과 같다.

〈표 13-7〉에서 보는 바와 같이, 대학평생교육활성화 사업은 2014년부터 '학위과정'과 '비학위과정' 사업으로 구분하여 추진되었으며, 2015년에는 '학위과정' 평생학습활성화 사업을 학과단위 체제 개편과 재직자특별전형에 역점을 두었고, 2016년에는 '평생교육 단과대학 사업'과 '평생학습 중심대학 사업'으로 구분하여 추진되었다.

2015년 평생학습 활성화를 위한 평생학습중심대학 사업은 학과단위 체제 개편, 재직자 특별전형, 지역별 평생학습 고양에 목적을 두고, 유형Ⅰ. 평생학습중심대학(학위/비학위) 유형Ⅱ. 전문·희소분야 대표대학, 유형Ⅲ. 재직자 특별전형 운영대학 등 유형별 사업으로 추진하였다. 사업의 총예산은 약 131억 원으로 57개 대학이 참여하였으며, 16개 재직자 특별전형 운영 대학의 예산은 별도로 지원되었다.

2016년도 대학평생교육 활성화 사업은 '평생학습 중심대학 사업'과 '평생교육 단과대학 사업'으로 구분하여 추진되었으며, 후자는 선취업 후진학을 활성화하기 위하여 추진되었다. 당해 연도의 평생학습중심대학 사업은 유형Ⅰ. 평생학습중심대학(학위/비학위) 31개교(학위과정 16개교, 비학위과정 15개교)와 유형Ⅲ. 재직자 특별전형 운영대학 6개교에 총예산 131억 원이 지원되었으며, 유형Ⅱ. 전문·희소분야는 사업 기간 만료로 사업이 중단되었다.

2016년도 평생교육 단과대학 사업에는 부경대학교 등 총 9개 대학교가 선정되었으며, 지원 예산은 총 300억 원이 책정되었다. 교육부는 2016년 선취업 후진학 활성화를 위한 평생교육 단과대학 지원 사업 기본계획을 2015년 12월 30일 확정·발표하고 사업을 추진하였으나, 2016년 사업을 추진하는 중에 일부 학교가 구성원의 합의를 이끌어내지 못하고 사업비를 반납하는 진통을 겪으면서 사업의 시기상조 및 졸속 추진이라는 비판을 받았다. 하지만 평생학습 단과대학 사업은 일과 학습의 병행을 위한 융통적인 학사운영 등을 통한 100세 시대의 고등평생교육체제 구축에 있어서 매우 중요하기 때문에 장기적이고 주도면밀한 계획 아래 계속적으로 추진되어야 한다는 당위성을 갖는다.

2016년도 평생교육 단과대학 사업은 평생학습자 전담 단과대학을 설치 · 운영하며, 대학 특성에 따라 학위과정 · 학점인정과정 · 비학위과정 등을 다양하게 운영하고 성인 단과대학의 명칭도 자유롭게 부여할 수 있는 것이 두드러진다. 평생교육 단과대학 사업의 학위과정은 2017학년도 1학기 입학전형부터 모집할 수 있으며, 입학 전형에 성인학습자의 정원 내 확보와 정원 외 확보로 모집할 수 있다. 학위과정의 정원 외 입학 전형 모집 대상자 중 재직자특별전형 대상자는 [그림 13-1]과 같이 마이스터고 · 특성화고 졸업, 일반고 직업교육과정(1년) 이수, 학력인정 평생교육시설의 직업교육과정 이수자 중 산업체 3년 이상 재직자이며, 30세 이상인 자 등이다.

교육부의 2016년 선취업 후진학 활성화를 위한 평생교육 단과대학 지원사업 기본계획의 비전 및 목표는 '일과 학습의 병행이 원활한 국민 평생학습 사회 실현'을 비전으로 하고, '후진학자 · 평생학습자 친화적인 후진학 체제 구축'을 목표로 정하였다. 추진과제는 추진체제 구축, 후진학자 친화적 개편, 규제 완화 및 예산지원이다. 세부적인 추진과제로서 첫째, 추진체제 구축은 ① 후진학자 대상 학과개편 등 평생학습 체제 마련, ② 전담조직 마련 등 대학의 지원시스템 개편, ③ 대학

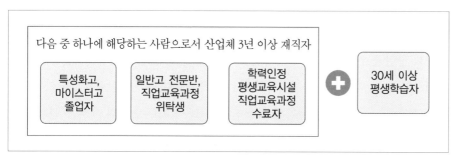

[그림 13-1] 대학의 정원 외 무시험 재직자특별전형 입학대상자

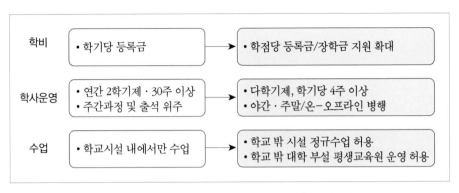

[그림 13-2] 평생학습자를 위한 교육과정 운영 시스템

의 학칙 및 규정 제·개정 등이며, 둘째, 후진학자 친화적 개편은 ① 후진학자 맞춤형 다양한 교육과정 운영, ② 다학기제·집중이수제 도입 등 학사운영의 유연화, ③ 학점당 등록금제 도입 등 학비부담 완화 등이고, 셋째, 규제 완화 및 예산지원은 ① 각종 대학평가 지표 선정방식 개선 등 진입규제 완화, ② 학교 밖 시설 수업 허용 등 여러 여건 마련, ③ 대학의 참여를 위한 지원 강화 등이다. 교육부는 평생교육 단과대학 사업이 정상적으로 정착될 수 있도록 [그림 13-2]와 같이 평생학습자를 위한 유연한 교육과정 운영 시스템의 정비를 추진하였다.

5. 금빛평생교육봉사단

금빛평생교육봉사단사업은 '참 배움 참 나눔'의 교육봉사를 통한 생산적 평생학습사회 구현을 위하여 노인 인적자원의 적극적 활용, 노인의 학습문화운동을 통한 지역사회 통합, 학습성과의 지역사회 환원을 목적으로 퇴직자를 평생교육 자원봉사자로 활용하는 '퇴직자 인적자원 활용＋평생교육＋자원봉사'의 새로운 연계 모델로서, 지역사회 평생학습을 활성화하고 인적자원개발을 도모하고자 추진되었다. 사업 초기인 2002년에 정부는 특별교부금 15억 2,000만 원의 재원을 확보하여 14개

시 · 도 교육청에 1억 원씩, 울산광역시 및 제주도에 5,000만 원씩 지역별로 배분하여 금빛평생교육봉사단을 운영하였다. 2003년도 이후부터는 금빛평생교육봉사단 사업을 지방 이양사업으로 전환하여 각 시 · 도 교육청이 사업의 재원을 확보하여 운영하도록 하였다. 2016년 현재 금빛평생교육봉사단은 전라북도와 부산시 교육청을 제외한 대부분 교육청에서 운영되고 있으며, 운영 현황은 2002년 1,681명으로 시범 운영되었고, 2014년 1,365명을 운영하고 있다. 구체적인 금빛평생교육봉사단사업이 추구하고자 하는 모형은 [그림 13-3]과 같다.

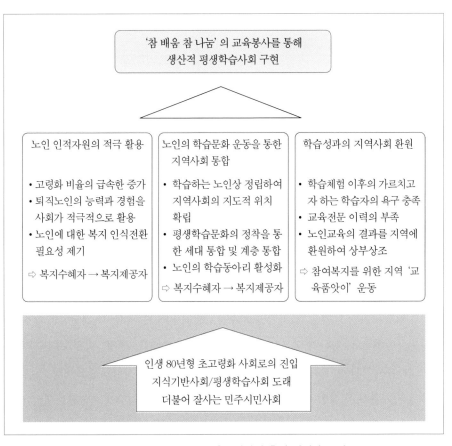

[그림 13-3] **금빛평생교육봉사단의 추진 비전과 목적**

출처: 교육인적자원부(2003). 금빛평생교육봉사단 2002년도 사업평가 보고서.

이 사업의 방향은 지역사회에 물적 자원을 활용하여 지역중심의 평생교육 실시, 기존 자원봉사자와 차별화하여 전문화된 평생교육 자원봉사자 양성, 자원봉사자에게 실비지원으로 최소한의 보상체제 마련 등으로 추진되었다. 봉사단의 자격은 전문적인 능력과 경험을 축적한 55세 이상, 고졸학력 이상인 퇴직자를 대상으로 하였다. 봉사단의 활동 분야는 사회복지 분야와 지역사회 분야로 구분할 수 있다. 사회복지 분야는 노인 및 장애인과 아동·청소년이 대상이며, 지역사회봉사는 환경·교통, 문해교육, 교육, 체육·문화, 범죄·법률 등이다. 구체적인 금빛평생교육단의 활동 분야를 제시하면 〈표 13-8〉과 같다.

〈표 13-8〉 **평생교육봉사 분야 및 프로그램**

대상	분야	활동 프로그램
사회복지	노인, 장애인	한글·한자교육, 영어교육, 컴퓨터 교육 등
	아동·청소년	아동놀이지도, 독서교육, 한문교육, 학습부진아 지도, 청소년상담, 소년·소녀가장 학습지도 등
지역사회 봉사	환경, 교통	환경교육, 교통지도, 교통교육, 유해환경 조사
	문해교육	노인·어머니 문해교육, 기타 기초교육
	교육	유치원, 어린이집 보조교사, 학내 폭력 및 문제아 상담, 교육환경 감시, 특별활동 지도, 학교교육 상담, 학부모연수, 예절교육 등
	체육, 문화	청소년운동 지도, 서예지도, 유적지 및 박물관 안내, 전통문화 전승 활동 등
	범죄, 법률	성폭력상담, 금연교육, 무료법률 상담, 민원상담 등

금빛평생교육봉사단은 지역평생교육정보센터(시·도 평생교육진흥원의 전신)가 모집·선발하고 배치한다. 학교, 복지관, 도서관, 박물관, 구청, 병원, 주민자치센터 등의 봉사기관은 교육봉사를 위한 장소를 제공하고, 지역평생교육정보센터는 해당 봉사기관에 적합한 봉사자를 배치하여 관리한다. 지역평생교육정보센터는 금빛평생교육봉사단의 소양 및 역량을 극대화하기 위하여 봉사기관 배치 전이나 봉사활동 중간에 연수 또는 교육을 실시한다. 금빛평생교육봉사단 사업추진의 핵심 전담기관인 지역평생교육정보센터는 금빛평생교육봉사단 운영을 위하여 교육부와

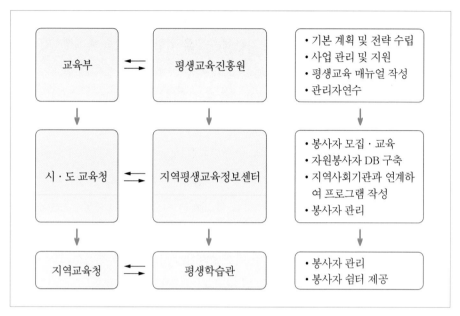

[그림 13-4] 금빛평생교육봉사단 행정지원 및 운영체제

시·도 교육청이 예산 및 행정적 지원을 받고, 지역의 교육청 및 각종 봉사기관과의 네트워크를 구성하고 있다. 구체적인 금빛평생교육봉사단사업의 행정지원 및 운영체계를 도식화하면 [그림 13-4]와 같다.

6. 평생학습축제

평생학습축제는 전 세계적으로 확산되고 있는 사업으로, UNESCO가 주관하는 국제성인학습자주간(International Adult Learners Week) 행사에 약 48개국이 '성인학습주간' '평생학습 페스티벌' '평생학습 박람회' 등의 명칭으로 평생학습축제(Lifelong Learning Festival)를 개최하고 있다. 1989년 치바(千葉)현이 제1회 생애학습페스티벌을 시범 운영하면서 시작된 일본의 축제는 매년 수백만 명이 참여하는 대규모의 축제로 성장하였다. 오스트리아는 성인교육 연방진흥청 주관으로 5월에 성인교육 주간 및 날을 선포하고 이 기간에 주민을 위한 평생학습 축제행사를 개최한다(Kalcsics, 2000: 120-129).

정부는 국민에 대한 평생학습문화의 대중화와 확대를 위하여 매년 지방자치단체에 의해 국가평생학습축제를 개최하게 하여 이를 지원해 오고 있다. 평생학습축제는 2001년 충남 천안시에서 최초로 개최되었으며, 2003년 대전광역시 유성구, 2004년 제주시, 2005년 경기도 광명시, 2006년 부산광역시 해운대구, 2007년 경남 창원시, 2008년 전남 순천시, 2009년 경기도 구리시, 2010년 대구광역시 동구에서 개최되었다. 2011년부터는 평생학습축제가 평생학습박람회로 변경되어 경기도 이천시에서 개최되었으며, 2012년 대전광역시, 2013년 충북 제천시, 2014년 경기 고양시, 2015년 서울 강동구, 2016년 경남 거창에서 개최되었다.

전국평생학습축제는 시·도 평생교육진흥원, 평생학습도시와 함께 전년도 선정된 학습도시에 의해 기획되며, 평생학습기관 종사자 및 평생학습에 관심이 있는 사람의 참여에 의하여 이루어진다. 평생학습축제에서는 UNESCO와 평생학습과 관련된 여러 학술단체에 의한 학술대회가 개최되며, 시·도 평생교육진흥원과 평생학습도시에 의해 설치된 부스에 평생학습 결과물이 전시되고, 평생학습체험이 이루어진다. 평생학습축제는 평생학습문화 창조를 위해 모든 주민이 한마음으로 동시에 참여할 수 있도록 시·군·구 지역에서도 개최되고 있다.

평생학습문화를 정착시키기 위해서는 국가적인 평생학습축제뿐만 아니라 지역주민 모두가 한마음 한뜻으로 동시다발적으로 참여하는 평생학습축제를 개최하여야 한다. 성인학습자가 학습으로 끝나지 않고 축제의 장을 통하여 학습의 결과를 표현하고 서로 공유할 수 있기 때문에 의미가 있다. 그러므로 국가 및 지방자치단체뿐만 아니라 지역의 평생교육기관이 공동사업으로 축제를 기획하고 공동기금을 분담하여 풍성한 평생학습축제를 만들어 가야 한다.

7. 평생학습계좌제

평생학습계좌제는 1995년 5·31 교육개혁안의 발표 시 학점은행제와 함께 교육구좌제 또는 교육계좌제라는 용어로 국민의 평생교육 기회 확대와 평생학습경험의 체계적 관리를 통한 국가인적자원개발 촉진전략으로 제안되었다. 그러나 교육계좌제는 1995년 처음 제안만 되었을 뿐 구체화되지 못하고 몇몇 후속 연구만 진행되어 왔다(김란수 외, 1997; 변종임 외, 2007; 최상덕, 2006). 최근 학점은행제도의 운영결과에 대한 긍정적 평가와 지자체의 평생학습 진흥에 대한 관심이 높아지면서 국가적 차원의 평생학습경험에 대한 종합적 관리 및 공식적 인증과 관련된 교육계좌제가 다시 논의되고 있다. 특히 이명박 정부는 인재대국을 위한 핵심 국정과제 가운데 하나로 평생학습계좌제 도입을 제시한 바 있다.

「평생교육법」에서 평생학습계좌제는 "국민의 평생교육을 촉진하고 인적자원의 개발·관리를 위하여 국민의 개인적 학습경험을 종합적으로 집중 관리하는 제도"라고 명시되어 있다(제23조). 「평생교육법」에 의하면, 평생학습계좌제는 교육부장관에 의하여 운영되며 국가평생교육진흥원에 위탁할 수 있다(법 시행령 제14조). 학습계좌의 개설은 본인이 신청한 경우에만 할 수 있으며, 수록된 정보를 열람하거나 증명서를 발급받으려는 사람은 본인 또는 위임을 받은 자만이 교육부장관에게 신청할 수 있다.

학습계좌 수록정보의 범위는 ① 성명, 주민등록번호, 주소 및 직장, ② 학력, ③ 자격증, ④ 분야별 평생교육 이수 실적, ⑤ 그 밖의 특기사항 등(평생교육법시행규칙 제4조)이다.

평생학습계좌제는 "개인이 평생 동안 참여하거나 경험한 모든 종류의 교육적 경험산물을 체계적이고 조직적이며 호환적인 입체적 '평생학습 평가인정 시스템'을 통해 공식적으로 '학력'이나 '자격' 또는 '평생학습 경력'으로 인정하는 시스템"으로 정의된다(최운실 외, 2000).

평생학습계좌제의 구성 요소는 학습과정 평가인정, 학습이력관리 시스템, 학습결과 활용이다.

첫째, 학습과정 평가인정은 평생교육기관에서 운영하는 학습과정 중 평가인정의 일정한 기준을 충족하는 과정을 평가하여 평생학습계좌에 등록 가능한 학습과정으로 인정하는 절차로서 프로그램 이수 실적 인증을 위한 기반조성 과정이라 할 수 있다.

둘째, 학습이력관리 시스템은 학습자가 학습이력을 누적 관리할 수 있도록 온라인상에 만든 학습계좌로, 인적사항, 평생교육 이수 실적, 특기사항 등을 수록하여 개인의 다양한 학습 경험 및 결과를 누적 관리할 수 있도록 하는 온라인 통합시스템이라 할 수 있다.

셋째, 학습결과 활용은 학습자가 자신의 학습이력을 증명서 또는 이력철로 발급받아 학습설계, 학력 및 학위, 자격 취득과 연계하거나 인적자원개발, 자원봉사 근거자료 등으로 활용할 수 있도록 하는 시스템 구축을 의미한다. 이를 토대로 평생학습계좌제의 운영체계를 도식화하면 [그림 13-5]와 같다.

한편, 교육부는 평생학습계좌제 모형개발을 위한 시범사업으로 2006년 7개 지역(경기 광명, 이천, 강원 삼척, 충북 단양, 전남 목포, 순천, 경북 칠곡)을 지정하고 총 10억 8,000만 원을 지원하였으며, 2008년에는 평생학습계좌제 시범사업으로 5개 지역(경기도 이천, 대전 대덕구, 부산 사상ㆍ연제ㆍ진구, 충북 청주, 전북 군산)을 지정하여 2010년 2월까지 총 9억 9,000만 원을 지원하였다. 평생학습계좌제는 정부의 주요 국정과제로 추진되었으나 아직까지 제대로 정착되지 못한 실정이다.

앞으로 평생학습계좌제가 효과적으로 정착되기 위해서는 광역ㆍ기초자치단체 및 시ㆍ도 교육청ㆍ평생학습관, 평생교육기관ㆍ시설 간 담당업무 합리화 및 네트워크를 통한 효율성이 제고되어야 하며, 학습이력관리 시스템의 안정된 운영을 위하여 체계적인 세부운영 절차 및 지침이 마련되어야 할 것이다. 또한 시스템의 타 부처 및 관련 데이터베이스와의 확장 연계가 필요하고 학습결과 활용의 활성화를 위한 구체적인 방법이 모색되어야 할 것이다.

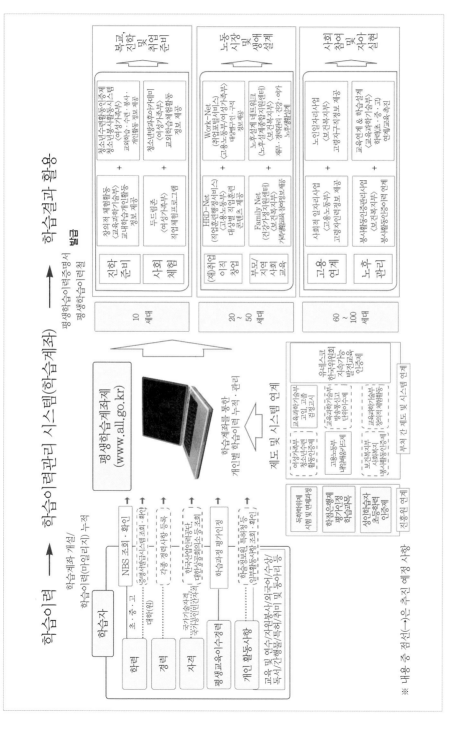

[그림 13-5] 평생학습 계좌제 운영체계

출처: 평생교육진흥원(2011). 내부 자료

● 참고문헌 ●

강길수(1983). 교육행정학의 개념. 교육행정학연구, 1(1), 5-18.

강일규(2001). 지역공동체 형성을 위한 지역평생교육추진기구의 현황과 역할 개선 방향. 지역공동체 형성을 위한 평생교육의 과제. 한국평생교육학회 추계학술대회, 47-84.

고영상, 이창기, 김한별, 박경호, 이세정(2008). 학습도시조성사업 성과분석 연구. 서울: 평생교육진흥원.

고영상, 심명인, 이은주, 이미나(2011). 시·도-시·군·구 평생교육 연계체제 구축방안 연구. 서울: 평생교육진흥원.

교육개혁위원회(1996). 신교육체제구축 & 위상 교육개혁(안). 서울: 교육개혁위원회.

교육과학기술부 평생학습정책과(2008). 평생교육법령 및 규칙 해설자료.

교육법전편찬회(2008). 교육법전. 서울: 교학사.

교육부(1998). 평생교육기관 편람. 서울: 교육부.

교육부·한국교육개발원(2015). 2015 평생교육통계자료집. 서울: 교육부·한국교육개발원.

교육인적자원부, 한국교육개발원(2002). 평생교육백서. 서울: 교육인적자원부.

권두승(1999). 사회교육담당자 효능감 척도개발과 그 시사점. 평생교육학연구, 5(1), 57-76.

권인탁(1994). 교육조직에서 변화지향적 지도성 측정에 관한 연구. 전북대학교 대학원 박사학위논문.

권인탁(1999). 고등교육 체제에서의 사회교육 진흥에 관한 연구. 사회교육학연구, 5(2), 57-83.

권인탁(2001). 지역평생교육정보센터 운영체제 구축과 지역평생교육 활성화 방안. 교육행정학연구, 19(3), 307-331.

권인탁(2004). 지역평생학습공동체 구축을 위한 학습동아리 활성화 방안. 교육학연구, 42(2), 185-215.

권인탁(2005). 한국평생학습도시 정책의 운영실태와 발전과제. 동아시아국의 평생학습사회 동향 국제학술세미나 자료집.

권인탁(2006). 지방자치 수준에서의 평생교육체제 구축 방안. 평생교육학연구, 12(4), 121-147.

권인탁, 조준수, 박진영, 임영희(2007). 광양시 평생학습도시 발전계획.

김란수 외(1997). 교육구좌제 도입 방안 연구. 서울: 교육부.

김신복(1977). 기획이론과 교육계획. 한국교육행정학회 편, 현대교육행정학이론. 서울: 형설출판사.

김신일, 김재웅(2002). 평생교육경영학. 서울: 한국방송통신대학교출판부.

김윤태(1984). 교육행정학. 서울: 박영사.

김종철(1973). 교육계획론. 서울: 세영사.

김종철(1982). 교육행정의 이론과 실제. 서울: 교육과학사.

김종철(1985). 교육행정학 신강. 서울: 세영사.

남정걸(1992). 교육행정 및 교육경영. 서울: 교육과학사.

남정걸(1993). 사회교육행정론. 서울: 교육과학사.

남정걸(2002). 평생교육경영학. 서울: 교육과학사.

박세훈, 권인탁, 고명석, 유평수, 정재균(2008). 교육행정 및 교육경영. 서울: 학지사.

박인종(2008). 평생학습계좌제 추진방향. 평생학습계좌제 효율적 시행을 위한 전국평생교육관계자 워크숍 자료집.

박태준(2005). 평생학습의 참여실태와 수요분석. 서울: 한국직업능력개발원.

배종근, 정태범 편(1986). 교육행정 · 교육경영. 서울: 정민사.

변종임, 권두승, 김만희, 김현수, 정기수, 홍아정(2007). 교육계좌제 시행을 위한 평생학습 인증체제 구축방안 연구. 서울: 한국교육개발원.

변종임(2013). 100세 시대 평생교육체제 구축을 위한 평생교육법 개정 이슈와 정비방향. 평생교육법 개정방향 검토를 위한 공청회 자료집. 서울: 국가평생교육진흥원.

신철순(1978). 학교조직의 관료화 문제. 교육학 연구, 7(12), 63-73.

신철순(1995). 교육행정 및 경영. 서울: 교육과학사.

안강호, 하영원, 박홍수(1998). 마케팅 원론. 서울: 학현사.

양병찬 편(2002). 평생교육경영. 천안: 천안외국어대학 평생교육과.

양병찬(2001). 지역인적자원개발 촉진을 위한 지역평생교육시스템 구축 방향과 과제. 한국교육개발원. 지역인적자원개발을 촉진하는 평생교육시스템 구축 · 운영 방향과 과제 탐색을 위한 정책토론회 자료집, pp. 33-63.

양병찬, 김종표, 이화정, 박현규 편(2001). 평생교육 실무 핸드북. 천안: 충남지역 평생교육정보센터.

오혁진(2002). 평생교육 마케팅의 원리. 미출간 자료.

오혁진(2003). 평생교육경영학. 서울: 학지사.

유훈(1991). 행정학원론. 서울: 법문사.

이병준(1999). 평생교육사 직무분석. 서울: 한국직업능력개발원.

이지혜, 홍숙희, 박상옥(2001). 성인여성의 학습동아리 활동 시범지원방안에 관한 연구. 여성교육정책연구과제 2001-08. 서울: 교육인적자원부.

이형행(1990). 교육행정. 서울: 문음사.

이화정, 양병찬, 변종임(2003). 평생교육 프로그램 개발의 실제. 서울: 학지사.

정익준(1999). 비영리조직 마케팅. 서울: 영풍문고.

차갑부(1999). 사회교육방법의 탐구. 서울: 양서원.

차병권(1987). 재정학개론. 서울: 박영사.

최덕철(1995). 서비스 마케팅. 서울: 학문사.

최상덕, 권두승, 김재춘, 김태준, 김현수, 유지윤(2006). 교육계좌제 실행을 위한 평생학습인증체제 구축방안 연구. 서울: 한국교육개발원.

최운실(2000). 교육계좌제 실행방안 연구. 서울: 교육인적자원부.

추헌(1992). 조직행동론. 서울: 형설출판사.

평생교육진흥원(2011). 평생학습계좌제 도입 사업 안내 자료집.

한국교육개발원(2007). 평생교육백서. 서울: 한국교육개발원.

한국교육개발원(2009). 2009 평생교육통계자료집. 서울: 한국교육개발원.

한국교육개혁위원회(1995). 신교육체제 구축을 위한 교육개혁. 서울: 교육개혁위원회.

한국능률협회 편(1994). 기업경영과 마케팅. 서울: 한국능률협회.

한준상(1997). 사회교육기관 간 상호 협력 방안 연구. 교육부 정책과제보고서. 서울: 교육부.

행정안전부(2008). 사무관리 실무편람. 서울: 행정안전부.

행정자치부(2002). 전국 주민자치센터 운영 현황집. 서울: 행정자치부.

홍부길(1994). 비영리조직 마케팅과 사회 마케팅. 서울: 이화여자대학교출판부.

內田晴代(2003). 평생학습마을 만들기 코디네이터의 역할과 실천활동. 한 · 일 평생교육정책

동향 및 실천사례. 전북평생교육정보센터, 호남평생교육협회, 전라북도교육청. 한 · 일
평생학습정책 세미나 자료집, pp. 93-102.

井上講四, 手打明敏(1989). 生涯學習施設のネットワーク. 日本生涯教育學會 編, **生涯學習社會
の總合診斷**.

坂本登(1991). 地域における生涯學習ネットワーク. 日本生涯教育學會 編, **生涯學習援助方式の
設計**. 日本生涯教育學會年報 第12號.

Apps, J. W. (1985). *Improving practice in continuing education.* San Francisco: Jossey-Bass.

Apps, J. W. (1989). Providers of adult and continuing education: A framework. In S.
Merriam & P. H. Cunningham (Eds.), *Handbook of Adult and continuing education*
(pp. 275−286). San Francisco: Jossey−Bass.

Bass, B. M. (1981). *Stogdill's handbook of leadership: A survey of theory and research.* New
York: Free Press.

Bass, B. M. (1985). Leadership: Good, better, best. *Organizational Dynamics, 13*(3), 26−40.

Beasley, K. L., Dingerson, M. R., Hensly, O. D., Hess, L. G., & Rodman, J. A. (1982). *The
adminstration of sponsored programs.* San Francisco: Jossey−Bass.

Bélanger, P., & Tuijnman, A. C. (Eds.). (1997). *New patterns of adult learning: A six−
country comparative study.* Oxford: Pergamon Press.

Blake, R. R., & Mouton, J. S. (1984). *The managerial grid.* Houston, TX: Gulf Publishing.

Blau, P. M., & Scott, W. R. (1962). *Formal organizations: A comparative approach.* San
Francisco: Chandler.

Booms, B. H., & Bitner, M. J. (1981). Marketing strategies and organization structures for
service firms. In J. H. Donnelly & W. R. George (Eds.), *Marketing of services*(pp. 47−
51). Chicago, IL: American Marketing Association.

Borg, W. R., Gall, J. P., & Gall, M. D. (1993). *Applying educational research: A practical
guide* (3rd ed.). White Plains, NY: Longman.

Burns, J. M. (1978). *Leadership.* New York: Harper & Row.

Caffarella, R. S. (2002). *Planning programs for adult learners.* San Francisco: Jossey-Bass.

Campbell, R. F., Corbally, J. E. Jr., & Ramseyer, J. A. (1966). *Introduction to educational
administration* (3rd ed.). Boston: Allyn & Bacon.

Castetter, W. B. (1970). *Administering the school personnel program.* New York: Macmillan.

Chesswas, J. D. (1969). *Methodologies of educational planning for developing countries.* Paris: Unesco, International Institute for Educational Planning.

Conger, J. A., & Kanungo, R. N. (1998). *Charismatic leadership in organizations.* Thousand Oaks, CA: Sage Publications.

Courtenay, B. C. (1990). An analysis of adult education administration literature, 1936-1989. *Adult Education Quarterly, 40*(2), 63-77.

Cranton, P. (1989). *Planning instruction for adult learners.* Toronto, Canada: Wall & Thompson.

Daft, R. L. (1988). *Management.* New York: The Dryden Press.

Darkenwald, G. G., & Merriam, S. B. (1982). *Adult education: Foundations of practice.* New York: Harper & Row.

Davis, R. C. (1961). *The fundamentals of top management.* New York: Harper & Row.

Dean, G., Murk, P., & Del Prete, T. (2000). *Enhancing organizational effectiveness in adult and community education.* Malabar, FL: Krieger Publishing Company.

Deroche, E. F. (1981). *An administrator's guide for evaluating programs and personnel.* Boston: Allyn and Bacon.

Downs, C. W., Linkugel, W. A., & Berg, D. M. (1977). *The organizational communicator.* New York: Harper and Row.

Drucker, P. (1995). 비영리단체의 경영(현영하 역). 서울: 한국경제신문사. (원저는 1992년 출간)

Etzioni, A. (1961). *A comparative analysis of complex organizations.* New York: Free Press.

Fayol, H. (1949). *General and industrial management* (C. Storrs, Tran.). London: Sir lssac Pitman & Sons.

Fiedler, F. E. (1987). *A theory of leadership effectiveness.* New York: McGraw-Hill.

Flippo, E. B. (1980). *Personnel management* (5th ed.). New York: McGraw-Hill.

French, W. L., Dittrich, J. E., & Zawacki, R. A. (1978). *The personnel management process: Cases on human resource administration.* Boston: Houghton Mifflin.

Galbraith, M. W., Sisco, B. R., & Guglielmino, L. M. (1997). *Administering successful programs for adults: Promoting excellence in adult, community and continuing education.* Malabar, FL: Krieger Publishing Company.

Gibb, C. A. (1981). Leadership. In G. Lindsey (Ed.), *Handbook of social psychology, VI.* Cambridge, MA: Addison-Wesley.

Gregg, R. T. (1957). The administrative process. In R. F. Campbell and R. T. Gregg (Eds.), *Administrative behavior in education.* New York: Harper & Brothers Publishers.

Gulick, L. (1937). Notes on the theory of organization. In L. Gulick & L. Urwick (Eds.), *Papers on the science of administration* (pp. 191−195). New York: Institute of Public Administration, Columbia University.

Gulick, L., & Urwick, L. (Eds.). (1937). *Papers on the science of administration.* New York: Institute of Public Administration, Columbia University.

Halpin, A. W. (1958). Superintendent's effectiveness as a leader. *Administrator's Notebook, 7*(2), 1−4.

Hannagan, T. J. (1992) *Marketing for the non-profit sector.* London: Macmillan Press.

Hemphill, J. K., & Coons, A, E. (1957). Development of the leader behavior description questionnaire. In R. M. Stogdill & A. E. Coons (Eds.), *Leader behavior: Its description and measurement.* Columbus, OH: Ohio State University.

Hemphill, J. K., & Coons, A. E. (1950). *Leadership behavior description.* Columbus, OH: Ohio State University, Personnel Research Board.

Hersey, P., & Blanchard, K. H. (1971). *Management of organizational behavior* (3rd ed.). Englewood Cliffs, NJ: Prentice−Hall.

Hersey, P., Blanchard, K. H., & Johnson, D. E. (2001). *Management of organizational behavior: Leading human resources* (8th ed.). Englewood Cliffs, NJ: Prentice−Hall.

Houle, C. O. (1970). The educators of adults. In R. M. Smith, G. F. Aken, & J. R. Kidd (Eds.), *Handbook of adult education*(pp. 111−113). New York: Macmillian.

House, R. J. (1977). A 1976 theory of charismatic leadership. In J. G. Hunt & L. L. Larson (Eds.), *Leadership: The cutting edge*(pp. 189-207). Carbondale, IL: Southern Illinois University Press.

House, R. J., & Singh, J. V. (1987). Organizational behavior: Some new directions for I/O psychology. *Annual Review of Psychology, 38,* 669−718.

Hoy, W. K., & Miskel, C. G. (1987). *Educational administration: Theory, resrarch, and practice* (3rd ed.). New York: Random House.

Huhta, S. A. (2000). Human resource development network as a means for adult learning. Unpublished Doctoral Dissertation, Northern Illinois University, Dekalb, Illinois.

Hyatt, J. A., & Santiago, A. A. (1986). *Financial management of colleges and universities.* Washington, DC: National Association of College and University Business Officers.

International Association of Educating Cities. (2008, November). The number of IAEC. Retrieved November 3, 2008, from http://www.unesco.org/uil/en/nesico/confintea/confinteanatrep. html.

Kalcsics, K. (2000). Steiermark 성인교육연방진흥청 1999 활동. 유럽성인교육과 한국평생교육. 전주: 국립대학평생교육사.

Katz, D., & Kahn, R. L. (1978). *The social psychology of organizations* (2nd ed.). New York: Wiley.

Kaufman, R. (1978). 교육체제 설계(서정화, 노종회, 조문현 역). 서울: 배영사. (원저는 1970년 출간)

Kirkpatrick, D. L. (1983). Four steps to measuring training effectiveness. *Personnel Administrator*, November, 19-25.

Knezevich, S. J. (1975). *Administration of public education: A source book for the leadership and management of educational institutions* (3rd ed.). New York: Harper & Row.

Knezevich, S. J. (1984). *Administration of public education: A source book for the leadership and management of educational institutions* (4th ed.). New York: Harper & Row.

Kotler, P. (1982). *Marketing for non-profit organizations*(2nd ed.). Englewood Cliffs, NJ: Prentice-Hall.

Kotler, P., & Andreasen, A. R. (1991). *Strategic marketing for nonprofit organizations* (4th ed.). Englewood Cliffs, NJ: Prentice-Hall.

Kowalski, T. J. (1988). *The organization and planning of adult education.* Albany, NY: State University of New York Press.

Lewin, K., Lippitt, R., & White, R. (1939). Patterns of aggressive behaviour in experimentally created "social climates". *Journal of Social Psychology, 10,* 271-299.

Lewis, J., Jr. (1983). *Long-range and short-range planning for educational administrators.* Newton, MA: Allyn and Bacon.

Likert, R. (1981). *New patterns of management.* New York: McGraw Hill.

Lipham, J. (1964). Leadership and administration. In D. E. Griffiths (Ed.), *Behavioral science and educational administration.* Chicago: University of Chicago Press.

Longworth, N. (2006). *Learning cites, learning regions, learning communities.* New York: Routledge.

Maslow, A. H. (1970). *Motivation and personality* (2nd ed.). New York: Haper and Row.

McCoy, M., Emigh, P., Leighninger, M., & Barrett, M. (1996). Planning community-wide study circle programs: A step-by-Step guide. http://www.cpn.org/SCRC/.

Merriam, S. B., & Brockett, R. G. (1997). *The profession and practice of adult education.* San Francisco: Jossey-Bass.

Mooney, J. D., & Reiley, A. C. (1939). *The principles of organization.* New York: Harper & Row.

Owens, R. G. (1987). *Organizational behavior in education* (3rd ed.). Englewood Cliffs, NJ: Prentice-Hall.

Pffiffner, I. (1960). *Organization: Administrative organization.* Englewood Cliffs, NJ: Prentice-Hall.

Podsakoff, P. M., MacKenzie, S. B., Moorman, R. H., & Fetter, R. (1990). Transformational leader behaviors and their effects on followers' trust in leader, satisfaction, and organizational citizenship behavior. *The Leadership Quarterly, 1*(2), 107-142.

Popham, W. J. (1969). Objectives and instruction. In R. E. Stake (Ed.), *Insructional objectives* (pp. 32-52). AERA Monograph Series on Curriculum Evaluation, 3. Chicago, IL: Rand McNally.

Provus, M. M. (1971). *Discrepancy evaluation.* Berkeley, CA: McCutchan.

Rauch, C. F., & Behling, O. (1984). Functionalism: Basis for an alternate approach to the study of leadership. In J. G. Hunt, D. M. Hosking, C. A. Schriesheim, & R. Stewart (Eds.), *Leaders and managers: International perspectives on managerial behavior and leadership*(pp. 45-62). Elmsford, NY: Pergamon Press.

Reddin, W. J. (1970). *Managerial effectiveness.* New York: McGraw Hill.

Redfield, C. E. (1958). *Communication in management: The theory and practice of administrative communication.* Chicago: University of hicago Press.

Schein, E. H. (1980). *Organizational psychology* (3rd ed.). Englewood Cliffs, NJ: Prentic-Hall.

Schein, E. H. (1985). *Organizational culture and leadership: A dynamic view*. San Francisco: Josey-Bass.

Schroeder, W. L. (1970). Adult education defined and described. In R. M. Smith, G. F. Aker & J. R. Kidd (Eds.), *Handbook of adult education* (pp. 25-43). New York: Macmillan.

Scott, W. R. (1981). *Organizations: Rational, natural, and ppen system*. Englewood Cliffs, NJ: Prentice-Hall.

Simerly, R. G. (1991). *So many cultures, so Little time: An overview of cultural diversity*. ERIC Report: ED340050.

Simerly, R. G., & Associates (1987). *Strategic planning and leadership in continuing education*. San Francisco: Jossey-Bass.

Simon, H. A. (1937). *Administrative behavior* (2nd ed.). New York: Macmillan.

Skage, S. (1996). *Building strong and effective community partnerships: A manual for family literacy workers*. Canada: The Family Literacy Action Group of Alberta.

Smith, D. H., & Offerman, M. J. (1989). The management of adult and continuing education. In S. B. Merriam, & P. M. Cunningham (Eds.), *Handbook of adult and continuing education* (pp. 246-259). San Francisco: Jossey-Bass.

Sork, T. J. (1991). Tools of planning better programs. In T. J. Sork (Ed.), *Mistakes made and lessons learned: Overcoming obstacles to successful program planning*. New Directions for Adult and Continuing Education, vol. 49. San Francisco: Jossey-Bass.

Spates, T. G. (1944). *An objective scrutiny of personnel administration*. American Management Association Personnel Series, 75. New York: McGraw-Hill.

Steiner, G. A. (1979). *Strategic planning: What every manager must know*. New York: The Free Press.

Stogdill, R. M. (1950). Leadership, membership and organization. *Psychological Bulletin, 47,* 1-14.

Stufflebeam, D. L. (1983). The CIPP model for program evaluation. In G. F. Madaus, M. Scriven, & D. L. Stufflebeam (Eds.), *Evaluation models: Viewpoints on educational and human services evaluation* (pp. 117-141). Boston: Kluwer-Nijhoff.

Stufflebeam, D. L., & Shinkfield, A. J. (1985). *Systematic evaluation*. Boston: Kluwernijhoff.

Tannenbaum, R., & Schmidt, W. H. (1958). How to choose a leadership pattern. *Harvard*

Business Review, 36, 95-101.

Tyler, R. W. (1949). *Basic principles of curriculum and instruction.* Chicago, IL: University of Chicago Press.

UNESCO Institute for Lifelong Learning. (2008). National CONFINTEA VI Reports Submitted to UIL (as of 14 August 2008) for 6th International Conference on Adult Education CONFINTEA. Retrieved November 20, 2008, from http://www.unesco.org/uil/en/confintea/confinteacountries.htm.

Vandament, W. E. (1989). *Managing money in higher education.* San Francisco: Jossey—Bass.

Warr, P., Bird, M., & Rackham, N. (1970). *Evaluation of management training.* London: Gower Press.

Weber, M. (1947). *The theory of social and economic organization*(Trans. A. M. Henderson & T. Parsons). New York: Free Press.

Weidermann, C. D. (1989). Making customers and quality service a priority. In R. G. Simerly (Eds.), *Handbook of marketing for continuing education.* San Francisco: Jossey—Bass.

Yukl, G. (1998). *Leadership in organizations* (3rd ed.). Englewood Cliffs, NJ: Prentice—Hall.

● 찾아보기 ●

| 내 | 용 |

저자 소개

권인탁(In Tak Kwon)

전북대학교 대학원 교육학박사(Ph. D.)

전 The University of Georgia 평생교육, 행정 및 정책과 Post Doc.(1997~1998)

　　The Pennsylvania State University 성인교육전공 연구교수(2007~2009)

　　The University of Oklahoma 성인고등교육전공 연구교수(2015~2016)

현 한국평생교육학회 이사

　　한국평생교육총연합회 부회장

　　(사)한국평생교육HRD진흥협회 이사장

　　전북대학교 사범대학장/교육대학원장/교육학과 교수

〈주요 연구 및 저서〉

　　대학평생교육정책의 실태분석과 전략(2018). 퇴직예정자의 은퇴기대와 노후 재무만족도 예측의 관계에서 퇴직준비 및 재무교육의 매개효과(2017), 대학평생교육 참여자의 학업적 자기효능감과 프로그램 만족도와의 관계: 프로그램 마케팅의 매개효과를 중심으로(2014), 페미니즘 관점에서의 여성 성인교육프로그램 분석(2013), 문화역사적 활동이론(CHAT)을 활용한 평생학습도시 발전 전략(2008). Towards a learning society: Lifelong learning policies and practises of South Korea since the 1997 IMF crisis(2011). Widening Participation and Lifelong Learning, 13(2), 제49차~제58차 미국성인교육연구학술대회(AERC, 2008~2017)에서 Expansive Learning for Lifelong Learning: A City Case of Policy-Making in South Korea(2017) 등 10여편의 연구논문 발표

　　평생교육방법론(교육과학사, 2017), 교육학의 이해 공저(양서원, 2010), 교육행정 및 교육경영(공저, 학지사, 2008), 북미 평생교육 정책 동향(평생교육진흥원, 2008), Towards a Learning Society: An Analysis of Adult Education Policies and Systems in South Korea. Global Perspectives on Adult Education Policies and Learning Policy(Palgrave, 2015) 등의 저서

임영희(Young Hee Lim)

전북대학교 대학원 교육학박사(Ph. D.)

전　전북평생교육정보센터 연구원

　　　전라북도교육청 평생교육사업 심의위원

현　광주 남부대학교 교수

　　　시·군 평생학습협의회 위원

　　　(사)한국공공사회학회 교육홍보이사

〈주요 연구 및 저서〉

　　지속가능한 지역교육발전 지원모형 탐색(2016), 교육공동체 의견 조사에 기초한 자유학기제의 안정적 정착 방안 탐색(2015), 국제결혼 이주여성의 부모역할 인지와 경험에 관한 현상학적 연구(2014), 대학 평생교육원 프로그램 참여자의 참여 동기, 프로그램 만족도, 행복감의 구조관계 분석(2012), 지역평생학습공동체 형성을 위한 대학과 지방자치단체와의 평생교육체제 구축 전략(2010), 평생학습시대의 평생학습과제에 요청되는 E-learning 체제(2010), 한국평생교육정책의 성인학습목적 구현에 관한 연구(2010) 등의 논문

　　고령화사회에서 평생학습효능성 제고방안(2015), 다문화가정 학부모교육 프로그램 개발 연구(2012), 다문화가정 예비학교 운영방안 연구(2012) 등의 정책연구

　　장애아동을 위한 부모교육 및 상담(공저, 남부대출판사, 2016), 新교육학개론(공저, 교육과학사, 2011) 등의 저서

2판
평생교육경영론
Lifelong Education: Admininistration and Management (2nd.)

2011년 9월 20일 1판 1쇄 발행
2015년 8월 20일 1판 5쇄 발행
2017년 3월 30일 2판 1쇄 발행
2023년 10월 10일 2판 5쇄 발행

지은이 • 권인탁 · 임영희
펴낸이 • 김 진 환
펴낸곳 • (주) **학지사**

　　　　04031 서울특별시 마포구 양화로 15길 20 마인드월드빌딩 5층
대표전화 • 02) 330-5114　　　팩스 • 02) 324-2345
등록번호 • 제313-2006-000265호

홈페이지 • http://www.hakjisa.co.kr
인스타그램 • https://www.instagram.com/hakjisabook

ISBN 978-89-997-1191-6　93370

정가 20,000원

저자와의 협약으로 인지는 생략합니다.
파본은 구입처에서 교환하여 드립니다.

이 책을 무단으로 전재하거나 복제할 경우 저작권법에 따라 처벌을 받게 됩니다.

출판미디어기업 학지사

간호보건의학출판 **학지사메디컬** www.hakjisamd.co.kr
심리검사연구소 **인싸이트** www.inpsyt.co.kr
학술논문서비스 **뉴논문** www.newnonmun.com
원격교육연수원 **카운피아** www.counpia.com